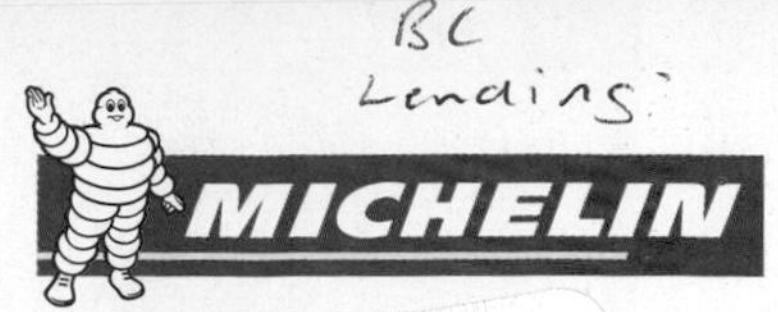

Paris 2013

UNE SÉLECTION
DE RESTAURANTS
À PARIS ET DANS
SES ENVIRONS

Sommaire

Index **thématiques**

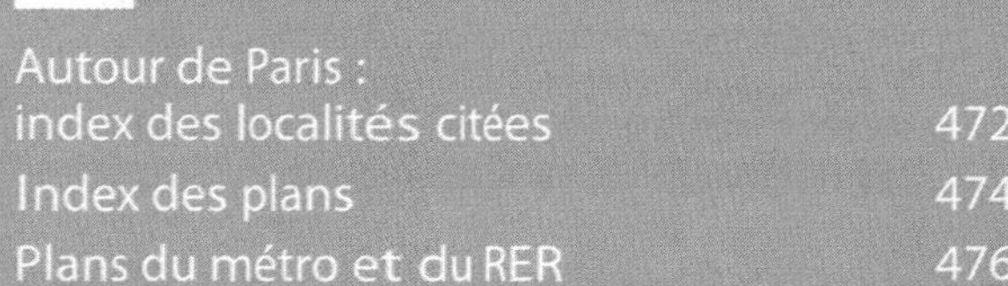

Se restaurer à Paris...

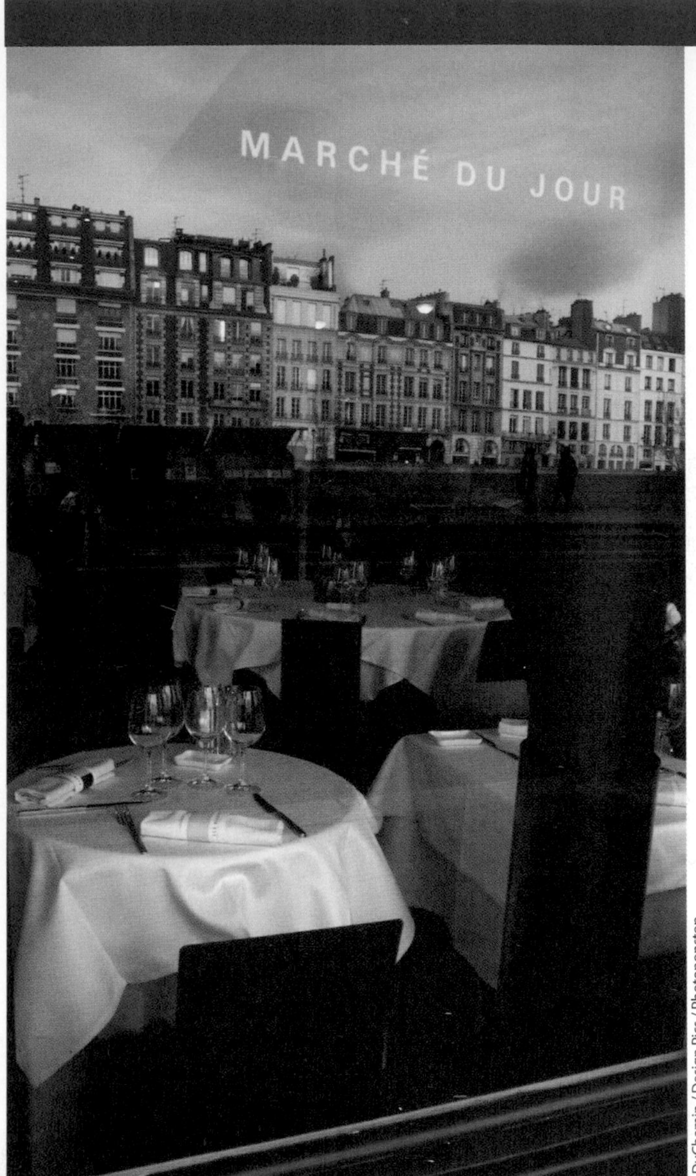

D. DuChemin / Design Pics / Photononstop

Cher lecteur,

Paris bouge… et s'agrandit. Son guide Michelin aussi, avec une sélection de restaurants qui franchit à présent le périphérique, pour profiter de toutes les bonnes tables qui émaillent la région parisienne. Bistrot de quartier ou grande table, cuisine de nos régions ou d'ailleurs, ce sont plus de 100 adresses « hors les murs » qui attendent les amateurs de bonne cuisine, illustrant de la meilleure façon toute la diversité du « Grand Paris ».

Au total, un guide de plus de 580 adresses ; de quoi satisfaire ses papilles et s'accorder de savoureux moments quand l'envie nous en prend et où que l'on soit : dans Paris ou autour, près de chez soi ou à quelques encablures de bus, de Vélib'… ou de voiture.

Cependant, si Paris s'étend, l'esprit du « Guide » demeure : notre sélection repose sur les mêmes critères immuables de qualité d'accueil, de service et de cuisine, il va sans dire. Tous styles confondus, l'éventail des restaurants retenus se veut suffisamment vaste pour satisfaire tous les goûts… et tous les budgets : si les étoiles couronnent toujours les meilleures tables, elles ne sont pas notre seule distinction : le «Bib Gourmand» repère les établissements sachant associer cuisine de qualité et petits prix. De précieux « bons plans » pour les gourmets soucieux de ne pas se ruiner.

Nous espérons que cette nouvelle « carte » de Paris élargira le territoire de vos explorations culinaires, pour des balades toujours plus loin sous le signe de la gastronomie et des plaisirs de la bonne table !

L'équipe du guide MICHELIN

Les engagements du guide MICHELIN

L'expérience au service de la qualité... et du plaisir de la table

Qu'il soit au Japon, aux Etats-Unis, en Chine ou en Europe, l'inspecteur du guide MICHELIN respecte exactement les mêmes critères pour évaluer la qualité d'une table ou d'un établissement hôtelier, et il applique les mêmes règles lors de ses visites. Car si le guide peut se prévaloir aujourd'hui d'une notoriété mondiale, c'est notamment grâce à la constance de son engagement vis-à-vis de ses lecteurs. Un engagement dont nous voulons réaffirmer ici les principes :

→ La visite anonyme

Première règle d'or, les inspecteurs testent de façon anonyme et régulière les tables et les chambres, afin d'apprécier pleinement le niveau des prestations offertes à tout client. Ils paient donc leurs additions ; après quoi ils pourront révéler leur identité pour obtenir des renseignements supplémentaires. Le courrier des lecteurs nous fournit par ailleurs de précieux témoignages, autant d'informations qui sont prises en compte lors de l'élaboration de nos itinéraires de visites.

→ L'indépendance

Pour garder un point de vue parfaitement objectif – dans le seul intérêt du lecteur –, la sélection des établissements s'effectue en toute indépendance, et l'inscription des établissements dans le guide est totalement gratuite. Les décisions sont discutées collégialement par les inspecteurs et le rédacteur en chef, et les plus hautes distinctions font l'objet d'un débat au niveau européen.

➜ Le choix du meilleur

Loin de l'annuaire d'adresses, le guide se concentre sur une sélection des meilleurs hôtels et restaurants, dans toutes les catégories de confort et de prix. Un choix qui résulte de l'application rigoureuse d'une même méthode par tous les inspecteurs, quel que soit le pays où il œuvre.

➜ Une mise à jour annuelle

Toutes les informations pratiques, tous les classements et distinctions sont revus et mis à jour chaque année afin d'offrir l'information la plus fiable.

➜ Une sélection homogène

Les critères de classification sont identiques pour tous les pays couverts par le guide MICHELIN. A chaque culture sa cuisine, mais la qualité se doit de rester un principe universel.

➜ Et un seul objectif

Tout mettre en œuvre pour vous aider dans chacun de vos déplacements, afin qu'ils soient toujours sous le signe du plaisir et de la sécurité. « L'aide à la mobilité » : c'est la mission que s'est donnée Michelin.

Retrouvez toutes nos adresses sur la toile :
restaurant.michelin.fr et www.viamichelin.com
et écrivez-nous à :
leguidemichelin-france@tp.michelin.com

Mode d'emploi...

Catégories de standing (en rouge : les adresses les plus agréables)			
Confort simple	Très chic et confortable	Grand luxe et tradition
De bon confort	Grand standing	

À Paris...

Choisir le quartier

Deux couleurs d'onglets en alternance, pour repérer chaque arrondissement

Numéro de l'arrondissement et principaux quartiers

Situer sur le plan

Coordonnées de l'établissement sur le plan de l'arrondissement

Symboles d'équipements et de services

- Table en extérieur
- Ouvert tard le soir
- Belle carte des vins
- Vue agréable
- Aménagements pour personnes handicapées
- Air conditionné
- Salon privé
- Voiturier
- Parking
- Cartes de credit :

Les tables étoilées

De 1 à 3 étoiles

...avec les plats évoquant le mieux leur cuisine.

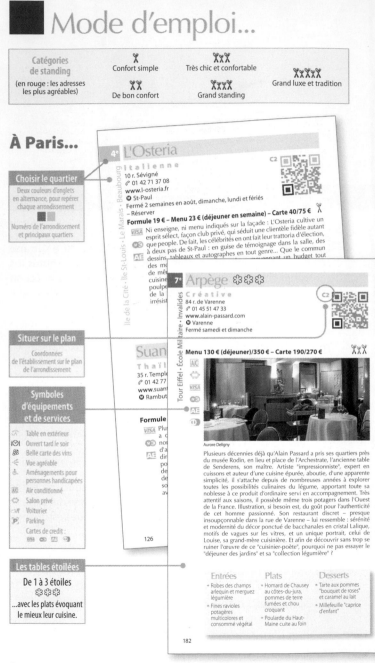

4e **L'Osteria**

Île de la Cité · Île St-Louis · Le Marais · Beaubourg

Italienne

C2

10 r. Sévigné
01 42 71 37 08
www.l-osteria.fr
St-Paul
Fermé 2 semaines en août, dimanche, lundi et fériés – Réserver

Formule 19 € – Menu 23 € (déjeuner en semaine) – Carte 40/75 €

Ni enseigne, ni menu indiqués sur la façade : L'Osteria cultive un esprit sélect, façon club privé, qui séduit une clientèle fidèle autant que people. De fait, les célébrités en ont fait leur trattoria d'élection, à deux pas de St-Paul : en guise de témoignage dans la salle, des dessins, tableaux et autographes en tout genre... Que le commun des m... de mê... cuisine... poulp... de la... irrésist...

Suan...

Thaï...

35 r. Temple
01 42 77...
www.suan...
Rambut...

Formule

Plu... a c... no... d'a... dir... po... de... de... so... av...

126

7e **Arpège**

Tour Eiffel · École Militaire · Invalides

Créative

C2

84 r. de Varenne
01 45 51 47 33
www.alain-passard.com
Varenne
Fermé samedi et dimanche

Menu 130 € (déjeuner)/350 € – Carte 190/270 €

Aurore Deligny

Plusieurs décennies déjà qu'Alain Passard a pris ses quartiers près du musée Rodin, en lieu et place de l'Archestrate, l'ancienne table de Senderens, son maître. Artiste "impressionniste", expert en cuissons et auteur d'une cuisine épurée, aboutie, d'une apparente simplicité, il s'attache depuis de nombreuses années à explorer toutes les possibilités culinaires du légume, apportant toute sa noblesse à ce produit d'ordinaire servi en accompagnement. Très attentif aux saisons, il possède même trois potagers dans l'Ouest de la France. Illustration, si besoin est, du goût pour l'authenticité de cet homme passionné. Son restaurant discret – presque insoupçonnable dans la rue de Varenne – lui ressemble : sérénité et modernité du décor ponctué de bacchanales en cristal Lalique, motifs de vagues sur les vitres, et un unique portrait, celui de Louise, sa grand-mère cuisinière. Et afin de découvrir sans trop se ruiner l'œuvre de ce "cuisinier-poète", pourquoi ne pas essayer le "déjeuner des jardins" et sa "collection légumière" ?

Entrées
- Robes des champs arlequin et merguez légumière
- Fines ravioles potagères multicolores et consommé végétal

Plats
- Homard de Chausey au côtes-du-jura, pommes de terre fumées et chou croquant
- Poularde du Haut-Maine cuite au foin

Desserts
- Tarte aux pommes "bouquet de roses" et caramel au lait
- Millefeuille "caprice d'enfant"

182

... Et autour de Paris

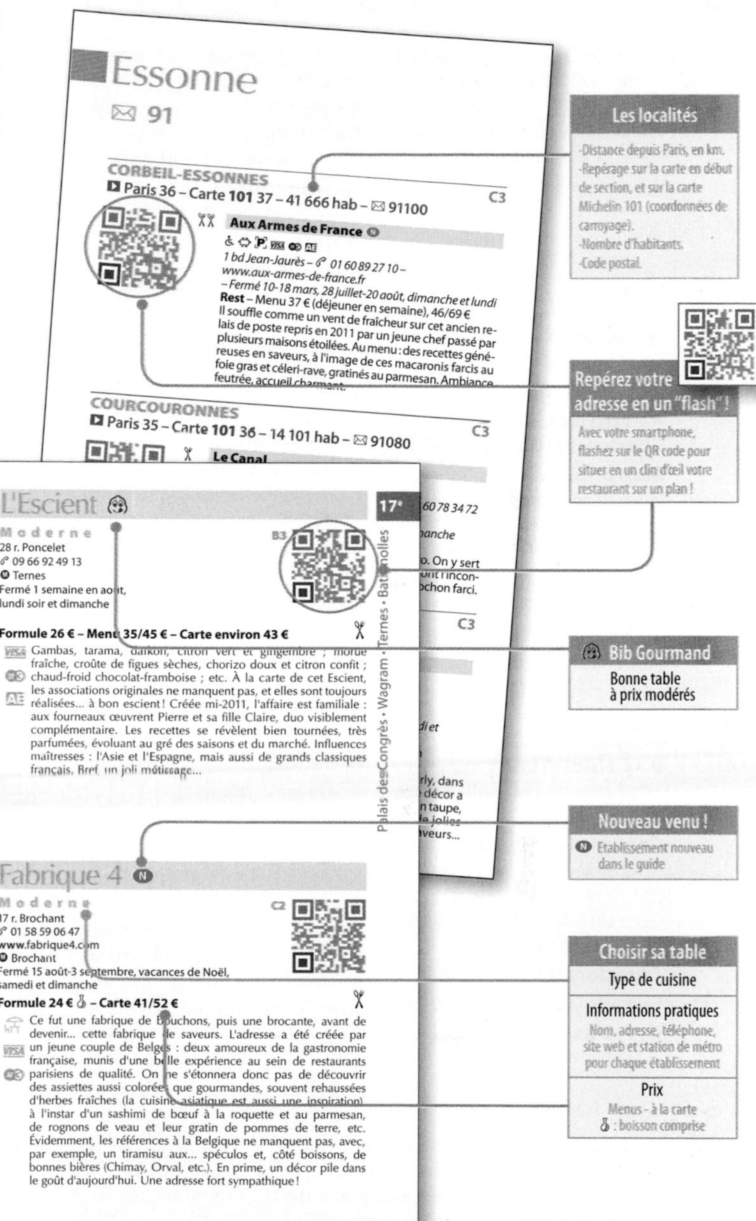

Essonne

✉ 91

CORBEIL-ESSONNES

▶ Paris 36 – Carte **101** 37 – 41 666 hab – ✉ 91100 C3

Aux Armes de France Ⓝ

1 bd Jean-Jaurès – ☎ 01 60 89 27 10 – www.aux-armes-de-france.fr – Fermé 10-18 mars, 28 juillet-20 août, dimanche et lundi

Rest – Menu 37 € (déjeuner en semaine), 46/69 €

Il souffle comme un vent de fraîcheur sur cet ancien relais de poste repris en 2011 par un jeune chef passé par plusieurs maisons étoilées. Au menu : des recettes généreuses en saveurs, à l'image de ces macaronis farcis au foie gras et céleri-rave, gratinés au parmesan. Ambiance feutrée, accueil charmant.

COURCOURONNES

▶ Paris 35 – Carte **101** 36 – 14 101 hab – ✉ 91080 C3

Le Canal

60 78 34 72

...anche

...o. On y sert ...ont l'incon... ...ochon farci.

C3

...di et

...rly, dans ... décor a ...n taupe, ...e jolies ...veurs...

L'Escient

17e

Moderne

28 r. Poncelet

☎ 09 66 92 49 13

Ⓜ Ternes

Fermé 1 semaine en août, lundi soir et dimanche

B3

Palais des Congrès • Wagram • Ternes • Batignolles

Formule 26 € – Menu 35/45 € – Carte environ 43 €

Gambas, tarama, daïkon, citron vert et gingembre ; morue fraîche, croûte de figues sèches, chorizo doux et citron confit ; chaud-froid chocolat-framboise ; etc. À la carte de cet Escient, les associations originales ne manquent pas, et elles sont toujours réalisées... à bon escient ! Créée mi-2011, l'affaire est familiale : aux fourneaux œuvrent Pierre et sa fille Claire, duo visiblement complémentaire. Les recettes se révèlent bien tournées, très parfumées, évoluant au gré des saisons et du marché. Influences maîtresses : l'Asie et l'Espagne, mais aussi de grands classiques français. Bref, un joli métissage...

Fabrique 4 Ⓝ

Moderne

17 r. Brochant

☎ 01 58 59 06 47

www.fabrique4.com

Ⓜ Brochant

Fermé 15 août-3 septembre, vacances de Noël, samedi et dimanche

C2

Formule 24 € 🍷 – Carte 41/52 €

Ce fut une fabrique de bouchons, puis une brocante, avant de devenir... cette fabrique de saveurs. L'adresse a été créée par un jeune couple de Belges : deux amoureux de la gastronomie française, munis d'une belle expérience au sein de restaurants parisiens de qualité. On ne s'étonnera donc pas de découvrir des assiettes aussi colorées que gourmandes, souvent rehaussées d'herbes fraîches (la cuisine asiatique est aussi une inspiration) à l'instar d'un sashimi de bœuf à la roquette et au parmesan, de rognons de veau et leur gratin de pommes de terre, etc. Évidemment, les références à la Belgique ne manquent pas, avec, par exemple, un tiramisu aux... spéculos et, côté boissons, de bonnes bières (Chimay, Orval, etc.). En prime, un décor pile dans le goût d'aujourd'hui. Une adresse fort sympathique !

399

Les localités

- Distance depuis Paris, en km.
- Repérage sur la carte en début de section, et sur la carte Michelin 101 (coordonnées de carroyage).
- Nombre d'habitants.
- Code postal.

Repérez votre adresse en un "flash" !

Avec votre smartphone, flashez sur le QR code pour situer en un clin d'œil votre restaurant sur un plan !

Bib Gourmand

Bonne table à prix modérés

Nouveau venu !

Ⓝ Établissement nouveau dans le guide

Choisir sa table

Type de cuisine

Informations pratiques

Nom, adresse, téléphone, site web et station de métro pour chaque établissement

Prix

Menus - à la carte

🍷 : boisson comprise

Paris pratique

Se rendre à l'aéroport, réserver un taxi ou acheter des places de théâtre : entre deux bonnes tables, voici quelques informations pour vous rendre Paris plus pratique.

ARRIVER/PARTIR

➜ En avion

www.aeroportsdeparis.fr

Informations sur les vols du jour : ✆ 39 50

Aéroport de Roissy-Charles-de-Gaulle, ✆ 39 50

Métro CDGVAL, la ligne assure un service gratuit 24h/24 entre les terminaux, les parkings et les gares TGV et RER.

En taxi, compter entre 30 mn et 1h de trajet.

En RER B (Châtelet) : 30 mn.

Avec Roissybus (départ de Opéra – angle de la rue Scribe et de la rue Auber): de 45 à 60 mn. **www.ratp.fr**

Bus Noctiliens : n°140 et 143 (Gare de l'Est) : 1h **www.ratp.fr**

Cars Air France : n°2 (Étoile, Porte Maillot) : 45 mn et n°4 (Gare Montparnasse, Gare de Lyon) : 50 mn. **www.lescarsairfrance.com**

Aéroport d'Orly, ✆ 39 50

En taxi, 20 à 30 mn de trajet.

Orlybus (Denfert-Rochereau) : 30 mn de trajet. **www.ratp.fr**

En RER B (Châtelet) **et Orly-Val** (changement à Antony) : 25 mn. **www.orlyval.com**

Bus Noctiliens : n°31 et 131 (Gare de Lyon) : 30 mn. **www.ratp.fr**

Cars Air France : n°1 (Etoile, Invalides, Gare Montparnasse) : 35 mn à 45 mn. **www.lescarsairfrance.com**

➜ En train

www.sncf.fr

Gare de Lyon : trains en provenance du Sud-Est de la France, d'Italie et de Suisse.

Gare d'Austerlitz : Sud-Ouest de la France et Espagne.

Gare du Nord : Royaume-Uni, Belgique, Pays-Bas.

Gare de l'Est : Est de la France et Allemagne.

Gare Montparnasse : Grand Ouest.

QUAND VENIR À PARIS

Les fêtes de fin d'année, Pâques et la saison estivale attirent les touristes à Paris. Même phénomène lors des grands salons professionnels (voir encadré). Il est donc prudent de réserver son séjour longtemps à l'avance. Bon à savoir, certains hôtels

▶ *PLACES DISCOUNT*

www.ticketac.com et www.billetreduc.com recensent une sélection de spectacles à prix réduits. Pensez aussi aux kiosques de la place de la Madeleine et de l'Esplanade de la Tour Montparnasse, qui vendent des places de théâtre à moitié prix pour le jour même.

▶ Foires et salons

Salon International de l'Agriculture, *Porte de Versailles, fin février- début mars consulter www.salon-agriculture.com*

Salon du Livre, *Porte de Versailles, 22-25 mars*

Foire de Paris, *Porte de Versailles, 30 avril-12 mai*

Maison et Objet*, Paris-Nord Villepinte, 6-10 septembre*

Salon Nautique, *Porte de Versailles, 6-15 décembre*

proposent des tarifs promotionnels sur leur site Internet.

Circuler dans Paris

→ Métro et bus

Le **métro** reste le meilleur moyen de se déplacer dans Paris pour être à l'heure à ses rendez-vous. Les 14 lignes de métro fonctionnent entre 5h30 et 00h45 (01h45 vendredi, samedi et veille de fêtes). Les touristes préféreront le réseau de **bus** pour profiter de l'animation urbaine. La nuit, les bus Noctiliens prennent le relais.

Horaires, titres de transport et itinéraires sur **www.ratp.fr** et **www.transilien.com**

→ Taxi !

On peut prendre un taxi soit directement à l'une des nombreuses stations, soit les héler dans la rue – les véhicules libres se repèrent à leur plaque blanche allumée –, soit appeler l'une des sociétés de taxis indiquées ci-dessous.

Les Taxis Bleus, ✆ 3609
Alpha Taxis, ✆ 01 45 85 85 85
Taxis G7, ✆ 3607

Les tarifs varient en fonction de l'heure et du jour de la course (plus cher la nuit et le dimanche), mais aussi de la zone géographique. Le détail des tarifs A, B et C sont affichés clairement dans les véhicules. En cas de litige, exigez une fiche auprès du conducteur ou relevez le numéro d'immatriculation du taxi, puis contactez La Préfecture de Police de Paris - 36 rue des Morillons - 75015 Paris ✆ 01 55 76 20 05.

→ En voiture

Se déplacer en voiture à Paris ? A condition d'avoir une bonne dose de patience et de prendre quelques précautions, comme par exemple, évitez les heures de pointe et consultez l'état du **trafic** : www.viamichelin.fr ou www.sytadin.tm.fr ou www.bison-fute.equipement.gouv.fr ou www.infotrafic.com

Les horodateurs n'acceptent pas les pièces de monnaie. Il faut donc acheter une **Paris-Carte**, en vente dans presque tous les bureaux de tabac et dans certains points de vente presse, ou bien utiliser la carte Monéo.

Michelin édite plusieurs **plans de Paris**, outils très pratiques pour vos déplacements dans la capitale.

Trouver un parking : www.infoparking.com ou www.parkingsdeparis.com

En cas de disparition de votre véhicule, contactez d'abord **la Fourrière**, Préfecture de Police, ✆ 0891 01 22 22

→ À vélo

Sport ou transport ? Le vélo combine les deux et il est désormais facile de circuler à Paris à vélo grâce à la présence de pistes cyclables et à **Vélib'**, le système de location de vélo en libre service. Pour une somme modique, vous pouvez emprunter un vélo dans l'une des nombreuses stations aménagées partout et le redéposer dans une autre. Utilisez la carte **Michelin n°61 Paris Velib'** ou rendez-vous sur www.velib.paris.fr (✆ 01 30 79 79 30).

Vivre Paris

→ Médias

En kiosque : outre les quotidiens et magazines nationaux, divers titres couvrent l'actualité culturelle de la capitale : *l'Officiel des Spectacles, Pariscope* et les suppléments *Figaroscope* (mercredi) du quotidien *Le Figaro, Paris-Île-de-France* du *Nouvel Observateur* ou *Sortir* de *Télérama.*

Sur les ondes : en plus des radios nationales, plusieurs fréquences locales se partagent les ondes parisiennes, dont FIP (105.1 FM, infos trafic toutes les 15-30mn).

→ Musées et monuments

En règle générale, les musées nationaux sont fermés le mardi, ceux de la Ville de Paris le lundi. Par ailleurs, les grands musées restent ouverts jusqu'à 21h au moins une fois par semaine (tous les jours sauf le mardi pour le Centre Georges Pompidou).

Pour gagner du temps, sachez que la **carte Musées et monuments** (1, 3 ou 5 jours) sert de coupe-file ; on peut également acheter à l'avance son billet pour le Louvre et de nombreux autres musées (TicketNet, Fnac, grands magasins, etc.). Le billet combiné RATP-Louvre (en vente dans certaines stations de métro et les Offices de Tourisme de Paris) permet un accès prioritaire aux collections permanentes.

Le **guide Vert Michelin Paris** compagnon idéal pour visiter musées, monuments et autres curiosités de la capitale.

Office du Tourisme et des Congrès de Paris, www.parisinfo.com

→ Balades en bus ou sur la Seine

Open Tour (bus à impériale), ✆ 01 42 66 56 56 ou www.ratp.fr

Cityrama, ✆ 01 44 55 61 00 ou www.pariscityrama.fr

Paris Vision, ✆ 01 42 60 30 01 ou www.pariscityvision.com/fr

Batobus (descente et montée possibles à chaque escale), ✆ 0 825 05 01 01 ou www.batobus.com

Bateaux parisiens, ✆ 0 825 01 01 01 ou www.bateauxparisiens.com

Vedettes du Pont Neuf, ✆ 01 46 33 98 38 ou www.vedettesdupontneuf.fr

Les Bateaux-Mouches, ✆ 01 42 25 96 10 ou www.bateaux-mouches.fr

▶ Santé et urgences

Numéro d'urgence, ✆ 112
Police-secours, ✆ 17
Pompiers, ✆ 18
Samu, ✆ 15
SOS Médecin, ✆ 3624
Centre anti-poison (hôpital Fernand-Widal), ✆ 01 40 05 48 48
SOS dentaire, ✆ 01 43 36 36 00
Pharmacies 24h/24 :

84 av. des Champs-Élysées (galerie les Champs), 8e, ✆ 01 45 62 02 41
6 pl. Clichy, 9e, ✆ 01 48 74 65 18
6 pl. Félix-Eboué, 12e, ✆ 01 43 43 19 03

▶ Autres numéros utiles

Objets trouvés, ✆ 0 821 00 25 25
Perte/vol carte Visa ✆ 0 892 705 705
Perte/vol carte Master Card ✆ 0 800 90 13 87
Perte/vol carte American Express ✆ 01 47 77 72 00
Garderie 24h/24 : Babychou, ✆ 01 43 13 33 23
Poste du Louvre - ouverte 24h/24 - 52 rue du Louvre, ✆ 3631

→ Sortir

Côté spectacles, la programmation parisienne est aussi dense qu'éclectique : des lieux les plus mythiques aux salles les plus intimes, chaque soir la «ville Lumière» lève le rideau sur une multitude de représentations théâtrales, d'opéras, de ballets et de concerts. Pour ne citer qu'eux : l'Opéra-Bastille, l'Opéra national de Paris Palais Garnier, la salle Pleyel, le Casino de Paris, la Cigale, le Bataclan, le Palais des Congrès de Paris, le New Morning, l'Élysée-Montmartre, le Zenith de Paris, l'Olympia, Le Crazy-Horse, les Folies Bergère, le Lido, le Moulin Rouge, Le Paradis Latin, etc.

▶ No smoking !

La loi "non-fumeur" de 2008 interdit l'usage du tabac dans l'ensemble des lieux publics, y compris cafés et restaurants.

→ Shopping

Les magasins parisiens sont habituellement ouverts du lundi au samedi, de 9h à 19h ou 20h pour les grands magasins (Bon Marché, Galeries Lafayette, Printemps) ; ainsi que le dimanche dans certains quartiers touristiques. Les **boutiques gourmandes** sont souvent fermées le lundi, mais ouvertes le dimanche matin.

Chaque semaine, près de **70 marchés** animent les rues et les halles parisiennes. Jours et horaires sur www.paris.fr

→ Se restaurer

Si **brasseries** et **bistrots** demeurent emblématiques de la restauration parisienne, la capitale fourmille d'autres bonnes adresses proposant tous les types de cuisine dans tous les niveaux de confort. **Ce guide est une sélection des meilleurs restaurants à tous les prix.**

Plusieurs listes en début de ce guide vous aideront à choisir le restaurant qui répondra à vos attentes.

Index **thématiques**

10 Index alphabétique des restaurants

A

B

C

D

Les tables étoilées

Une bonne cuisine dans sa catégorie, Mérite le détour, Vaut le voyage : la simple définition des étoiles – une, deux ou trois – dit tout. Ou presque. Et ce depuis que le guide Michelin a lancé l'idée, il y a déjà des décennies, de distinguer les meilleurs restaurants par des "étoiles de bonne table".

Partant du principe qu'il "n'existe qu'une cuisine : la bonne", tous les styles culinaires peuvent sans restriction prétendre aux récompenses attribuées par les inspecteurs du guide, explorateurs anonymes à la fourchette et aux papilles éprouvées. Leurs invariables critères ? La qualité des produits, la maîtrise des cuissons et des saveurs, la constance de la prestation et la personnalité des préparations.

Notons, enfin, que les étoiles sont toujours en mouvement dans le ciel, proches ou lointaines, plus ou moins nombreuses suivant les saisons... Certaines toques s'approchent de la constellation : des "Espoirs" qui, s'ils font la preuve de ces mêmes qualités dans le temps, peuvent rejoindre les étoiles les plus brillantes.

Parmi les capitales de la gastronomie, Paris occupe une place de choix tant les tentations gourmandes y sont nombreuses. Variées et changeantes, aussi. Vous avez vous-même apprécié un restaurant ou découvert un nouveau talent ? Vous adhérez à nos choix ou vous restez sceptique ? N'hésitez pas à nous en faire part : le courrier de nos lecteurs nous est précieux.

▶**N**... comme "nouveau", pour repérer les établissements bénéficiant d'une nouvelle distinction.

Une cuisine exceptionnelle : cette table vaut le voyage.

On y mange toujours très bien, parfois merveilleusement....

Alain Ducasse au Plaza Athénée – 8e	XXXXX	212
L'Ambroisie – 4e	XXXX	120
Arpège – 7e	XXX	182
Astrance – 16e	XXX	364
Épicure au Bristol – 8e	XXXXX	229
Guy Savoy – 17e	XXXX	403
Ledoyen – 8e	XXXXX	236
Le Meurice – 1er	XXXXX	81
Pierre Gagnaire – 8e	XXXX	243
Le Pré Catelan – 16e	XXXXX	376

Une cuisine excellente : cette table mérite un détour.

L'Abeille – 16e	XXXX	360
Apicius – 8e	XXXX	214
L'Atelier de Joël Robuchon – Étoile – 8e	X	216
L'Atelier de Joël Robuchon – St-Germain – 7e	X	183
Carré des Feuillants – 1er	XXXX	70
Le Cinq – 8e	XXXXX	222
Gordon Ramsay au Trianon – Versailles	XXXX	469
Le Grand Véfour – 1er	XXXX	75
Jean-François Piège – 7e	XX	197
Lasserre – 8e	XXXXX	234
Michel Rostang – 17e	XXXX	407
Passage 53 – 2e	XX	102
Relais Louis XIII – 6e	XXX	168
Senderens – 8e	XXX	247
Sur Mesure par Thierry Marx – 1er	XXX	86
Taillevent – 8e	XXXXX	250

Une très bonne cuisine dans sa catégorie.

Agapé – 17e	XX	390
Aida – 7e	X	181
Akrame – 16e	XX	362
L'Angélique – Versailles	XX	468
Antoine – 16e	XXX	363
L'Arôme – 8e	XX	215
Auberge des Saints Pères – Aulnay-sous-Bois	XXX	453
Auguste – 7e	XX	185
Au Comte de Gascogne – Boulogne-Billancourt	XXX	443
Au Trou Gascon – 12e	XX	301
Le Baudelaire – 1er	XXX	67
Benoit – 4e	XX	122
Bigarrade – 17e	XX	392
Le Camélia – Bougival	XXX	464
Le Céladon – 2e	XXX	97
114, Faubourg – 8e **N**	XX	219
Le Chiberta – 8e	XXX	221
Le Chiquito – Méry-sur-Oise	XXX	462
Cobéa – 14e	XXX	323
La Cuisine au Royal Monceau – 8e **N**	XXX	225

Bib Gourmand

Repas soignés à prix modérés (menus jusqu'à 35 €).

▶ **N**... comme "nouveau", pour repérer les établissements bénéficiant d'une nouvelle distinction.

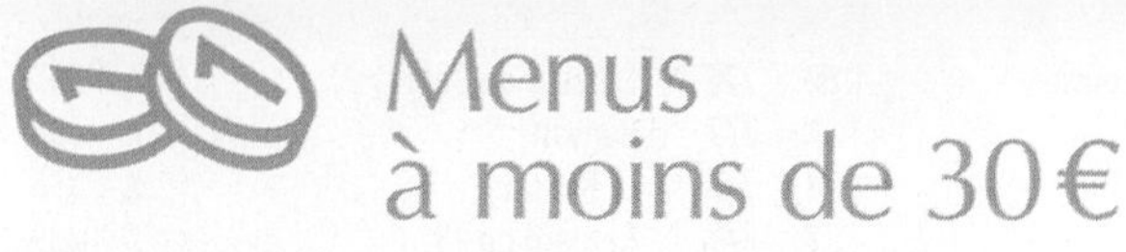

Menus à moins de 30 €

11e arrondissement

12e arrondissement

13e arrondissement

14e arrondissement

15e arrondissement

16e arrondissement

17e arrondissement

18e arrondissement

19e arrondissement

20e arrondissement

Autour de Paris

Restaurants par type de cuisine

Basque

Restaurant	Confort	Page
Pottoka – 7e	X ☺	203

Chinoise

Restaurant	Confort	Page
L'Ambassade de Pékin – Saint-Mandé	XX	458
Le Bonheur de Chine – Rueil-Malmaison	XX	449
Carnet de Route – 9e	X	260
Chen Soleil d'Est – 15e	XX	342
Diep – 8e	XX	227
Foc Ly – Neuilly-sur-Seine	XX	448
Impérial Choisy – 13e	X ☺	313
Le Lys d'Or – 12e	X	305
Mer de Chine – 13e	X	314
Mirama – 5e	X	140
Shang Palace – 16e	XXX ✿	379
Tsé Yang – 16e	XXX	382

Classique

Restaurant	Confort	Page
L'Abeille – 16e	XXXX ✿✿	360
L'Ambroisie – 4e	XXXX ✿✿✿	120
Apicius – 8e	XXXX ✿✿	214
L'Assiette – 14e	X	320
L'Auberge du 15 – 13e	XX	310
Benoit – 4e	XX ✿	122
Bonne Franquette – Janvry	XX	439
Cazaudehore – Saint-Germain-en-Laye	XXX	467
Le Chiquito – Méry-sur-Oise	XXX ✿	462
Les Écuries du Château – Dampierre-en-Yvelines	XX	465
Fouquet's – 8e	XXX	230
Hiramatsu – 16e	XXXX ✿	370
Hostellerie du Nord – Auvers-sur-Oise	XXX	461
Les Jardins de Camille – Suresnes	XX	450
Lasserre – 8e	XXXXX ✿✿	234
Laurent – 8e	XXXXX ✿	235
La Mare au Diable – Le Plessis-Picard	XX	452
Michel Rostang – 17e	XXXX ✿✿	407
Pavillon Henri IV – Saint-Germain-en-Laye	XXX	467
Relais Louis XIII – 6e	XXX ✿✿	168
Taillevent – 8e	XXXXX ✿✿	250
Tastevin – Maisons-Laffitte	XXX ✿	466
La Tour d'Argent – 5e	XXXXX ✿	145
Vin sur Vin – 7e	XX	206

Corse

Restaurant	Confort	Page
La Villa Corse – 16e	X	383
La Villa Corse – 15e	X	354

Coréenne

Restaurant	Confort	Page
Bibimbap – 5e	X ☺	134
Gwon's Dining – 15e	X	348
Shin Jung – 8e	X	246

Créative

Restaurant	Confort	Page
Afaria – 15e	X	336
Agapé Substance – 6e	X	152
Alain Ducasse au Plaza Athénée – 8e	XXXXX ✿✿✿	212
Arpège – 7e	XXX ✿✿✿	182
Astrance – 16e	XXX ✿✿✿	364
L'Atelier de Joël Robuchon – Étoile – 8e	X ✿✿	216
L'Atelier de Joël Robuchon – St-Germain – 7e	X ✿✿	183
Auberge des Saints Pères – Aulnay-sous-Bois	XXX ✿	453
Bigarrade – 17e	XX ✿	392
Bon – 16e	XX	365
Caïus – 17e	X	395
Chamarré Montmartre – 18e	XX	416
Le Chiberta – 8e	XXX ✿	221
Le Cinq – 8e	XXXXX ✿✿	222
Le Concert de Cuisine – 15e	X	343

Créole

Danoise

Du sud-ouest

Espagnole

Flamande

Grecque

Indienne

Italienne

Poissons et fruits de mer

Portugaise

Russe

Régionale et terroir

Seychelloise

Thaïlandaise

Tibétaine

Traditionnelle

Turque

Viandes et grillades

Vietnamienne

Le plat que vous recherchez

Andouillette

Boudin

Bouillabaisse

Cassoulet

Choucroute

Confit

La Table d'Antan – Sainte-Geneviève-des-Bois XX ☺ 440

Coq au vin

Auberge Ravoux – Auvers-sur-Oise X 460
La Biche au Bois – 12e X 302
Chez René – 5e X 135
Le Coq de la Maison Blanche – Saint-Ouen XX 455

Escargots

Allard – 6e X 153
L'Amourette – Montreuil X ☺ 454
Au Bourguignon du Marais – 4e X 121
Au Moulin à Vent – 5e X 133
Au Petit Riche – 9e XX 259
Au Pouilly Reuilly – Le Pré-Saint-Gervais X 455
Le Ballon des Ternes – 17e XX 391
Benoit – 4e XX ✪ 122
Le Bistrot du 7ème – 7e X 186
Brasserie Gallopin – 2e XX ☺ 96
Le Canal – Courcouronnes X 438
Faim et Soif – La Varenne-Saint-Hilaire X 459
La Ferme d'Argenteuil – Argenteuil XXX 460
Le Marcigny – Viry-Châtillon X 441
Le Petit Niçois – 7e X 202
Le Pré Cadet – 9e X ☺ 268
Royal Madeleine – 8e X 246
Vaudeville – 2e XX 105

Fromages

Astier – 11e X 284

Grillade

L'A.O.C. – 5e X 132
Au Moulin à Vent – 5e X 133
Bofinger – 4e XX 121
Café Sud – 8e X 217
Marty – 5e XX 139
Quincy – 12e X 305
Severo – 14e X 330
La Tour – Versailles X 469

Soufflés

L'Assiette – 14e X 320
L'Auberge du 15 – 13e XX 310
Au Cœur de la Forêt – Montmorency XX 462
Auguste – 7e XX ✪ 185
Au Petit Marguery – 13e XX 311
Axuria – 15e X 337
La Belle Époque – Châteaufort XXX 464
Le Cénacle – Tremblay-Vieux-Pays XX 456
Cigale Récamier – 7e XX 189
Le Clos de Sucy – Sucy-en-Brie XX 459
La Cuisine de Philippe – 6e X 158
Frédéric Simonin – 17e XX ✪ 401
Laurent – 8e XXXX ✪ 235
Le Pantruche – 9e X ☺ 267
Relais d'Auteuil – 16e XXX ✪ 377
Tante Louise – 8e XX 251
La Truffe Noire – Neuilly-sur-Seine XX ✪ 448
Vin sur Vin – 7e XX 206
Le Violon d'Ingres – 7e XX ✪ 207

Tête de veau

Au Petit Marguery – 13e XX 311
Au Petit Riche – 9e XX 259
Au Pouilly Reuilly – Le Pré-Saint-Gervais X 455
Benoit – 4e XX ✪ 122
Le Bistro T – 14e X ☺ 320
Bonne Franquette – Janvry XX 439
Caves Petrissans – 17e X 396
Le Coq de la Maison Blanche – Saint-Ouen XX 455
Manufacture – Issy-les-Moulineaux XX 446
Marty – 5e XX 139
La Petite Auberge – Asnières-sur-Seine XX ☺ 442
Le Pré Cadet – 9e X ☺ 268
Quincy – 12e X 305
Ribouldingue – 5e X ☺ 142
Stella Maris – 8e XXX ✪ 248
Vaudeville – 2e XX 105

Tripes

Moissonnier – 5e X 141
Ribouldingue – 5e X ☺ 142

Tables en terrasse

Restaurants avec salons particuliers

1er arrondissement

L'Ardoise	X	64
L'Assaggio	XX	65
Carré des Feuillants	XXXX ✿✿	70
Chez La Vieille «Adrienne»	X	71
La Dame de Pic	XX ✿	73
Goumard	XX	74
Le Grand Véfour	XXXX ✿✿	75
Kaï	X	76
Kunitoraya	X	78
Macéo	XXX	80
Le Meurice	XXXXX ✿✿✿	81
Palais Royal	XX	82
Saudade	XX	85

2e arrondissement

Aux Lyonnais	X	94
Bi Zan	X	95
Brasserie Gallopin	XX ☺	96
Le Céladon	XXX ✿	97
Drouant	XXX	98
La Fontaine Gaillon	XX	99
Silk et Spice	X	105

3e arrondissement

Ambassade d'Auvergne	XX ☺	112

4e arrondissement

Benoit	XX ✿	122
Bofinger	XX	121
Le Sergent Recruteur	XX ✿	127

5e arrondissement

Atelier Maître Albert	XX	133
Bibimbap	X ☺	134
Itinéraires	XX ✿	138
Lengué	X	137
Marty	XX	139
Mavrommatis	XX	140
Les Papilles	X	141
La Tour d'Argent	XXXXX ✿	145
La Truffière	XX ✿	146

6e arrondissement

Alcazar	XX	152
La Compagnie de Bretagne	XX	157
La Ferrandaise	X ☺	160
Guy Martin Italia	XX	162
Hélène Darroze	XXX ✿	163
La Méditerranée	XX	165
Paris	XXX ✿	166
La Petite Cour	XX	167
Relais Louis XIII	XXX ✿✿	168
Toyo	X	172

7e arrondissement

Aida	X ✿	181
Arpège	XXX ✿✿✿	182
Le 122	X	188
Chez les Anges	XX ☺	188
Le Clos des Gourmets	X ☺	190
Fontaine de Mars	X	194
Pétrossian	XXX	202
Tante Marguerite	XX	203

8e arrondissement

Apicius	XXXX ✿✿	214
Bistrot du Sommelier	XX	213
Le Boudoir	X	217
Caffé Burlot	XX	218
Le Chiberta	XXX ✿	221
Le Cinq	XXXXX ✿✿	222
Dominique Bouchet	XX ✿	228
Fouquet's	XXX	230
Hanawa	XX	230
Helen	XXX	231
Il Carpaccio	XX ✿	232
L'Instant d'Or	XX ✿	233
Lasserre	XXXXX ✿✿	234
Laurent	XXXXX ✿	235
Ledoyen	XXXXX ✿✿✿	236
Maxan	XX	238
1728	XXX	239
Pavillon Elysée Lenôtre	X	241
Pierre Gagnaire	XXXX ✿✿✿	243

Restaurants ouverts samedi et dimanche

17e arrondissement

18e arrondissement

19e arrondissement

20e arrondissement

Autour de Paris

Restaurants ouverts en août

1er arrondissement

2e arrondissement

3e arrondissement

4e arrondissement

5e arrondissement

6e arrondissement

7e arrondissement

16e arrondissement

17e arrondissement

18e arrondissement

19e arrondissement

20e arrondissement

Autour de Paris

Restaurants ouverts tard le soir

1er arrondissement

Goumard (23 h30)	XX	74

2e arrondissement

Brasserie Gallopin (1 h)	XX ☺	96
La Fontaine Gaillon (23 h30)	XX	99
Vaudeville (1 h)	XX	105

4e arrondissement

Bofinger (0 h)	XX	121

5e arrondissement

Atelier Maître Albert (23 h30)	XX	133

6e arrondissement

Le Cherche Midi (23 h30)	X	157
Emporio Armani Caffé (0 h)	XX	159
Fogón (23 h45)	XX	161
La Société (23 h30)	XX	171

7e arrondissement

L'Atelier de Joël Robuchon – St-Germain (0 h)	X ✿✿	183
Café de l'Esplanade (0 h30)	XX	187
Il Vino d'Enrico Bernardo (23 h30)	XX ✿	196
Thoumieux (23 h30)	XX	204

8e arrondissement

L'Atelier de Joël Robuchon – Étoile (23 h45)	X ✿✿	216
Diep (23 h45)	XX	227
Fouquet's (0 h)	XXX	230
Mini Palais (23 h30)	XX	239
Pershing Hall (23 h30)	XX	242
Ratn (23 h30)	XX	244

9e arrondissement

Au Petit Riche (0 h)	XX	259
L'Opéra (0 h)	XX	266

10e arrondissement

Chez Michel (0 h)	X	276

13e arrondissement

Mer de Chine (0 h)	X	314

16e arrondissement

Atelier Vivanda (23 h30)	X ☺	365
La Villa Corse (23 h30)	X	383

17e arrondissement

Le Ballon des Ternes (23 h30)	XX	391

20e arrondissement

Mama Shelter (23 h45)	X	432

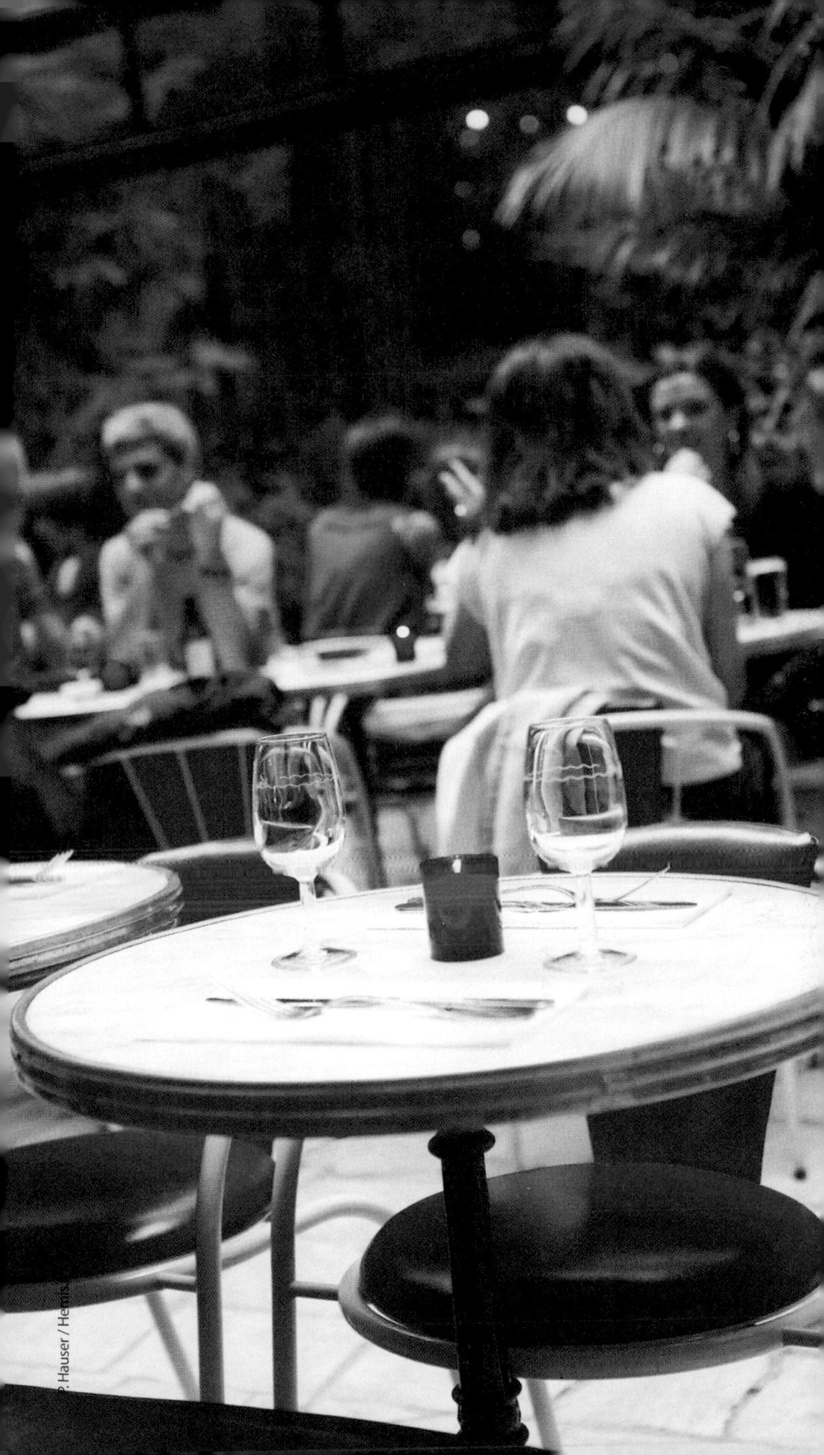

P. Hauser / Hemis

Se restaurer à Paris

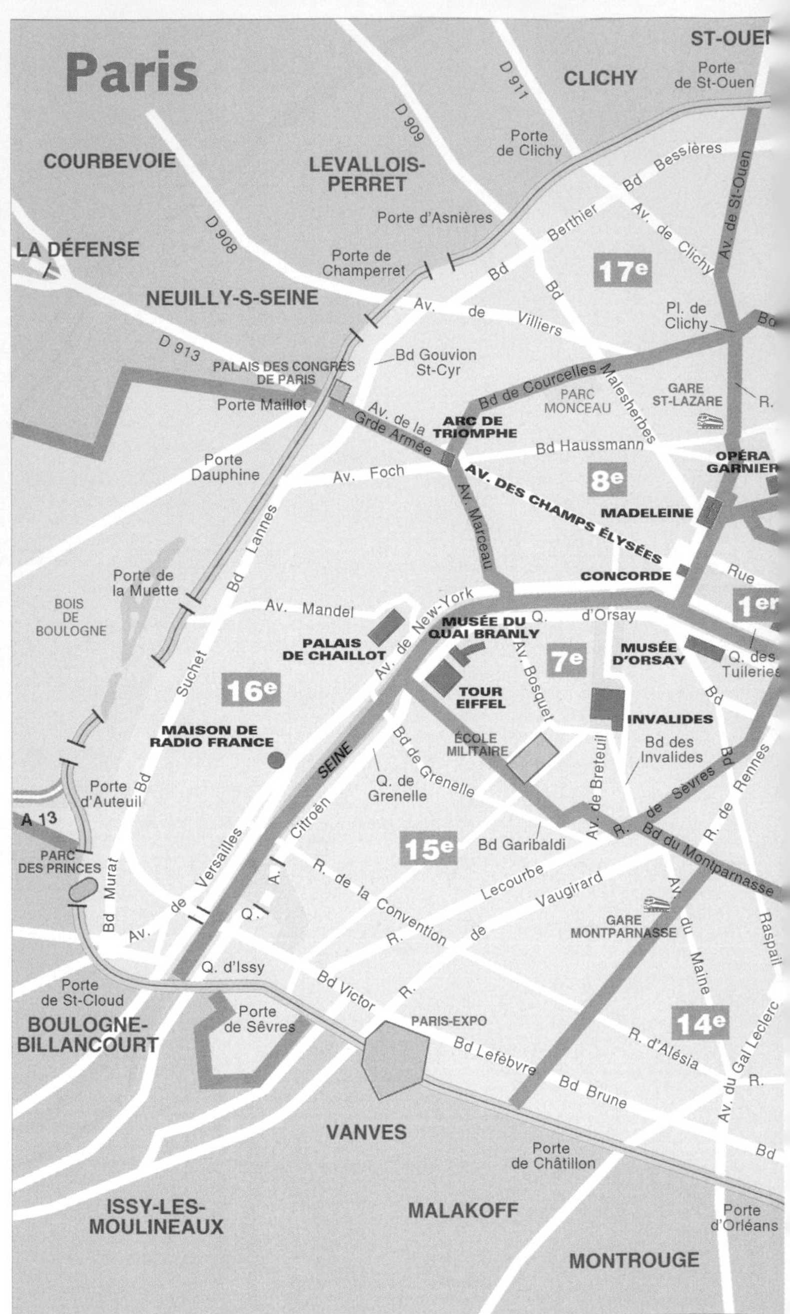

Paris
ST-OUEN
CLICHY
Porte de St-Ouen
COURBEVOIE
LEVALLOIS-PERRET
Porte de Clichy
Porte d'Asnières
LA DÉFENSE
Porte de Champerret
NEUILLY-S-SEINE
17e
Pl. de Clichy
PALAIS DES CONGRÈS DE PARIS
Porte Maillot
Bd Gouvion St-Cyr
PARC MONCEAU
GARE ST-LAZARE
ARC DE TRIOMPHE
Bd Haussmann
OPÉRA GARNIER
Porte Dauphine
Av. Foch
AV. DES CHAMPS ÉLYSÉES
8e
MADELEINE
CONCORDE
Porte de la Muette
BOIS DE BOULOGNE
Av. Mandel
MUSÉE DU QUAI BRANLY
PALAIS DE CHAILLOT
7e
MUSÉE D'ORSAY
1er
16e
TOUR EIFFEL
INVALIDES
MAISON DE RADIO FRANCE
ÉCOLE MILITAIRE
Bd des Invalides
SEINE
Porte d'Auteuil
Q. de Grenelle
A 13
PARC DES PRINCES
15e
Bd Garibaldi
GARE MONTPARNASSE
Q. d'Issy
Porte de St-Cloud
Porte de Sèvres
PARIS-EXPO
14e
BOULOGNE-BILLANCOURT
Bd Lefèbvre
Bd Brune
VANVES
Porte de Châtillon
ISSY-LES-MOULINEAUX
MALAKOFF
Porte d'Orléans
MONTROUGE

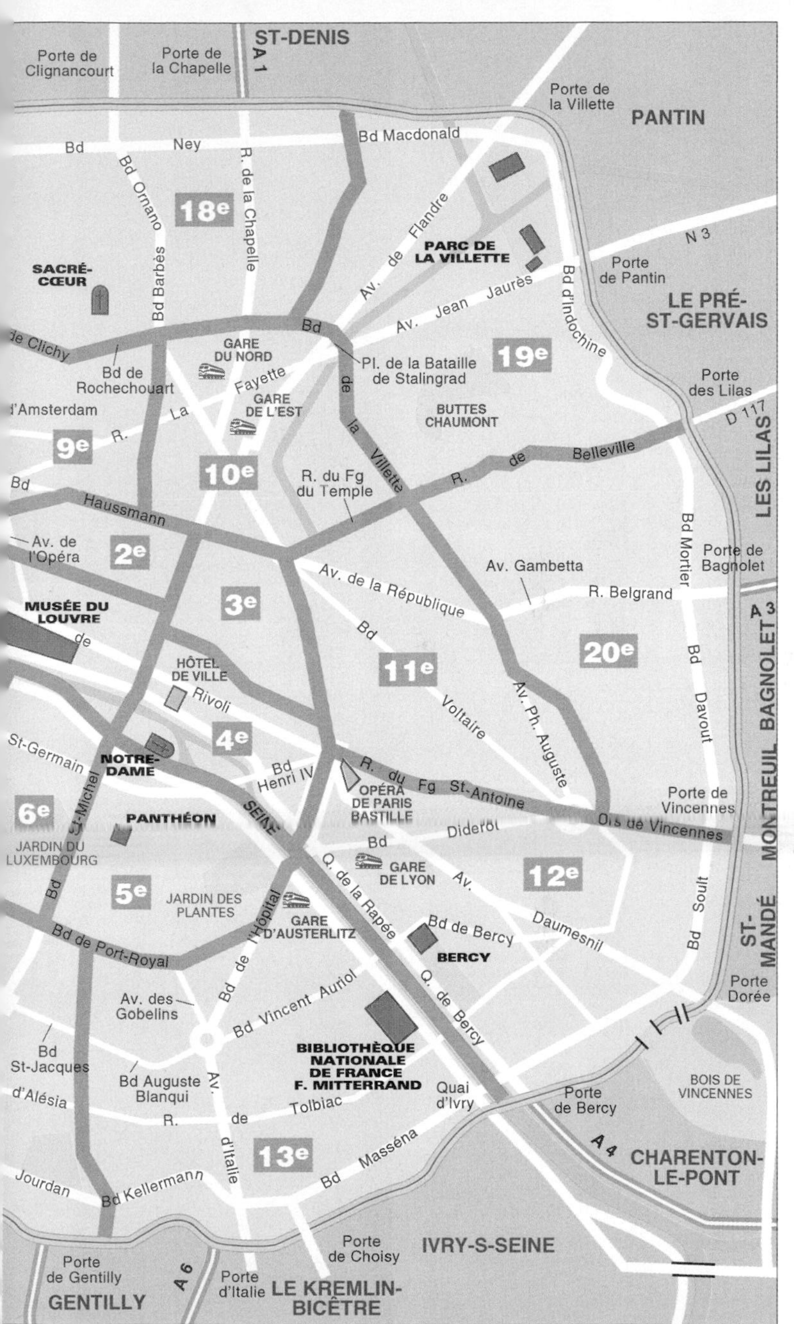
ST-DENIS
A 1
Porte de Clignancourt
Porte de la Chapelle
Porte de la Villette
PANTIN
Bd Ney
Bd Macdonald
Bd Ornano
R. de la Chapelle
18e
Av. de Flandre
PARC DE LA VILLETTE
N 3
Porte de Pantin
LE PRÉ-ST-GERVAIS
SACRÉ-CŒUR
Bd Barbès
Av. Jean Jaurès
Bd d'Indochine
Bd de Clichy
GARE DU NORD
Pl. de la Bataille de Stalingrad
19e
Bd de Rochechouart
R. La Fayette
GARE DE L'EST
BUTTES CHAUMONT
Porte des Lilas
D 117
LES LILAS
d'Amsterdam
9e
10e
Bd de la Villette
R. du Fg du Temple
R. de Belleville
Bd Haussmann
Av. de l'Opéra
2e
Av. Gambetta
Bd Mortier
Porte de Bagnolet
Av. de la République
R. Belgrand
A 3
BAGNOLET
MUSÉE DU LOUVRE
3e
Bd
20e
HÔTEL DE VILLE
R. de Rivoli
11e
Bd Davout
Voltaire
Av. Ph. Auguste
MONTREUIL
4e
St-Germain
NOTRE-DAME
Bd Henri IV
R. du Fg St-Antoine
OPÉRA DE PARIS BASTILLE
Porte de Vincennes
Crs de Vincennes
6e
Bd St-Michel
PANTHÉON
SEINE
Bd Diderot
JARDIN DU LUXEMBOURG
GARE DE LYON
Av.
12e
Q. de la Rapée
5e
JARDIN DES PLANTES
GARE D'AUSTERLITZ
Bd de l'Hôpital
Bd de Bercy
Daumesnil
Bd Soult
ST-MANDÉ
Bd de Port-Royal
BERCY
Porte Dorée
Av. des Gobelins
Bd Vincent Auriol
Q. de Bercy
Bd St-Jacques
BIBLIOTHÈQUE NATIONALE DE FRANCE F. MITTERRAND
BOIS DE VINCENNES
d'Alésia
Bd Auguste Blanqui
Av. d'Italie
R. de Tolbiac
Quai d'Ivry
Porte de Bercy
A 4
CHARENTON-LE-PONT
13e
Bd Masséna
Jourdan
Bd Kellermann
Porte de Choisy
IVRY-S-SEINE
Porte de Gentilly
A 6
Porte d'Italie
GENTILLY
LE KREMLIN-BICÊTRE

1er

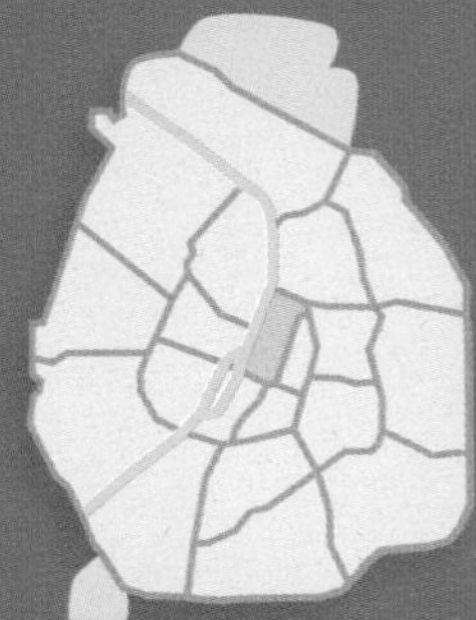

Palais-Royal · Louvre · Tuileries · Les Halles

H. Hughes / Hemis.fr

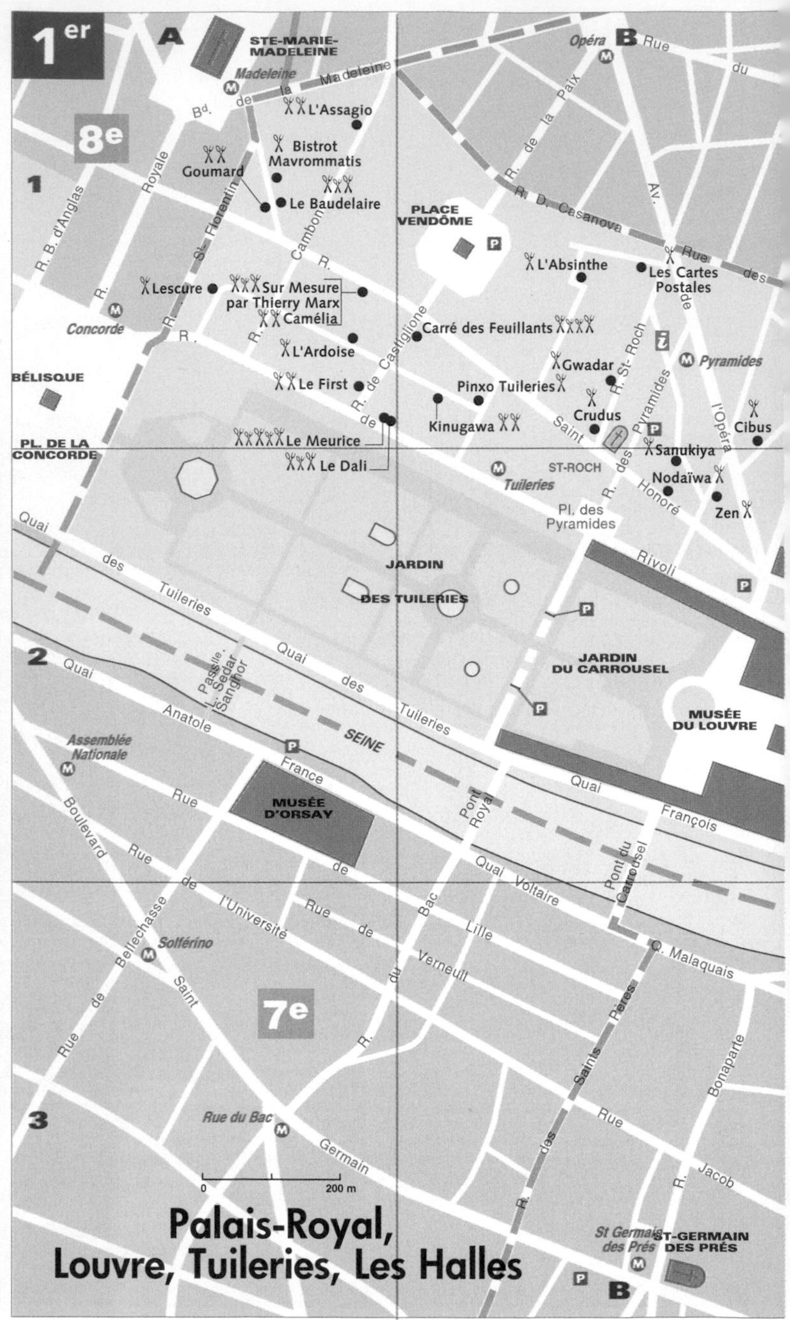

Palais-Royal, Louvre, Tuileries, Les Halles

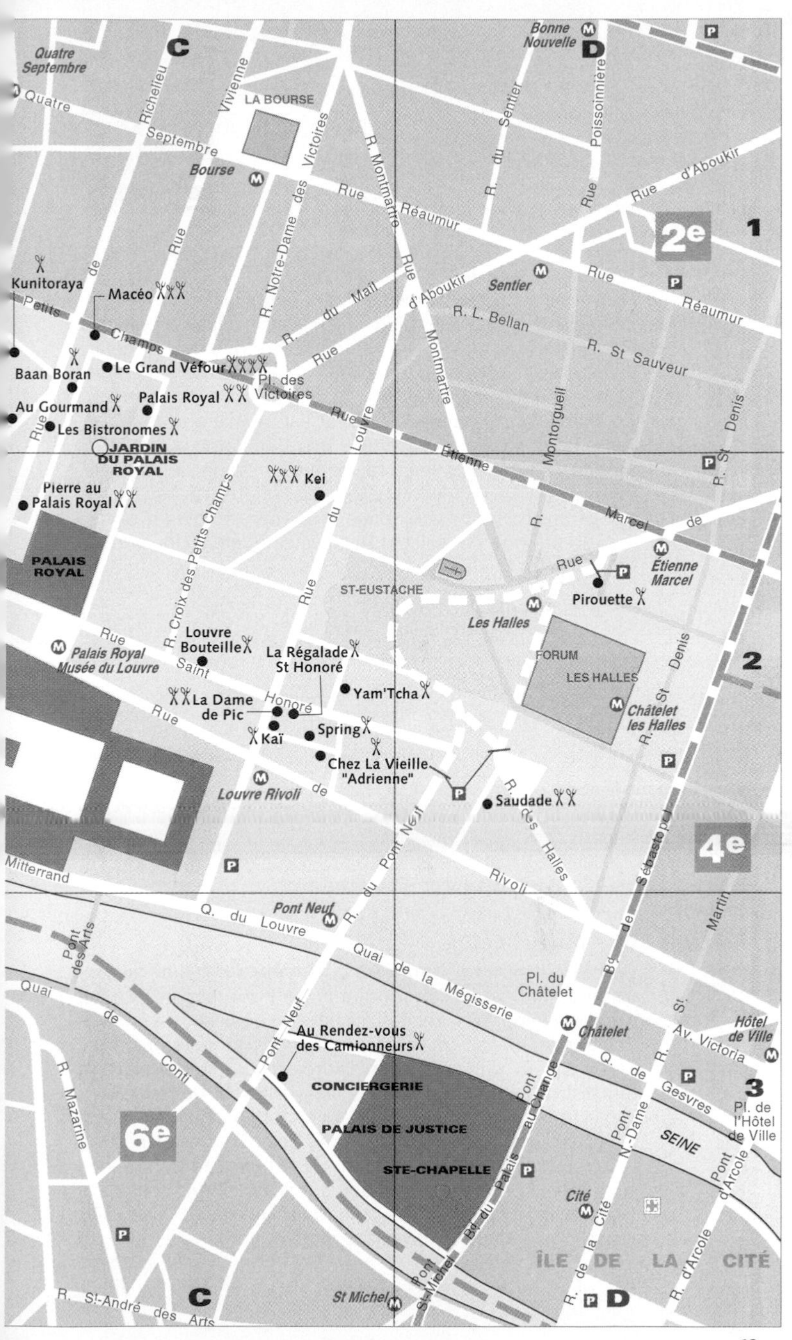

C
D
1
2
3
2e
4e
6e
Quatre Septembre
Bonne Nouvelle
LA BOURSE
Bourse
Sentier
Kunitoraya
Macéo
Baan Boran
Le Grand Véfour
Au Gourmand
Palais Royal
Les Bistronomes
Pl. des Victoires
JARDIN DU PALAIS ROYAL
Pierre au Palais Royal
Kei
PALAIS ROYAL
ST-EUSTACHE
Étienne Marcel
Pirouette
Les Halles
FORUM LES HALLES
Châtelet les Halles
Palais Royal Musée du Louvre
Louvre Bouteille
La Régalade St Honoré
Yam'Tcha
La Dame de Pic
Kaï
Spring
Chez La Vieille "Adrienne"
Louvre Rivoli
Saudade
Pont Neuf
Pl. du Châtelet
Châtelet
Hôtel de Ville
Au Rendez-vous des Camionneurs
CONCIERGERIE
PALAIS DE JUSTICE
STE-CHAPELLE
SEINE
Pl. de l'Hôtel de Ville
Cité
ÎLE DE LA CITÉ
St Michel

L'Absinthe

Traditionnelle B1

24 pl. Marché-St-Honoré
✆ 01 49 26 90 04
www.restaurantabsinthe.com
Ⓜ Pyramides
Fermé 22 décembre-2 janvier, samedi midi et dimanche

Carte 46/57 €

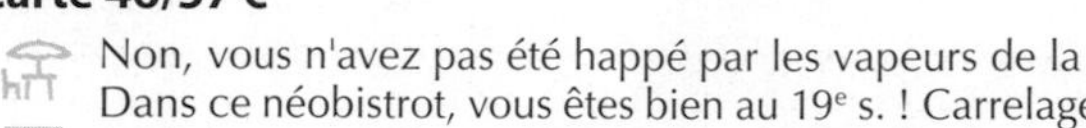

Non, vous n'avez pas été happé par les vapeurs de la "fée verte"... Dans ce néobistrot, vous êtes bien au 19e s. ! Carrelage et plancher anciens, comptoir en zinc, murs en brique, horloge monumentale et vieilles portes vitrées récupérées dans une gare : entre grande époque des chemins de fer et souvenir d'une certaine bohème, ce décor fleure bon le temps passé. Et sur la place du Marché-St-Honoré, la grande terrasse semble avoir échappé au sacre de l'automobile, ce qui est bien agréable… Quant à l'assiette, elle offre de fort jolies réminiscences bistrotières, à travers des plats de saison, frais et légers (pâté en croûte de canard et foie gras, tarte soufflée au chocolat et sa glace café, etc.). Une adresse de la constellation Michel Rostang.

L'Ardoise Ⓝ

Traditionnelle A1

28 r. du Mont-Thabor
✆ 01 42 96 28 18
www.lardoise-paris.com
Ⓜ Concorde
Fermé 14 juillet-15 août, 1er-8 janvier, dimanche midi et lundi

Formule 30 € – Menu 36/50 €

Avec ses murs recouverts d'ardoise à la manière d'un grand tableau noir, ce restaurant porte bien son nom... Nul doute : voilà un bel hommage contemporain rendu à cette ardoise qui symbolise tant les gargotes parisiennes et leurs recettes incontournables ! On ne s'étonnera donc pas que l'adresse joue résolument la carte du bistrot gourmand. Raviolis de girolles et de foie gras ; galette d'escargots, lard fumé et champignons ; cabillaud poêlé et artichaut de Bretagne ; crème caramel ; etc. Tout est généreux, frais et savoureux ! Le soir, le maître des lieux a la bonne idée d'ouvrir à 18h30, ce qui ne manquera pas de séduire ceux qui crient famine avant l'heure. Ils sont donc nombreux, touristes de passage ou habitués, à se presser dans la petite salle, et il est préférable d'avoir réservé...

L'Assaggio

Italienne A1

Hôtel Castille,
37 r. Cambon
✆ 01 44 58 45 67
www.castille.com
Ⓜ Madeleine
Fermé août, 24-30 décembre, samedi et dimanche

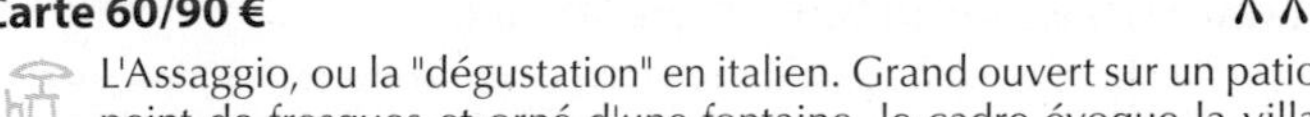

Carte 60/90 €

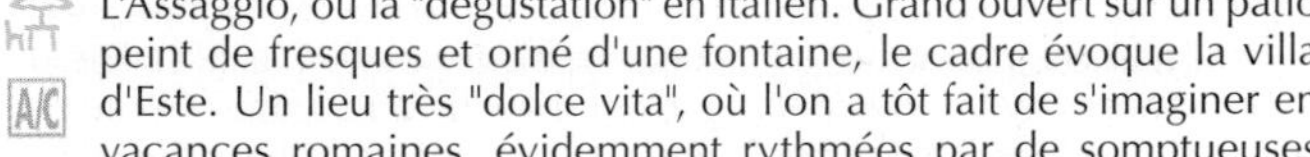

L'Assaggio, ou la "dégustation" en italien. Grand ouvert sur un patio peint de fresques et orné d'une fontaine, le cadre évoque la villa d'Este. Un lieu très "dolce vita", où l'on a tôt fait de s'imaginer en vacances romaines, évidemment rythmées par de somptueuses agapes avec les mirifiques icônes fifties de CineCittà... Mais revenons sur terre ! Le chef concocte une cuisine élégante et honore les produits de la Botte, sans trompe-l'œil... Antipasti, pasta, risottos aux petits légumes ou aux fruits de mer : les assiettes sont savoureuses et s'accompagnent de jolis vins transalpins. Un Assaggio pas si sage et résolument gourmand !

Au Gourmand

Moderne C1

17 r. Molière
✆ 01 42 96 22 19
www.augourmand.fr
Ⓜ Pyramides
Fermé 1 semaine en janvier, lundi midi, samedi midi, dimanche et feriés

Formule 26 € – Menu 31 € (déjeuner) – Carte 62/74 €

L'œuvre de deux gourmands : Sébastien Ginestet et Hervé de Libouton. La gastronomie est ici une affaire sérieuse... mais sûrement pas ennuyeuse, avec des recettes bien dans l'air du temps : foie gras et gelée de myrtilles, tourteau en cannelloni façon bolognaise, fourme d'Ambert gratinée sur une tarte fine aux poires, aubergine en chantilly et sa fine nougatine, etc. Les produits sont sélectionnés avec soin (ainsi les légumes du maraîcher star, Joël Thiébault, ou encore le gibier en saison), la carte des vins étoffée. Ajoutez un cadre contemporain, chaleureux et feutré, un service très professionnel, et vous aurez... la recette de la gourmandise.

Au Rendez-vous des Camionneurs (N)

Traditionnelle C3

72 quai des Orfèvres
✆ 01 43 29 78 81
www.aurdvdescamionneurs.com
Ⓜ Cité
Fermé 2 semaines en août et 23 décembre-1er janvier

Formule 24 € – Menu 36 € – Carte 40/60 € 

VISA MC

Banquette bleu électrique, tables en formica orange, vieux carrelage... Avis aux amateurs : ce bistrot cultive la nostalgie des années 1950 ! Ses patrons revendiquent qu'il aurait été le seul "routier" de Paris. Coquetterie de camionneurs ou non, l'adresse sait jouer la carte du revival... Au menu : une cuisine de bistrot qui va à l'essentiel, tels ce risotto de girolles, parfumé à souhait, ou cette crème brûlée à la pistache, au goût bien marqué. Ultime clin d'œil vintage, on renoue aussi avec la tradition des plats du jour : le lundi c'est agneau, le mardi cochon, le mercredi veau, etc. Autres atouts : un service sans interruption de 12h à 23h, une ambiance décontractée et... une situation exceptionnelle, sur l'île de la Cité, à deux pas du Pont-Neuf !

Baan Boran

Thaïlandaise C1

43 r. Montpensier
✆ 01 40 15 90 45
www.baan-boran.com
Ⓜ Palais Royal
Fermé samedi midi et dimanche

Menu 15 € (déjeuner)/39 € – Carte 30/45 € 

A/C VISA MC AE

Entre tableaux naïfs et orchidées, le Baan Boran affiche un cadre à la fois contemporain et exotique, tout en sobriété. Destination : la Thaïlande. En cuisine, l'équipe s'affaire autour des woks. Perpétuant un savoir-faire ancestral, elle réalise des plats plus ou moins épicés (selon votre goût), légers ou végétariens. Soupe de crevettes et citronnelle, soupe de poulet épicée, crevettes sautées aux herbes thaïes et sauce au curry rouge, poulet au curry vert et lait de coco, etc. D'alléchants fumets envahissent rapidement la salle... Enfin, les plats arrivent sur les sets de bambou, servis par un personnel charmant et en costume traditionnel. Le voyage peut vraiment commencer...

Le Baudelaire ✿

Moderne

Hôtel Le Burgundy,
6-8 r. Duphot
01 42 60 34 12
www.lebaudelaire.com
Ⓜ Madeleine
Fermé samedi midi et dimanche

A1

Formule 43 € – Menu 55 € (déjeuner)/145 € – Carte 75/140 €

A/C

VISA

AE

Le Burgundy

Ici, nulle raison d'être envahi par le spleen baudelairien : on se sent si bien dans ce restaurant raffiné, niché au cœur d'un jeune palace arty et feutré (né en 2010) célébrant le nouveau chic parisien... La salle s'ordonne autour de la cour intérieure de l'établissement, un beau jardin d'hiver où il fait bon lire *Les Fleurs du mal* devant un thé. Reflets du dehors sur les tables en laque noire, confort douillet des fauteuils camel ou chocolat, grandes verrières, murs immaculés : un havre de paix... dédié à la gastronomie.

En cuisine, le chef joue une belle partition classique, rehaussée de subtiles touches contemporaines : l'harmonie des saveurs, la qualité des produits, le soin apporté à l'exécution, tout séduit. Et au dessert, on se régale de belles gourmandises en se remémorant cette phrase du poète : "La terre est un gâteau plein de douceur." Quand gastronomie rime avec poésie...

Entrées

- Terrine de foie gras de canard des Landes, figue de Solliès marinée
- Saint-Jacques au sésame noir, mouron des oiseaux et marmelade de citron

Plats

- Turbot de petit bateau, haricots de Paimpol, pêche et tétragone
- Carré de cochon ibérique rôti, oignons nouveaux, cèpes et condiment gingembre

Desserts

- Chocolat grand cru d'Équateur, sablé fleur de sel et dentelle croustillante
- Parfait glacé banane, marmelade de citron vert et blancs en neige vaporeux

Les Bistronomes

Moderne C1

34 r. de Richelieu
01 42 60 59 66
www.lesbistronomes.fr
Ⓜ Palais Royal
Fermé 3 semaines en août, 1 semaine vacances de Noël, samedi midi, dimanche et lundi

Formule 26 € – Menu 35 € (déjeuner) – Carte 48/70 €

VISA MC

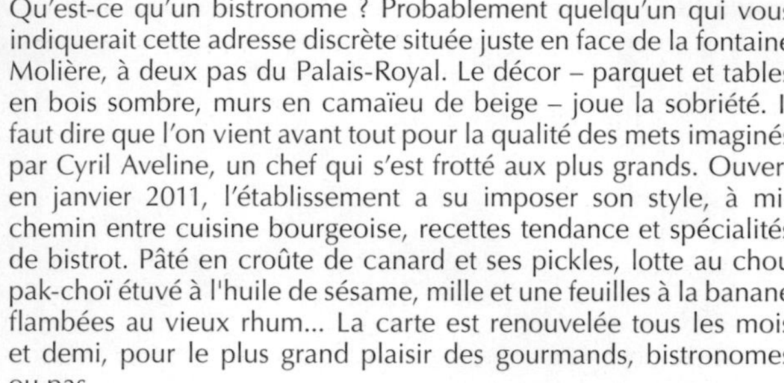

Qu'est-ce qu'un bistronome ? Probablement quelqu'un qui vous indiquerait cette adresse discrète située juste en face de la fontaine Molière, à deux pas du Palais-Royal. Le décor – parquet et tables en bois sombre, murs en camaïeu de beige – joue la sobriété. Il faut dire que l'on vient avant tout pour la qualité des mets imaginés par Cyril Aveline, un chef qui s'est frotté aux plus grands. Ouvert en janvier 2011, l'établissement a su imposer son style, à mi-chemin entre cuisine bourgeoise, recettes tendance et spécialités de bistrot. Pâté en croûte de canard et ses pickles, lotte au chou pak-choï étuvé à l'huile de sésame, mille et une feuilles à la banane flambées au vieux rhum... La carte est renouvelée tous les mois et demi, pour le plus grand plaisir des gourmands, bistronomes ou pas.

Bistrot Mavrommatis

Grecque A1

18 r. Duphot (1er étage)
01 42 97 53 04
www.mavrommatis.com
Ⓜ Madeleine
Fermé août, samedi, dimanche et fériés – Déjeuner seulement

Formule 22 € – Menu 26/29 € – Carte 32/40 €

A/C VISA MC AE

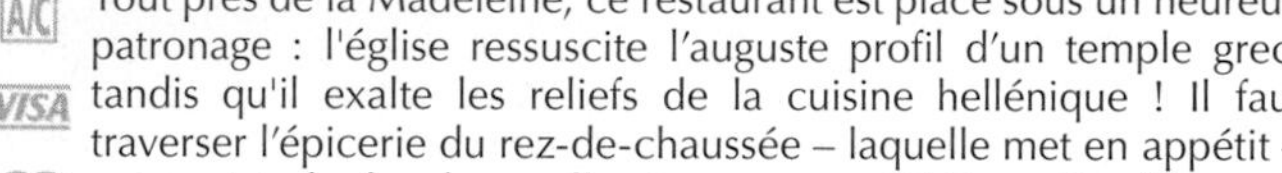

Tout près de la Madeleine, ce restaurant est placé sous un heureux patronage : l'église ressuscite l'auguste profil d'un temple grec, tandis qu'il exalte les reliefs de la cuisine hellénique ! Il faut traverser l'épicerie du rez-de-chaussée – laquelle met en appétit – pour rejoindre les deux salles à manger au 1er étage. On découvre alors une petite taverne grecque, fraîche et plaisante, ornée de nombreuses photos évoquant le pays des Dieux, ses vignes et ses oliviers, sa mer si bleue, ses ports si blancs… Les routes du Péloponnèse et des Cyclades se croisent dans l'assiette : moussaka, tzatziki (yaourt au concombre), dolmadès (feuilles de vigne farcies), keftédès (boulettes) d'agneau à la menthe, mahalepi (crème de lait à la fleur d'oranger)… Tout cela avec simplicité et à bon compte.

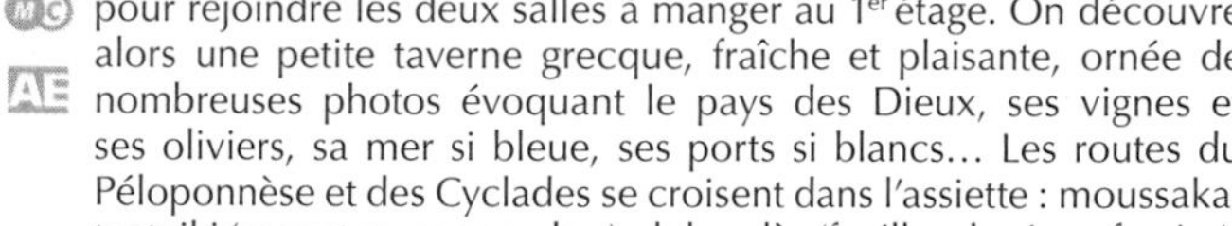

Camélia

Moderne A1

Hôtel Mandarin Oriental,
251 r. St-Honoré
01 70 98 74 00
www.mandarinoriental.fr/paris/
Concorde

Formule 55 € – Carte 64/116 €

Faire simple, se concentrer sur la saveur de très beaux produits, s'inspirer des classiques de la gastronomie française et les rehausser d'une touche d'Asie : telle était la volonté de Thierry Marx, chef du très raffiné Sur Mesure au sein de l'hôtel Mandarin Oriental, mais également directeur des cuisines de ce beau Camélia. Dans ce lieu tout en fluidité, apaisant, zen et très élégant, on se régalera par exemple d'une crème de châtaigne accompagnée d'un boudin de volaille et de champignons des bois, ou encore d'une dorade à la japonaise et ses ravioles de navets au citron. L'exécution est soignée, précise et même millimétrée ; le service efficace, comme le prouve la percutante formule "55 minutes / 55 euros". Pourquoi faire compliqué quand on peut... faire simple ?

Les Cartes Postales

Traditionnelle B1

7 r. Gomboust
01 42 61 02 93
Pyramides
Fermé 2 semaines en août, 25 décembre-2 janvier, lundi soir, samedi midi et dimanche

Formule 25 € – Menu 70 € (dîner) – Carte 40/75 €

Les cartes postales sont bien là : elles couvrent tout un mur et représentent des tableaux d'art moderne, mais c'est bien la seule coquetterie du décor, qui reste fort simple. On le sait, dans le cas de cartes postales, l'enveloppe ne compte pas ! On se focalisera donc sur l'adresse du chef, Yoshimasa Watanabe, arrivé du Japon il y a une trentaine d'années et formé auprès d'Alain Dutournier (Carré des Feuillants). Amateur de produits frais, il écrit un message savoureux, dans un parfait français relevé de quelques idéogrammes nippons : galette de crabe à la vinaigrette de pamplemousse, brochette de ris de veau caramélisés sauce aux truffes, croustillant de marron glacé... La formule déjeuner offre un bon rapport qualité-prix et, à la carte, on peut opter pour des demi-portions et redoubler ainsi son plaisir.

Carré des Feuillants ✿✿

Moderne

B1

14 r. de Castiglione
✆ 01 42 86 82 82
www.carredesfeuillants.fr
Ⓜ Tuileries
Fermé août, samedi midi et dimanche

Menu 58 € (déjeuner), 155/200 € – Carte 135/170 €

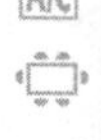

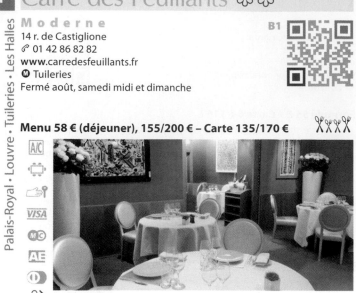

Carré des Feuillants

Il est rare qu'un restaurant marie si parfaitement ambiance et style culinaire. Indéniablement, le Carré des Feuillants réussit cette osmose. Point d'exubérance ou d'élans démonstratifs, tout dans la mesure et la maîtrise : c'est la première impression qui se dégage de cet ancien couvent (bâti sous Henri IV). Conçu par l'artiste plasticien Alberto Bali, ami d'Alain Dutournier – pour qui il a également signé les décors de ses Pinxo –, le décor n'est que lignes épurées, presque minimalistes, et matériaux naturels, dans une veine contemporaine.

Un cadre baigné de sérénité, pour un service impeccable et une cuisine à la hauteur. Marquée par la générosité et les racines landaises du chef, elle fait preuve de caractère et d'inventivité. Composées à la manière d'un triptyque – "le basique, son complice végétal et le révélateur" –, les assiettes ont l'art de valoriser l'authenticité du produit tout en sublimant le "futile". Quant à la cave, elle recèle de vrais trésors.

Entrées

- Écrevisses en infusion parfumée, huîtres spéciales d'Arcachon en ravioles de chair de Saint-Jacques
- Cuisses de grenouilles pimentées, girolles et pousses de roquette

Plats

- Lièvre mijoté au vin de Sauternes en prestigieuse royale avec truffe et foie gras
- Homard bleu aux amandes fraîches et mousserons

Desserts

- Mini clafoutis de cerises, crème glacée à l'infusion de verveine
- Perles de mangoustan, marrons glacés, parfait vanille et gelée de rhum

Chez La Vieille "Adrienne"

Traditionnelle C2

1 r. Bailleul
01 42 60 15 78
Ⓜ Louvre Rivoli
Fermé samedi midi et dimanche – Réserver

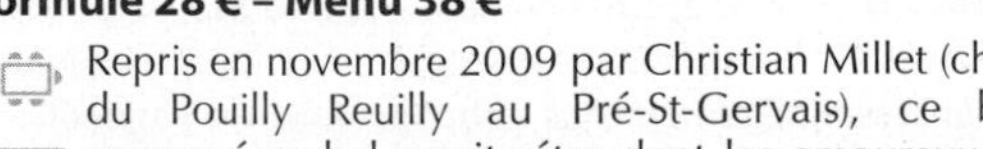

Formule 28 € – Menu 38 €

Repris en novembre 2009 par Christian Millet (chef et propriétaire du Pouilly Reuilly au Pré-St-Gervais), ce bistrot patiné a conservé ce bel esprit rétro dont les amoureux du Paris d'antan sont friands. Autrefois tenue par une certaine... Adrienne (des photos d'elle en noir et blanc parsèment les murs de la minuscule salle), cette demeure du 16e s. a le sens de l'hospitalité et de la convivialité ! La cuisine, sans chichi et à la mode de nos grands-mères, s'est un peu allégée avec les années et avec l'arrivée d'un jeune chef japonais, mais les fondamentaux ont toujours la cote : terrine de canard, quenelles de calamar, coq au vin, boudin noir, tartelette au chocolat amer. Le cadre, lui, est immuable : rideaux de dentelle, tables au coude-à-coude et grand comptoir garni de hors-d'œuvre...

Cibus

Italienne B1

5 r. Molière
01 42 61 50 19
Ⓜ Palais Royal
Fermé 1 semaine en mai, 3 semaines en août, 1 semaine vacances de Noël, lundi midi, samedi midi et dimanche – Nombre de couverts limité, réserver

Formule 30 € – Menu 38 € (déjeuner) – Carte 46/63 €

Cibus, cibi : mot latin signifiant "aliment", "nourriture" ; ainsi disait (peut-être) Néron : *Plurimi cibi sum,* "je suis un gros mangeur". Allez sans tarder réviser vos déclinaisons dans ce restaurant italien justement placé sous les auspices de ses ancêtres les Romains : ce sont deux millénaires d'art et d'exigence qui ont forgé la cuisine transalpine ! Nul besoin d'une rhétorique à la Cicéron pour le comprendre, il suffit de se mettre à table : artichauts et palourdes à la menthe, linguine aux palourdes, raviolis végétariens, poisson du jour, tiramisu... Saveurs intenses et conjugaisons éternelles : le chef vise juste, avec pas mal de produits bio. L'accueil est convivial et la salle, toute simple, ne compte que vingt couverts. Comme l'ordonnait (sans doute) Caligula : *Reservate !*

Crudus

Italienne B1

21 r. St-Roch
01 42 60 90 29
Pyramides
Fermé 1 semaine en mai, août, samedi, dimanche et fériés – Nombre de couverts limité, réserver

Formule 25 € – Menu 35 € (déjeuner)/70 € – Carte 35/70 €

VISA MC AE

Une recette toute simple, mais aboutie : ce petit restaurant italien cuisine essentiellement des produits issus de l'agriculture biologique. À la carte ou sur l'ardoise du jour, rien que des plats aux saveurs pétillantes et bien relevées, qui donnent envie de deviser sur les bienfaits de la nature : poêlée de calamars et de courgette, risotto au safran et légumes à la truffe, gnocchis à la sauge, linguine aux palourdes, tagliatelles au ragoût de bœuf, tiramisu… Le décor aussi joue la carte des fondamentaux : murs immaculés, vieux parquet, chaises de bistrot, tables en plexiglas (made in Italy), petit buffet rétro – et, sur un panneau, une imposante masse noire qui représenterait une truffe. Une adresse assez discrète, presque pour initiés.

Le Dali

Moderne A1

Hôtel Le Meurice,
228 r. de Rivoli
01 44 58 10 44
www.lemeurice.com
Tuileries

Carte 70/130 €

A/C VISA MC AE

La "deuxième" table du Meurice, au centre névralgique de l'établissement, semble autant un restaurant qu'un point de passage ou un lieu de rendez-vous. Les "beautiful people" aiment à se montrer dans ces lieux chargés d'histoire, tout en pilastres et fenêtres miroirs. Au plafond, une fresque originale, signée Ara Starck, rend hommage au génie de Salvador Dalí. Çà et là, d'autres détails – lampe à tiroirs, chaise aux pieds en forme d'escarpins – rappellent la créativité iconoclaste du maître espagnol de la peinture surréaliste. La carte revisite la cuisine de palace non sans une touche ludique : salade niçoise, œuf bénédictine au saumon, terrine de foie gras de canard, homard à la nage, poulet de ferme rôti à la broche... Une cantine chic et mondaine, au cœur de la vie du palace !

La Dame de Pic ✿ (N)

Créative

C2

20 r. du Louvre
✆ 01 42 60 40 40
www.ladamedepic.fr
Ⓜ Louvre Rivoli
Fermé 30 juillet-26 août et dimanche

Menu 49 € (déjeuner en semaine), 79/120 €

François Goizé

Nouvel atout dans la cartographie des bonnes tables parisiennes : Anne-Sophie Pic a créé en septembre 2012, à deux pas du Louvre, cette table... capitale. À 550 km de Valence où son nom a tant marqué l'histoire de la cuisine (ses père et grand-père y conquirent eux aussi trois étoiles Michelin), mais au cœur de sa griffe originale. Un travail en finesse, en précision, doublé d'une inspiration pleine de vivacité : telle est la signature de cette grande dame de la gastronomie. On retrouve son sens de l'harmonie des saveurs, de la fraîcheur et de l'exactitude (cuissons et assaisonnements font mouche), décliné ici autour d'un leitmotiv original : celui des arômes et des parfums. Dans la ville de la mode et de l'élégance, la chef a en effet voulu jouer pleinement la carte de la féminité, en association avec le "nez" Philippe Bousseton : chaque menu développe un thème olfactif différent – la vanille ou les sous-bois, par exemple. Le décor du restaurant lui aussi est éminemment féminin, mêlant tons blancs et motifs de fleurs. De quoi piquer votre sensibilité...

Entrées

- Berlingots fumés, chèvre frais fumé, champignons des bois et fève tonka
- Bettrave au café Blue Mountain

Plats

- Saint-pierre côtier, feuilles de cannelle, haricots coco et café bourbon pointu
- Cochon de Bigorre au thé vert et feuille de figuier

Desserts

- Baba au rhum, fruits de la passion, gingembre et vanille
- La trilogie de Savoie

Le First

Moderne A1

Hôtel The Westin Paris,
234 r. de Rivoli
01 44 77 10 40
www.lefirstrestaurant.com/fr/
Tuileries

Formule 30 € – Menu 36 € (semaine)/60 € – Carte 55/100 €

Une douce lumière baigne le jardin des Tuileries... Après une visite au musée de l'Orangerie, il est légitime de vouloir cultiver encore ce sentiment de quiétude. Au sein de l'hôtel Westin, le First se donne des allures de boudoir – éclairages tamisés, banquettes de velours sombre –, griffé Jacques Garcia. Aux beaux jours, la terrasse, très prisée, investit la cour de l'hôtel et c'est dans ce cadre verdoyant que l'on s'installe pour dîner au calme. La carte, conçue par Gilles Grasteau, mise sur les bons produits, sans ostentation, pour une cuisine française revisitée dans l'esprit du moment. Les menus, quant à eux, proposent des variations autour du miel, du champagne, etc. Enfin, le dimanche, le brunch "b3" impose sa formule : brunch, buffet, bien-être !

Goumard

Poissons et fruits de mer A1

9 r. Duphot
01 42 60 36 07
www.goumard.com
Madeleine

Formule 34 € – Menu 44/54 € – Carte 65/91 €

Une institution marine fondée en 1872. Les produits de la mer, de première fraîcheur, y tiennent le haut du pavé (mais on peut aussi se délecter de très bonnes viandes et de préparations en "cocotte"). Chair de tourteau, vinaigrette au citron vert et crémeux de patate douce ; bar de ligne, gnocchis à la noix de muscade, champignons et tétragones : une belle cuisine du moment et une certaine idée du grand large, dans une atmosphère feutrée et très actuelle (sculptures, lumières tamisées, musique lounge). À toute heure, les amateurs de saveurs iodées se donnent rendez-vous au bar du rez-de-chaussée, autour d'un plateau d'huîtres et de coquillages. Seul vestige de l'esprit Art nouveau, les toilettes classées sont à voir absolument ! Service décontracté, chaque jour de midi à minuit.

Le Grand Véfour ✿✿

Créative

C1

17 r. Beaujolais
✆ 01 42 96 56 27
www.grand-vefour.com
Ⓜ Palais Royal
Fermé 29 juillet-26 août, samedi et dimanche

Menu 96 € (déjeuner)/298 € – Carte 200/290 €

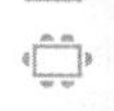

Le Grand Véfour

Lamartine, Hugo, Bonaparte et Joséphine, Mac-Mahon, Sartre... Depuis plus de deux siècles, l'ancien Café de Chartres est un vrai bottin mondain ! Repaire des rendez-vous galants, des révolutionnaires et des intellectuels, le plus vieux restaurant de Paris (1784-1785) connut, d'un propriétaire à l'autre, grandeur et décadence. Incendie, attentat, fermeture... Il entre dans la légende en 1820 avec Jean Véfour, qui lui donne son nom. Quelques guerres plus tard, en 1948, Raymond Oliver lui rend son éclat en lui apportant ses premières étoiles, que Guy Martin entretiendra à sa suite. Voilà pour l'histoire, tracée à grands traits.

Reste le lieu, unique en son genre, restauré comme à l'origine et classé monument historique. Ouvertes sur le jardin par des arcades, deux magnifiques salles Directoire : miroirs, lustres en cristal, dorures, toiles peintes fixées sous verre inspirées de l'Antiquité. Quant à la cuisine, influencée par les voyages et la peinture – couleurs, formes, textures, le chef atypique "croque" ses plats comme un artiste –, c'est un juste équilibre entre grands classiques et recettes créatives.

Entrées

- Ravioles de foie gras, crème foisonnée truffée
- Langoustines juste saisies, aubergines cuites doucement au pamplemousse, notes herbacées de basilic

Plats

- Pigeon Prince Rainier III
- Parmentier de queue de boeuf aux truffes

Desserts

- Palet noisette et chocolat au lait, glace au caramel et prise de sel de Guérande
- Crème brûlée aux artichauts, légumes confits, sorbet aux amandes amères

Gwadar

Indienne B1

39 r. St-Roch
01 42 96 28 24
www.restaurantgwadar.com
Pyramides
Fermé dimanche

Formule 15 € – Menu 20/25 € – Carte 22/40 €

A/C VISA MC

Gwadar-Paris ? Pour rejoindre cette ville portuaire du sud-ouest du Pakistan, deux options s'offrent à vous : plusieurs heures d'avion... ou bien un voyage express via de belles saveurs épicées, très évocatrices du pays. Un parfait ticket donc que ce charmant restaurant à la fois cosy et douillet... Du velours, des banquettes, des tons chauds et le doux parfum de bons petits plats indo-pakistanais : butter chicken (poulet grillé et sauce tomatée), poulet tikka masala (dans une sauce aux épices), kulfi (glace à la pistache), etc., le tout accompagné d'un nan, ce petit "pain" incontournable. Bon à savoir : vous pouvez demander à ce que votre plat soit plus ou moins épicé, selon votre goût... Enfin, l'accueil se montre charmant. Ladies and gentlemen, embarquez dès maintenant sur Gwadar Airlines !

Kaï

Japonaise C2

18 r. du Louvre
01 40 15 01 99
Louvre Rivoli
Fermé 1 semaine en avril, 3 semaines en août, 1 semaine à Noël et dimanche

Formule 28 € – Menu 70 €

A/C VISA MC AE

Avec le courant furieusement tendance de la gastronomie nippone – saine, différente, exotique – les tables japonaises ont fleuri dans la capitale. Kaï en est une particulièrement réjouissante et authentique, qui séduira celles et ceux qui sont soucieux de leur ligne comme enclins aux écarts gourmands. Dans un cadre minimaliste, paré de bois, de bambous vernis et de tableaux, on déguste le meilleur des spécialités traditionnelles. Les sushis fondent en bouche, le risotto de homard et rouget à l'ail sert d'interlude avant le "dengaku", délicieuse aubergine grillée au feu de bois à la sauce miso, ou le "tonkatsu", escalopes de porc panées servies avec algues et sauce aigre-douce. Seule exception française au menu, les irrésistibles desserts de Pierre Hermé.

Kei ✿

Moderne

C2

5 r. du Coq-Héron
✆ 01 42 33 14 74
www.restaurant-kei.fr
Ⓜ Louvre Rivoli
Fermé 5-26 août, vacances de Noël, dimanche et lundi

Menu 45 € (déjeuner), 100/125 €

AE

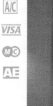

Michelin Travel Partner

La gastronomie, Kei Kobayashi est tombé dedans quand il était petit ! Son enfance se passe à Nagano, dans une famille très sensibilisée au sujet : son père est cuisinier dans un restaurant traditionnel kaiseki. Mais sa véritable vocation naît… en regardant la télévision, grâce à un documentaire sur la cuisine française. Il étudie trois ans au Japon avant de partir pour l'Hexagone, afin de parfaire sa formation chez les plus grands. Le voilà désormais chez lui dans cet établissement d'une sobre élégance.

Sa cuisine est bien digne d'un passionné : il y a quelque chose de natif dans ses réalisations. L'influence nippone se fait sentir par petites touches délicates – avec une purée d'agrumes, des fleurs, des lamelles de pomme verte... – et préserve les saveurs si présentes de produits de qualité. Certaines associations hautes en couleur surprennent, d'autres ravissent par leur harmonie et leur limpidité ; les jeux sur les textures et les ingrédients font mouche. Inventif et raffiné.

Entrées

- Foie gras, gelée de raisin, amandes fraîches et pomme
- Bouillon de champignons et quenelle de crevette, ciboulette et gingembre

Plats

- Filet de rouget au pamplemousse confit
- Côte de veau saisie, caviar d'aubergine et herbes

Desserts

- Assiette chocolat, sorbet chocolat au lait
- Soufflé aux fruits rouges, glace vanille

Kinugawa N

Japonaise

B1

9 r. du Mont-Thabor
01 42 60 65 07
www.kinugawa.fr
M Tuileries
Fermé 23 décembre-1er janvier et dimanche

Menu 42 € (déjeuner en semaine), 55/85 € - Carte 40/80 €

Cette table japonaise bien connue – elle fut fondée en 1984 – s'est métamorphosée en 2012 sous l'égide de ses nouveaux propriétaires. Le fameux tandem d'architectes parisiens Gilles & Boissier en a repensé le décor, en mêlant caractère contemporain et esthétique nippone : c'est une incontestable réussite, tout en sobres tonalités et lignes épurées... Voilà qui sied bien à la cuisine, qui porte une authentique et élégante signature japonaise. Le chef, Toyofumi Ozuru, est issu d'une longue lignée de restaurateurs nippons. Sashimis, bœuf teriyaki et autres recettes kaiseki – avec un bar à sushis à l'étage – mêlent fraîcheur et saveurs ; les jeux sur les textures, la subtilité des marinades et des fritures (comme celles des tempuras de crevettes) : tout évoque joliment la cuisine japonaise contemporaine.

Kunitoraya

Japonaise

B1

5 r. Villedo
01 47 03 07 74
www.kunitoraya.com
M Pyramides
Fermé 2 semaines en août, vacances de février, dimanche soir et lundi

Formule 22 € - Menu 26 € (déjeuner en semaine), 50/90 € - Carte 45/60 €

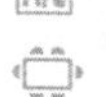

Un mariage Tokyo-Paname très réussi ! Vieux zinc, boiseries, grands miroirs, murs en faïence façon métro et carrelage à l'ancienne : ça c'est Paris, le parfait Paris des brasseries et des soupers 1900. Le chef japonais, séduit par ce décor "so french", a investi la place en avril 2010. Il nous y régale d'une cuisine nippone copieuse et soignée, essentiellement à base d'udon, pâtes maison fabriquées avec une farine de blé directement importée du Japon ! Elles se dégustent chaudes, servies dans un bouillon au parfum de poisson séché et de viande, accompagnées de crevettes en tempura et de grandes feuilles de maki (algue verte séchée) ; froides, on les apprécie notamment avec de l'igname, du soja ou des radis... Le pays du Soleil-Levant flamboie en plein cœur de la Ville Lumière, éternelle et gouailleuse !

Lescure

Traditionnelle A1

7 r. Mondovi
01 42 60 18 91
Concorde
Fermé août, 23 décembre-3 janvier, samedi et dimanche

Menu 25 € – Carte environ 35 €

Planqué derrière l'ambassade des États-Unis, le Lescure fait partie de ces lieux qui se bonifient avec le temps, comme le vin. Depuis sa création en 1919, les patrons, corréziens d'origine, se relaient de père en fils et ont su fidéliser une clientèle d'amis qui se transmettent l'adresse en toute confiance. Il faut dire que l'atmosphère ancienne et "campagnarde" joue beaucoup : tables rustiques – pas plus d'une trentaine de couverts – surplombées par des salaisons et des tresses d'oignon et d'ail. Dans l'assiette, on retrouve les essentiels de la cuisine limousine, copieux et alléchants, ainsi que les traditionnels bœuf bourguignon et poule au pot farcie. Au dessert, craquez pour le fondant aux trois chocolats ! Dernière particularité : la convivialité de l'équipe, volontiers gouailleuse...

Louvre Bouteille

Traditionnelle C2

150 r. St-Honoré
01 73 54 44 44
www.louvrebouteille.fr
Louvre Rivoli
Fermé samedi et dimanche

Formule 22 € – Menu 30 € (déjeuner)/36 €

Imaginez, à deux pas du Louvre, une façade rouge vin derrière laquelle se cache un bistrot moderne décoré çà et là de bouteilles... C'est dans ce drôle de Louvre Bouteille que Cyril Rouquet, chef "vu à la télé" (il a été finaliste de l'émission Masterchef en 2010), enfile chaque jour son tablier pour préparer de bonnes recettes, bien parfumées : tournedos et pommes grenaille, magret de canard dans un bouillon thaï, œuf poché accompagné d'une crème de champignons et de chips de coppa, etc. On reconnaît l'œuvre d'un autodidacte passionné, qui n'hésite pas, par exemple, à préparer le gâteau au chocolat de "môman". Pour sûr, sa cuisine a du cœur... et du goût ! Le tout se déguste évidemment avec une bonne bouteille (joli choix de bourgognes). Une adresse bien sympathique.

Macéo

Moderne C1

15 r. Petits-Champs
01 42 97 53 85
www.maceorestaurant.com
Ⓜ Bourse
Fermé 3-26 août, samedi midi, dimanche et fériés

Formule 30 € – Menu 36/58 € – Carte 52/76 €

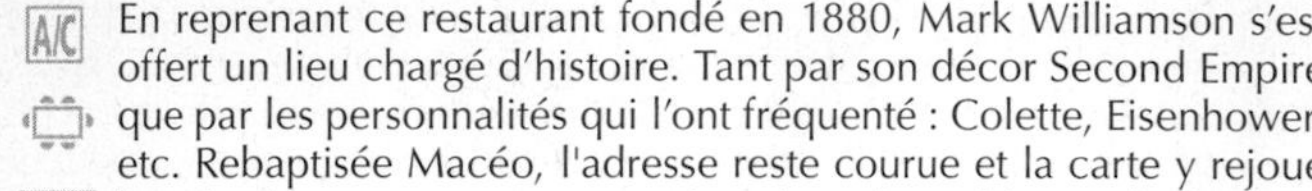

En reprenant ce restaurant fondé en 1880, Mark Williamson s'est offert un lieu chargé d'histoire. Tant par son décor Second Empire que par les personnalités qui l'ont fréquenté : Colette, Eisenhower, etc. Rebaptisée Macéo, l'adresse reste courue et la carte y rejoue les classiques avec une note de subversion : bisque de homard et crème légère au citron vert, sauté de bœuf et légumes au saté, macaron aux noisettes et crème pralinée... À noter, un menu asperge (en saison), un menu 100 % végétarien, et une incomparable cave – la passion du patron, également propriétaire du Willi's Wine Bar voisin – où s'illustrent quelque 250 vins du monde entier.

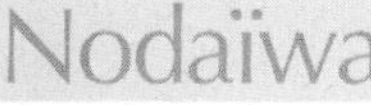

Nodaïwa

Japonaise B2

272 r. St-Honoré
01 42 86 03 42
www.nodaiwa.com
Ⓜ Palais Royal
Fermé 1er-20 août, 30 décembre-10 janvier et dimanche

Formule 21 € – Menu 25 € (déjeuner), 31/68 € – Carte environ 45 €

Je suis la spécialité de ce restaurant. Levée en filets, passée au gril puis cuite à la vapeur, je suis ensuite plongée dans un bain de sauce soja, saké et sucre (auquel s'ajoute le secret du chef...), avant d'être de nouveau grillée et nappée de sauce. On me déguste sur du riz, dans un bol ou une boîte laquée. Les clients me choisissent au poids (à partir de 180 g) et peuvent parfaire mon assaisonnement avec du soja ou du sancho (épice japonaise). On me propose aussi en gelée ou au gingembre. La salle, tout en longueur et minimaliste, me ressemble. Qui suis-je ? L'anguille ! Telle est la championne de cette table nippone, filiale d'une maison bien implantée à Tokyo. La grande majorité de la clientèle est japonaise, ce qui dit tout de la qualité.

Le Meurice ✿✿✿

Créative A1

Hôtel Le Meurice,
228 r. de Rivoli
01 44 58 10 55
www.lemeurice.com
Tuileries
Fermé 2-17 mars, 27 juillet-26 août, samedi, dimanche et fériés

Menu 115 € (déjeuner)/280 € – Carte 200/350 €

Guillaume de Laubier

Yannick Alléno n'a pas attendu le poids des années pour entrer dans la cour des grands. Jeune quadra, il affiche déjà un impressionnant parcours, jalonné de prix et de belles maisons. Avec à la clé le Meurice, un palace qu'il connaît bien pour y avoir été chef de partie en 1992... et pour en diriger aujourd'hui les cuisines, d'une main de maître.

Audace, perfection, ambition : Alléno ne laisse rien au hasard. Son style n'est pas seulement brillant ou académique ; il est aussi créatif. Vouant une véritable passion à la gastronomie parisienne qu'il veut "codifier" et repenser "au goût du siècle", il ajuste sa cuisine au plus près des saisons et des produits, pour un exploit sans cesse renouvelé.

Consciente de l'importance de l'accueil, toute son équipe travaille au diapason, démontrant un savoir-faire irréprochable. Serveurs et plateaux d'argent composent un véritable ballet sous les ors de la salle digne d'un salon versaillais : haut plafond d'angelots peints, lustres en cristal, miroirs anciens, mosaïque de 1907 au sol, vue sur le jardin des Tuileries...

Entrées

- Maquereau mariné au ponzu, huile de sésame, gelée à l'hibiscus, pétales de tomates au shiso
- Œuf de poule en habit vert, croûtons dorés aux grains

Plats

- Vapeur de cabillaud à l'ail doux, chorizo, jus de kokotxas, coquillages et champignons
- Canette de la Dombe en fines aiguillettes aux navets

Desserts

- Meringue soufflée aux amandes, pêches macérées au lait d'amande
- Figues rôties aux pétales d'amandes, gavottes glacées au beurre demi-sel

Palais Royal

Traditionnelle

C1

110 Galerie de Valois - Jardin du Palais Royal
01 40 20 00 27
www.restaurantdupalaisroyal.com
Bourse

Carte 50/80 €

Un emplacement de rêve : la résidence du Palais-Royal, ses arcades et son ravissant jardin. L'été, la table y est dressée et la pause gourmande prend des airs de parenthèse enchantée et... ensoleillée ! L'hiver, on profite de la vue, bien au chaud derrière les larges baies vitrées de la salle à manger. Atmosphère tout en intimité : esprit Art déco, miroirs, tableaux, photos de Colette (dont l'appartement se trouvait juste au-dessus), dîner aux chandelles et service à l'avenant... Et le moment est d'autant plus agréable que la cuisine cultive la belle tradition : filet de bar de ligne accompagné de tomates confites et d'olives de Nyons, rognon de veau entier et sa garniture à la française, millefeuille à la vanille Bourbon et ses fruits de saison...

Pierre au Palais Royal

Moderne

C2

10 r. Richelieu
01 42 96 09 17
www.pierreaupalaisroyal.com
Palais Royal
Fermé août, samedi midi et dimanche

Formule 33 € – Menu 39 € (déjeuner), 44/56 €

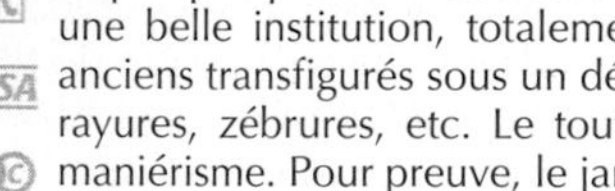
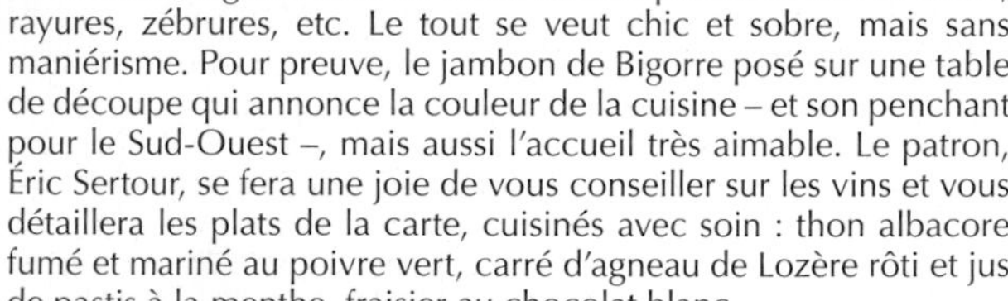

À quelques pas de la Comédie-Française, Pierre au Palais Royal est une belle institution, totalement en prise avec l'époque : murs anciens transfigurés sous un décor contemporain en noir et blanc, rayures, zébrures, etc. Le tout se veut chic et sobre, mais sans maniérisme. Pour preuve, le jambon de Bigorre posé sur une table de découpe qui annonce la couleur de la cuisine – et son penchant pour le Sud-Ouest –, mais aussi l'accueil très aimable. Le patron, Éric Sertour, se fera une joie de vous conseiller sur les vins et vous détaillera les plats de la carte, cuisinés avec soin : thon albacore fumé et mariné au poivre vert, carré d'agneau de Lozère rôti et jus de pastis à la menthe, fraisier au chocolat blanc...

Pinxo - Tuileries

Moderne B1

Hôtel Renaissance Paris Vendôme,
9 r. d'Alger
01 40 20 72 00
www.pinxo.fr
Ⓜ Tuileries

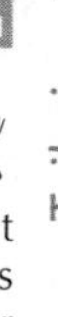

Fermé août, samedi midi et dimanche

Menu 29 € (déjeuner) – Carte 45/60 €

Dans un décor minimaliste noir et blanc très mode (il n'en fallait pas moins pour la table de l'hôtel Renaissance Paris Vendôme), les cuisines font leur show au centre de la salle, bordées d'un joli bar en granit. Au menu, de succulentes créations façon tapas, salées et sucrées, qu'une clientèle chic s'amuse à "pinxer" (prendre avec les doigts) ou à piocher dans l'assiette du voisin. C'est Alain Dutournier – du Carré des Feuillants – qui a imaginé ce concept : celui d'un nouveau partage gourmand pour appétits "zappeurs" ! Sous l'impulsion de ce Landais féru d'Espagne, l'équipe vous propose chipirons sautés, tartare de bœuf esprit Rossini, tourtière landaise avec une glace pruneau-armagnac... À noter : le grand chef a ouvert en 2012 une seconde adresse dans le 6e arrondissement, Pinxo Saint-Germain.

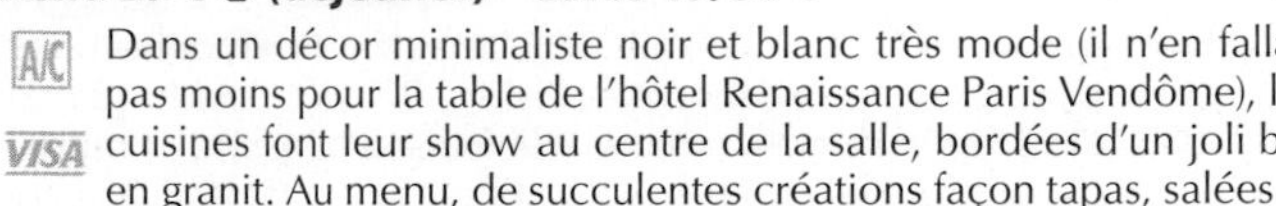

Pirouette Ⓝ

Traditionnelle D2

5 r. Montdétour
01 40 26 47 81
www.restaurantpirouette.com
Ⓜ Châtelet-Les Halles
Fermé août et dimanche

Formule 15 € – Menu 36 € – Carte 35/58 €

"Il était un petit homme, Pirouette"... À l'image de la célèbre comptine, voici une table enjouée et un tantinet espiègle ! Créée en 2012 dans le quartier des Halles, elle croque la tradition avec gourmandise et liberté... Son jeune chef, Tomy Gousset, est passé par le Meurice et Taillevent, et s'empare des classiques sans faux-semblants ni cabrioles : tête de veau, chou braisé et câpres ; pigeon rôti et feuille de romaine farcie aux lardons et aux oignons ; figues caramélisées ; baba au rhum au citron vert... Côté décor règne également un sympathique esprit contemporain, avec une devanture traitée à la manière d'une grande verrière d'atelier, un mur couvert de bouteilles de vin, du parquet au sol... Bref, voilà une adresse où la tradition ne tourne pas en rond !

La Régalade St-Honoré

Traditionnelle C2

123 r. St-Honoré
01 42 21 92 40
Louvre Rivoli
Fermé août, 24 décembre-4 janvier, samedi et dimanche

Menu 35 €

Après le succès de la mythique Régalade du 14e arrondissement, Bruno Doucet récidive dans cette version bis située dans le quartier des Halles. Le décor annonce la couleur, minimaliste comme il se doit pour un bistrot chic. La recette est la même, une carte assez courte et des suggestions à l'ardoise, privilégiant le terroir et le marché dans un souci d'authenticité. On se régale donc de la terrine du patron en guise d'amuse-bouche, d'une dorade ultrafraîche saisie à la plancha accompagnée de chipirons grillés et de jus de viande, ou d'une belle pièce de bœuf, sans oublier l'emblématique riz au lait. Le "ventre de Paris" apprécie !

Sanukiya

Japonaise B2

9 r. d'Argenteuil
01 42 60 52 61
Pyramides

Formule 14 € – Carte 15/28 €

Savez-vous ce que sont les *udon* ? Pour le découvrir, rendez-vous chez Sanukiya : ces nouilles japonaises à base de farine de blé sont la spécialité de cette petite table nippone créée début 2012 ! Perché sur l'un des tabourets, face au comptoir, on s'initie aux subtilités de ce plat typiquement nippon : toutes les préparations obéissent à un rituel précis, l'une s'arrosant d'une sauce chaude, l'autre se trempant dans une sauce froide, etc. De quoi devenir incollable sur le sujet... Toutes les nouilles sont confectionnées sur place, avec de la farine importée du Japon, et s'accompagnent au choix de galettes de légumes et crevettes, d'algues, de beignets nature, etc. Simple, bon et authentique.

Saudade

Portugaise D2

34 r. des Bourdonnais
01 42 36 03 65
www.restaurantsaudade.com
Pont Neuf
Fermé août et dimanche

Formule 23 €  **– Carte 30/52 €**

Cette Saudade-là n'a rien de mélancolique ! C'est un puissant remède au "mal du pays" sur fond de fado et à grandes gorgées de vieux portos. Depuis trois générations – Fernando Moura a repris le flambeau en 1979 –, cette ambassade portugaise confirme sa réputation d'authenticité et de typicité. En toute modestie : discrète façade et salles sobrement décorées d'azulejos. Gardienne des traditions, Maria De Fatima n'a pas son pareil pour préparer viande de porc aux palourdes, "caldo verde" (soupe au chou) et "arroz doce" (riz au lait à la cannelle). Sans oublier le plat national, la morue, proposée sous toutes ses formes : grillée, poêlée, gratinée, panée, en beignets... Bon à savoir pour les mélomanes : dîner-spectacle le premier mardi du mois.

Spring

Créative C2

6 r. Bailleul
01 45 96 05 72
www.springparis.fr
Louvre Rivoli
Fermé 2 semaines en août, 2 semaines en février, mardi midi, samedi midi, dimanche et lundi – réserver

Menu 46 € (déjeuner)/79 €

Daniel Rose, originaire de Chicago, est un jeune chef décontracté, épicurien et inspiré... Il a créé un lieu à son image ! Si vous vous installez dans la salle principale (il y a aussi une cave voûtée, à l'ambiance tamisée), vous le verrez s'activer devant vous, cuisinant sur l'instant et à l'instinct, en toute transparence. Il puise son inspiration au marché, créant en fonction de ses trouvailles un menu unique pour tous les convives. Voyageuse et gourmande, sa cuisine abolit les conventions, sans jamais dérouter, car elle est toujours guidée par le souci des saveurs. Bref, elle offre un joli aperçu d'une certaine manière de travailler, cosmopolite et libérée – mais toujours exigeante –, qui n'est peut-être pas la moindre marque du monde contemporain ! Spring : pour voir la vie en rose... en toute saison.

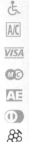

Sur Mesure par Thierry Marx ✿✿

Créative A1

Hôtel Mandarin Oriental,
251 r. St-Honoré
01 70 98 73 00
www.mandarinoriental.fr/paris/
Ⓜ Concorde
Fermé dimanche et lundi

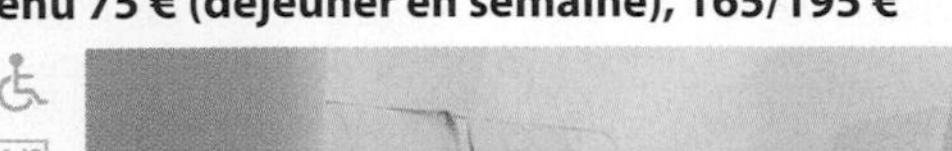

Menu 75 € (déjeuner en semaine), 165/195 €

Mandarin Oriental

On a tout dit ou presque de Thierry Marx, grand voyageur, alchimiste malicieux, maître d'œuvre plusieurs fois reconnu qui fit les beaux jours du Château Cordeillan-Bages à Pauillac (Gironde). Nouvelle étape dans ce parcours atypique : le voici à Paris, à la tête des cuisines du Mandarin Oriental, palace haute couture né mi-2011, qui lui a imaginé un restaurant sur mesure. Ou plutôt à sa démesure ? Passez le sas d'entrée, vous voilà transporté dans un univers inédit, d'un blanc immaculé et presque monacal, qui n'est pas sans évoquer le décor avant-gardiste d'un film de Stanley Kubrick.

"Ma cuisine tient en deux mots : structure et déstructure", confie Thierry Marx ; c'est bien ce que l'on ressent en découvrant ses menus uniques, succession de plats aux saveurs étonnantes. En orfèvre minutieux, il travaille la matière, joue avec intelligence sur les transparences, les saveurs et les textures. Sans aucun doute, on a bien affaire là à une cuisine de créateur, pleine de caractère et de finesse... Une véritable expérience.

Entrées

- Semi-pris de coquillages et longuet caviar
- Risotto de soja aux huîtres et truffe noire

Plats

- Bœuf charbon, réglisse, laque de petits pois, lard de Colonnata
- Homard, laque de carapace, miso blanc

Desserts

- Sweet bento et ylang-ylang
- Miroir cassis

Yam'Tcha ✿

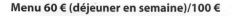

Créative

C2 

4 r. Sauval
✆ 01 40 26 08 07
www.yamtcha.com
Ⓜ Louvre Rivoli
Fermé août, vacances de Noël, mardi midi, dimanche et lundi – Nombre de couverts limité, réserver

Menu 60 € (déjeuner en semaine)/100 €

Chi Wah Chan

Ils sont parfois magiques, les linéaments du grand art, où l'incandescence n'est que... simplicité. Adeline Grattard a reçu un don rare, celui du sens – voire de l'omniscience – du produit. Dans son restaurant ouvert en 2009 et qui ne peut accueillir qu'une vingtaine de chanceux (réservez !), cette jeune chef choisit deux ou trois ingrédients, et ils occupent tout l'espace. Ni démonstration technique ni esbroufe, rien que de subtiles associations, rarement vues et qui paraissent pourtant très naturelles. Formée auprès de Pascal Barbot (L'Astrance) et restée quelques années à Hong-Kong, elle marie des produits d'une extrême qualité, principalement de France et d'Asie : le homard s'unit au tofu et au maïs, le bar s'associe aux huîtres... Le tout se déguste avec une sélection rare de thés asiatiques, autre source d'accords très convaincants (*yam'tcha*, en chinois, c'est "boire le thé"). Ni carte ni menu : de plats en plats, on se laisse surprendre par le marché et l'inspiration du jour. Limpide.

Entrées

- Wonton de foie gras et de couteau servi dans un consommé
- Saint-Jacques vapeur, nouilles de patate douce et émulsion de shitaké

Plats

- Turbot, trompettes-de-la-mort et émulsion de pétoncle
- Bœuf de Galice, aubergine à la sichuanaise

Desserts

- Crème de sésame noir, glace vanille et châtaigne
- Pavlova, raisin moscatelle et sorbet litchi

Zen

Japonaise

8 r. de L'Échelle
01 42 61 93 99
Palais Royal
Fermé 10-20 août

B2

Carte 20/52 €

A/C

VISA

MC

Zen semble incarner les deux faces du Japon tel qu'on se l'imagine ici : traditionnel, extrêmement respectueux du passé, et moderne, tourné résolument vers l'avenir. Cette cantine nippone joue en effet sur les deux registres, avec une cuisine authentique et un cadre rafraîchissant et ludique. Sans être radical, mais aux antipodes de la discrétion feutrée habituelle, le décor renouvelle le genre et séduit par sa fluidité épurée, ses lignes courbes, sa bichromie en blanc et vert acidulé. La carte, étoffée, reste fidèle aux fondamentaux (sushis, grillades, tempuras, gyozas). Un mot enfin sur le service, empressé mais souriant, et les prix raisonnables, qui font de cette table l'endroit idéal pour un déjeuner sur le pouce ou un dîner plus zen.

Se régaler
sans se ruiner ? Repérez
les "Bib Gourmand" :
le signe d'une bonne table
sachant marier cuisine de
qualité et prix… ajustés.

Directphoto / Age fotostock

2e

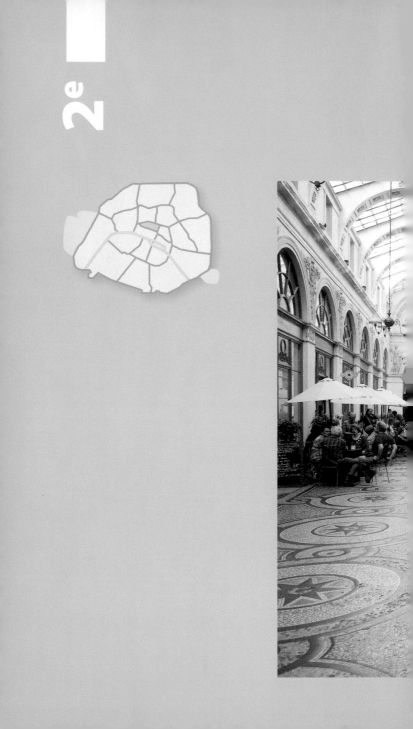

Bourse · Sentier

B. Gardel / Hemis.fr

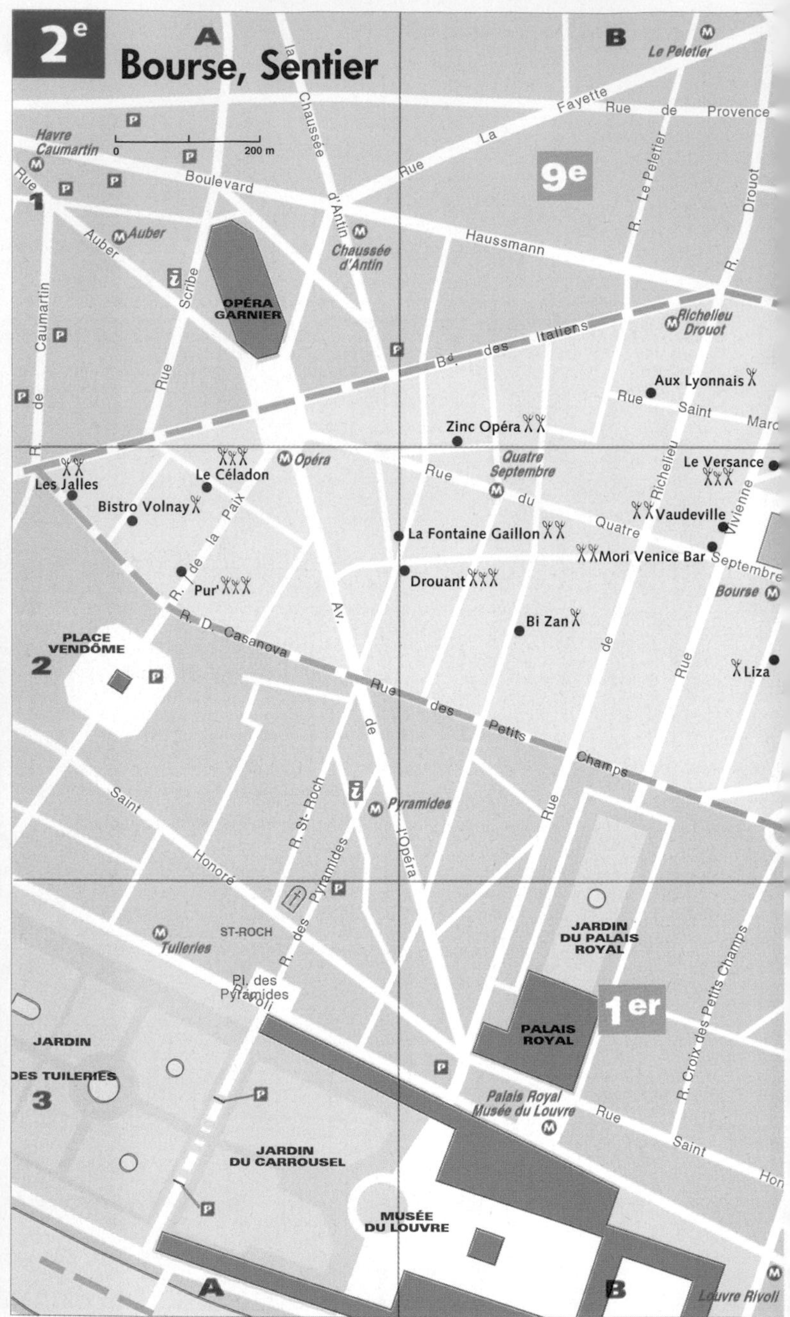
2e
Bourse, Sentier
A
B
1
2
3
9e
1er
Les Jalles
Le Céladon
Bistro Volnay
Pur'
Zinc Opéra
Aux Lyonnais
Le Versance
Vaudeville
La Fontaine Gaillon
Mori Venice Bar
Drouant
Bi Zan
Liza
OPÉRA GARNIER
PLACE VENDÔME
JARDIN DU PALAIS ROYAL
PALAIS ROYAL
JARDIN DES TUILERIES
JARDIN DU CARROUSEL
MUSÉE DU LOUVRE
ST-ROCH
Pl. des Pyramides
Havre Caumartin
Auber
Chaussée d'Antin
Opéra
Quatre Septembre
Richelieu Drouot
Le Peletier
Bourse
Pyramides
Tuileries
Palais Royal Musée du Louvre
Louvre Rivoli
Boulevard Haussmann
Rue La Fayette
Rue de Provence
Bd. des Italiens
Rue du Quatre Septembre
Rue des Petits Champs
R. D. Casanova
R. de la Paix
Av. de l'Opéra
Rue Saint Honoré
Rue de Rivoli
R. St-Roch
R. des Pyramides
Rue de Richelieu
Rue Vivienne
R. Croix des Petits Champs
Rue Saint Marc
R. Le Peletier
R. Drouot
Rue de la Chaussée d'Antin
Rue Scribe
Rue Auber
R. de Caumartin
0
200 m

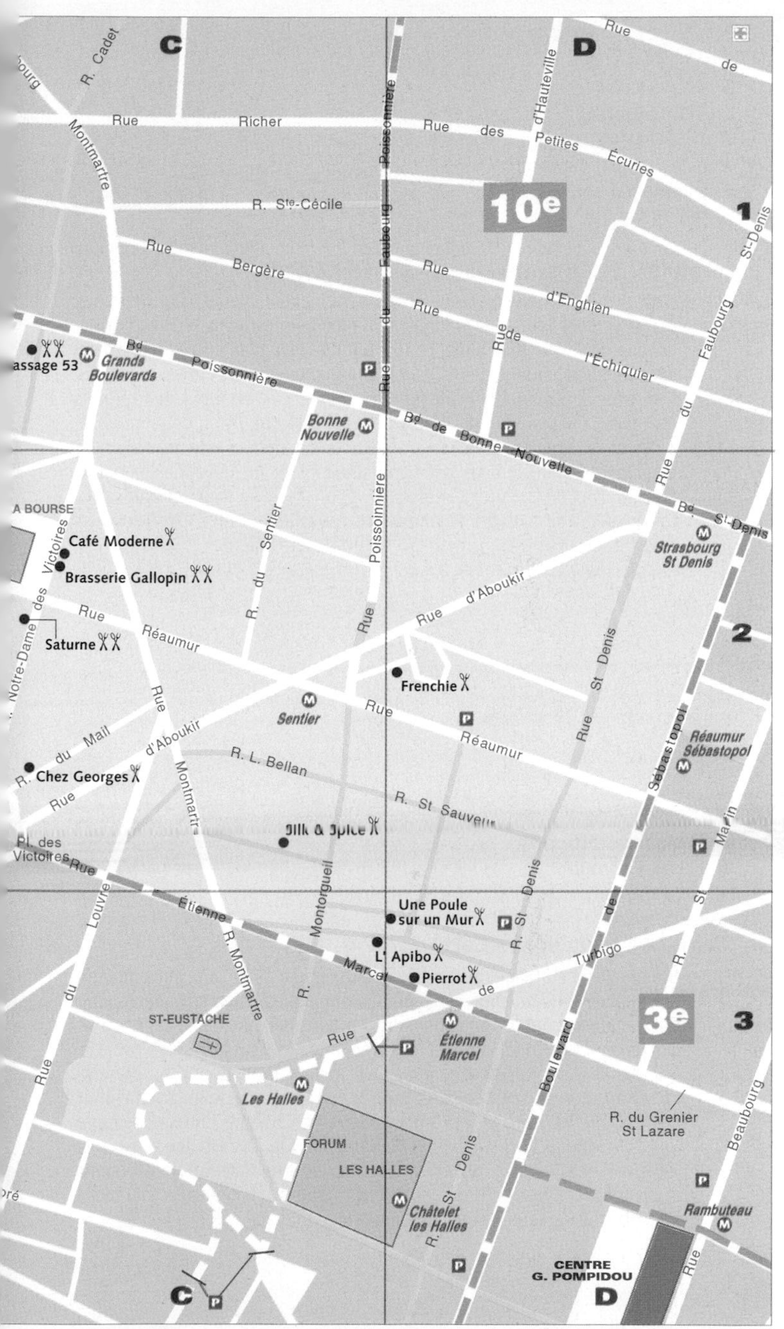
C
D
10e
3e
1
2
3
Rue Richer
Rue des Petites Écuries
R. Ste-Cécile
Rue Bergère
Rue d'Enghien
Rue de l'Échiquier
Rue du Faubourg Poissonnière
Rue d'Hauteville
Rue du Faubourg St-Denis
R. Cadet
Montmartre
Bd Poissonnière
Bd de Bonne-Nouvelle
Bd St-Denis
Grands Boulevards
Bonne Nouvelle
Strasbourg St Denis
Passage 53
A BOURSE
Café Moderne
Brasserie Gallopin
Saturne
Frenchie
Chez Georges
Silk & Spice
Une Poule sur un Mur
L' Apibo
Pierrot
Rue Réaumur
Rue d'Aboukir
R. du Sentier
Rue Poissonnière
Rue St Denis
Rue Montmartre
R. du Mail
R. L. Bellan
R. St Sauveur
Rue Notre-Dame des Victoires
Pl. des Victoires
Rue Étienne Marcel
R. Montorgueil
R. Montmartre
Rue de Turbigo
Sentier
Réaumur Sébastopol
Boulevard de Sébastopol
R. St Martin
Rue du Louvre
ST-EUSTACHE
Les Halles
Étienne Marcel
FORUM LES HALLES
Châtelet les Halles
R. St Denis
R. du Grenier St Lazare
Rue Beaubourg
Rambuteau
CENTRE G. POMPIDOU
Rue

L'Apibo N

Moderne

C3

31 r. Tiquetonne
01 55 34 94 50
www.restaurant-lapibo.fr
Etienne Marcel
Fermé dimanche

Formule 22 € – Menu 32/55 € – Carte 32/41 €

Anthony Boucher, l'ancien chef du restaurant Jean – une bonne table du 9e –, s'est lancé dans une nouvelle aventure : ouvrir sa propre adresse ! Son choix s'est porté sur ce pas-de-porte du quartier Montorgueil, qui joue la carte de la simplicité : murs chaulés, tomettes, poutres au plafond, petites tables en bois et tableaux colorés... L'essentiel est ailleurs : dans l'assiette, qui révèle le savoir-faire et la finesse du cuisinier. Ravioles de volaille pochées au zaatar (épice libanaise), artichauts sautés et mousseline de patate douce ; filet de bar cuit sur un lit de gros sel et riz noir vénéré, sauce tandoori ; abricot rôti et pannacotta vanillée ; etc. On découvre une belle cuisine de produits, originale et délicate... Qui plus est, l'accueil est charmant et les prix sont mesurés. Haro sur L'Apibo !

Aux Lyonnais

Lyonnaise

B1

32 r. St-Marc
01 42 96 65 04
www.alain-ducasse.com
Richelieu Drouot
Fermé août, samedi midi, dimanche et lundi – Réserver

Menu 32 € (déjeuner) – Carte 41/57 €

Ouvert en 1890, ce bistrot délicieusement rétro a vraiment belle allure avec ses miroirs, moulures, faïences, tableaux et vieux zinc. Bien calé sur les banquettes, on se sent tout de suite à son aise. La découverte de Lyon est assurée avec de savoureuses recettes locales faisant appel aux meilleurs produits régionaux : planche de charcuteries, œuf cocotte aux écrevisses, quenelles de brochet, tarte et île flottante aux pralines roses, etc. Même choix côté cave, où le Rhône et la Bourgogne s'imposent. De l'ambiance et un bon rapport qualité-prix pour le menu déjeuner (attention aux vins, toutefois, un peu chers) : un vrai "bouchon lyonnais parisien", membre du groupe Alain Ducasse.

Bistro Volnay

Traditionnelle A2

8 r. Volney
✆ 01 42 61 06 65
www.bistrovolnay.fr
Ⓜ Opéra
Fermé 3 semaines en août, samedi et dimanche

Menu 38/55 €

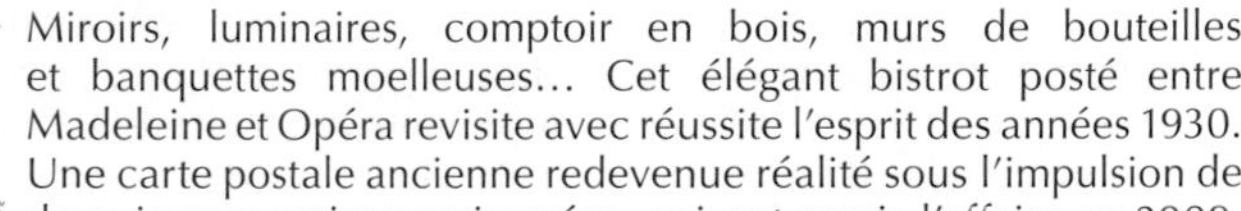

Miroirs, luminaires, comptoir en bois, murs de bouteilles et banquettes moelleuses... Cet élégant bistrot posté entre Madeleine et Opéra revisite avec réussite l'esprit des années 1930. Une carte postale ancienne redevenue réalité sous l'impulsion de deux jeunes amies passionnées, qui ont repris l'affaire en 2009. Et au Volnay, l'assiette aussi a du caractère : ajustés aux saisons et même au marché du jour, les plats canailles et bistrotiers rencontrent la gastronomie, et sont traités avec beaucoup de soin. Terrine de pâté maison, foie de veau en persillade ou tarte au citron meringuée : on redécouvre avec plaisir ces classiques joliment réinterprétés !

Bi Zan

Japonaise B2

56 r. Ste-Anne
✆ 01 42 96 67 76
Ⓜ Quatre Septembre
Fermé dimanche, lundi et fériés

Formule 45 € – Menu 65 €/120 € – Carte 68/135 € le soir

Hirashimase! Si vous ne connaissez pas encore cette table nippone, appréciée des amateurs, n'hésitez pas. Bi Zan – nom d'une montagne à Tokushima – ne démérite pas dans le quartier le plus japonais de la capitale. Sa qualité? La cuisine traditionnelle de Kyoto, avec une carte faisant la part belle aux sushis et aux sashimis. Le chef réalise des préparations plaisantes à l'œil et d'une grande fraîcheur. Vous pourrez assister à cet exercice de précision en mangeant au comptoir au rez-de-chaussée ou choisir une table à l'étage. Comme le veut la coutume, le décor reste d'un minimalisme absolu, d'une géométrie zen réchauffée par le bois blond.

Brasserie Gallopin

Traditionnelle

C2

40 r. N.-D.-des-Victoires
01 42 36 45 38
www.brasseriegallopin.com
Bourse

Formule 20 € – Menu 25 € (déjeuner)/32 € – Carte 40/65 €

En 1876, Monsieur Gallopin ouvre ici sa première affaire et invente la fameuse chope en métal argenté (20 cl) qui porte son nom. Depuis, les "gallopins" défilent au comptoir. Après Arletty et Raimu, les Parisiens et les touristes s'y pressent, profitant ainsi du décor : vénérable zinc, boiseries victoriennes en acajou de Cuba, cuivres rutilants, miroirs et surtout superbe verrière 1900 (dans la salle Belle Époque), à voir absolument ! Historique, la carte l'est aussi, déclinant les grands classiques de la brasserie avec un maximum de goût : foie gras de canard au naturel, vinaigrette de haricots verts et champignons de Paris, sole meunière, tartare de bœuf, baba au rhum, ou encore paris-brest. Service et ambiance décontractés, pour apprécier chaque gorgée de bière... Et la suite !

Café Moderne

Moderne

C2

40 r. N.-D.-des-Victoires
01 53 40 84 10
Bourse
Fermé 1er-24 août, samedi et dimanche

Formule 28 € – Menu 35/39 €

Business as usual... À deux pas du palais Brongniart aujourd'hui déserté par les boursicoteurs, ce Café Moderne permet de se replonger dans l'ambiance toujours très affairée du quartier : le midi, l'endroit est bondé ! Le soir venu, la clientèle troque son costume pour un autre, au profit des duos et des compagnies d'amis... À toute heure en effet, Jean-Luc Lefrançois, chef passionné, fait mouche : avec les produits du moment, il délivre des assiettes bien pensées aux saveurs franches. En soirée, suivez son "Instinct moderne", un menu dégustation en cinq plats – cinq régals... Le tout accompagné d'une carte des vins qui rend, comme l'élégant décor contemporain (bouteilles de vin et photos de vignobles habillent les murs), un bel hommage aux crus français.

Le Céladon ✿

Moderne

A2 

Hôtel Westminster
15 r. Daunou
01 42 61 77 42
www.leceladon.com
Opéra
Fermé août, samedi et dimanche

Menu 49 € (déjeuner)/64 € – Carte 80/120 €

VISA

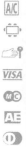

Le Céladon

Tout en nuances et en raffinement : le restaurant du confidentiel hôtel Westminster, à mi-chemin entre la place Vendôme et l'Opéra Garnier, n'a rien d'un endroit tape-à-l'œil ou branché. Bien au contraire. Son sens du luxe se révèle sans ostentation, dominé par la couleur délicate et emblématique de la maison : le fameux vert céladon.

Dans cet univers feutré et cossu, mêlant style Régence, tableaux anciens et pointes d'Orient (vases en porcelaine chinoise), on voyage vers de lointains ailleurs le temps d'un repas parfumé de saveurs subtiles. Une gastronomie créative qui maîtrise totalement le répertoire français, entre tradition et modernité. Grâce au savoir-faire de Christophe Moisand (ancien du Relais de Sèvres et du Meurice), qui réalise des assiettes harmonieuses sublimées par l'accord de vins bien choisis, on passe ici un moment savoureux.

Entrées

- Girolles et cochon ibérique, pluma grillé et jambon en copeaux
- Homard bleu févettes et thym citron au parfum d'aïoli

Plats

- Turbot sauvage cuit sur l'arête, gelée aux crevettes grises et thym citron
- Pigeon farci au foie gras et aux girolles

Desserts

- Pêche rôtie, chutney au romarin et brioche tiède
- Rhubarbe poêlée à la grenadine et en sorbet, gelée et crème citron

Chez Georges

Traditionnelle C2

1 r. du Mail
01 42 60 07 11
Bourse
Fermé août, vacances de Noël, samedi et dimanche

Carte 31/73 €

A/C VISA MC

Une institution du Sentier, fondée en 1964 et reprise en 2010 par deux jeunes associés (œuvrant déjà au Bistrot de Paris et Chez René). Zinc, banquettes, stucs et miroirs : cet authentique bistrot parisien a conservé son beau décor et toute son atmosphère, très bon enfant. L'assiette est à l'unisson, généreuse, gourmande et... immuable : terrine de foies de volaille, harengs pommes à l'huile, entrecôte grillée, profiteroles au chocolat, etc. Des produits de grande qualité – mention spéciale pour les viandes, dont le succulent pavé de bœuf –, des cuissons maîtrisées et des vins français bien choisis : on comprend que l'adresse (malgré des tarifs un peu élevés) compte de nombreux fidèles !

Drouant

Moderne B2

16 pl. Gaillon
01 42 65 15 16
www.drouant.com
Quatre Septembre

Menu 45 € (déjeuner) – Carte 68/75 €

A/C VISA MC AE

Un hôtel particulier mythique : on y décerne le prix Goncourt depuis 1914 ! Dans cette brasserie chic, les idées comme les saveurs se mêlent dans une atmosphère festive... Sous la houlette d'Antoine Westermann, le Drouant connaît une nouvelle jeunesse : le décor, épuré, feutré et lumineux, donne la priorité aux volumes harmonieux, jouant sur le contraste d'un mobilier sombre et de murs clairs ornés de photos. L'escalier de Ruhlmann mène à l'agréable mezzanine ; l'espace bar est tout paré d'or et les salons privatifs dégagent un beau cachet classique. Dans ce bien bel écrin, on déguste une cuisine associant tradition et touches fusion (la carte se décline notamment par thèmes et par produits). Mention spéciale au choix de vins, joliment étoffé.

La Fontaine Gaillon

Poissons et fruits de mer A-B2

pl. Gaillon
01 47 42 63 22
www.restaurant-la-fontaine-gaillon.com
Ⓜ Quatre Septembre
Fermé 3 semaines en août, samedi et dimanche

Menu 45 € (déjeuner) – Carte 60/90 €

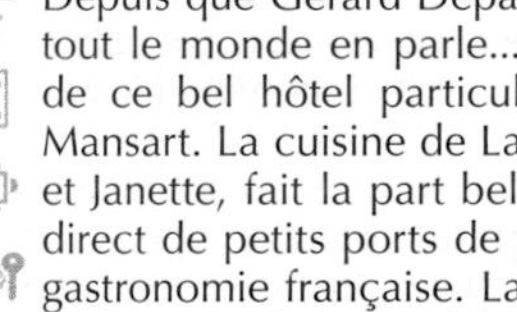

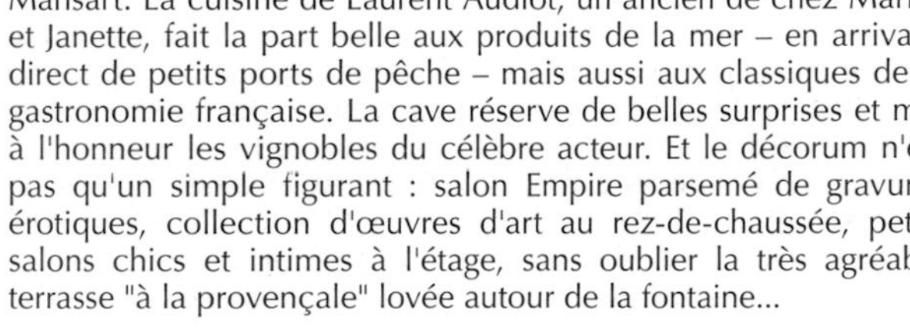

Depuis que Gérard Depardieu a repris les rênes de cette maison, tout le monde en parle... Mais ce n'est pas là le plus fort attrait de ce bel hôtel particulier, bâti en 1672 par Jules Hardouin-Mansart. La cuisine de Laurent Audiot, un ancien de chez Marius et Janette, fait la part belle aux produits de la mer – en arrivage direct de petits ports de pêche – mais aussi aux classiques de la gastronomie française. La cave réserve de belles surprises et met à l'honneur les vignobles du célèbre acteur. Et le décorum n'est pas qu'un simple figurant : salon Empire parsemé de gravures érotiques, collection d'œuvres d'art au rez-de-chaussée, petits salons chics et intimes à l'étage, sans oublier la très agréable terrasse "à la provençale" lovée autour de la fontaine...

Frenchie

Moderne D2

5 r. du Nil
01 40 39 96 19
www.frenchie-restaurant.com
Ⓜ Sentier
Fermé 2 semaines en août, vacances de Noël, le midi, samedi et dimanche – Nombre de couverts limité, réserver

Formule 34 € – Menu 45 €

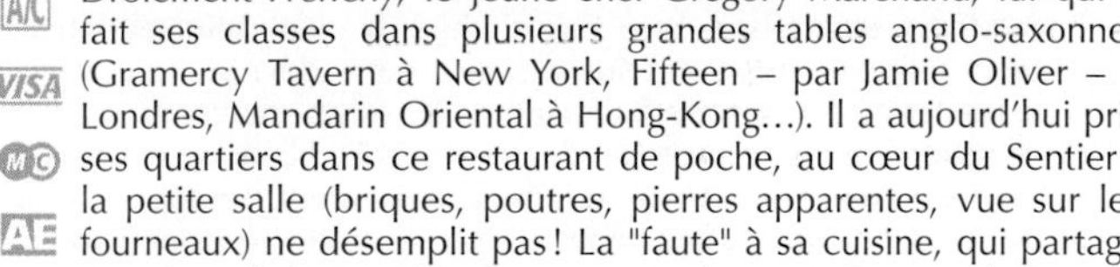

Drôlement *Frenchy*, le jeune chef Grégory Marchand, lui qui a fait ses classes dans plusieurs grandes tables anglo-saxonnes (Gramercy Tavern à New York, Fifteen – par Jamie Oliver – à Londres, Mandarin Oriental à Hong-Kong...). Il a aujourd'hui pris ses quartiers dans ce restaurant de poche, au cœur du Sentier : la petite salle (briques, poutres, pierres apparentes, vue sur les fourneaux) ne désemplit pas ! La "faute" à sa cuisine, qui partage tout du goût international contemporain, avec des associations de saveurs originales, centrées sur le produit. À la carte, régulièrement renouvelée : truite fumée minute ; purée de rutabaga, choux de Bruxelles et ail confit ; gnocchis maison ; agneau, piquillos et pois chiches ; tarte aux pralines roses, cheesecake. Drôlement *savoury*.

Les Jalles (N)

Moderne

A2

14 r. des Capucines
✆ 01 42 61 66 71
www.lesjalles.fr
Ⓜ Opéra
Fermé samedi midi et dimanche midi

Menu 42 € (déjeuner)/85 € – Carte environ 85 €

A/C VISA MC AE

Les deux jeunes femmes qui ont ressuscité le fameux Bistro Volnay ont récidivé à deux pas, en 2012, avec ces Jalles, dont Magali, sommelière de formation, a pris le commandement. On découvre une brasserie chic, marquée par le style Art déco (ou art rétro ?) et dont la carte fait déjà figure de valeur sûre dans le quartier. Ses deux instigatrices ont su recruter un chef bien formé, ancien de Joël Robuchon et de Yannick Alléno. À l'image de ce bar rôti avec ses fleurs de courgette, ou de ces aiguillettes de bœuf accompagnées de cannellonis de légumes et d'une quenelle de crème de chèvre, les assiettes révèlent de beaux produits et d'agréables saveurs. Pour l'anecdote, en gascon, "jalle" signifie "cours d'eau"... et comme on le sait, les petits ruisseaux font les grandes rivières !

Liza

Libanaise

B2

14 r. de la Banque
✆ 01 55 35 00 66
www.restaurant-liza.com
Ⓜ Bourse
Fermé samedi midi et dimanche soir

Formule 16 € – Carte 34/54 €

A/C VISA MC AE

La table de Liza Shoughayar ressemble au Liban d'aujourd'hui : moderne et métissé. Loin des clichés, la décoration, confiée à une équipe de designers du pays du Cèdre, dévoile les ponts qui existent entre l'Orient et l'Occident. Ainsi, les matériaux précieux et ornementaux (panneaux de nacre, bois blanc sculpté, métal martelé, cuivre, éclats de miroirs) agrémentent le mobilier épuré et contemporain. Cette atmosphère, raffinée tendance lounge, est accentuée par une bande-son originale mariant oud et jazz oriental. En cuisine, la tradition est judicieusement réinterprétée et permet de découvrir des recettes moins connues : agneau aux cinq épices douces, kebbé méchouiyé (bœuf, sauce betterave et menthe), potiron confit... Le midi, sympathiques plateaux thématiques (végétarien, méditerranéen, etc.).

Mori Venice Bar

Italienne B2

2 r. du Quatre-Septembre
01 44 55 51 55
www.mori-venicebar.com
Bourse

Menu 40 € (déjeuner en semaine) – Carte 53/116 €

Venise et les Maures : l'enseigne évoque ces liens commerciaux séculaires qui ont fait la fortune et l'esprit de la ville, si imprégnée d'Orient… Ici, point de ciselures de marbre, mais une atmosphère feutrée signée Philippe Starck, évoquant avec sobriété le raffinement et le secret : murs habillés d'acajou, sol chocolat, lustres de Murano, masques de carnaval, jolie véranda et comptoir pour prendre un verre en savourant des antipasti. La gastronomie vénitienne est méconnue, et le chef, passionné, a à cœur de la défendre – une mission déjà accomplie à New York et en Uruguay. Sa démonstration est exemplaire, avec d'excellents produits de Vénétie et de nombreuses spécialités (*cicchetti* – amuse-bouches –, foie de veau *alla veneziana*, poissons de l'Adriatique, etc.). Des plats… envoûtants, Venise oblige.

Pierrot

Traditionnelle D3

18 r. Étienne Marcel
01 45 08 00 10
Etienne Marcel
Fermé dimanche

Carte 40/55 €

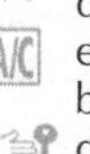

Un bistrot typique (banquettes, zinc, miroirs...) en plein quartier des Halles, avec une atmosphère à la fois chaleureuse et bon enfant : de quoi donner envie de pousser la porte. Une autre très bonne raison de le faire : découvrir les saveurs et les beaux produits de l'Aveyron. Viande fermière de l'Aubrac, confit de canard, foie gras maison, carré d'agneau rôti aux herbes, ou encore rognons de veau à la graine de moutarde... tous les petits plats francs, simples, généreux et bien faits s'alignent sur l'ardoise, ainsi que les suggestions du moment. Service convivial, souriant et rapide. Aux beaux jours, on s'installe en terrasse, pour profiter de la trépidante rue Étienne-Marcel.

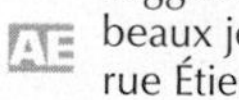

Passage 53 ✿✿

Créative

C1

53 passage des Panoramas
✆ 01 42 33 04 35
www.passage53.com
Ⓜ Grands Boulevards
Fermé 2 semaines en août, dimanche et lundi – Nombre de couverts limité, réserver

Menu 60 € (déjeuner en semaine)/120 €

Mr Uenaka

Alors qu'au 19e s. les coquettes ne juraient que par eux, les passages couverts sont tombés dans une douce désuétude : celui des Panoramas (1800) demeure emblématique de ce Paris en noir et blanc. Sauf au n° 53. Iconoclaste parmi des boutiques surannées (numismates, philatélistes, etc.), ce restaurant né en 2009 offre – tout l'annonce – l'occasion d'une expérience rare. Tel un passage dérobé vers une avant-garde discrète mais pointue, la salle est minuscule, étroite et immaculée (murs chaulés, banquettes et fauteuils crème aux reflets irisés). On s'y installe sans cérémonial, mais avec cérémonie : à la première bouchée, le "menu du marché" (annoncé de vive voix en début de repas) ouvre sur des contrées insoupçonnées. Une gageure soutenue par Shinichi Sato, jeune chef d'origine japonaise, formé notamment auprès de Pascal Barbot (L'Astrance). Il délivre une cuisine d'instinct, où l'épure le dispute à la finesse. Produits de choix, cuissons millimétrées, présentations soignées, associations de saveurs harmonieuses et saisissantes : le passage, assurément, emmène loin.

Entrées	Plats	Desserts
• Menu dégustation surprise…		

Une Poule sur un Mur

Moderne D3

5 r. Marie-Stuart
01 42 33 05 89
www.unepoulesurunmur.fr
Etienne Marcel
Fermé 6-25 août, 23 décembre-2 janvier, samedi midi, dimanche et lundi

Formule 16 € – Menu 18 € (déjeuner) – Carte 33/47 €

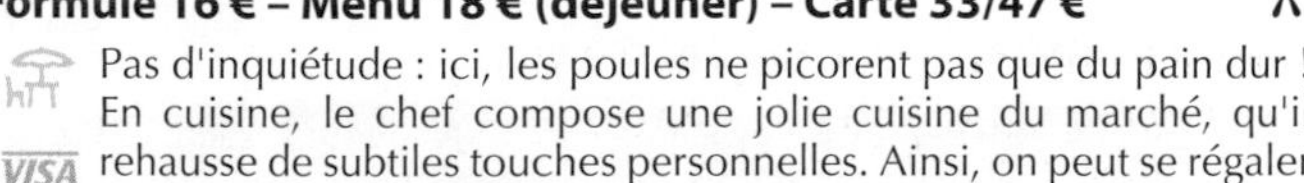

VISA

Pas d'inquiétude : ici, les poules ne picorent pas que du pain dur ! En cuisine, le chef compose une jolie cuisine du marché, qu'il rehausse de subtiles touches personnelles. Ainsi, on peut se régaler d'un artichaut barigoule au magret de canard fumé, d'un crumble de fenouil et courgette et son fromage de chèvre frais, ou encore d'un filet de lieu jaune relevé d'une tapenade bien parfumée et d'une belle purée de pomme de terre... En dessert, pourquoi ne pas craquer pour un excellent riz au lait, onctueux et crémeux à souhait, accompagné d'un délicat caramel au beurre salé ? Et pour sauter du coq à l'âne, il faut ajouter que cette Poule a adopté une déco élégante et très tendance... Un vrai nid gourmand, en somme !

Saturne

Moderne C2

17 r. N.-D.-des-Victoires
01 42 60 31 90
www.saturne-paris.fr
Bourse
Fermé août, vacances de Noël, samedi et dimanche

Menu 37 € (déjeuner)/60 € – Carte 55/75 € le midi

VISA

Saturne : dieu de l'agriculture et anagramme de "natures"... Une bien jolie enseigne, qui dit tout : le jeune chef, formé auprès d'Alain Passard à l'Arpège (7e arrondissement), et son associé, sommelier de son état, sont amoureux du bon produit. Vins naturels, petits producteurs, respect des saisons : on trouve tout cela chez Saturne, et bien plus encore ! Ris de veau accompagné d'une émulsion d'huître, comté vieux de 21 à 28 mois d'affinage, poire pochée au miel et sa glace au lait, etc. : les assiettes sont pleines de saveurs, les accords mets-vins harmonieux... Quant à l'atmosphère, elle est résolument jeune et parisienne, façon loft de copains (grande armoire à vin vitrée, verrière). Pour l'anecdote – qui a son importance au pays du fromage – le pain est tout simplement... divin !

Pur' ✿

Créative

Hôtel Park Hyatt,
5 r. de la Paix
01 58 71 10 61
www.paris.vendome.hyatt.fr
Opéra
Fermé août et le midi

A2

Menu 100/250 € – Carte 130/230 €

AE

Park Hyatt

Deux restaurants contemporains au Park Hyatt : les Orchidées à l'heure du déjeuner et Pur', plus feutré, pour un bien agréable dîner. Ce dernier est évidemment à l'image de l'hôtel de la rue de la Paix, où le luxe est affaire de raffinement, de modernité et de discrétion. Laissée à l'imagination d'Ed Tuttle, la décoration crée une atmosphère à la fois confortable et spectaculaire. Une réussite, incontestablement. Tout est pensé pour concilier majesté et intimité : les harmonies de couleurs claires et foncées, les éclairages indirects diffusant une lumière tamisée... et l'espace lui-même – vaste rotonde surmontée d'une coupole et cerclée d'une colonnade abritant une grande banquette capitonnée. Le chef d'orchestre ? Jean-François Rouquette (Taillevent, le Crillon, la Cantine des Gourmets, les Muses), qui trouve ici un lieu à sa mesure pour exprimer la grande maîtrise de son talent. Sa cuisine, créative et inspirée, accorde avec finesse d'excellents produits, sans fausse note. Un pur plaisir !

Entrées

- Fricassée de girolles "tête de clou", crumble de noisettes, mûres en pickles
- Tataki de bonite, pastèque, piquillos, pruneaux et jambon ibérique

Plats

- Bœuf wagyu grillé, aubergines brûlées, pommes de terre fondantes
- Filets de rouget à la poudre d'orange, artichaut macau et fenouil

Desserts

- Fine tarte aux fraises des bois, Bloody Mary glacé et basilic
- Croquant abricot aux mendiants, biscuit moelleux au yaourt et sorbet aux noyaux

Silk & Spice

Thaïlandaise C2

6 r. Mandar
01 44 88 21 91
www.silkandspice.fr
Sentier
Fermé samedi midi et dimanche midi

Formule 23 € – Menu 26/50 € – Carte 33/48 €

A/C VISA AE

Le raffinement en guise d'exotisme, étonnant? Pas chez Silk & Spice, où l'atmosphère épurée, feutrée et intime remplace judicieusement le folklore en matière de dépaysement, au cœur du quartier Montorgueil. Le décor ? Dominantes sombres rehaussées de feuille d'or, bel éclairage tamisé, murmure d'une fontaine, orchidées blanches... Dans l'assiette, fine et soignée, un savant mélange de douceurs et d'épices transporte au royaume de Siam : filet de bar sauce au tamarin et légumes sautés, gambas et crevettes dans une réduction à la citronnelle, bœuf mijoté au curry vert, ou encore flan coco et sorbet aux litchis. Service discret et délicat... à l'image du lieu.

Vaudeville

Traditionnelle B2

29 r. Vivienne
01 40 20 04 62
www.vaudevilleparis.com
Bourse

Formule 27 € – Menu 33 € – Carte 36/71 €

VISA AE

À midi, c'est la "cantine" des hommes d'affaires et des journalistes (la Bourse et l'Agence France Presse sont à deux pas). Le soir, place à la foule animée déboulant des théâtres voisins. Le cadre Art déco brille alors de tous ses feux, les décibels montent et les serveurs, toujours souriants, slaloment de table en table. Pas de doute, Le Vaudeville connaît son rôle sur le bout des doigts : la vraie brasserie parisienne ! À l'affiche, tous les classiques du genre agrémentés de spécialités maison, tels les fruits de mer, l'escalope de foie gras de canard poêlée, l'andouillette, la tranche de morue fraîche à la plancha, ou encore les œufs à la neige. Le tout en formules ou en menus, dont un – clientèle oblige – servi à l'heure du souper. Le petit plus aux beaux jours : la terrasse face au palais Brongniart.

Le Versance

Moderne B2

16 r. Feydeau
01 45 08 00 08
www.leversance.fr
Bourse
Fermé 22 juillet-20 août, 24 décembre-2 janvier, samedi midi, dimanche et lundi

Formule 32 € – Menu 38 € (déjeuner) – Carte 57/75 €

A/C VISA MC AE

Un cadre où poutres, vitraux, mobilier design et tables tirées à quatre épingles font des étincelles. Dans cet écrin gris-blanc épuré, la sobriété le dispute à l'élégance, et le lieu dégage une vraie sérénité. Un coup de maître pour Samuel Cavagnis, dont c'est le premier restaurant. En cuisine, ce jeune globe-trotter formé à bonne école reste fidèle aux saveurs hexagonales. Un retour aux racines françaises illustré par des plats joliment contés et teintés d'exotisme : homard bleu rôti au curry et sa sauce au vin jaune, ris de veau et leur cake au stilton accompagné d'une poire aux épices, Saint-Jacques et ravioles au topinambour, ou encore joli dessert examinant la pomme sous toutes ses coutures...

Zinc Opéra N

Moderne B1

8 r. de Hanovre
01 42 65 58 95
www.restaurant-zinc.com
Opéra
Fermé août, samedi et dimanche

Formule 25 € – Menu 30/35 € – Carte 35/55 €

VISA MC AE

Après le Zinc de Gennevilliers et celui de Courchevel, Paris a désormais le sien... À deux pas de l'Opéra, cet opus se révèle particulièrement séduisant. Les fourneaux ont été confiés à une équipe très solide, qui signe des recettes à la fois simples et soignées, centrées sur les produits. Ainsi ce confit de canard à la cuisson parfaite, accompagné de pommes de terre sautées et parfumées aux herbes, ou encore ce clafoutis aux cerises des plus savoureux... Des classiques parfaitement maîtrisés et pleins de parfums. Le décor, façon bistrot chic et cosy, et l'accueil, très sympathique, ajoutent à l'intérêt des lieux !

PASSAGE DU GRAND CERF
VERS LE QUARTIER MONTORGUEIL

A. Eastland / Age fotostock

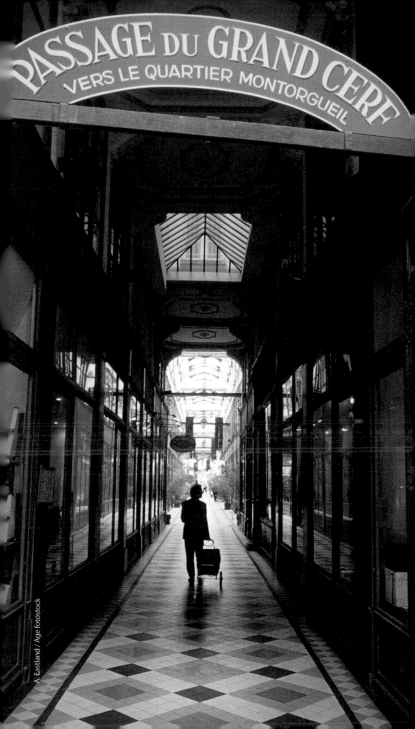

3e

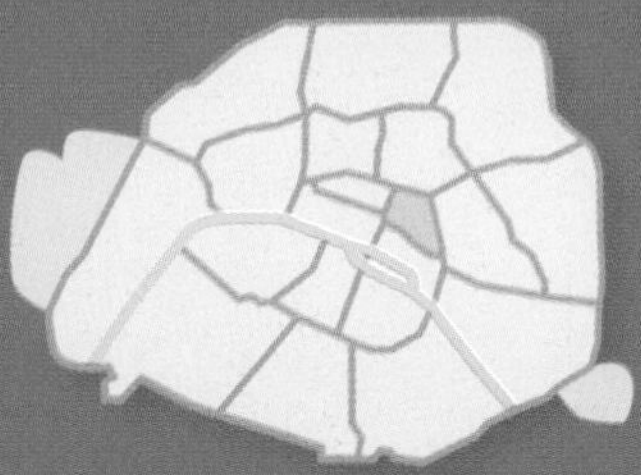

Le Haut Marais · Temple

S. Sonnet / Hemis.fr

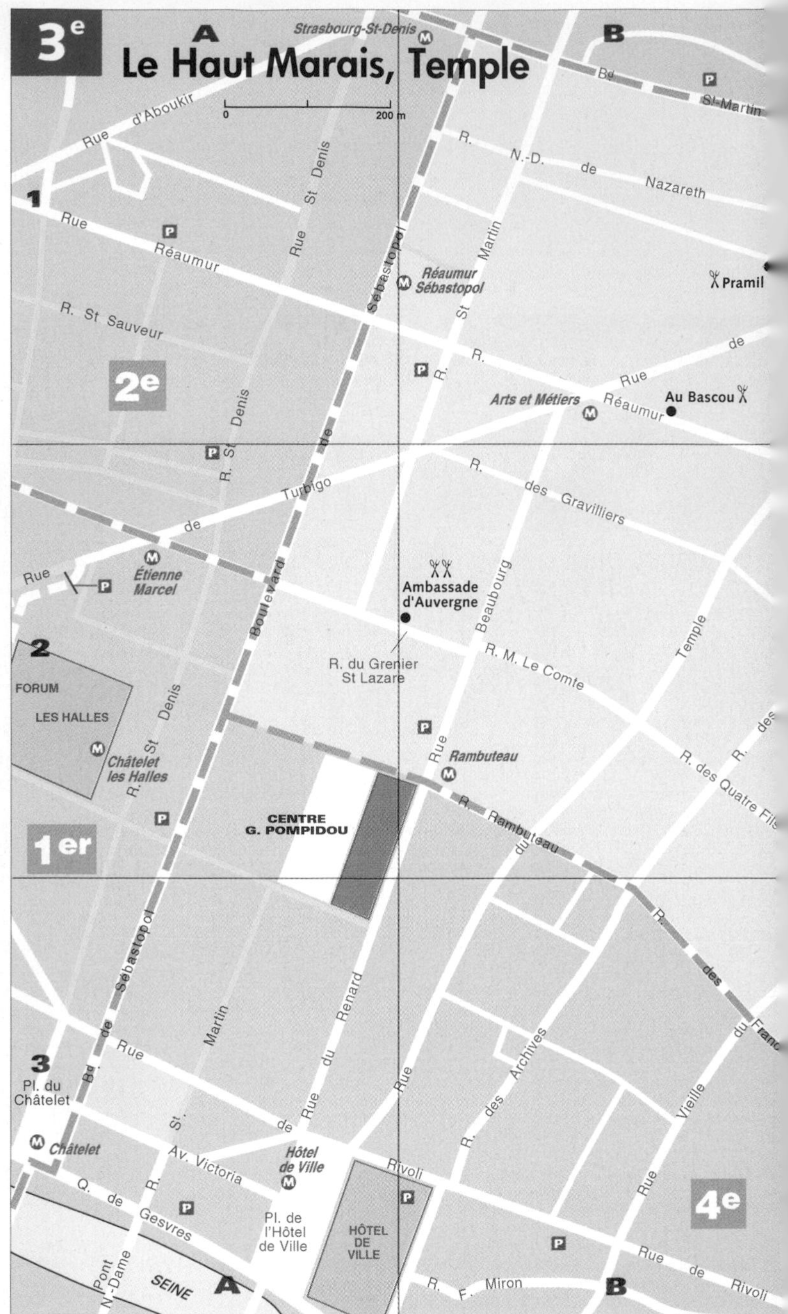

3e
Le Haut Marais, Temple
A
B
0
200 m
Strasbourg-St-Denis
Bd St-Martin
R. N.-D. de Nazareth
Rue d'Aboukir
Rue St Denis
Rue Réaumur
Réaumur Sébastopol
R. St Martin
Pramil
R. St Sauveur
2e
Arts et Métiers
Rue de Réaumur
Au Bascou
R. St Denis
Boulevard de Sébastopol
R. des Gravilliers
Rue de Turbigo
Étienne Marcel
Ambassade d'Auvergne
R. du Grenier St Lazare
Rue Beaubourg
R. M. Le Comte
Rue du Temple
FORUM LES HALLES
Châtelet les Halles
Rue Rambuteau
Rambuteau
R. des Quatre Fils
CENTRE G. POMPIDOU
1er
R. du Rambuteau
R. des Francs
Bd de Sébastopol
Rue St Martin
Rue du Renard
Rue de Rivoli
R. des Archives
Rue Vieille du Temple
Pl. du Châtelet
Châtelet
Av. Victoria
Hôtel de Ville
Q. de Gesvres
Pl. de l'Hôtel de Ville
HÔTEL DE VILLE
4e
Pont N.-Dame
SEINE
R. F. Miron
Rue de Rivoli

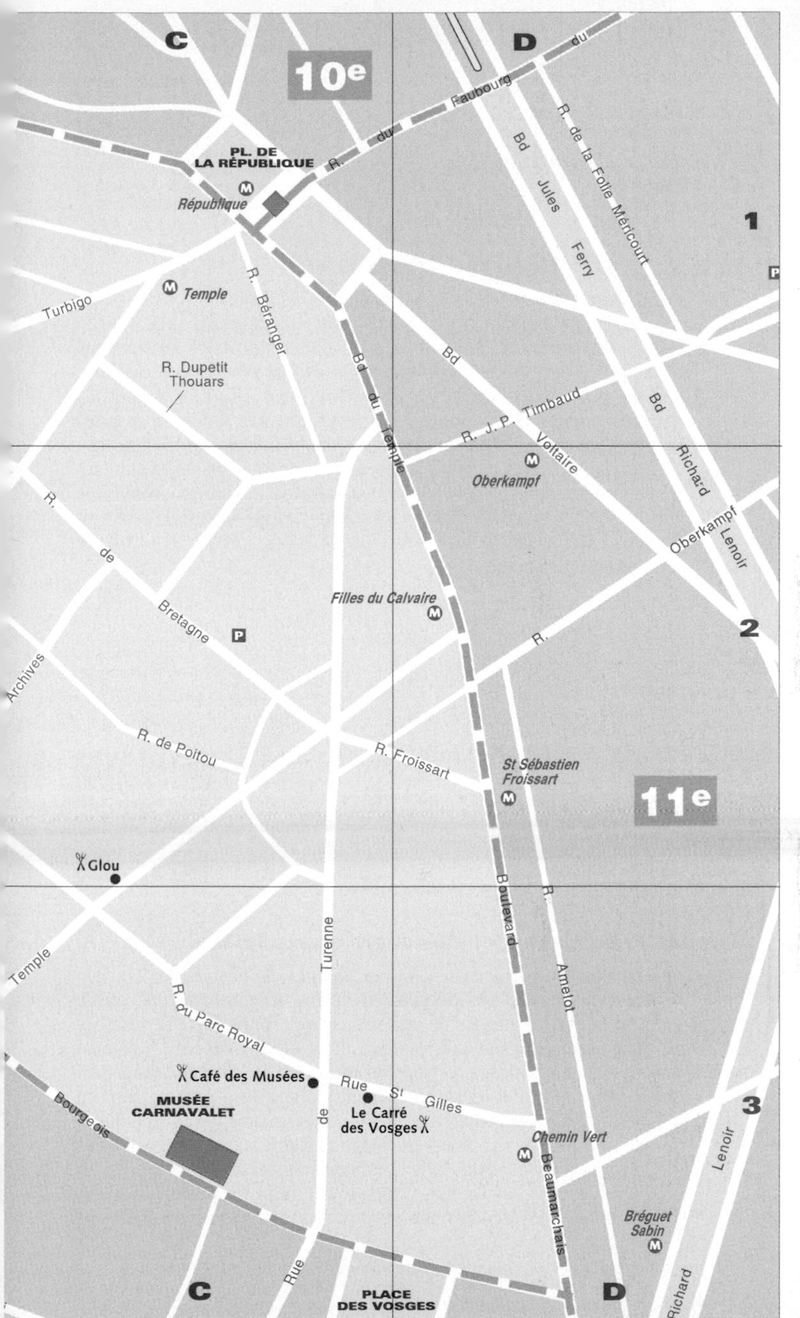
C
D
10e
PL. DE LA RÉPUBLIQUE
République
R. du Faubourg du
Bd Jules Ferry
R. de la Folie Méricourt
1
Temple
Turbigo
R. Béranger
R. Dupetit Thouars
Bd du Temple
Bd Voltaire
R. J. P. Timbaud
Oberkampf
Bd Richard Lenoir
R. Oberkampf
R. de Bretagne
Filles du Calvaire
2
Archives
R. de Poitou
R. Froissart
St Sébastien Froissart
11e
Glou
Temple
Turenne
Boulevard
R. Amelot
R. du Parc Royal
Café des Musées
Rue St Gilles
Le Carré des Vosges
MUSÉE CARNAVALET
Bourgeois
Rue de
3
Chemin Vert
Beaumarchais
Lenoir
Bréguet Sabin
Richard
PLACE DES VOSGES

Ambassade d'Auvergne

Régionale et terroir B2

22 r. du Grenier-St-Lazare
01 42 72 31 22
www.ambassade-auvergne.com
Rambuteau

Formule 22 € – Menu 30 € – Carte 32/48 €

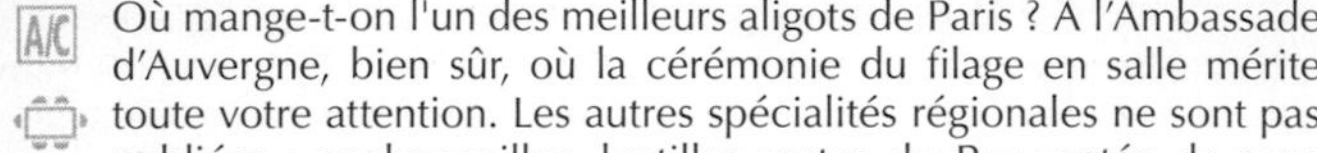

Où mange-t-on l'un des meilleurs aligots de Paris ? À l'Ambassade d'Auvergne, bien sûr, où la cérémonie du filage en salle mérite toute votre attention. Les autres spécialités régionales ne sont pas oubliées : cochonnailles, lentilles vertes du Puy, potée de porc fermier aux choux braisés... Que des bons produits pour des recettes pleines d'authenticité et de générosité. En "ambassade" digne de ce nom, la maison ne lésine pas non plus sur la sélection de fromages (l'Aveyron est également bien représenté sur le plateau) et de vins locaux. Quatre élégantes salles à manger thématiques – Auberge, Artisans, Peintres, Rotonde – pour une délicieuse et copieuse escapade culinaire au cœur d'une province riche de traditions et de saveurs.

Au Bascou

Régionale et terroir B1

38 r. Réaumur
01 42 72 69 25
www.au-bascou.fr
Arts et Métiers
Fermé août, 23-29 déc., samedi et dimanche

Formule 19 € – Menu 25 € (déjeuner) – Carte 36/74 €

Indéboulonnable ! La carte de cette institution basque reste fidèle à ce qu'elle était à ses débuts : Bertrand Guéneron, qui œuvre aujourd'hui à la tête de la maison, aurait bien tort de toucher aux classiques qui ont fait sa réputation et son succès. Ainsi, on retrouve avec plaisir les recettes de toujours, à peine revisitées. Au choix, piperades, pimientos del piquillo, chipirons sautés au piment d'Espelette, fricassée d'escargots au jambon, soupe de châtaigne, raviole de foie gras, axoa de veau, clafoutis... D'authentiques plats aux accents euskariens, mitonnés à partir de produits en provenance directe du "pays" et servis dans un cadre patiné – pierres et murs voûtés franchement rustiques – et convivial.

Café des Musées

Traditionnelle

C3

49 r. de Turenne
✆ 01 42 72 96 17
www.cafedesmusees.fr
Ⓜ Chemin Vert
Fermé 2-8 janvier

Formule 14 € – Menu 22 € (dîner) – Carte 24/52 €

A/C VISA MC AE

Dans le quartier des musées Picasso et Carnavalet, un café parisien dans l'âme, avec un décor 1900 très fidèle à l'idée que l'on peut s'en faire. Charme typique et indémodable... On y mange au coude-à-coude évidemment, dans une ambiance très conviviale. Sans surprise, la cuisine joue la carte de la tradition – on ne change pas des recettes qui marchent ! –, avec à la fois des petits plats bistrotiers, du marché ou canailles. Quelques-unes des spécialités que l'on peut trouver à la carte : terrine ménagère au foie de volaille, champignons farcis à l'escargot, entrecôte à la plancha, échine de cochon noir de Bigorre, crème caramel et son financier, terrine de chocolat...

Le Carré des Vosges

Moderne

C3

15 r. St-Gilles
✆ 01 42 71 22 21
www.lecarredesvosges.fr
Ⓜ Chemin Vert
Fermé 2 semaines en août, samedi midi, dimanche et lundi

Formule 15 € – Menu 39/60 € – Carte 45/62 €

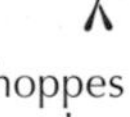

A/C VISA MC

À deux pas de la rue des Francs-Bourgeois et de ses jolies échoppes branchées, ce bistrot de quartier compte bon nombre d'habitués, et pour cause... Non seulement il affiche un style contemporain sobre et plaisant, dans un esprit convivial, mais il est aussi – et surtout – un délicieux repaire gourmand. Le jeune chef, passionné et dynamique, signe une savoureuse cuisine du marché et renouvelle chaque jour son petit menu du déjeuner... À la carte, cruel dilemme ! Velouté de potimarron et sa mousse légère de chèvre ou langoustines en carpaccio à l'huile de truffe ? Onglet de bœuf et son émulsion de pomme de terre ou encornet farci au pied de porc ? Tarte meringuée au citron niçois ou millefeuille et sa glace verveine-citronnelle ? À peine parti, on programme déjà son prochain festin.

Glou

Moderne

101 r. Vieille-du-Temple
✆ 01 42 74 44 32
www.glou-resto.com
Ⓜ St-Sébastien Froissart

C2 

Formule 16 € – Menu 21 € – Carte 25/58 €

VISA MC

Deux consonnes, autant de voyelles : tel est fait Glou. Syllabe franche et revigorante, comme un verre de vin qui réchauffe les papilles. L'enseigne nous transporte, fort justement, au cœur du concept de ce bistrot où l'on porte la même attention à l'assiette et au flacon. Dans un cadre au format loft (murs en brique, abat-jour d'usine), assise sur des tabourets, la jeune clientèle décontractée, à l'image des serveurs, se délecte de bons petits plats : burger 100 % Aubrac, thon blanc fumé de l'île d'Yeu et sa crème généreuse, lard italien mariné aux herbes et aux épices, tartelette au caramel... Le tout s'accompagne de belles bouteilles, variées et de qualité, avec un choix intéressant au verre. Une adresse attachante, où être à tu et à toi semble parfaitement naturel, dès le début des agapes.

Pramil

Moderne

9 r. Vertbois
✆ 01 42 72 03 60
www.pramilrestaurant.fr
Ⓜ Temple
Fermé 30 avril-7 mai, 19 août-2 septembre, 23-29 décembre, dimanche midi et lundi

C1 

Formule 22 € – Menu 33 € – Carte 38/48 €

VISA MC

Des pierres apparentes, beaucoup de sobriété : le décor est plaisant, mais il a l'élégance de se faire oublier... Il faut dire qu'on vient avant tout ici pour la cuisine d'Alain Pramil. Pour l'anecdote, ce chef autodidacte nourrit une véritable passion pour l'art culinaire, mais il a d'abord été... professeur de physique ! Depuis, il a troqué ses tubes à essai pour des casseroles rutilantes et concocte de bons plats du marché teintés d'influences contemporaines. On ne résiste pas à sa salade de ficoïde glaciale (un légume oublié !), à son onglet de veau poêlé, à son cochon de lait sauce miso ou à ses tartes aux fruits de saison. Quant à la sélection de vins, elle se révèle intéressante. De la générosité, des prix doux et un accueil chaleureux : on fonce chez Pramil.

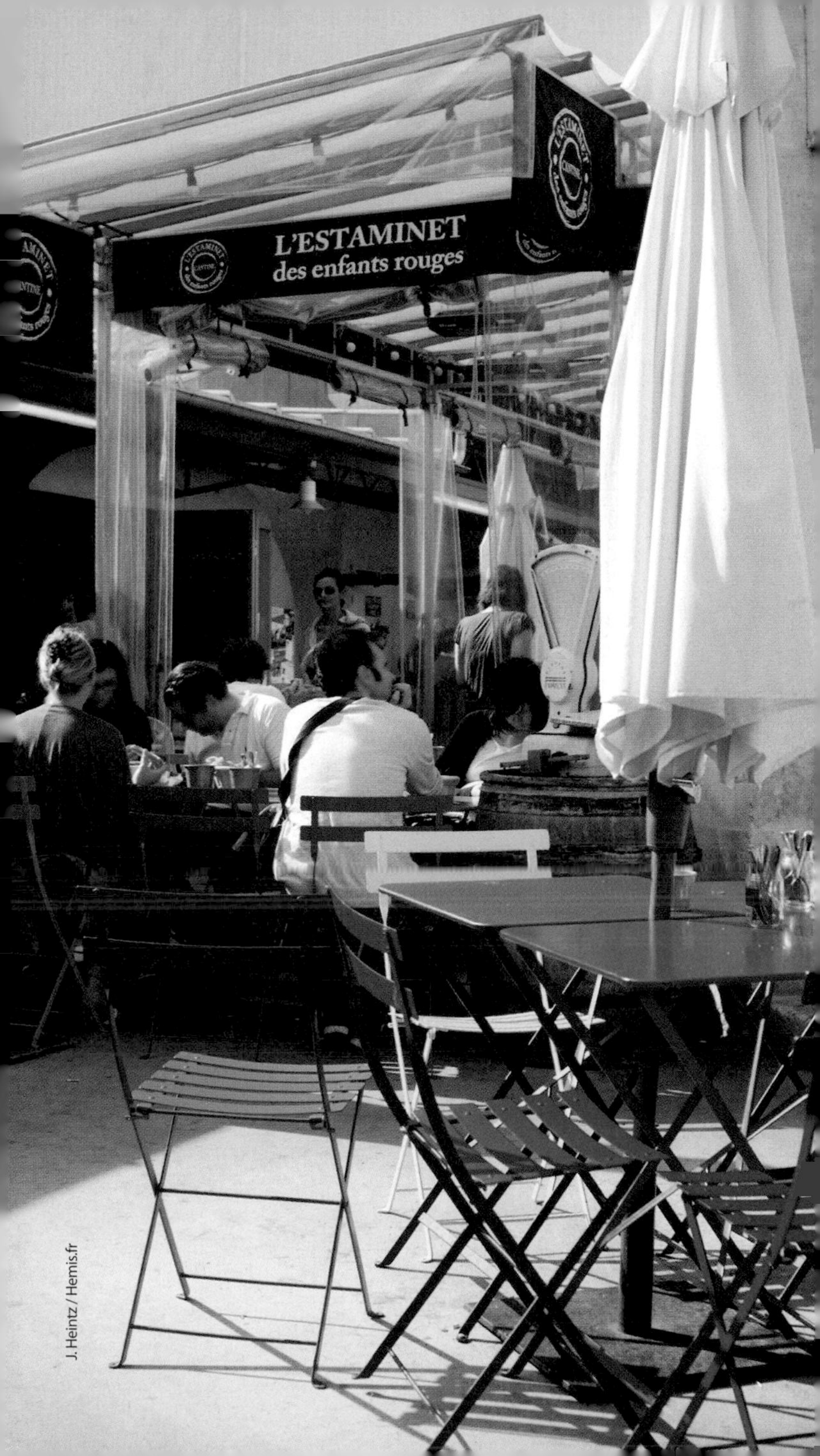

J. Heintz / Hemis.fr

4e

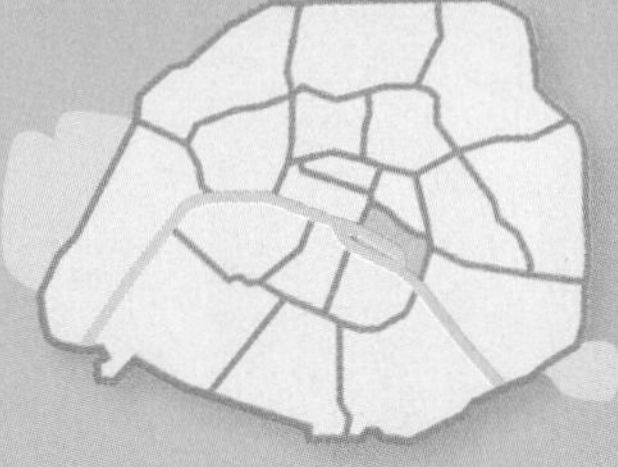

Île de la Cité · Île St-Louis · Le Marais · Beaubourg

R. Mattes / Hemis.fr

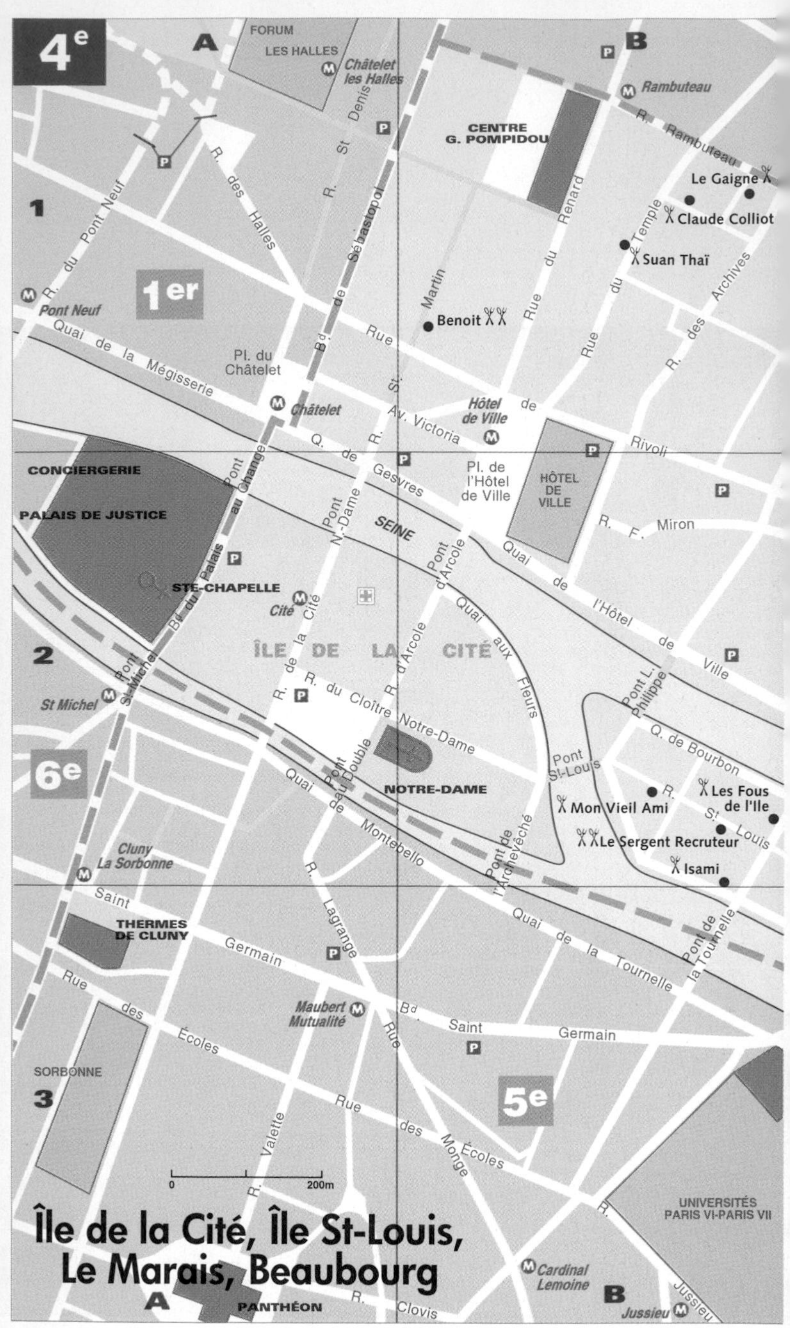

4e
A
B
FORUM
LES HALLES
Châtelet les Halles
Rambuteau
CENTRE G. POMPIDOU
R. Rambuteau
Le Gaigne
Claude Colliot
Suan Thaï
Benoit
1
2
3
1er
6e
5e
R. du Pont Neuf
Pont Neuf
R. des Halles
R. St Denis
Bd de Sébastopol
R. St Martin
Rue du Renard
Rue du Temple
R. des Archives
Quai de la Mégisserie
Pl. du Châtelet
Châtelet
Rue de Rivoli
Av. Victoria
Hôtel de Ville
Q. de Gesvres
Pl. de l'Hôtel de Ville
HÔTEL DE VILLE
R. F. Miron
CONCIERGERIE
PALAIS DE JUSTICE
Pont au Change
SEINE
Pont N.-Dame
Pont d'Arcole
Quai de l'Hôtel de Ville
STE-CHAPELLE
Cité
Bd du Palais
Quai aux Fleurs
ÎLE DE LA CITÉ
R. de la Cité
R. d'Arcole
R. du Cloître Notre-Dame
Pont St-Michel
St Michel
Pont L. Philippe
Q. de Bourbon
NOTRE-DAME
Pont au Double
Pont St-Louis
Les Fous de l'Ile
Mon Vieil Ami
R. St Louis
Le Sergent Recruteur
Isami
Quai de Montebello
Pont de l'Archevêché
Cluny La Sorbonne
Saint Germain
THERMES DE CLUNY
R. Lagrange
Quai de la Tournelle
Pont de la Tournelle
Rue des Écoles
Maubert Mutualité
Bd Saint Germain
Rue Monge
SORBONNE
R. Valette
Rue des Écoles
0
200m
UNIVERSITÉS PARIS VI-PARIS VII
Île de la Cité, Île St-Louis, Le Marais, Beaubourg
Cardinal Lemoine
R. Jussieu
Jussieu
PANTHÉON
R. Clovis

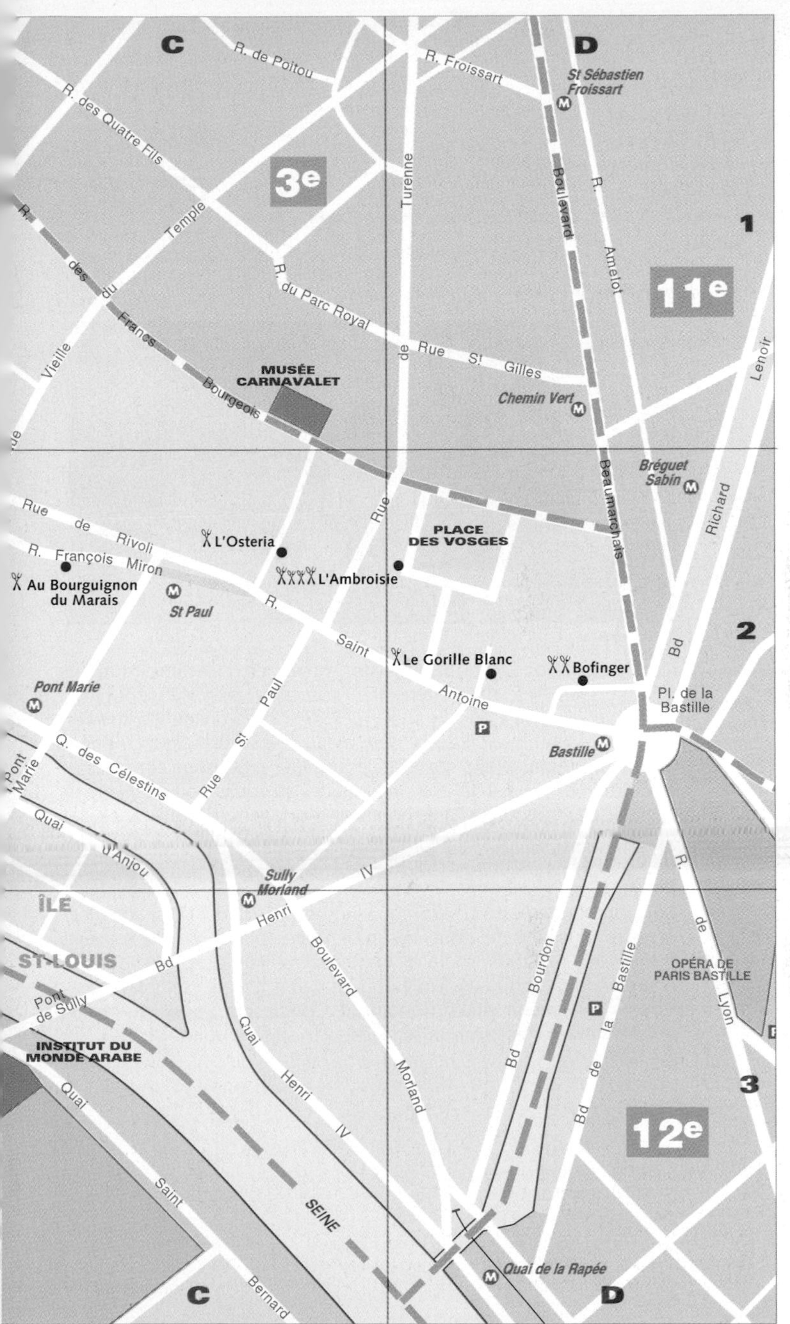
C
D
R. de Poitou
R. Froissart
St Sébastien Froissart
R. des Quatre Fils
3e
Turenne
Boulevard
R. Amelot
1
11e
R. des Francs Bourgeois
Temple
Vieille du
R. du Parc Royal
Rue de St Gilles
Lenoir
MUSÉE CARNAVALET
Chemin Vert
Beaumarchais
Bréguet Sabin
Richard
Rue de Rivoli
R. François Miron
Rue
PLACE DES VOSGES
L'Osteria
L'Ambroisie
Au Bourguignon du Marais
St Paul
R. Saint Antoine
2
Le Gorille Blanc
Bofinger
Bd
Pl. de la Bastille
Pont Marie
Rue St Paul
Bastille
Q. des Célestins
Pont Marie
Quai d'Anjou
R. de Lyon
Sully Morland
Bd Henri IV
ÎLE ST-LOUIS
Boulevard Morland
Bd Bourdon
Bd de la Bastille
OPÉRA DE PARIS BASTILLE
Pont de Sully
INSTITUT DU MONDE ARABE
Quai Henri IV
3
12e
Quai Saint Bernard
SEINE
Quai de la Rapée
C
D

L'Ambroisie ✿✿✿

Classique

D2

9 pl. des Vosges
✆ 01 42 78 51 45
www.ambroisie-paris.com
Ⓜ St-Paul
Fermé 2-18 mars, 27 juillet-27 août, dimanche et lundi

Carte 200/265 €

A/C VISA MC AE

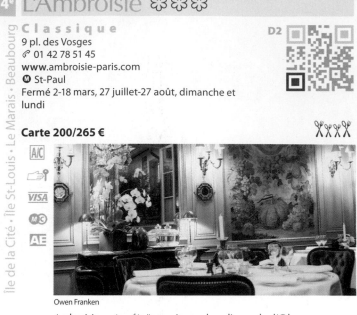

Owen Franken

Ambroisie : (n. f.) "nourriture des dieux de l'Olympe, source d'immortalité" et, par extension, "nourriture exquise". Tout est dit ! Que peut-on donc ajouter pour décrire la divine cuisine de Bernard et Mathieu Pacaud – père et fils de concert –, qui culmine avec une plénitude qui n'a d'égale que leur modestie ? Un hymne à la tradition revisitée avec grâce, des produits soigneusement choisis, des cuissons d'une précision horlogère, des alliances de goûts sans faille, etc. Autant de petits détails qui font toute la différence ; l'essentiel se résumant à ceci : un classicisme maîtrisé, point.

Le cadre luxueux du restaurant – une demeure du 17e s. sous les arcades paisibles de l'une des plus belles places de Paris – est à l'unisson : miroirs anciens, immense tapisserie, sol en marbre blanc et noir, orchidées. Un vrai petit palais italien. Et la place des Vosges de devenir quasi florentine ! Conclusion : pour un repas aussi raffiné qu'élégant, un régal des sens à tous points de vue.

Entrées

- Feuillantine de langoustine aux graines de sésame, sauce curry
- Florentine d'œuf mollet à la truffe blanche d'Alba

Plats

- Escalopine de bar à l'émincé d'artichaut, nage réduite au caviar
- Ris de veau à la financière, cannelloni de ricotta à la sauge

Desserts

- Tarte fine sablée au chocolat, glace à la vanille Bourbon
- Boule de sucre nacrée à la fraise mara des bois, émulsion neigeuse à l'hibiscus

Au Bourguignon du Marais

Traditionnelle C2

52 r. François-Miron
01 48 87 15 40
St-Paul
Fermé 2 semaines en mars, 3 semaines en août, dimanche et lundi

Carte 35/75 €

L'enseigne dit tout... ou presque. Dans ce petit restaurant sans chichi, la Bourgogne s'invite dans l'assiette et dans le verre ! On s'installe dans une salle sobre et conviviale pour savourer des petits plats tout en générosité. Œufs pochés en meurette, jambon persillé, andouillette au bourgogne aligoté, escargots à l'ail, incontournable bœuf bourguignon et – rare détour exotique dans cet antre dédié au terroir – croustillant de gambas au chutney et salade d'herbes fraîches... L'alléchante carte est complétée par quelques suggestions faites de vive voix ; quant à la cave des vins, elle ravit les amateurs de beaux flacons 100 % bourguignons. Et dès que le temps le permet, on file en terrasse !

Bofinger

Traditionnelle D2

5 r. Bastille
01 42 72 87 82
www.bofingerparis.com
Bastille

Formule 29 € – Menu 34 € – Carte 40/70 €

Succès presque immédiat lorsque Frédéric Bofinger ouvre cette brasserie en 1864 : les Parisiens y font la découverte de la bière "à la pompe", ou bière pression. Royer, Panzani, Spindler et d'autres parmi les plus grands artisans d'art ont par la suite modelé ce "lieu de mémoire" gourmand de la capitale. À l'étage, plusieurs salles offrent un cadre remarquable, dont une aux boiseries peintes par Hansi représentant pêle-mêle kougelhopf, bretzel, cigognes, coccinelles et Alsaciennes en costume. L'endroit fascine toujours autant avec sa magnifique coupole en verre à motifs floraux, ses vitraux, marqueteries, vases animaliers, tableaux... Le livre d'or ? Un vrai bottin mondain du 20e s. Au menu : fruits de mer, grillades... et choucroutes bien sûr !

Benoit ✿

Classique

B1

20 r. St-Martin
✆ 01 42 72 25 76
www.alain-ducasse.com
Ⓜ Châtelet-Les Halles
Fermé août

Menu 38 € (déjeuner) – Carte 60/120 €

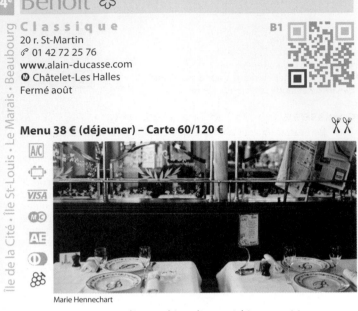

Marie Hennechart

Pour retrouver l'atmosphère d'un vrai bistrot parisien, poussez donc la porte du 20, rue St-Martin. C'est ici, en plein cœur de Paris, que l'enseigne vit le jour dès 1912, du temps des Halles populaires. À l'origine bouchon lyonnais, le bistrot est resté dans la famille Petit pendant trois générations, lesquelles ont façonné et entretenu son charme si désuet. Belle Époque, plus exactement : boiseries, cuivres, miroirs, banquettes en velours, tables serrées les unes contre les autres... Chaque élément, jusqu'aux assiettes siglées d'un "B", participe au cachet de la maison. Rien à voir avec les ersatz de bistrots à la mode ! Et si l'affaire a été cédée au groupe Ducasse (2005), elle a préservé son âme.

Traditionnelles à souhait, les recettes allient produits du terroir, justesse des cuissons et générosité. Les habitués le savent bien : "Chez toi, Benoît, on boit, festoie en rois." Surtout si l'on pense aux plats canailles que tout le monde connaît, mais que l'on ne mange quasiment jamais... sauf ici.

Entrées

- Pâté en croûte, cœur de laitue à l'huile de noix et chapons aillés
- Cookpot de légumes et fruits de saison

Plats

- Filet de sole Nantua, épinards à peine crémés
- Langoustines rôties au sautoir, girolles et artichauts au citron confit

Desserts

- Profiteroles Benoît, sauce chocolat chaud
- Gâteau chocolat au croustillant de pralin, glace noisette et craquelin

Claude Colliot

Moderne

B1

40 r. des Blancs Manteaux
01 42 71 55 45
www.claudecolliot.com
Ⓜ Rambuteau
Fermé août, dimanche et lundi

Formule 24 € – Menu 29 € (déjeuner en semaine)/59 € – Carte environ 45 €

VISA MC

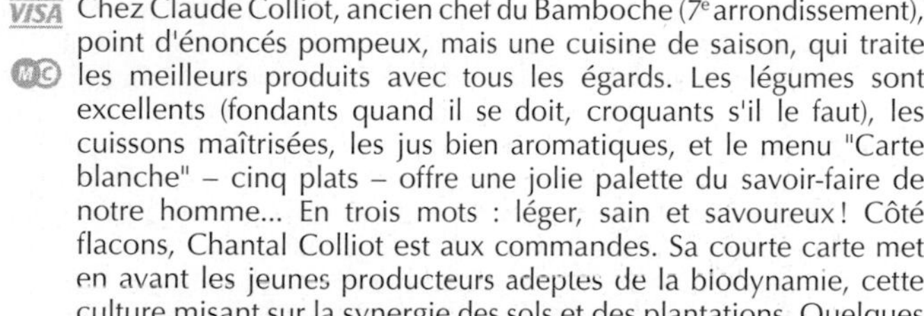

Chez Claude Colliot, ancien chef du Bamboche (7e arrondissement), point d'énoncés pompeux, mais une cuisine de saison, qui traite les meilleurs produits avec tous les égards. Les légumes sont excellents (fondants quand il se doit, croquants s'il le faut), les cuissons maîtrisées, les jus bien aromatiques, et le menu "Carte blanche" – cinq plats – offre une jolie palette du savoir-faire de notre homme... En trois mots : léger, sain et savoureux ! Côté flacons, Chantal Colliot est aux commandes. Sa courte carte met en avant les jeunes producteurs adeptes de la biodynamie, cette culture misant sur la synergie des sols et des plantations. Quelques pierres apparentes, du parquet blond, des sièges pistache ou violets : le lieu est chaleureux et compte de vrais fidèles... Pour un dîner en ville, réservez !

Les Fous de l'Île

Traditionnelle

B2

33 r. des Deux-Ponts
01 43 25 76 67
www.lesfousdelile.com
Ⓜ Pont Marie

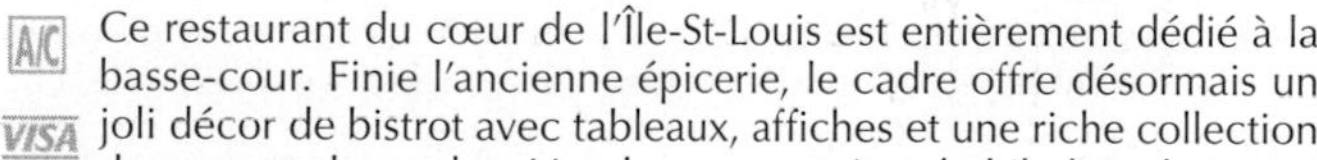

Formule 19 € – Menu 25 € (déjeuner en semaine), 28/33 €

A/C VISA MC AE

Ce restaurant du cœur de l'Île-St-Louis est entièrement dédié à la basse-cour. Finie l'ancienne épicerie, le cadre offre désormais un joli décor de bistrot avec tableaux, affiches et une riche collection de coqs et de poules. Une bonne centaine de bibelots de toutes formes et de toutes couleurs sont perchés sur les grandes étagères qui bordent la longue salle à manger. Dans une ambiance très conviviale, sur de petites tables noires, on mange une sympathique cuisine de bistrot en cohérence avec le cadre : terrine, steak tartare, entrecôte, poule au pot, clafoutis et mousse au chocolat. La carte des vins présentée par vigneron offre un choix intéressant, tant pour les provenances, les prix que pour l'offre de vins au verre. Brunch le dimanche.

Le Gaigne

Moderne B1

12 r. Pecquay
01 44 59 86 72
www.restaurantlegaigne.fr
Rambuteau
Fermé août, dimanche et lundi

Formule 17 € – Menu 45/64 € – Carte 46/55 €

A/C VISA MC AE

Voilà une table qui sert une cuisine très en forme ! Le chef, Mickaël Gaignon, passé par de grandes maisons (Gagnaire, le Pré Catelan, la Table du Baltimore), joue désormais en solo et concocte de savoureux plats du marché, jonglant subtilement entre bistrot et gastro : carpaccio de Saint-Jacques d'Erquy, tartare de truite bio parfumée à la noisette, poireaux en vinaigrette ; noix de veau du Ségala rôtie aux citrons, salsifis et épinards ; coing façon saint-honoré au poivre du Népal... On découvre avec plaisir la salle à manger au sobre décor contemporain, et qui ne peut accueillir qu'une vingtaine de clients : la réservation est conseillée ! Formule déjeuner, pour se régaler sans se ruiner ; le soir, joli menu dégustation. Belle carte des vins à prix doux.

Le Gorille Blanc

Traditionnelle D2

4 impasse Guéménée
01 42 72 08 45
Bastille
Fermé dimanche

Formule 16 € – Carte 29/48 €

VISA MC AE

Gare au Gorille Blanc, il est si gourmand ! Mais dans ce bistrot parisien pur jus, au décor rustique et rétro en diable, le chef concocte une cuisine bistrotière généreuse et bien troussée parsemée de clins d'œil au Sud-Ouest – la région natale du propriétaire –, ainsi que de bons petits plats ménagers qui savent venir à bout des appétits les plus gargantuesques... Terrine de champignons à la crème d'ail, petits chipirons sautés à l'huile d'olive et risotto à l'encre, fricassée de lapin aux oignons et aux raisins secs, confit de canard croustillant et pommes de terre sautées, agneau de lait rôti des Pyrénées, croustade aux pruneaux et à l'armagnac... Après ce bon repas, on pousserait presque la chansonnette chère à Brassens !

Isami

Japonaise B2

4 quai d'Orléans
01 40 46 06 97
Pont Marie
Fermé août, vacances de Noël, dimanche et lundi
– Nombre de couverts limité, réserver

Carte 50/80 €

On sert ici probablement l'un des meilleurs poissons crus de Paris. Voilà qui explique la renommée de l'établissement auprès des Japonais, qui savent où se rendre pour manger "comme chez eux". La clientèle parisienne et internationale ne s'y trompe pas non plus : derrière son bar, Katsuo Nakamura réalise des merveilles de sushis et chirashis. Des produits ultrafrais et une maîtrise fascinante des couteaux ont propulsé ce restaurant confidentiel au premier rang des adresses nippones de la capitale. Pas de folklore suranné dans le décor de la petite salle, juste quelques calligraphies et le mot "Isami" (signifiant ardeur, exaltation), gravé sur un panneau de bois, placé en évidence. Réservation impérative.

Mon Vieil Ami

Traditionnelle B2

69 r. St-Louis-en-l'Île
01 40 46 01 35
www.mon-vieil-ami.com
Pont Marie
Fermé 1er-20 août, 1er-20 janvier, lundi et mardi

Formule 37 € – Menu 46 €

Ce Vieil Ami-là ne vous veut que du bien, parole d'Antoine Westermann ! Dans son bistrot de chef plutôt chic se pressent la clientèle étrangère et les gourmets de la capitale... preuve que le talentueux Alsacien a su lui donner la "French touch" qui fait – ou non – le succès universel de ces adresses "nouvelle génération". Sous les hauts plafonds de ces anciennes écuries (près de 5 m !), un décor tout en modernité dont les tons marron et noir épousent les murs en verre dépoli ; une longue table d'hôtes sur la gauche, de petites tables en bois joliment dressées sur la droite : des allures d'auberge tendance, en quelque sorte, où le chef vous régale de goûteuses recettes traditionnelles ponctuées de notes actuelles et de clins d'œil à l'Alsace.

L'Osteria

Italienne C2

10 r. Sévigné
01 42 71 37 08
www.l-osteria.fr
St-Paul
Fermé 2 semaines en août, dimanche, lundi et fériés – Réserver

Formule 19 € – Menu 23 € (déjeuner en semaine) – Carte 40/75 €

VISA

AE

Ni enseigne, ni menu indiqués sur la façade : L'Osteria cultive un esprit sélect, façon club privé, qui séduit une clientèle fidèle autant que people. De fait, les célébrités en ont fait leur trattoria d'élection, à deux pas de St-Paul : en guise de témoignage dans la salle, des dessins, tableaux et autographes en tout genre... Que le commun des mortels se rassure néanmoins : moyennant un budget tout de même bien parisien, lui aussi pourra déguster l'irréprochable cuisine du chef. Gnocchis, risottos, légumes croquants, salade de poulpe, carpaccio de thon, pannacotta, tiramisu... Toutes les stars de la gastronomie italienne – en particulier vénitienne –, aussi irrésistibles les unes que les autres.

Suan Thaï

Thaïlandaise B1

35 r. Temple
01 42 77 10 20
www.suanthai.fr
Rambuteau

Formule 16 € – Menu 18 € (déjeuner)/29 € – Carte 32/55 €

VISA

AE

Plus grand, plus beau, plus confortable : fin 2011, Suan Thaï a déménagé à 100 mètres de son ancienne adresse, mais ses nombreux habitués y ont vite repris des habitudes... Au menu : d'authentiques recettes thaïes, concoctées par des cuisiniers tous directement recrutés en Thaïlande. De plus, le jeune patron met un point d'honneur à ne servir que des recettes de son pays : salade de bœuf mi-cuit à la citronnelle, soupe de galanga au poulet, filet de cabillaud aux trois saveurs, salade de fruits exotiques ou encore soupe de jacquier au lait de coco, etc. Chaque plat est présenté avec soin et les parfums font voyager...

Le Sergent Recruteur  

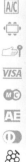

Créative B2

41 r. St-Louis
01 43 54 75 42
www.lesergentrecruteur.fr
Pont Marie
Fermé 1er-16 août, 23-30 décembre, vacances de février, dimanche et lundi

Menu 65 € (déjeuner), 95/145 € 

Benoist Linero

Comment transformer une taverne historique de l'île St-Louis, dont le nom évoque une autre époque, en... une table gastronomique à la pointe des tendances ? En comptant simplement sur le talent d'un seul homme : Antonin Bonnet, jeune chef formé notamment chez Michel Bras, à Laguiole, et connu pour avoir tenu les cuisines de Greenhouse à Londres – après diverses expériences internationales. L'année 2012 aura donc été celle de son retour au pays : une bonne nouvelle, tant le cuisinier démontre de savoir-faire et d'inspiration ! Au fil d'un menu imposé (de 6 à 12 plats) qu'il crée en fonction des beaux produits qu'il peut glaner – on pourrait dire "recruter", tant sa sélection est soignée –, on découvre des assiettes aussi vives que créatives. Jeux sur l'amertume et l'épicé, le salé et le sucré, le croquant et la douceur : chaque assiette est ciselée avec finesse, de manière très avisée. Le moment est d'autant plus agréable que la maison distille une ambiance élégante et feutrée, associant habilement design contemporain et murs anciens. D'ores et déjà une valeur sûre...

Entrées	Plats	Desserts
• Cuisine du marché		

5e

Quartier latin · Jardin des Plantes · Mouffetard

C. Pinheira / Author's Image / Photononstop

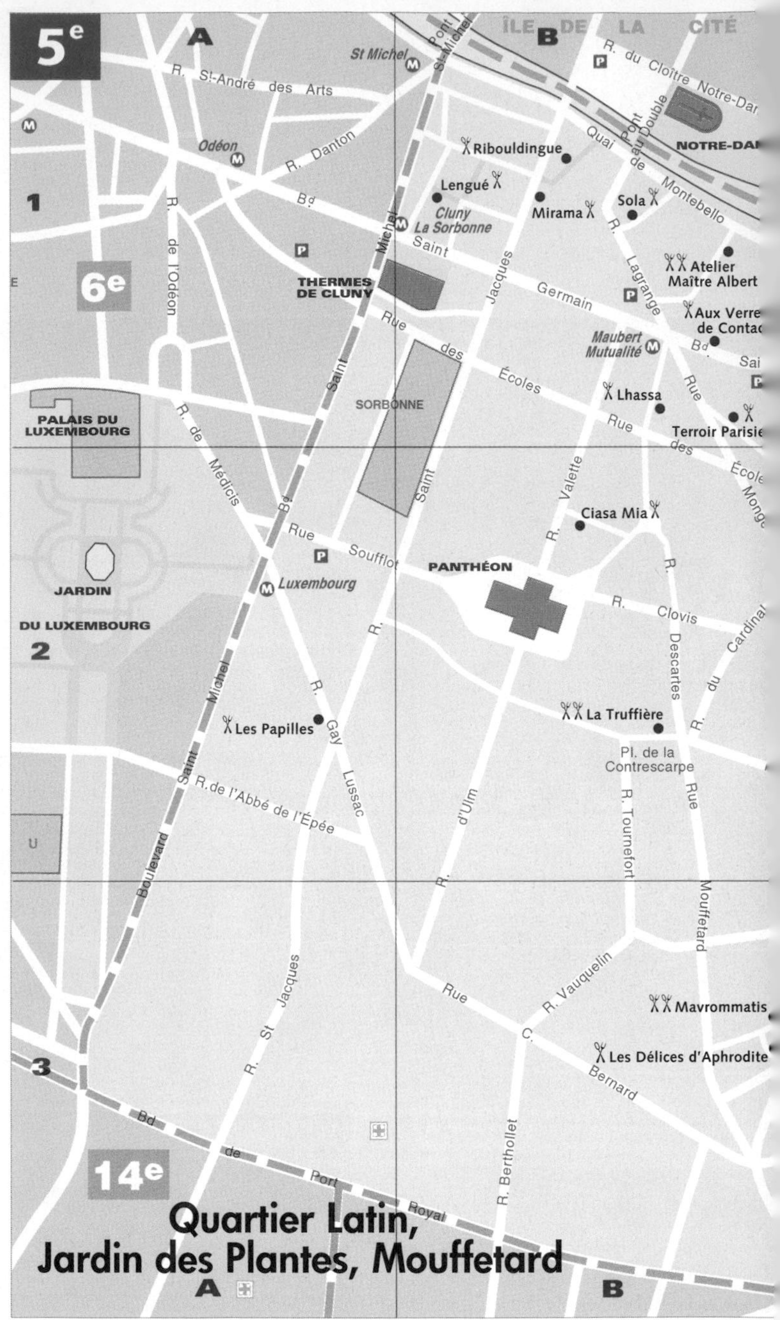
5e
A
B
ÎLE DE LA CITÉ
St Michel
Pont St-Michel
R. du Cloître Notre-Dame
R. St-André des Arts
Pont au Double
NOTRE-DAME
Quai de Montebello
Odéon
R. Danton
Ribouldingue
Lengué
Mirama
Sola
Bd
Cluny La Sorbonne
Saint Germain
1
6e
R. de l'Odéon
THERMES DE CLUNY
Atelier Maître Albert
Aux Verres de Contact
Maubert Mutualité
R. Lagrange
Rue des Écoles
Lhassa
Terroir Parisien
PALAIS DU LUXEMBOURG
SORBONNE
R. de Médicis
R. Valette
Ciasa Mia
Rue Soufflot
PANTHÉON
Luxembourg
JARDIN DU LUXEMBOURG
R. Clovis
R. Descartes
R. du Cardinal
2
R. Gay Lussac
La Truffière
Les Papilles
Pl. de la Contrescarpe
R. de l'Abbé de l'Épée
R. Tournefort
Rue Mouffetard
R. d'Ulm
Boulevard Saint Michel
R. St Jacques
Rue C. Bernard
R. Vauquelin
Mavrommatis
Les Délices d'Aphrodite
3
Bd de Port Royal
14e
R. Berthollet
Quartier Latin,
Jardin des Plantes, Mouffetard

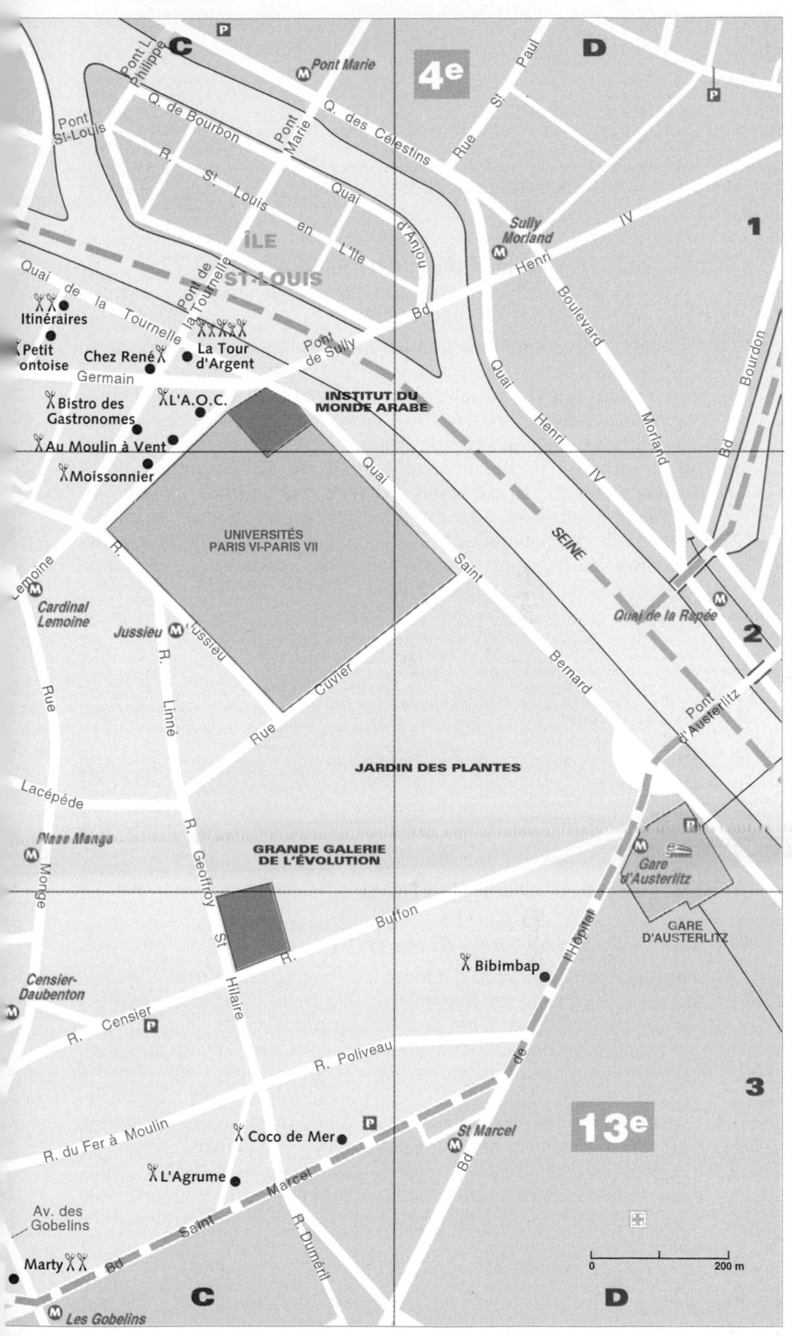
C
D
4e
Pont Marie
Pont L. Philippe
Q. de Bourbon
Pont St-Louis
Pont Marie
Q. des Célestins
Rue St. Paul
R. St. Louis en L'île
Quai d'Anjou
ÎLE ST-LOUIS
Sully Morland
Bd Henri IV
1
Quai de la Tournelle
Pont de la Tournelle
Itinéraires
Petit Pontoise
Chez René
La Tour d'Argent
Germain
Pont de Sully
Boulevard Morland
Quai Henri IV
Bd Bourdon
Bistro des Gastronomes
L'A.O.C.
INSTITUT DU MONDE ARABE
Au Moulin à Vent
Moissonnier
Quai Saint Bernard
UNIVERSITÉS PARIS VI-PARIS VII
SEINE
Lemoine
Cardinal Lemoine
Jussieu
R. Jussieu
Quai de la Rapée
2
Rue Cuvier
R. Linné
Rue
Pont d'Austerlitz
JARDIN DES PLANTES
Lacépède
Place Monge
R. Geoffroy St Hilaire
GRANDE GALERIE DE L'ÉVOLUTION
Monge
Gare d'Austerlitz
GARE D'AUSTERLITZ
R. Buffon
l'Hôpital
Bibimbap
Censier-Daubenton
R. Censier
R. Poliveau
de
3
13e
R. du Fer à Moulin
Coco de Mer
St Marcel
L'Agrume
Bd Saint Marcel
Av. des Gobelins
R. Duméril
Marty
0
200 m
C
D
Les Gobelins

L'Agrume

Moderne C3

15 r. des Fossés-St-Marcel
01 43 31 86 48
St-Marcel
Fermé août, 1er-15 décembre, dimanche, lundi et mardi

Formule 20 € – Menu 24 € (déjeuner)/40 € – Carte 46/71 €

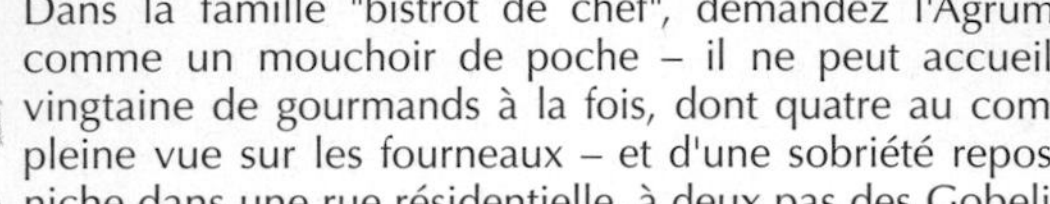

Dans la famille "bistrot de chef", demandez l'Agrume ! Grand comme un mouchoir de poche – il ne peut accueillir qu'une vingtaine de gourmands à la fois, dont quatre au comptoir avec pleine vue sur les fourneaux – et d'une sobriété reposante, il se niche dans une rue résidentielle, à deux pas des Gobelins. Franck Marchesi-Grandi, passé par de grandes maisons avant de fonder la sienne, y exécute une cuisine simple et précise, à base d'excellents produits frais. Le poisson vient de Bretagne, où le patron a officié quelque temps, et pour les primeurs, ce dernier connaît les meilleures adresses... La carte, assez courte, comme le menu, renouvelé chaque jour, sont très vitaminés ! Au déjeuner, l'addition est sans acidité aucune et, le soir venu, place à la dégustation autour de cinq plats. Un beau zeste.

L'A.O.C.

Viandes et grillades C1

14 r. des Fossés-St-Bernard
01 43 54 22 52
www.restoaoc.com
Maubert Mutualité
Fermé 28 juillet-19 août, dimanche et lundi

Formule 21 € – Menu 29 € – Carte 37/64 €

Autoproclamé "bistrot d'initiés" ou "bistrot carnivore", l'A.O.C. a tout pour allécher les amateurs de belles viandes, certifiées d'origine contrôlée. C'est le credo du propriétaire, Jean-Philippe Lattron, qui connaît parfaitement son affaire. Ancien boucher, comme son père et ses grands-pères, il continue à porter lui-même ses viandes à maturation. Un gage de sérieux auquel s'ajoute un second leitmotiv, la qualité des produits, uniquement de saison, qui accompagnent bœuf de Normandie, de Galice, Simmental de Bavière... Avec son ambiance conviviale, son cadre simple, ses ardoises, sa rôtissoire trônant à l'entrée, derrière le comptoir, l'A.O.C. affiche une mine réjouie et une envie de bien faire qu'il faut saluer.

Atelier Maître Albert

Traditionnelle B1

1 r. Maître Albert
01 56 81 30 01
www.ateliermaitrealbert.com
Maubert Mutualité
Fermé samedi midi et dimanche midi

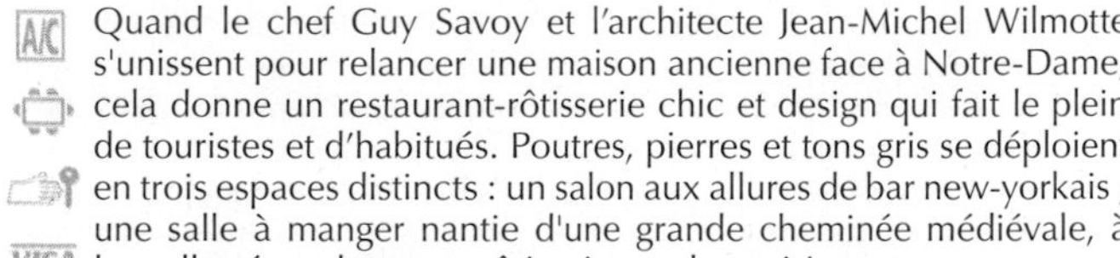

Formule 25 € – Menu 30 € (déjeuner)/35 € – Carte 38/65 €

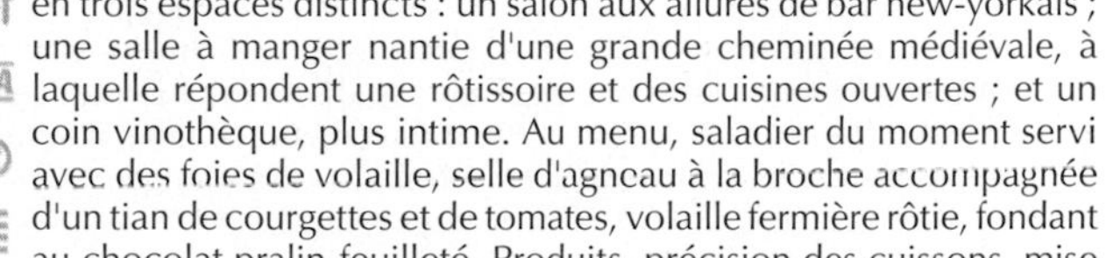

Quand le chef Guy Savoy et l'architecte Jean-Michel Wilmotte s'unissent pour relancer une maison ancienne face à Notre-Dame, cela donne un restaurant-rôtisserie chic et design qui fait le plein de touristes et d'habitués. Poutres, pierres et tons gris se déploient en trois espaces distincts : un salon aux allures de bar new-yorkais ; une salle à manger nantie d'une grande cheminée médiévale, à laquelle répondent une rôtissoire et des cuisines ouvertes ; et un coin vinothèque, plus intime. Au menu, saladier du moment servi avec des foies de volaille, selle d'agneau à la broche accompagnée d'un tian de courgettes et de tomates, volaille fermière rôtie, fondant au chocolat pralin-feuilleté. Produits, précision des cuissons, mise en scène des assiettes, professionnalisme du service... Tout y est.

Au Moulin à Vent

Traditionnelle C1

20 r. des Fossés-St-Bernard
01 43 54 99 37
www.au moulinavent.com
Jussieu
Fermé août, samedi midi, dimanche et lundi

Formule 25 € – Menu 30 € (déjeuner) – Carte 45/75 €

Ne vous fiez pas à sa modeste devanture : ce bistrot très "atmosphère, atmosphère" cache une jolie petite salle coquille d'œuf qui n'a pas changé depuis sa création, en 1946. Vous êtes au Moulin à Vent, autant prisé des Parisiens que des touristes en quête d'un lieu "frenchy" et authentique. Une longue rangée de tables simplement dressées : à gauche, un groupe d'habitués savoure un bœuf ficelle, un foie de veau ou un magret de canard ; à droite, un couple d'Américains découvre les délicieux escargots de Bourgogne et cuisses de grenouille "à la provençale". Goûtez, vous aussi, à ces plats intemporels sans chichi et ne faites pas l'impasse sur les viandes de race salers, spécialité de la maison, et les gibiers en saison. Desserts et vins au diapason. Classiquement bon !

Aux Verres de Contact  

Moderne

B1 

33 r. de Bièvre (angle du bd St-Germain)
01 46 34 58 02
www.auxverresdecontact.com
Maubert Mutualité
Fermé dimanche

Formule 15 € – Menu 31 €

L'équipe du Jadis, dans le 15e, a investi cette adresse en 2011. Un sympathique bistrot contemporain et coloré, où nul n'est tenu de porter des verres de contact pour entrer... mais où il vaut mieux savoir trinquer ! Et aussi apprécier les bonnes choses. Dans ses cuisines ouvertes sur la salle, la chef, Sarah Barandon, cisèle des recettes savoureuses, propres à satisfaire les gourmets d'aujourd'hui, et justifiant cette phrase d'Antoine Blondin inscrite sur l'un des murs de la salle : "Quand on meurt de faim, il se trouve toujours un ami pour vous offrir à boire"... et à manger !

Bibimbap 

Coréenne

D3 

32 bd de l'Hôpital
01 43 31 27 42
www.bibimbap.fr
Gare d'Austerlitz

Formule 11 € – Menu 16 € (déjeuner en semaine), 28/36 €

Êtes-vous plutôt ssambap ou bap ? Pour en décider, faites un tour chez Bibimbap ! Le ssambap est un incontournable de la gastronomie coréenne : un grand bol de riz panaché de légumes – cuisinés avec art – et éventuellement de viande. Quant au bap, il est préparé au barbecue traditionnel : tout juste cuits, bœuf, porc, poulet ou encore fruits de mer sont roulés dans une feuille de salade bien fraîche... Vive, soignée, diététique (pour les initiés : fondée sur l'énergie), cette cuisine est un vrai plaisir ! La carte des boissons permet aussi de continuer la découverte : soju (alcool de céréales), liqueur de riz, vins de framboise ou de prune, thés et bières de Corée, etc. Et l'on se régale en oubliant la modestie du décor (murs en pierre, cave voûtée)...

Bistro des Gastronomes 

Traditionnelle C1

10 r. du Cardinal-Lemoine
01 43 54 62 40
Cardinal Lemoine
Fermé lundi midi, mardi midi et dimanche

Formule 22 € – Menu 28 €

A/C VISA AE

Avis aux gastronomes : voici une bonne cantine au cœur du Quartier latin, un bistro comme on les aime, créé en 2011 à l'initiative d'un jeune chef pour le moins partageur ! Pourquoi changer des recettes qui marchent quand il est question de plaisirs indémodables ? Poêlée de couteaux en persillade, parmentier de queue de bœuf, figues rôties... Bref, de généreux classiques, reproduits avec une belle sincérité dans toute la fraîcheur du dernier marché. Évidemment, le décor est à l'avenant : boiseries de bois blond, bocaux de condiments, livres de cuisine et nappes blanches.

Chez René

Traditionnelle C1

14 bd St-Germain
01 43 54 30 23
Maubert Mutualité
Fermé août, 23 décembre-3 janvier, dimanche et lundi

Carte 30/65 €

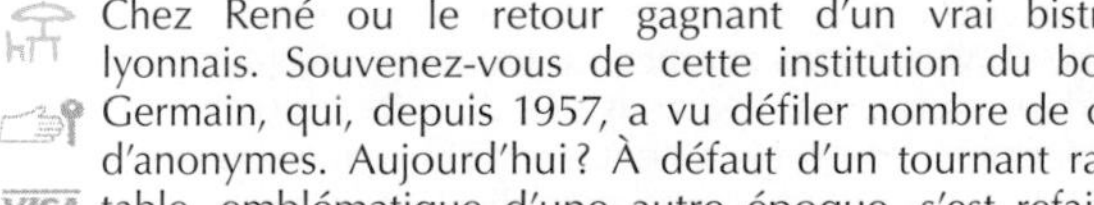

VISA

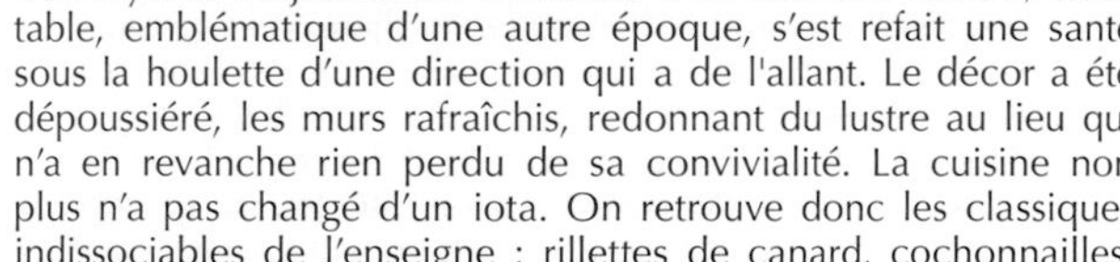

Chez René ou le retour gagnant d'un vrai bistrot parigot-lyonnais. Souvenez-vous de cette institution du boulevard St-Germain, qui, depuis 1957, a vu défiler nombre de célébrités et d'anonymes. Aujourd'hui ? À défaut d'un tournant radical, cette table, emblématique d'une autre époque, s'est refait une santé sous la houlette d'une direction qui a de l'allant. Le décor a été dépoussiéré, les murs rafraîchis, redonnant du lustre au lieu qui n'a en revanche rien perdu de sa convivialité. La cuisine non plus n'a pas changé d'un iota. On retrouve donc les classiques indissociables de l'enseigne : rillettes de canard, cochonnailles, cuisses de grenouilles, coq au vin, bœuf bourguignon, rognons de veau, crème caramel, millefeuille. Avis aux nostalgiques.

Ciasa Mia

Italienne B2

19 r. Laplace
01 43 29 19 77
www.ciasamia.com
Ⓜ Maubert Mutualité
Fermé 2 semaines en septembre, 2 semaines en janvier, lundi midi, samedi midi et dimanche – réserver

Formule 25 € – Menu 45/62 € – Carte 56/79 €

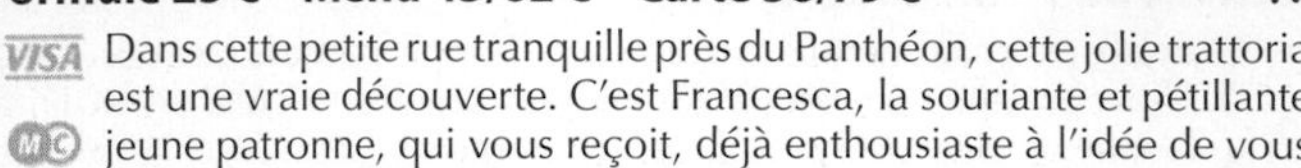

VISA MC AE

Dans cette petite rue tranquille près du Panthéon, cette jolie trattoria est une vraie découverte. C'est Francesca, la souriante et pétillante jeune patronne, qui vous reçoit, déjà enthousiaste à l'idée de vous faire découvrir la cuisine de son compagnon, Samuel Mocci. Tous deux originaires du Nord de l'Italie, ils aiment à mettre en valeur un patrimoine gustatif qui s'avère aussi savoureux que surprenant. Tout ici est fait maison, du pain jusqu'aux desserts ! En automne, par exemple, Samuel livre sa version très personnelle des produits de saison. Imaginez un consommé de poulet au foin accompagné de gnocchettis de potiron, un carpaccio de cerf, un "5 minutes" de Saint-Jacques à la fumée de vigne… le tout accompagné de vins italiens, allemands, français. Une vraie maison des délices !

Coco de Mer

Seychelloise C3

34 bd St-Marcel
01 47 07 06 64
www.cocodemer.fr
Ⓜ St-Marcel
Fermé 2 semaines en août – Dîner seulement

Menu 23/28 € – Carte 28/35 €

VISA MC AE

Les vacances sont finies ? Pour vous consoler, réservez une table au Coco de Mer. Ce restaurant vous emmène illico aux Seychelles. Confortablement assis, les pieds nus dans le sable fin (la terrasse est aménagée en plage !), entre une fresque marine et des cocotiers, on se prend volontiers au jeu de ce paradis exotique. Dans l'assiette, la véritable cuisine des îles, mi-indienne, mi-africaine, est au rendez-vous. Tout comme les poissons, importés directement de l'océan Indien et délicatement fumés, marinés, grillés, pochés... Après avoir goûté au tartare de thon frais au gingembre, au bourgeois et son chutney de mangue verte, au cari de poulpe et à la crème gratinée à la banane, vous n'aurez qu'une envie : filer à Mahé !

Les Délices d'Aphrodite

Grecque

4 r. Candolle
01 43 31 40 39
www.mavrommatis.fr
Censier Daubenton

B3

Formule 20 € – Carte 33/50 €

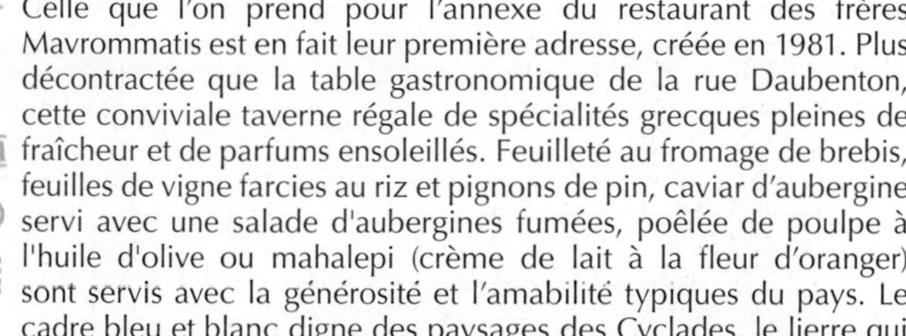

Celle que l'on prend pour l'annexe du restaurant des frères Mavrommatis est en fait leur première adresse, créée en 1981. Plus décontractée que la table gastronomique de la rue Daubenton, cette conviviale taverne régale de spécialités grecques pleines de fraîcheur et de parfums ensoleillés. Feuilleté au fromage de brebis, feuilles de vigne farcies au riz et pignons de pin, caviar d'aubergine servi avec une salade d'aubergines fumées, poêlée de poulpe à l'huile d'olive ou mahalepi (crème de lait à la fleur d'oranger) sont servis avec la générosité et l'amabilité typiques du pays. Le cadre bleu et blanc digne des paysages des Cyclades, le lierre qui dégringole du plafond, un vibrant rébétiko en fond sonore... Vous voilà en Grèce !

Lengué N

Japonaise

31 r. Parcheminerie
01 46 33 75 10
St-Michel
Fermé 3 semaines en août, dimanche midi et lundi

B1

Formule 18 € – Menu 23 € (déjeuner) – Carte 40/60 €

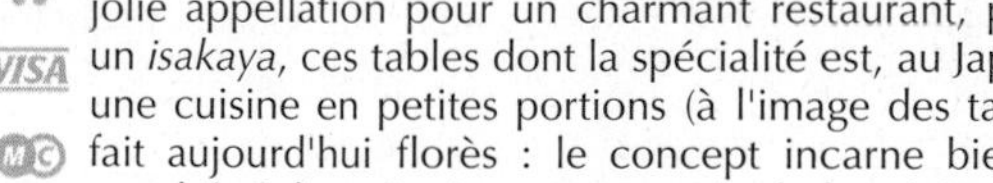

Du nom d'une petite fleur rose qui pousse dans les rizières... Une jolie appellation pour un charmant restaurant, plus précisément un *isakaya*, ces tables dont la spécialité est, au Japon, de proposer une cuisine en petites portions (à l'image des tapas). La formule fait aujourd'hui florès : le concept incarne bien la délicatesse attachée à l'esprit nippon, son goût de la miniature et des petites touches... Lengué en offre une belle démonstration : à sa tête œuvre un couple de Japonais passionnés, originaires de Nagoya. La succession des mets séduit par la qualité des ingrédients, la finesse d'exécution, la subtilité des saveurs. La chaleur du cadre – une bâtisse du 17e s. proche de la Huchette – et le charme de l'accueil ajoutent à l'agrément de cette jolie fleur du Japon...

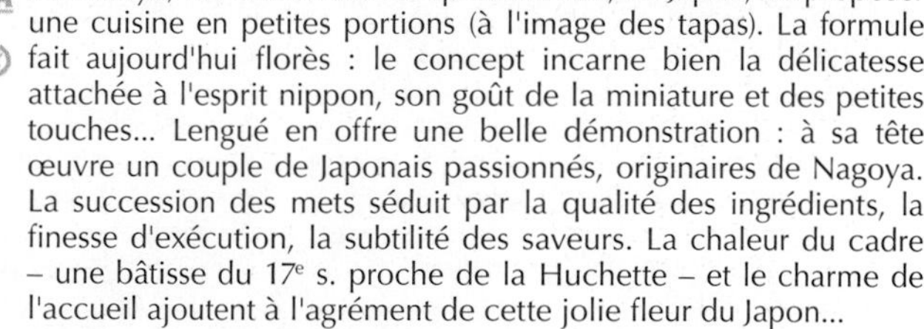

Itinéraires ✿ Ⓝ

Moderne C1

5 r. de Pontoise
01 46 33 60 11
www.restaurant-itineraires.com
Ⓜ Maubert Mutualité
Fermé 4-25 août, 20-29 décembre, dimanche et lundi – Nombre de couverts limité, réserver

Formule 29 € – Menu 35 € (déjeuner en semaine), 59/79 € – Carte 40/60 €

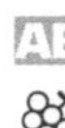

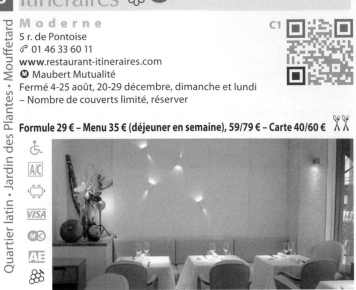

Itinéraires

La cuisine est-elle histoire d'itinéraires ? Sylvain Sendra n'aura pas attendu le nombre des années pour installer son restaurant parmi les bonnes tables de la capitale. Avant de créer cet établissement, le jeune trentenaire avait déjà expérimenté plusieurs concepts, en particulier dans son bistrot Le Temps au Temps, où il a été l'un des premiers à vouloir cuisiner, en toute créativité, pour un nombre limité de couverts. L'esprit d'invention et la capacité à flairer les tendances, voilà sans doute ce qui caractérise le chef, qui n'en néglige pas pour autant les fondamentaux : une chose est sûre, chez lui, on mange fort bien ! Les assiettes révèlent un vrai travail de cuisinier, soucieux des produits (les fournisseurs sont triés sur le volet), des cuissons comme des assaisonnements. Et si les recettes sont originales, elles respectent toujours l'esprit des ingrédients, sans rien laisser au hasard. De même, le décor de la salle a le bon goût d'associer esprit contemporain, luminosité et confort. Élégance, finesse, saveurs : l'itinéraire de clients gâtés.

Entrées

- Tarte à l'oignon doux des Cévennes, foie gras, champignons de Paris et noix de muscade
- Cappelletti de ricotta et tomate à l'encre de seiche

Plats

- Dos de cabillaud façon fish'n'chips, épinards et vieux parmesan
- Epaule d'agneau en cuisson lente, polenta et girolles

Desserts

- Soufflé au Grand Marnier, glace au chocolat
- Gros baba au rhum, chantilly à la vanille de Madagascar

Lhassa

Tibétaine

13 r. Montagne-Ste-Geneviève
01 43 26 22 19
Maubert Mutualité
Fermé lundi

B1 

Formule 12 € – Menu 16/25 € – Carte environ 30 €

VISA MC

Pour respirer un peu d'air himalayen sans avoir à prendre trop d'altitude, vous n'avez qu'à escalader... la rue de la Montagne-Ste-Geneviève. Là se trouve l'un des rares bons restaurants tibétains de Paris : Lhassa. Éclairages tamisés, tapis anciens, broderies, poupées, objets de culte, photo du dalaï-lama... On entre ici comme dans un temple sacré, apaisé par l'atmosphère zen et la douce musique d'ambiance. L'accueil attentionné confirme le sentiment de bien-être immédiat. La cuisine? Elle exhale des parfums d'ailleurs : vapeurs, soupe à base de farine d'orge grillé, d'épinard et de viande, raviolis de bœuf, boule de riz chaud aux raisins dans un yaourt et thé au beurre salé! Les prix sont dans l'esprit des lieux : pleins de sagesse. Prêt pour le voyage?

Marty

Traditionnelle

20 av. des Gobelins
01 43 31 39 51
www.martyrestaurant.com
Les Gobelins
Fermé août

C3 

Menu 38 € – Carte 48/76 € 

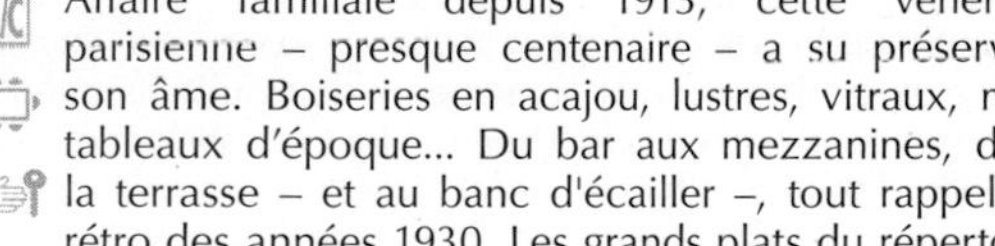

Affaire familiale depuis 1913, cette vénérable brasserie parisienne – presque centenaire – a su préserver l'essentiel : son âme. Boiseries en acajou, lustres, vitraux, meubles chinés, tableaux d'époque... Du bar aux mezzanines, de la véranda à la terrasse – et au banc d'écailler –, tout rappelle l'atmosphère rétro des années 1930. Les grands plats du répertoire traditionnel – crabe royal et cœurs de laitue, sole meunière, gigot d'agneau rôti, abats (ris, rognons, tête de veau) – jouent les têtes d'affiche, mais savent faire une jolie place à des préparations flirtant avec la tendance. Gardez une petite place pour les desserts : soufflé au Grand Marnier, macaron aux framboises ou profiteroles au chocolat sont tout simplement indémodables... comme ce lieu!

MC

Mavrommatis

Grecque B3

42 r. Daubenton
01 43 31 17 17
www.mavrommatis.fr
Ⓜ Censier Daubenton
Fermé août, dimanche soir, mardi midi, mercredi midi, jeudi midi et lundi

Formule 22 € – Menu 35 € (déjeuner en semaine) – Carte 45/55 €

Si, pour vous, manger grec se réduit au régime "souvlaki-tzatziki-moussaka", rendez-vous chez Andreas et Evagoras Mavrommatis pour un irrésistible cours de rattrapage. Pour débuter en beauté, un verre d'ouzo s'impose, à siroter sur la terrasse bordée d'oliviers et de vignes... Puis vient la cuisine, tout simplement une référence en la matière à Paris. Elle ne mise pas sur le folklore – à l'image du décor, très sobre – mais sur la tradition et une qualité de produits irréprochable. Résultat : des plats raffinés, dont il faut garnir la table comme le veut l'usage en Grèce ! Assiette de mezze, poulpe et seiche à la plancha, artichaut poivrade, caille au miel de thym, yaourt de brebis au miel et milk-shake de noix torréfiées rivalisent en saveurs...

Mirama

Chinoise B1

17 r. St Jacques
01 43 54 71 77
Ⓜ Cluny La Sorbonne

Carte 20/30 €

À deux pas du boulevard St-Michel, juste derrière l'église St-Séverin, impossible de manquer Mirama avec ses canards suspendus derrière la vitrine et les vapeurs de bouillons que l'on voit s'échapper au-dessus des fourneaux ! Le ton est donné : nous voici dans un restaurant chinois... et même l'un des meilleurs de l'arrondissement. Le décor est tout simple, mais on retiendra la salle en sous-sol, un étonnant caveau au plafond duquel pendent... de petites stalactites. La cuisine joue la carte de l'authenticité et de la générosité : le canard laqué est la spécialité de la maison – cuisiné sans chichi, avec une chair tendre et savoureuse –, et les incontournables soupes (aux ravioles de crevettes et de nouilles, par exemple) sont parfumées à souhait. Bon rapport qualité-prix.

Moissonnier

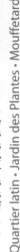

Lyonnaise C2

28 r. des Fossés-St-Bernard
01 43 29 87 65
Jussieu
Fermé août, 25 décembre-2 janvier, dimanche et lundi

Formule 20 € – Carte 30/60 €

Un typique bouchon lyonnais face à l'Institut du Monde Arabe. L'adresse n'est pas nouvelle, le décor non plus, mais le plaisir reste intact. Ce bistrot "pur jus" met à l'aise avec son zinc rutilant, ses grandes banquettes en moleskine, ses tables en bois, et – touches d'originalité – ses luminaires en forme de cep, ses fûts et sa hotte de vendangeur... Pas de doute, la convivialité et la bonne humeur sont ici la règle. Autour de quelques pots de beaujolais et de vins franc-comtois, Philippe Mayet prépare ses "lyonnaiseries" et autres spécialités avec une réjouissante générosité : queue de bœuf en terrine, tablier de sapeur sauce gribiche, rognons de veau, quenelle de brochet soufflée, poulet au vin jaune et aux morilles... Une adresse tout en tradition, qu'on aurait tort d'oublier.

Les Papilles

Traditionnelle A2

30 r. Gay-Lussac
01 43 25 20 79
www.lespapillesparis.com
Luxembourg
Fermé 20-30 mars, 20 juillet-20 août, vacances de Noël, dimanche et lundi

Formule 25 € – Menu 33 € – Carte 39/69 €

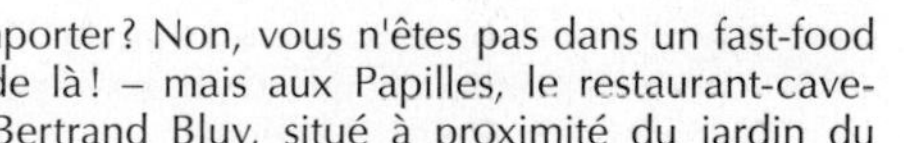

Sur place ou à emporter? Non, vous n'êtes pas dans un fast-food anonyme – loin de là! – mais aux Papilles, le restaurant-cave-épicerie fine de Bertrand Bluy, situé à proximité du jardin du Luxembourg. Mode d'emploi... De grands casiers à vins, où l'on se sert soi-même contre un droit de bouchon, des étagères garnies d'appétissantes conserves de terrines, foie gras, confitures et autres produits soigneusement sélectionnés, et, au centre, des tables en bois pour savourer une cuisine bistrotière plutôt contemporaine. Quelques exemples de plats à choisir sur la carte à midi ou le soir au menu : gaspacho froid de concombre à la menthe, magret de canard au madère pommes de terre grenaille, et pour finir crème brûlée au café.

Petit Pontoise

Traditionnelle

C1

9 r. Pontoise
✆ 01 43 29 25 20
Ⓜ Maubert Mutualité

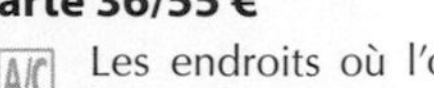

Carte 36/55 €

Les endroits où l'on se sent comme chez soi sont si rares que le Petit Pontoise fait figure d'exception. Petit, certes, mais tellement attachant avec sa décoration "fifties" sans artifice, ses ardoises alléchantes et sa bonne humeur ambiante. On y croise une clientèle d'habitués qui prend le temps de profiter des bons plats du chef. À l'ardoise (pas de menu), une cuisine de tradition, fine et franche, avec les grands "classiques" : foie gras aux figues, cassolette d'escargots, bar en croûte de sel, parmentier de canard, rognons de veau à l'ancienne, poulet fermier et sa purée maison, tarte Tatin, etc. Côté vins, les flacons s'apprécient au verre, à la bouteille, et même à la ficelle.

Ribouldingue

Traditionnelle

B1

10 r. St-Julien-le-Pauvre
✆ 01 46 33 98 80
Ⓜ Maubert Mutualité
Fermé 8-31 août, dimanche et lundi

Formule 28 € – Menu 34 €

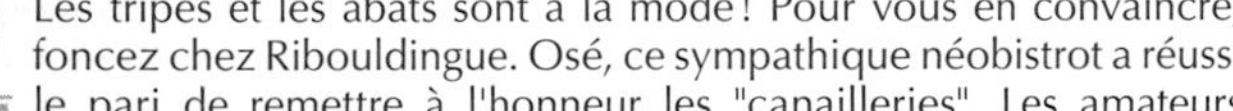

Les tripes et les abats sont à la mode ! Pour vous en convaincre, foncez chez Ribouldingue. Osé, ce sympathique néobistrot a réussi le pari de remettre à l'honneur les "canailleries". Les amateurs seront ravis de déguster un ensemble de recettes – classiques ou revisitées – qui fondent en bouche : groin, tétine, cervelle, langue, joue, ris de veau... Rassurez-vous, la carte et les suggestions du jour offrent aussi un large choix de mets plus conventionnels : dos de cabillaud poêlé accompagné de cocos de Paimpol, fricassée de volaille aux girolles, côte de veau rôtie et ses pommes grenaille, glace au yaourt… Assiettes généreuses et parfumées : un coup de cœur à prix d'amis.

Sola ✿

Moderne

B1

12 r. de l' Hôtel-Colbert
☎ 01 43 29 59 04
www.restaurant-sola.com
Ⓜ Maubert Mutualité
Fermé août, 30 décembre-7 janvier, dimanche et lundi

Menu 48 € (déjeuner)/88 €

A/C

© www.tibo.org

Dans ce très vieil immeuble près des quais, il faut tirer une lourde porte en bois pour entrer dans ce qui ressemble à un vénérable restaurant parisien, avec plafond bas et poutres apparentes. Or, c'est un décor zen qui se présente à vous. Un cadre particulièrement étonnant au sous-sol où, dans la cave voûtée, les tables à même le sol figurent un tatami. La cuisine de Hiroki Yoshitake participe de cette même inspiration, à mi-chemin entre exigence et précision de la gastronomie nippone, richesses du terroir français et saveurs d'Extrême-Orient. On se laisse capter avec plaisir par des menus surprises où le chef imagine des tempura de maïs aux trompettes de la mort, un millefeuille de chou chinois à l'aubergine confite, des pêches au granité de vin rosé et à la gelée de vin rouge... Une cuisine harmonieuse et raffinée, profondément personnelle, que l'on ne saurait réduire à ces simples adjectifs, si élogieux soient-ils.

Entrées

- Truite mi-cuite prune, radis et tomate sur crème de mascarpone
- Homard, crème aux jeunes oignons

Plats

- Bar sur purée de carotte, girolles poêlées et vinaigrette de citron
- Porc ibérique

Desserts

- Noisettes caramélisées, cookies sur crème chocolat et glace vanille
- Matcha sésame

Terroir Parisien  

Traditionnelle

C2 

20 r. St-Victor
01 44 31 54 54
Maubert Mutualité
Fermé 2 semaines en août

Carte 27/77 € 

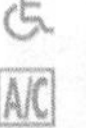

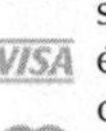

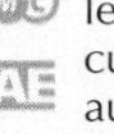

"Ma cuisine est comme ma ville, et ma ville, c'est Paris." Chef parisien s'il en est, devenu célèbre à la tête des cuisines du Meurice, Yannick Alléno entend cultiver le terroir francilien, ses produits, ses spécialités... Ouvrir un tel bistrot était une évidence ! Maquereaux au vin blanc, soupe aux oignons, pâtés chauds, matelote de Bougival, niflette feuilletée... On redécouvre les recettes emblématiques ou méconnues de la région, fort bien cuisinées – et l'on peut même déguster un bon "jambon-beurre" au comptoir ! Le goût retrouvé de l'Île-de-France... dans un décor original signé Jean-Michel Wilmotte.

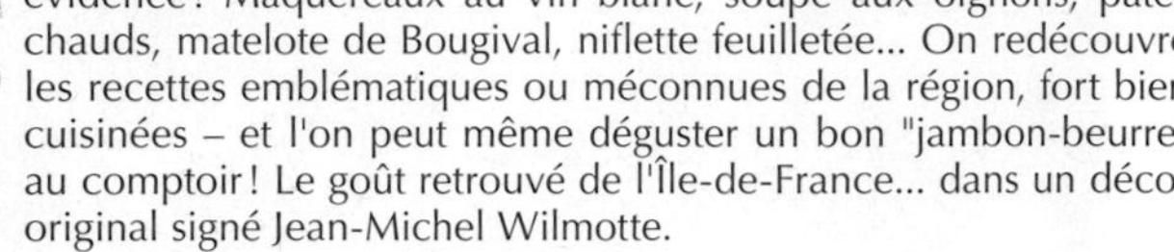

Ne confondez pas
les "couverts" ✗
et les étoiles ✿.
Les couverts définissent
un standing,
tandis que l'étoile
couronne la meilleure
cuisine.

La Tour d'Argent ✿

Classique

C1

15 quai de la Tournelle
✆ 01 43 54 23 31
www.latourdargent.com
Ⓜ Maubert Mutualité
Fermé août, dimanche et lundi

Menu 70 € (déjeuner), 170/190 € – Carte 157/386 €

Tour d'Argent

Une demeure historique liée depuis 1912 à la famille Terrail : André, le fondateur, son fils Claude, et à présent son petit-fils, André. Pour autant, la "saga" de la Tour d'Argent débuta bien avant. Déjà en 1582, l'enseigne signalait une élégante auberge, qui devint un restaurant en 1780. Mais la légende commence véritablement au début du 20e s. lorsque Terrail l'achète, avec cette idée de génie dans la tête : élever l'immeuble d'un étage pour y installer la salle à manger, et jouir ainsi d'un panorama unique sur la Seine et Notre-Dame.

Le cadre cossu a conservé son lustre d'antan. Le service, parfaitement réglé, assure toujours le spectacle, dont le fameux rituel du canard de Challans au sang, inventé en 1890 par Frédéric Delair. L'emblème d'un classicisme indétrônable, mais nullement figé : véritable palimpseste, la carte conserve la mémoire de plusieurs décennies de haute gastronomie française – sans s'interdire des incursions vers la modernité. Quant à l'extraordinaire cave du sommelier David Ridgway, elle renfermerait... près de 500 000 bouteilles !

Entrées

- Quenelles de brochet André Terrail
- Foie gras des Trois Empereurs

Plats

- Caneton "Tour d'Argent"
- Filet de sole cardinal

Desserts

- Crêpes Belle Époque
- Sphère chocolat au parfum de caramel et de citron vert

La Truffière ✿

Moderne

B2

4 r. Blainville
✆ 01 46 33 29 82
www.latruffiere.com
Ⓜ Place Monge
Fermé 23-30 décembre, mardi midi en juillet-août, dimanche et lundi

Menu 35 € (déjeuner en semaine), 80/220 € – Carte 92/156 €

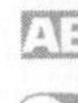

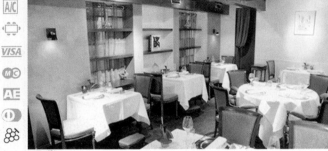

La Truffière

Une valeur sûre que cette maison du 17e s., toute de pierres, de poutres et de voûtes... Au cœur du vieux Paris – à deux pas de la truculente rue Mouffetard –, la Truffière cultive des plaisirs intemporels. À l'unisson de l'atmosphère feutrée et chaleureuse, l'assiette se révèle aromatique et subtile, les produits du terroir et de la mer charnus et colorés. Des parfums nourrissants ! C'est là le travail d'un jeune chef bourguignon, Jean-Christophe Rizet, issu d'une famille d'agriculteurs du Charolais et passionné par la gastronomie depuis l'enfance. Par toutes les gastronomies, car il navigue avec aisance entre recettes traditionnelles et saveurs d'ailleurs. Mais l'enseigne le rappelle : en saison, les suaves fumets de la truffe blanche ou noire viennent rehausser ses créations, pour le plus grand plaisir des amateurs. Sachez également que la carte des vins est tout simplement remarquable, avec pas moins de... 3 200 références, françaises et mondiales. L'adresse a assurément du nez.

Entrées

- Œuf mollet en croûte de pain et truffe noire
- Foie gras de canard mi-cuit, craquant de grué et sésame grillé, pain au miso noir

Plats

- Parmentier de queue de bœuf, pomme de terre truffée
- Féra du lac léman, légumes et tofu d'oursin

Desserts

- Soufflé chaud à la truffe noire et glace yaourt
- Papillote de pêche de vigne et de menthe sauvage et glace bourgeon de sapin

C.S. Pereyra / Age fotostock

6e

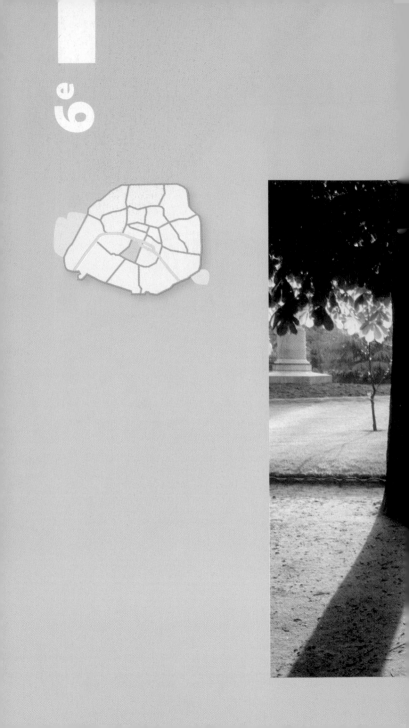

St-Germain-des-Prés · Odéon · Jardin du Luxembourg

J. Loic / Photononstop

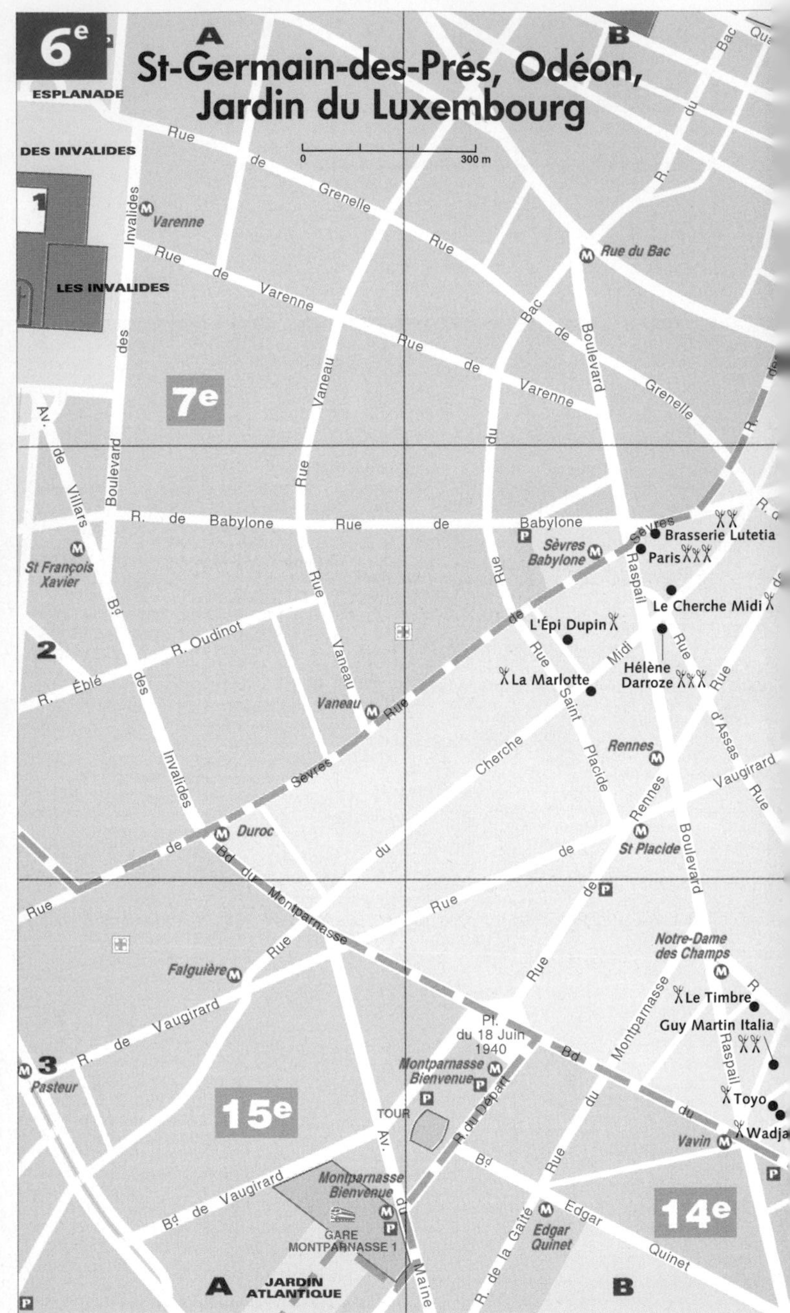
6e
A
B
St-Germain-des-Prés, Odéon,
Jardin du Luxembourg
ESPLANADE
DES INVALIDES
LES INVALIDES
0
300 m
Rue de Grenelle
Rue de Varenne
Rue de Varenne
Boulevard des Invalides
Varenne
Rue du Bac
Rue du Bac
Boulevard Raspail
Rue Vaneau
7e
Av. de Villars
R. de Babylone
Rue de Babylone
St François Xavier
Sèvres Babylone
Brasserie Lutetia
Paris
Le Cherche Midi
L'Épi Dupin
La Marlotte
Hélène Darroze
Rue du Cherche Midi
Rue Saint Placide
Rue d'Assas
R. Oudinot
R. Éblé
Bd des Invalides
Vaneau
Rue de Sèvres
Rennes
Rue de Rennes
Rue de Vaugirard
Duroc
St Placide
Boulevard du Montparnasse
Bd du Montparnasse
Notre-Dame des Champs
Le Timbre
Guy Martin Italia
Toyo
Wadja
Vavin
R. Raspail
Falguière
R. de Vaugirard
Pl. du 18 Juin 1940
Pasteur
Montparnasse Bienvenue
15e
TOUR
Av. du Maine
R. du Départ
Bd Edgar Quinet
R. de la Gaîté
Edgar Quinet
14e
Bd de Vaugirard
GARE MONTPARNASSE 1
JARDIN ATLANTIQUE
1
2
3

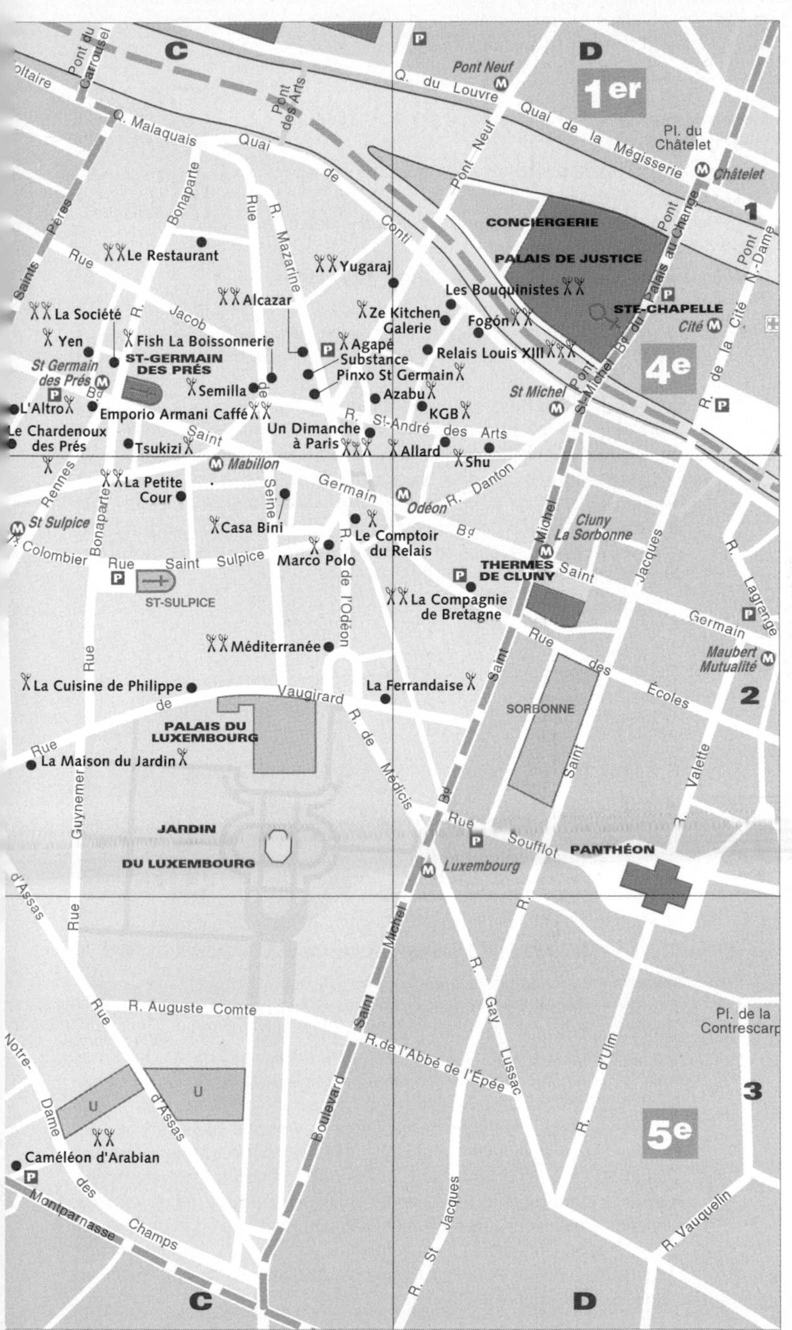
C
D
1er
4e
5e
1
2
3
Pont Neuf
Q. du Louvre
Quai de la Mégisserie
Pl. du Châtelet
Châtelet
Pont du Carrousel
Pont des Arts
Q. Malaquais
Quai de Conti
CONCIERGERIE
PALAIS DE JUSTICE
STE-CHAPELLE
Cité
Pont au Change
Pont N.-Dame
R. de la Cité
Bd du Palais
Pont St-Michel
St Michel
Le Restaurant
Yugaraj
Alcazar
La Société
Yen
Fish La Boissonnerie
Ze Kitchen Galerie
Les Bouquinistes
Fogón
Agapé Substance
Relais Louis XIII
Pinxo St Germain
ST-GERMAIN DES PRÉS
St Germain des Prés
Semilla
Azabu
KGB
L'Altro
Emporio Armani Caffé
Le Chardenoux des Prés
Tsukizi
Un Dimanche à Paris
Allard
Shu
R. St-André des Arts
Mabillon
La Petite Cour
Casa Bini
Odéon
R. Danton
Le Comptoir du Relais
Marco Polo
Cluny La Sorbonne
THERMES DE CLUNY
La Compagnie de Bretagne
St Sulpice
R. du Vieux Colombier
Rue Saint Sulpice
ST-SULPICE
Méditerranée
La Cuisine de Philippe
La Ferrandaise
Rue de Vaugirard
PALAIS DU LUXEMBOURG
La Maison du Jardin
R. de Médicis
SORBONNE
Rue des Écoles
Maubert Mutualité
R. Lagrange
R. Valette
Rue Soufflot
PANTHÉON
Luxembourg
JARDIN DU LUXEMBOURG
Rue Guynemer
Rue d'Assas
R. Auguste Comte
R. de l'Abbé de l'Épée
R. Gay Lussac
Pl. de la Contrescarp
R. d'Ulm
R. St Jacques
R. Vauquelin
Caméléon d'Arabian
Notre-Dame des Champs
Montparnasse
Boulevard Saint Michel
Bd Saint Germain
Rue Jacob
Rue Bonaparte
Rue de Seine
R. Mazarine
R. de l'Odéon
Rue Saints Pères
Rennes
Rue Saint Jacques
Rue Saint

Agapé Substance

Créative C1

66 r. Mazarine
✆ 01 43 29 33 83
www.agapesubstance.com
Ⓜ Odéon
Fermé 15 juillet-21 août, dimanche et lundi – Nombre de couverts limité, réserver

Menu 65 € (déjeuner en semaine), 129/199 €

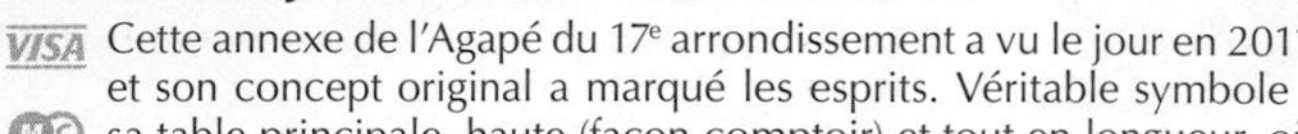

VISA MC AE

Cette annexe de l'Agapé du 17e arrondissement a vu le jour en 2011 et son concept original a marqué les esprits. Véritable symbole : sa table principale, haute (façon comptoir) et tout en longueur, où l'on s'assoit au coude-à-coude et qui devient à son extrémité... le plan de travail des cuisiniers ! De plus, des miroirs sur tous les murs et même au plafond permettent de ne rater aucun des gestes de l'équipe. Autant dire que l'on fait ici l'expérience même de la "substance" de la cuisine, sans nulle frontière entre création et dégustation... Et de création, il est bien évidemment question, car la carte épouse les dernières tendances : priorité au produit brut, saisi sur l'instant et dans le vif de l'inspiration du chef... pour des agapes atypiques, voire inédites.

Alcazar

Moderne C1

62 r. Mazarine
✆ 01 53 10 19 99
www.alcazar.fr
Ⓜ Odéon

Formule 29 € – Menu 37 € (déjeuner en semaine)/42 € – Carte 45/60 €

A/C VISA MC AE

Adresse pour public adepte des ambiances lounge ! Cet ancien cabaret, relancé en 1998 par le designer avant-gardiste Terence Conran, combine déco moderne, cuisine dans l'air du temps, musique électro et chanteurs lyriques (tous les lundis). Rendez-vous à la mezzanine pour boire un verre, accoudé au bar en zinc brossé. Ou en bas, dans la salle du restaurant baignée de lumière, avec ses tables en bois, ses banquettes violettes et sa superbe expo de photos. Le spectacle de la brigade en action chapeautée par Guillaume Lutard (passé par Taillevent) met immanquablement l'eau à la bouche. Caille de Vendée farcie au foie gras et lentilles vertes du Puy, escargots au beurre d'ail, millefeuille à la vanille... La carte, façon brasserie contemporaine, marie un répertoire classique et des recettes du monde, le tout accompagné d'une large sélection de vins étrangers.

Allard

Traditionnelle

D1

1 r. de l'Éperon
✆ 01 43 26 48 23
Ⓜ St-Michel

Formule 25 € – Menu 31 € (déjeuner)/35 € – Carte 35/79 €

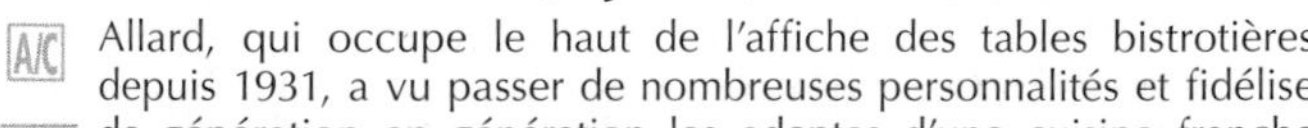

A/C VISA MC AE D

Allard, qui occupe le haut de l'affiche des tables bistrotières depuis 1931, a vu passer de nombreuses personnalités et fidélise de génération en génération les adeptes d'une cuisine franche et sincère. Si aujourd'hui les plats sont plus simples que par le passé, ils restent généreux et ancrés dans la tradition des recettes de nos grands-mères. Entre les escargots de Bourgogne, les filets de hareng pommes à l'huile, le civet de lièvre, le ris de veau aux morilles, le baba au rhum, le paris-brest et les profiteroles, c'est tout un pan de notre patrimoine culinaire qui se rappelle à nos papilles. Et le cadre 1900, témoin de l'atmosphère d'antan, joue sur le même registre (zinc, banquettes en cuir, carrelage et gravures). Un charme inégalable.

L'Altro

Italienne

C1

16 r. du Dragon
✆ 01 45 48 49 49
Ⓜ St-Germain des Prés
Fermé 1 semaine en août

Formule 17 € – Menu 22 € (déjeuner en semaine) – Carte 30/60 €

VISA MC

L'Altro, ou l'autre table branchée de l'équipe qui œuvre également aux Cailloux (13e). Toujours italienne, séduisante et décontractée. La carte – en version originale, comme le service sans chichi – parle d'elle-même : délicieux antipasti (assortiment de charcuteries, mozzarella et légumes grillés), penne à la crème de citron, calamars grillés servis avec salade de trévise et fenouil, et mousse au chocolat à l'italienne. À noter aussi un menu du jour et une dizaine de vins au verre. Quant au décor, associant banquettes noires, carrelage en céramique blanche aux murs et cuisines vitrées, il fait le trait d'union entre le bistrot de quartier et le loft new-yorkais. Le style germanopratin en prime.

Azabu

Japonaise

C1

3 r. André Mazet
01 46 33 72 05
www.azabu-paris.com
Odéon
Fermé 2 semaines en août, dimanche midi et lundi – Nombre de couverts limité, réserver

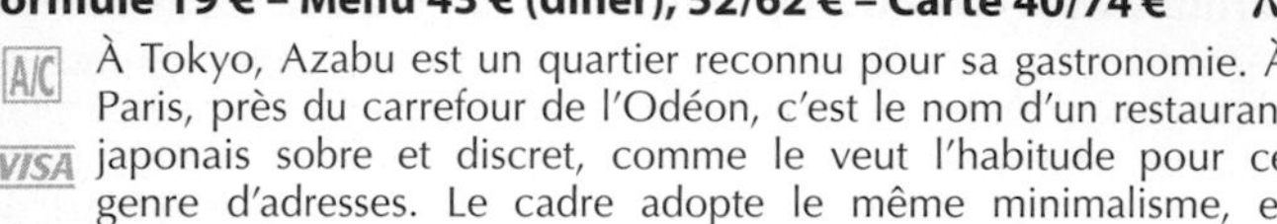

Formule 19 € – Menu 43 € (dîner), 52/62 € – Carte 40/74 €

À Tokyo, Azabu est un quartier reconnu pour sa gastronomie. À Paris, près du carrefour de l'Odéon, c'est le nom d'un restaurant japonais sobre et discret, comme le veut l'habitude pour ce genre d'adresses. Le cadre adopte le même minimalisme, et l'on y déguste son repas en toute tranquillité. Au menu, des classiques de la culture culinaire nippone cuits au teppanyaki – tofu sauté et sa sauce au poulet, bar grillé et coulis de petits pois au dashi –, mais aussi quelques poissons crus. Le chef, tout en restant fidèle à la tradition, s'ouvre aussi aux influences occidentales. Vous pourrez l'admirer en pleine action en vous attablant au comptoir.

Les Bouquinistes

Moderne

D1

53 quai des Grands-Augustins
01 43 25 45 94
www.guysavoy.com
St-Michel
Fermé samedi midi et dimanche

Formule 28 € – Menu 31 € (déjeuner)/82 € – Carte 65/75 €

Situé face à la Seine, à deux pas des célèbres échoppes de bouquinistes, ce restaurant figure au nombre des annexes de l'empire Guy Savoy. Mis en scène par Daniel Humair, son décor mélange non sans audace une modernité branchée avec des influences Art déco, voire baroques... Quant à la grande baie vitrée, elle permet d'admirer le spectacle des quais et des collectionneurs en quête du "bouquin" de leurs rêves... Côté cuisine, place à la simplicité, et parfois à l'inventivité. En parlant – pourquoi pas ? – littérature, on apprécie par exemple un œuf poché aux champignons et sa brioche au chorizo, un filet de saint-pierre au ragoût de petits pois, un agneau en trois textures, une raviole de homard et chair de crabe, ou encore un dessert "tout chocolat"...

Brasserie Lutetia

Traditionnelle

B2

Hôtel Lutetia,
45 bd Raspail
01 49 54 46 76
www.lutetia.concorde-hotels.com
Sèvres Babylone

Formule 38 € – Menu 45 € (déjeuner en semaine), 50/55 € – Carte 60/81 €

A/C VISA MC AE

Roland Barthes, dans un entretien accordé au *Nouvel Observateur* en 1977, racontait avoir vu André Gide "en 1939, au fond de la Brasserie Lutetia, mangeant une poire et lisant"... Tout est dit ! Le Lutetia est évidemment synonyme de chic parisien rive gauche, et sa Brasserie à l'atmosphère inimitable incarne l'élégance et la décontraction "made in St-Germain-des-Prés"... Parmi les chromes et les miroirs, on déguste de beaux plateaux de fruits de mer et de grands classiques, tels un tartare de bœuf, une sole meunière, une bouillabaisse, un poulet de Challans rôti à l'ail, ou encore un riz au lait et un baba au rhum... Et l'on ressuscite soudain "un temps que les moins de vingt ans ne peuvent pas connaître", mais qu'ils adorent imaginer !

Caméléon d'Arabian

Traditionnelle

C3

6 r. Chevreuse
01 43 27 43 27
www.cameleonjeanpaularabianparis.com
Vavin
Fermé 4-24 août, 30 décembre-9 janvier, samedi midi, dimanche et lundi

Formule 28 € – Menu 33 € (déjeuner)/45 € – Carte 50/87 €

VISA MC AE

Pour Jean-Paul Arabian, cela ne fait aucun doute : c'est chez lui qu'on déguste le meilleur foie de veau de la capitale. Il est vrai que son plat vedette a de quoi tenter les amateurs : directement arrivé de Corrèze, doré au beurre, déglacé au vinaigre de vin et simplement accompagné d'un gratin de macaronis au parmesan... Le maître des lieux se révèle intarissable sur le sujet ! Aussi affable que volubile, il vous accueille dans une salle au cadre simple mais confortable et vous présente une carte bien pensée, honorant la cuisine bourgeoise revisitée : langue de veau sauce gribiche, jambon persillé, sole entière de Bretagne cuite au plat, léger baba au rhum… et son dessert fétiche, le "Tout Noir", une mousse légère au chocolat et sa sauce, sorbet cacao...

Casa Bini (N)

Italienne

C2

36 r. Grégoire-de-Tours
01 46 34 05 60
www.casabini.fr
(M) Odéon

Formule 23 € – Carte 36/50 €

Une trattoria chaleureuse dans une rue calme de St-Germain-des-Prés... Bini, c'est le nom de jeune fille de la mère du patron, qui selon lui sonne bien mieux que le sien ! Cette "casa" est bien une histoire de racines : la salle arbore les couleurs chaleureuses de la Toscane, avec de belles photos rétro de Florence : c'est de là qu'est originaire la famille. Et l'on peut dire que la cuisine a l'accent gourmand de cette si belle région, à travers des recettes bien ficelées, pleines de couleurs et de saveurs, et en particulier un large choix de carpaccios et de pâtes – excellentes – dont les sauces changent souvent. Chaque jour, on réimprime en effet le menu qui se renouvelle selon l'inspiration du moment et la saison. Et c'est ainsi que le quartier des éditeurs prend des airs de *dolce vita*...

Le Chardenoux des Prés

Moderne

C1

27 r. du Dragon
01 45 48 29 68
www.restaurantlechardenouxdespres.com
(M) St-Germain des Prés

Menu 27 € (déjeuner en semaine) – Carte 47/69 €

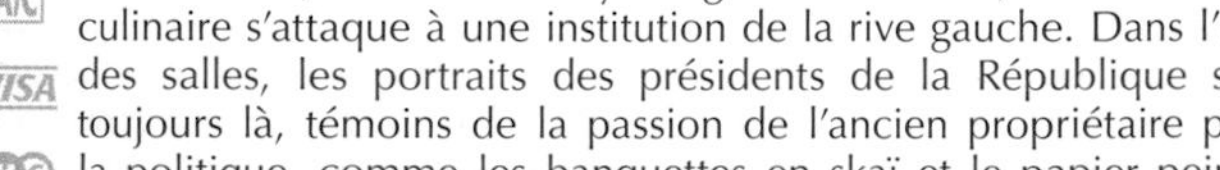

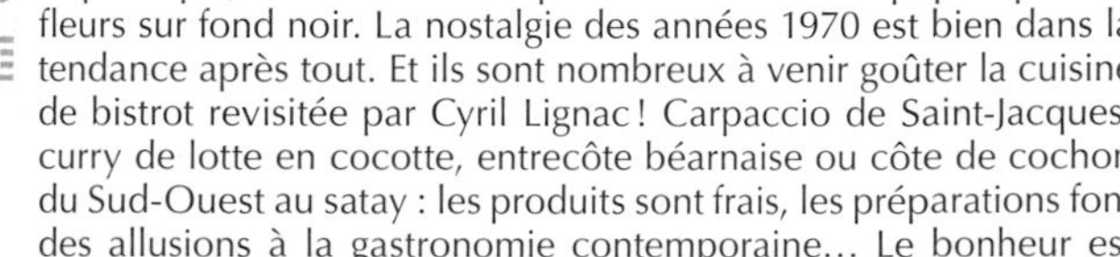

Décidément, rien n'arrête Cyril Lignac ! Cette fois, la star du PAF culinaire s'attaque à une institution de la rive gauche. Dans l'une des salles, les portraits des présidents de la République sont toujours là, témoins de la passion de l'ancien propriétaire pour la politique, comme les banquettes en skaï et le papier peint à fleurs sur fond noir. La nostalgie des années 1970 est bien dans la tendance après tout. Et ils sont nombreux à venir goûter la cuisine de bistrot revisitée par Cyril Lignac ! Carpaccio de Saint-Jacques, curry de lotte en cocotte, entrecôte béarnaise ou côte de cochon du Sud-Ouest au satay : les produits sont frais, les préparations font des allusions à la gastronomie contemporaine... Le bonheur est dans le Chardenoux des Prés.

Le Cherche Midi

Italienne B2

22 r. du Cherche-Midi
01 45 48 27 44
www.lecherchemidi.fr
Sèvres Babylone
Nombre de couverts limité, réserver

Carte 34/53 €

On cherchait le Midi, on a trouvé l'Italie dans ce bistrot aussi sympathique qu'authentique. Banquettes en moleskine, comptoir en marbre, lampes boules, murs couleur beurre frais... et l'essentiel dans les assiettes : des antipasti tout simplement divins, de superbes charcuteries – dont le jambon de Parme, affiné au moins 24 mois –, des sauces chaque jour différentes... La maison possède même son propre atelier de confection de pâtes fraîches (à l'étage), et la mozzarella – bien crémeuse – arrive par avion deux ou trois fois par semaine ! Tous les lundis, c'est spaghettis aux vongole : les épicuriens énamourés de ce bel endroit (parmi eux quelques grands chefs...) ne manqueraient ce rendez-vous pour rien au monde.

La Compagnie de Bretagne

Régionale et terroir D3

9 r. de l'École-de-Médecine
01 43 29 39 00
www.compagnie-de-bretagne.com
Odéon

Formule 17 € – Carte 30/65 €

Chic, toute de noir et blanc, et ornée de lithographies représentant des paysages celtiques : telle est cette brasserie (très) bretonne qui se revendique notamment "crêperie gastronomique". Elle est née de l'association du designer Pierre-Yves Rochon (qui a donc signé cet élégant décor), de son fils et du grand chef de Cancale, Olivier Roellinger. Autant d'atouts pour créer une belle ambassade de la gastronomie bretonne à Paris ! Au menu, de savoureuses variations autour des produits et spécialités de la région, tels le kig-ha-farz – pot-au-feu breton –, les huîtres et surtout les incontournables crêpes et galettes, classiques ou plus créatives (au beurre d'algues, aux blancs de seiche et coques, etc.). Le tout accompagné d'une bonne bolée de cidre artisanal. Un hymne chic et savoureux à l'esprit *breizh* !

Le Comptoir du Relais

Traditionnelle C2

Hôtel Relais St-Germain,
5 carr. de l'Odéon
01 44 27 07 50
www.hotelrsg.com
Odéon
Réservation conseillée le soir

Menu 55 € (dîner en semaine) – Carte 23/86 €

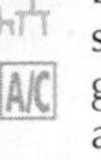
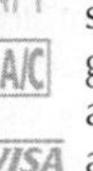

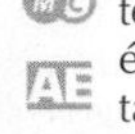
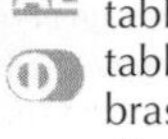

Bienvenue chez Yves Camdeborde ! Ce chef qui, gamin, dans son Béarn natal, rêvait de rugby, était loin d'imaginer ce parcours gastronomique et parisien... Sa passion pour la cuisine s'affirme auprès de Christian Constant, avec lequel il travaille au Ritz, puis au Crillon. En 1992, il se lance seul dans l'aventure en créant la Régalade (14e arrondissement), devenant alors le chef de file de la tendance "bistronomique". Aujourd'hui, on le retrouve, avec son épouse Claudine, à la tête de cet authentique bistrot Art déco, aux tables serrées et aux grands miroirs faisant office d'ardoises... La table alterne deux concepts complémentaires : une cuisine façon brasserie le midi et des préparations plus élaborées le soir, autour d'un menu unique.

La Cuisine de Philippe

Traditionnelle C2

25 r. Servandoni
01 43 29 76 37
St-Sulpice
Fermé 2 semaines en août, 1 semaine à Noël, dimanche et lundi

Formule 21 € – Menu 26 € (déjeuner)/33 € – Carte 35/45 €

Un sympathique petit bistrot rétro face au jardin du Luxembourg... C'est ici que Philippe Dubois, un chef au parcours déjà riche, a décidé d'établir "sa cuisine". Son parti pris, c'est celui de la tradition, de la générosité et du partage. Avis aux amateurs : il a pour spécialité le soufflé, salé ou sucré (guacamole et saumon fumé, noisettes, etc.). Quel plaisir d'en briser la croûte, croustillante à souhait, et de humer les délicieux fumets qui s'en échappent... Que les plus gourmands prennent garde à ne pas se brûler ! La salle, aux allures de bonbonnière (murs abricot, carrelage ancien, chaises et petites tables en bois, casseroles en cuivre), se révèle aussi sympathique. Bref, voilà une bonne adresse où le repas réchauffe le corps, et l'ambiance conviviale... le cœur. Le tout à prix doux.

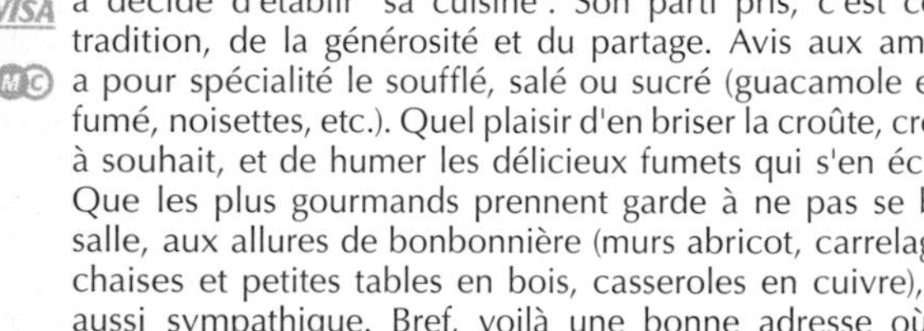

Un Dimanche à Paris

Moderne C1

4 cours du Commerce-St-André
01 56 81 18 18
www.un-dimanche-a-paris.com
Ⓜ Odéon
Fermé 31 juillet-20 août, dimanche soir et lundi

Formule 27 € – Menu 35/105 € – Carte 53/76 €

Chocolat addicts, ce "concept store", à la fois restaurant, salon de thé, boutique et école de cuisine, est pour vous ! Ce paradis dédié au cacao sous toutes ses formes est élégant, épuré selon les critères de la décoration contemporaine, et s'enroule drôlement autour des vestiges de la tour Philippe-Auguste. 1210 ! Époque cruelle où l'Europe ignorait le goût du chocolat... Heureusement ces temps sont révolus, et viandes et poissons, grâce à l'inventivité de William Caussimon, sont habilement rehaussés de jus ou de vinaigrette au chocolat noir, dc sauce aux effluves épicés, d'émulsion de chocolat blanc, etc. Les rappels sont discrets, les harmonies subtiles et les produits de qualité. Mention spéciale pour les desserts, qui sont de pures délices !

Emporio Armani Caffé

Italienne C1

149 bd St-Germain
01 45 48 62 15
Ⓜ St-Germain des Prés

Formule 29 € – Menu 35 € (déjeuner en semaine) – Carte 40/80 €

Emplacement original pour ce restaurant, situé au 1er étage de l'emporium Armani de St-Germain-des-Prés (non loin de l'église). La salle est épurée et élégante, dans le style du créateur bien sûr : tons noir et chocolat noir, banquettes orange, plateaux en verre, lumière tamisée... N'aurait-on affaire là qu'à un autre type de vitrine ? Au contraire, ce "caffé" compte parmi les bonnes tables italiennes de la capitale ! Le chef, originaire de la péninsule, accommode des produits de grande qualité, très frais, dans l'esprit de la cuisine transalpine contemporaine : carpaccio, appétissant osso-buco, spaghettis à la carbonara, baba à la napolitaine très prisé des habitués, panettone et agrumes... Des saveurs pleine d'authenticité !

L'Épi Dupin

Moderne B2

11 r. Dupin
01 42 22 64 56
www.epidupin.com
Sèvres Babylone
Fermé 1er-24 août, lundi midi, samedi et dimanche – Nombre de couverts limité, réserver

Formule 27 € – Menu 38/49 €

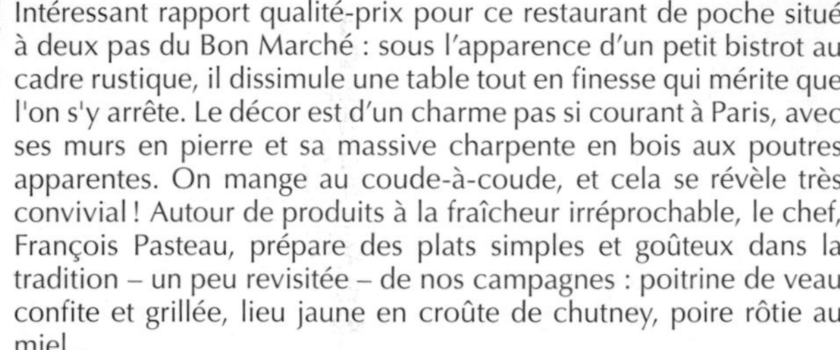

Intéressant rapport qualité-prix pour ce restaurant de poche situé à deux pas du Bon Marché : sous l'apparence d'un petit bistrot au cadre rustique, il dissimule une table tout en finesse qui mérite que l'on s'y arrête. Le décor est d'un charme pas si courant à Paris, avec ses murs en pierre et sa massive charpente en bois aux poutres apparentes. On mange au coude-à-coude, et cela se révèle très convivial ! Autour de produits à la fraîcheur irréprochable, le chef, François Pasteau, prépare des plats simples et goûteux dans la tradition – un peu revisitée – de nos campagnes : poitrine de veau confite et grillée, lieu jaune en croûte de chutney, poire rôtie au miel...

La Ferrandaise

Traditionnelle D2

8 r. de Vaugirard
01 43 26 36 36
www.laferrandaise.com
Odéon
Fermé 3 semaines en août, lundi midi, samedi midi et dimanche

Formule 16 € – Menu 34/55 €

Ne soyez pas surpris si, en poussant la porte de ce joli restaurant près du Luxembourg, il vous semble humer l'air pur de la chaîne des Puys. Gilles Lamiot, le patron, est passionné par cette région, son terroir et la race ferrandaise ! Régulièrement, il rend visite aux meilleurs éleveurs pour ramener des veaux de lait que le jeune chef breton transforme en terrines, en blanquettes... Bien sûr, il imagine aussi des plats tels que le gratin de moules à la bretonne ou l'épigramme d'agneau aux cocos paimpolais. Un conseil avant le dessert : gardez un peu de place pour les fromages fermiers du Puy-de-Dôme !

Fish La Boissonnerie

Traditionnelle C1

69 r. de Seine
01 43 54 34 69
Odéon
Fermé 1 semaine en août et 20 décembre-2 janvier

Formule 13 € – Menu 27 € (déjeuner)/35 €

Rue de Seine, tout le monde connaît les méandres fantastiques de sa façade en mosaïque Art nouveau. C'est qu'il y a belle lurette que cette ancienne poissonnerie (avec un p !) s'est transformée en restaurant et bar à vins pour mieux vous prendre dans ses filets. Vieux zinc, allusions marines et bons petits crus... Ici, la cuisine de l'océan prend de la bouteille – mais de belles viandes sont aussi à l'honneur. Prairies de Normandie servies crues, gelée de limonade et mini-betterave Chioggia ; magret de canard, courgettes, pêche blanche, purée d'oignons rouges et basilic ; etc. : les habitués sont toujours plus nombreux à tomber sous le charme de ces (re-) créations bistrotières !

Fogón

Espagnole D1

45 quai des Grands-Augustins
01 43 54 31 33
www.fogon.fr
St-Michel
Fermé 29 juillet-20 août, 24 décembre-7 janvier, lundi et le midi sauf samedi et dimanche

Menu 50 € – Carte 45/77 €

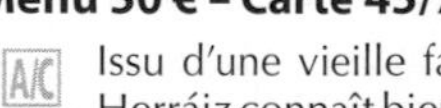

Issu d'une vieille famille de restaurateurs castillans, Juan Alberto Herráiz connaît bien les secrets de la cuisine espagnole, qu'il défend avec passion. Une cuisine vivante, conviviale et authentique. Pour preuve, les charcuteries ibériques et les traditionnelles paellas servies en plats à partager à deux ou plus (aux légumes, à la valencienne, noir aux seiches et calamars, aux langoustines, etc.), les tapas réinterprétées avec originalité, jusque dans le registre sucré... Cette originalité se retrouve dans le décor élégant de la salle habillée de blanc et de mauve. Chaque élément y a été pensé, de l'éclairage au design des tables, imaginées par le chef lui-même, cachant des tiroirs où sont rangés les couverts. Belle carte des vins 100 % espagnole et petite sélection du mois.

Guy Martin Italia (N)

Italienne B3

19 r. Bréa
01 43 27 08 80
www.guymartinitalia.com
(M) Vavin
Fermé 3 semaines en août

Menu 50 € (déjeuner en semaine), 75/100 € – Carte 40/55 €

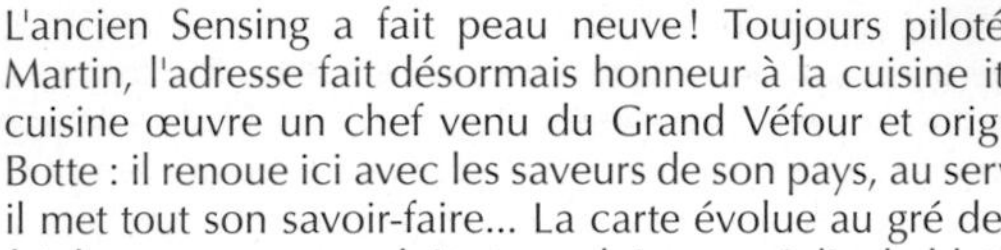

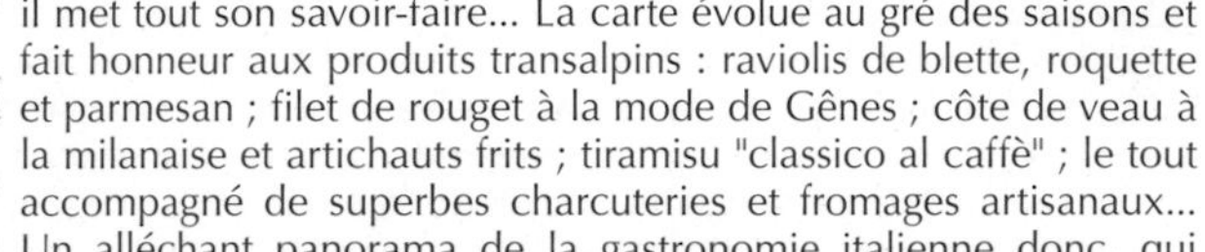

L'ancien Sensing a fait peau neuve ! Toujours pilotée par Guy Martin, l'adresse fait désormais honneur à la cuisine italienne. En cuisine œuvre un chef venu du Grand Véfour et originaire de la Botte : il renoue ici avec les saveurs de son pays, au service duquel il met tout son savoir-faire... La carte évolue au gré des saisons et fait honneur aux produits transalpins : raviolis de blette, roquette et parmesan ; filet de rouget à la mode de Gênes ; côte de veau à la milanaise et artichauts frits ; tiramisu "classico al caffè" ; le tout accompagné de superbes charcuteries et fromages artisanaux... Un alléchant panorama de la gastronomie italienne donc, qui s'apprécie dans un décor élégant : lumière tamisée, banquettes et fauteuils en velours, œuvres d'art contemporain, etc. Une véritable trattoria chic.

KGB

Créative D1

25 r. des Grands-Augustins
01 46 33 00 85
www.kitchengaleriebis.com
(M) St-Michel
Fermé 1er-20 août, dimanche et lundi

Formule 28 € – Menu 35 € (déjeuner en semaine)/62 € – Carte 46/60 €

L'enseigne semble un nom de code pour initiés ; elle est pourtant d'une parfaite – et savoureuse – transparence. KGB, pour Kitchen Galerie Bis, table épigone de la célèbre Ze Kitchen Galerie lancée par l'infatigable William Ledeuil. L'esprit est le même qu'à la maison mère, et l'on s'en réjouit : mobilier minimaliste, touches de couleurs et murs couverts de tableaux contemporains, façon galerie d'art... La carte perpétue les recettes fusion qui ont fait le succès du chef, mêlant tradition hexagonale et assaisonnements asiatiques : gingembre, miso ou coriandre se marient au maquereau, à la joue de veau et aux champignons, pour de délicats mariages de saveurs. Les plats proposés sont juste plus simples – et un peu moins chers – qu'à la première adresse. "Ze" bonne affaire !

Hélène Darroze ✿

Moderne

4 r. d'Assas
01 42 22 00 11
www.helenedarroze.com
Ⓜ Sèvres Babylone

B2

Menu 52 € (déjeuner), 125/175 €

Hélène Darroze

Passé la façade noire de l'enseigne, fleurie par les créations de Christian Tortu, on oublie tout dans la maison d'Hélène Darroze, à l'atmosphère chic et glamour. Salle à manger ou Salon ? Chaque étage joue un rôle et s'adapte aux envies et disponibilités des convives : en haut, univers tamisé et cosy dans des tonalités aubergine et orange pour apprécier un menu gastronomique unique (possibilité de choisir "l'accord mets et vins") ; au rez-de-chaussée, ambiance plus décontractée pour découvrir le même menu décliné en petites portions.

Née dans une famille de cuisiniers et de restaurateurs, Hélène Darroze allie talent et intuition. Celle qui "dévoile ses émotions" réalise une cuisine inspirée aussi bien par son terroir landais que par ses maîtres (dont Alain Ducasse) et sa curiosité. Bref, une cuisine de cœur, racontée à travers un menu attentif aux saisons et aux produits du marché. Ajoutez une sélection de vins intéressante et des armagnacs hors pair : la promesse d'une belle expérience.

Entrées

- Seiche sautée au chorizo et tomates confites, riz carnaroli noir et crémeux
- Foie de canard des Landes confit aux épices douces, chutney de figue

Plats

- Pigeonneau de Racan flambé au capucin, foie gras de canard grillé
- Agneau de lait des Pyrénées "Chouria", selle farcie, chuletillas à la plancha

Desserts

- Crème mascarpone parfumée à la truffe blanche d'Alba, écume de lait d'amande
- Baba au rhum ambré, gelée samba et crème au sucre

La Maison du Jardin

Traditionnelle C2

27 r. Vaugirard
01 45 48 22 31
Rennes
Fermé 1er-22 août, samedi midi et dimanche – Réserver

Formule 26 € – Menu 32 €

"Servir une cuisine simple réalisée avec des produits frais", voilà le credo de Philippe Marquis, le chef-patron de ce bistrot situé à deux pas du jardin du Luxembourg. Midi et soir il présente un sympathique menu-carte inspiré du marché, qu'il complète au déjeuner par une ardoise du jour. Petit avant-goût savoureux : terrine maison, soupe de saison, bourride de joue de lotte au safran accompagnée de tagliatelles de légumes, profiteroles au chocolat... La carte des vins est plutôt courte, à prix sages. Quant au décor, il marie tons chauds, petits miroirs et photos noir et blanc de monuments parisiens. De quoi ravir la clientèle étrangère, mais aussi les habitants du quartier et les sénateurs gourmands...

Marco Polo

Italienne C2

8 r. de Condé
01 43 26 79 63
Odéon
Nombre de couverts limité, réserver

Formule 20 € – Menu 36 € – Carte 40/58 €

Sénateurs venus en voisins, éditeurs du quartier et amateurs de cuisine transalpine : les habitués sont nombreux et apprécient l'atmosphère à la fois feutrée et conviviale qui règne au Marco Polo... D'ailleurs, ça ne date pas d'hier, puisque Renato Bartolone a ouvert ce restaurant en 1977. Le chef qu'il a embauché, originaire de la région des Pouilles, concocte une cuisine sans esbroufe, mais franche, solide et soignée. Les antipasti mettent évidemment en appétit, et les pâtes sont travaillées dans les règles de l'art. Raviolis aux cèpes, spaghettis aux vongole : il y en a vraiment pour tous les goûts, sans même parler du risotto du jour... Un conseil : pour suivre Marco Polo dans son voyage, réservez votre traversée !

La Marlotte

Traditionnelle

B2

55 r. du Cherche-Midi
01 45 48 86 79
www.lamarlotte.com
St-Placide
Fermé 10-21 août

Formule 22 € – Menu 27 € (déjeuner)/31 € – Carte 33/62 €

VISA MC AE

Ici, plus que pour le cadre, on vient pour l'ambiance ! C'est que cette "auberge d'aujourd'hui", comme aime à l'appeler Gilles Ajuelos, est un véritable concentré de restaurant parisien : au cœur de la rive gauche, l'adresse fait le bonheur des éditeurs, galeristes et hommes politiques du quartier. Les propositions sont simples et ultraclassiques : harengs pommes à l'huile, terrine de foies de volaille, pieds et paquets, île flottante, crème caramel... Vous l'aurez compris, le chef respecte la tradition. Ce qui fait la différence ? De beaux produits de saison et une générosité indéniable !

La Méditerranée

Poissons et fruits de mer

C2

2 pl. Odéon
01 43 26 02 30
www.la-mediterranee.com
Odéon
Fermé 24-31 décembre

Menu 26/31 € – Carte 38/65 €

A/C VISA MC AE

Sur une élégante placette en face du théâtre de l'Europe, ce restaurant assume avec panache son héritage marin : joliment habillée d'un dessin de Cocteau, la façade bleu nuit évoque subtilement les profondeurs mystérieuses de "mare nostrum". Les trois salles à manger composent un décor agréable, très parisien avec ses fresques, et ensoleillé par une plaisante véranda. Sans surprise, la carte fait la part belle aux produits de la mer, préparés avec talent par une équipe bien rodée. Soupe de poissons de roche, bouillabaisse, coquillages et crustacés cuisinés à la minute sont de première fraîcheur, exhibant sans complexe leur accent du Sud, autour de marinades d'huile d'olive, d'herbes parfumées et de saveurs safranées. Il ne manque que la Grande Bleue et le clapotis des vagues !

Moderne

B2

Hôtel Lutetia,
45 bd Raspail
☎ 01 49 54 46 90
www.lutetia.concorde-hotels.com
Ⓜ Sèvres Babylone
Fermé vacances scolaires, août, samedi, dimanche et fériés

Menu 50 € (déjeuner), 75/145 € – Carte 70/178 € le soir

Hôtel Lutetia

Ne soyez pas impressionné par l'immense façade sculptée de ce monument de la rive gauche ; l'accueil au restaurant de l'hôtel Lutetia, tout en étant d'une grande élégance, sait rester simple pour vous mettre tout de suite à l'aise. En outre, le cadre Art déco de la salle à manger, réplique de celle de l'ancien paquebot Normandie, vaut le coup d'œil : cet archétype du design des années 1930 a été revisité en douceur par Sonia Rykiel, pour offrir un décor feutré, d'un luxe sobre et élégant. Mobilier de style, boiseries, grands miroirs sur un pan de mur entier, plantes... Tout a été pensé pour préserver l'atmosphère sereine et agréable d'antan.

Le chef lui-même limite volontairement le nombre de couverts, les tables sont bien espacées et le service se fait discret et efficace. De quoi satisfaire les exigences de la clientèle huppée du quartier, amatrice d'une cuisine fine et respectueuse des saisons – la carte est renouvelée chaque mois. À l'heure du déjeuner, le menu se révèle attractif.

Entrées

- Cannelloni de foie gras de canard à la truffe noire du Périgord
- Homard Breton, kamut bio au concombre noa et citron vert, graines de courge torréfiées

Plats

- Turbot de Bretagne cuit sur l'os, jeunes légumes à la dulce marine et à la laitue de mer
- Agneau de lait des Pyrénées rôti à l'ail rose de Lautrec, cocos de Paimpol

Desserts

- Le "tout-chocolat" d'un gourmand de cacao
- Millefeuille aux fruits rouges et noirs

La Petite Cour

Moderne

C2

8 r. Mabillon
✆ 01 43 26 52 26
www.lapetitecour.fr
Ⓜ Mabillon
Fermé samedi midi

Formule 27 € – Menu 37/49 € – Carte 40/75 €

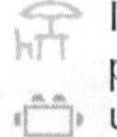

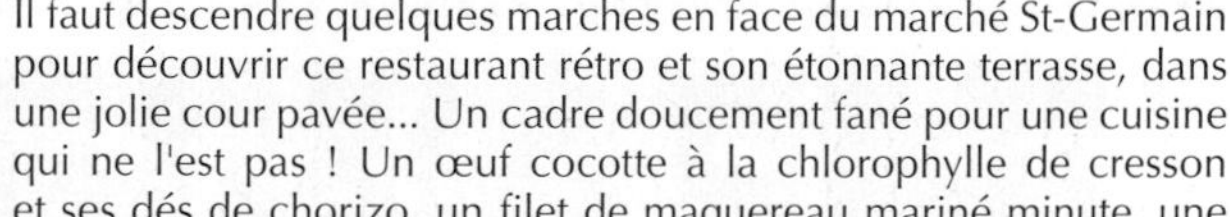

Il faut descendre quelques marches en face du marché St-Germain pour découvrir ce restaurant rétro et son étonnante terrasse, dans une jolie cour pavée... Un cadre doucement fané pour une cuisine qui ne l'est pas ! Un œuf cocotte à la chlorophylle de cresson et ses dés de chorizo, un filet de maquereau mariné minute, une épaule d'agneau confite et sa royale d'oignon à la carbonara, un risotto vanillé et sa glace caramel au beurre salé... Tout est fin, franc, intelligent : l'œuvre de Régis Versieux, un jeune chef au beau parcours – il a fait son apprentissage chez Lasserre et a travaillé, entre autres, pour Joël Robuchon – qui joue dans la Petite Cour des grands !

Pinxo - St-Germain Ⓝ

Moderne

C1

82 r. Mazarine
✆ 01 43 54 02 11
www.pinxo.fr
Ⓜ Odéon
Fermé 2 semaines en août

Formule 24 € – Carte environ 45 €

On connaissait Pinxo dans le 1er arrondissement ; voici un nouvel opus sur la rive gauche. Alain Dutournier (Carré des Feuillants) est toujours le maître d'œuvre de ce concept original, celui de tapas à la française. Et c'est ainsi que l'on peut "pinxer" (picorer) des huîtres d'Arcachon en gelée de cèpes, un cœur de canard à la plancha, du bœuf de Chalosse et charlottes écrasées aux cébettes, ou encore un sorbet à la poire fumée et chocolat noir épicé. Les amoureux du Sud-Ouest apprécieront les clins d'œil à leur région fétiche – Dutournier est né dans les Landes –, et les autres, le côté gourmand et canaille de ces belles préparations... Le cadre, lui, est sobre et un brin arty, avec du mobilier signé Alberto Bali. Dernier atout : des prix plutôt raisonnables. On ne fait qu'une bouchée d'une telle formule !

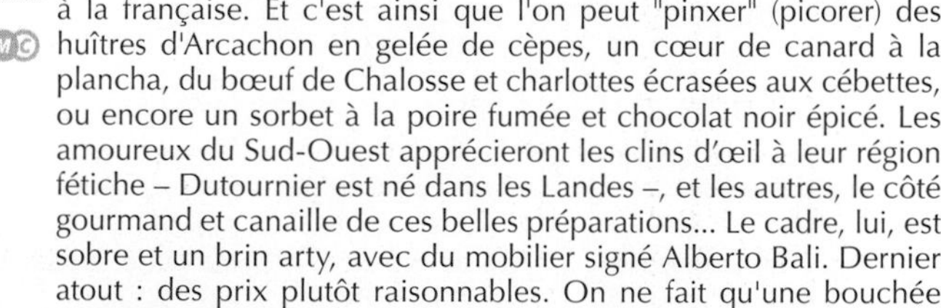

Relais Louis XIII ✿✿

Classique

D1

8 r. des Grands-Augustins
01 43 26 75 96
www.relaislouis13.com
Odéon
Fermé août, dimanche, lundi et fériés

Menu 50 € (déjeuner), 80/135 € – Carte environ 115 €

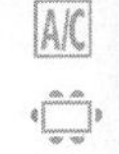

Relais Louis XIII

Une table chargée d'histoire, bâtie sur les caves de l'ancien couvent des Grands-Augustins : c'est ici que, le 14 mai 1610, une heure après l'assassinat de son père Henri IV, Louis XIII apprit qu'il devrait désormais régner sur la France... La salle à manger semble se souvenir des grandes heures du passé : poutres, pierres apparentes, boiseries, vitraux et tentures, tout distille un charme d'autrefois, avec çà et là des objets de collection (tableaux)...

Une atmosphère toute particulière, agréablement hors du temps, propice à la découverte de la belle cuisine classique de Manuel Martinez. Après un joli parcours chez Ledoyen, au Crillon, à la Tour d'Argent, ce Meilleur Ouvrier de France a décidé de poser ses valises chez Louis XIII, en toute simplicité. Ce temple à la gloire des Bourbons et de la gastronomie, si atypique, n'a pas manqué de séduire bon nombre d'habitués, qui apprécient aussi l'intéressante formule déjeuner et les salons particuliers dans les caves.

Entrées

- Ravioli de homard breton, foie gras et crème de cèpes
- Classique quenelle de bar, mousseline de champignons

Plats

- Caneton challandais cuisiné au grè de la saison
- Noix de ris de veau braisée au sautoir, champignons de saison

Desserts

- Millefeuille à la vanille de Tahiti
- Tartelette à la mangue et avocat, gelée au gin

Le Restaurant ✿

Moderne

Hôtel L'Hôtel,
13 r. des Beaux-Arts
01 44 41 99 01
www.l-hotel.com
St-Germain des Prés
Fermé août, 23-28 décembre, dimanche et lundi

C1 

Formule 42 € – Menu 52 € (déjeuner en semaine), 95/160 € – Carte 95/115 €

Le Restaurant

Le Restaurant de l'Hôtel n'a rien d'une table gastronomique conventionnelle. Il doit son atmosphère baroque, anachronique et éclectique au designer Jacques Garcia, adepte du style Empire revisité. Dans un esprit salon privé, le décor rivalise de drapés, banquettes et fauteuils bas, alcôves, moulures dorées et tons fauves, tel un tableau d'Ingres dans sa période orientaliste. Un peu trop chargé pour certains, dépaysant pour d'autres, en tout cas original ! Le tout agrémenté d'une ravissante cour intérieure où la terrasse et la fontaine font oublier que l'on se trouve au cœur de Paris.

Pour satisfaire les exigences de sa clientèle de "happy few" – people et stars sensibles à son intimité et à ses hôtes illustres (Oscar Wilde, Borges, etc.) –, il fallait tout le savoir-faire d'un jeune chef au beau parcours. Autrefois second et seul aux commandes depuis 2011, ce dernier travaille d'excellents produits et aime revisiter les classiques de la gastronomie française ; ses créations parfumées changent au fil du marché. Accord réussi : les mets eux aussi sortent de l'ordinaire.

Entrées

- Grenouilles, bouillon d'ail rose, fregola sarda cuisinée au vert
- Cèpes et praliné à l'italienne, copeaux de mimolette

Plats

- Bar de ligne fumé, iodé et braisé, fenouil et poutargue
- Ris de veau, jus aux herbes, girolles et caviar d'aubergine fumé

Desserts

- Figue de Solliès, glace à la brioche acidulée au cassis et pannacotta aux épices
- Citron-meringue, biscuit croquant, crémeux et zeste

Semilla N

Moderne C1

54 r. de Seine
✆ 01 43 54 34 50
Ⓜ Odéon
Fermé 1 semaine en août et 23 décembre-8 janvier

Formule 23 € – Carte 36/50 €

A/C VISA MC

Une bonne "graine" (*semilla* en espagnol) que ce bistrot né en 2012 à l'initiative des patrons du fameux bistrot Fish La Boissonnerie, situé juste en face. Cette nouvelle adresse a de qui tenir et elle est elle-même emmenée par une équipe passionnée, jeune et ultramotivée : il suffit de regarder la petite brigade en train de s'activer derrière les fourneaux (ouverts sur la salle) pour en mesurer le professionnalisme – mais aussi la décontraction contagieuse... Les fournisseurs sont triés sur le volet, les assiettes ficelées avec soin et inspiration, et accompagnées de jolis petits vins (intéressant choix au verre) – avec aussi de très bons fromages, ce qui n'est plus si courant. Le tout se joue dans un décor plutôt branché et sympathique. Semilla, sémillante adresse !

Shu

Japonaise D2

8 r. Suger
✆ 01 46 34 25 88
www.restaurant-shu.com
Ⓜ St-Michel
Fermé vacances de printemps, 2 semaines en août et dimanche – Dîner seulement – Réserver

Menu 38/56 €

VISA MC AE

Une cave du 17e s. dans le quartier St-Michel, à laquelle on accède par une minuscule porte et un escalier périlleux qui imposent de courber l'échine... Ainsi pourrait débuter une messe secrète... Et en effet, on rendrait bien des dévotions à la cuisine d'Ukai Osamu, grand maître de Shu ! Ce jeune chef, formé auprès de quelques grandes tables nippones de la capitale, se montre intraitable sur la qualité des produits. Il excelle notamment dans les kushiage – de petites brochettes frites de légume, viande, tofu et autres, bien croustillantes, légères et parfumées –, mais vous concocte aussi des recettes japonaises variant au gré des saisons, ainsi que les incontournables sushis et sashimis... Précision dans la découpe du poisson, dans le frémissement des bouillons, flaveur des assaisonnements (gingembre, sésame, wasabi, etc.) : on sort converti.

La Société

Moderne

C1

4 pl. St-Germain-des-Prés
01 53 63 60 60
www.restaurantlasociete.com
St-Germain des Prés

Carte 45/100 €

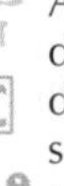

Au cœur de St-Germain-des-Prés, face à l'église et à son décor de carte postale, un antre ultracontemporain né en 2009. Aplats de noir et de gris, réseaux étudiés de lignes géométriques, sculptures en marbre de Carrare, œuvres d'art : le lieu vaut un précis d'architecture intérieure. Glamour et stylé, ce restaurant de la dynastie Costes mérite donc le coup d'œil, d'autant qu'il est imparable pour voir et être vu, notamment sur la jolie terrasse ! Le service est lui-même à la fois très show et très bises, tandis que l'assiette tient ses promesses (prix fort compris) : des produits de choix, cuisinés sans fioritures, dans la tradition française mais avec quelques incursions en Asie. Du terroir pour décor, du marbre en accoudoir et quelques saveurs "jet lag" : ainsi va la société germanopratine d'aujourd'hui, et l'on fait difficilement mieux...

Le Timbre

Traditionnelle

B3

3 r. Ste-Beuve
01 45 49 10 40
www.restaurantletimbre.com
Notre-Dame des Champs
Fermé 1er-7 mai, 23 juillet-24 août, vacances de Noël, dimanche et lundi – Nombre de couverts limité, réserver

Formule 22 € – Menu 26 € (déjeuner) – Carte 32/38 €

Un homme seul aux fourneaux (visibles de la salle), une serveuse, une vingtaine de couverts, une ardoise du jour qui change chaque semaine : voilà pour la brève présentation du lieu, grand comme un timbre-poste. Dans la catégorie "bistrots de poche", celui-ci tire son épingle du jeu. Simple et convivial, il affiche souvent complet, attirant bon nombre de nos voisins anglais, compatriotes du chef, Chris Wright. Ce talentueux autodidacte n'en célèbre pas moins la pure tradition "made in France" à travers une jolie cuisine : terrine de campagne, hure de cochon aux câpres, agneau des Pyrénées accompagné de piquillos... Seule exception, les surprenants fromages anglais (stilton, cheddar...) qui varient au gré du marché. À ne pas rater : le traditionnel millefeuille.

Toyo

Créative B3

17 r. Jules Chaplain
✆ 01 43 54 28 03
Ⓜ Vavin
Fermé 3 semaines en août, lundi midi et dimanche

Menu 35 € (déjeuner)/79 €

A/C VISA MC

Dans une autre vie, Toyomitsu Nakayama était le chef personnel du couturier Kenzo ; aujourd'hui, il excelle dans l'art d'assembler les saveurs et les textures, entre France et Japon. Dans son petit restaurant zen et très épuré, pas de carte, mais deux menus le midi et le soir, qui changent selon l'inspiration du moment... Toyo a évidemment quelques plats-signatures, dont le turbot mariné entre deux feuilles de kombu et accompagné de fines lamelles de boutargue, ou encore le carpaccio de veau à sa façon, dans lequel il a subtilement remplacé le fromage par un effiloché d'algues. Et que dire du tiramisu au thé vert? Il résume à lui seul la cuisine du lieu : fraîche, fine et parfumée. Un mariage franco-nippon des plus heureux!

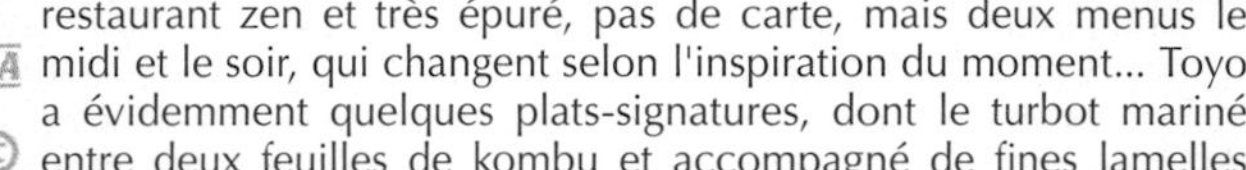

Tsukizi

Japonaise C1

2 bis r. des Ciseaux
✆ 01 43 54 65 19
Ⓜ St-Germain des Prés
Fermé 1er-22 août, 26 décembre-9 janvier, dimanche midi et lundi

Formule 17 € – Carte 35/60 €

VISA MC AE

Cette minuscule adresse, essentiellement fréquentée par les habitués – des Japonais et quelques touristes –, se fait discrète dans une ruelle entre la rue du Four et le boulevard St-Germain. Elle respire la simplicité avec trois petites tables au fond de la salle. Comme au Japon, on s'installe en priorité au comptoir (une dizaine de places) afin d'observer, aux premières loges, ce qui se joue en cuisine. Là, le chef découpe les poissons du jour, exposés dans de petites vitrines réfrigérées, pour ses sashimis, sushis, makis et autres préparations. Dans le respect de la tradition, évidemment. Le temps d'un repas, on s'imaginerait presque dans un vrai sushi ya de Tokyo.

Wadja

Traditionnelle

10 r. Grande-Chaumière
01 46 33 02 02
Vavin
Fermé 3 semaines en août, 1 semaine en février, samedi midi, dimanche et fériés

B3

Formule 17 € – Menu 20 € (déjeuner) – Carte 40/50 € le soir

Fondé en 1942 par les Wadja, un couple d'origine polonaise, le Wadja porte non seulement toujours le nom des anciens propriétaires, mais il n'a rien perdu de son âme d'antan... Sol en mosaïque, zinc, miroirs, vieilles affiches : tout ici respire l'authenticité, à l'instar des petits plats de Thierry Coué (Senderens, Les Amognes). Au gré du marché, ce chef épatant vous concocte des ris de veau poêlés au beurre de citron et romarin, une tête de cochon rôti et ses pommes de terre, un jarret de veau confit aux oignons, une crêpe fourrée à la compote d'aubergine et à la cardamome... Des délices qui s'accompagnent de vins de petits propriétaires privilégiant la biodynamie. Une adresse pour les amoureux de la tradition bistrotière et... de l'ambiance surannée du Montparnasse d'autrefois.

Yen

Japonaise

22 r. St-Benoît
01 45 44 11 18
St-Germain-des-Prés
Fermé 2 semaines en août et dimanche

C1

Formule 39 € – Menu 68 € (dîner)/85 € – Carte 40/80 €

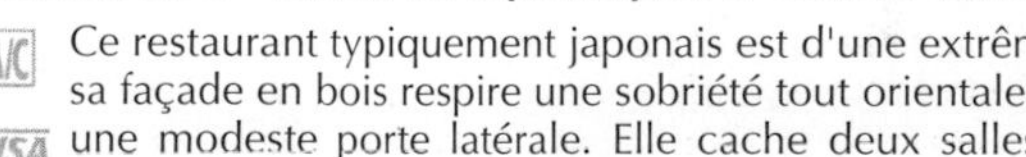

Ce restaurant typiquement japonais est d'une extrême discrétion : sa façade en bois respire une sobriété tout orientale et s'ouvre par une modeste porte latérale. Elle cache deux salles d'inspiration zen (murs blancs, sobre mobilier en bois clair), mais le rez-de-chaussée, ouvert sur la rue, est assez animé : préférez l'étage pour plus d'espace et d'intimité (belles poutres apparentes). La spécialité du chef ? Le soba : des pâtes de sarrasin découpées en fines lamelles et assaisonnées de façon variée. Que les amateurs de sushis se rassurent, les traditionnels poissons crus sont également au menu. L'endroit attire une importante clientèle nippone qui apprécie l'authenticité des mets et la rigueur du service.

Yugaraj

Indienne C-D1

14 r. Dauphine
01 43 26 44 91
Odéon
Fermé août et lundi

Formule 22 € – Menu 30/39 € – Carte 36/58 €

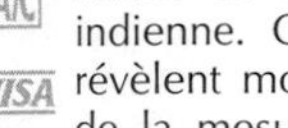

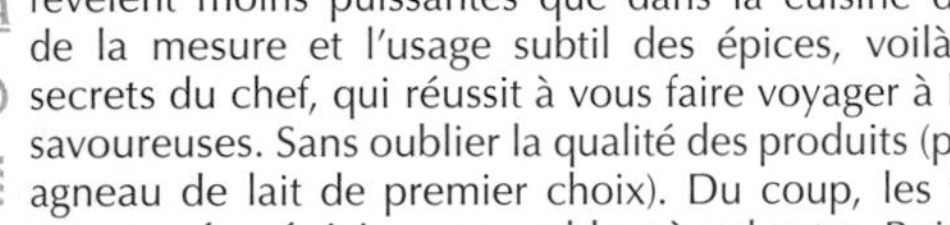

Fondé en 1986, Yugaraj est une valeur sûre de la gastronomie indienne. Celle du Nord plus précisément, où les saveurs se révèlent moins puissantes que dans la cuisine du Sud. Le sens de la mesure et l'usage subtil des épices, voilà les principaux secrets du chef, qui réussit à vous faire voyager à l'aide d'assiettes savoureuses. Sans oublier la qualité des produits (poulet de Bresse, agneau de lait de premier choix). Du coup, les tandooris et les currys préparés ici ne ressemblent à nul autre. Boiseries, statuettes anciennes : le décor est lui-même une invitation raffinée au rêve et à l'exotisme... L'Inde par voie express !

Déjeunons dehors, il fait si beau ! Optez pour une terrasse, repérable au symbole .

Ze Kitchen Galerie ✿

Créative

D1

4 r. des Grands-Augustins
☏ 01 44 32 00 32
www.zekitchengalerie.fr
Ⓜ St-Michel
Fermé 2 semaines en août, 1 semaine fin décembre, samedi midi et dimanche

Formule 27 € – Menu 40 € (déjeuner), 70/82 € – Carte 75/82 €

A/C
VISA
MC
AE

Bruno Delessard

Galerie d'art contemporain, atelier de cuisine, cantine arty à la mode new-yorkaise ? Sous son nom hybride, Ze Kitchen Galerie joue sur les frontières entre art et cuisine, avec pour ambition d'unir ces deux expressions dans le décor et l'assiette. Un dessein visible dès qu'on passe la porte de ce restaurant conçu par Daniel Humair : dans des volumes épurés – sans être froids – cohabitent mobilier et vaisselle design, matériaux bruts, tableaux colorés, autour d'une cuisine vitrée pour suivre en direct le spectacle de la brigade.

Aux fourneaux, William Ledeuil donne libre cours à sa passion pour les saveurs de l'Asie du Sud-Est (Thaïlande, Vietnam, Japon) où il puise son inspiration. Galanga, ka-chaï, curcuma, wasabi, gingembre... Autant d'herbes, de racines, d'épices et de condiments du bout du monde qui relèvent avec brio les recettes classiques françaises. Sa carte fusion – à base de poissons, bouillons, pâtes, plats à la plancha – décline ainsi une palette d'assiettes inventives, modernes et ciselées, pour un voyage entre saveurs et couleurs.

Entrées

- Bouillon thaï de canard, foie gras et condiment agrumes
- Fleur de courgette farcie de crabe, jus coquillages-lime

Plats

- Bœuf wagyu confit et grillé, condiment umeboshi-sésame
- Porc basque confit et grillé, jus d'un curry thaï

Desserts

- Glace chocolat blanc-wasabi et pistache-fraise
- Soupe maïs-soja, glace sésame

7e

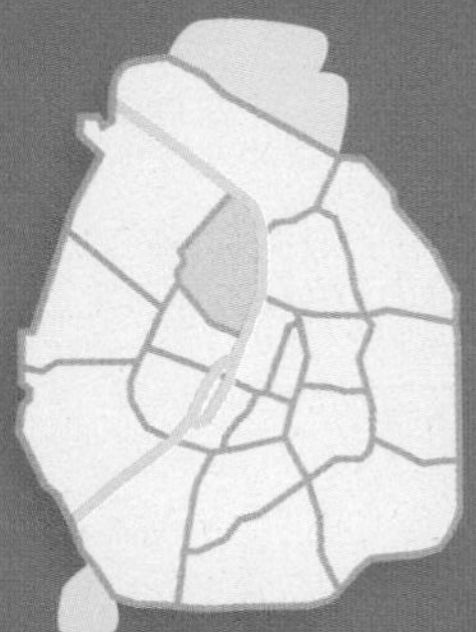

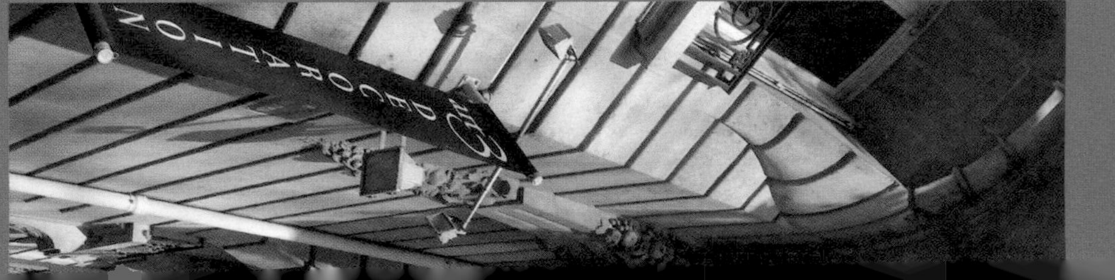

Tour Eiffel · École Militaire · Invalides

I. Wooster / Fotolia.com

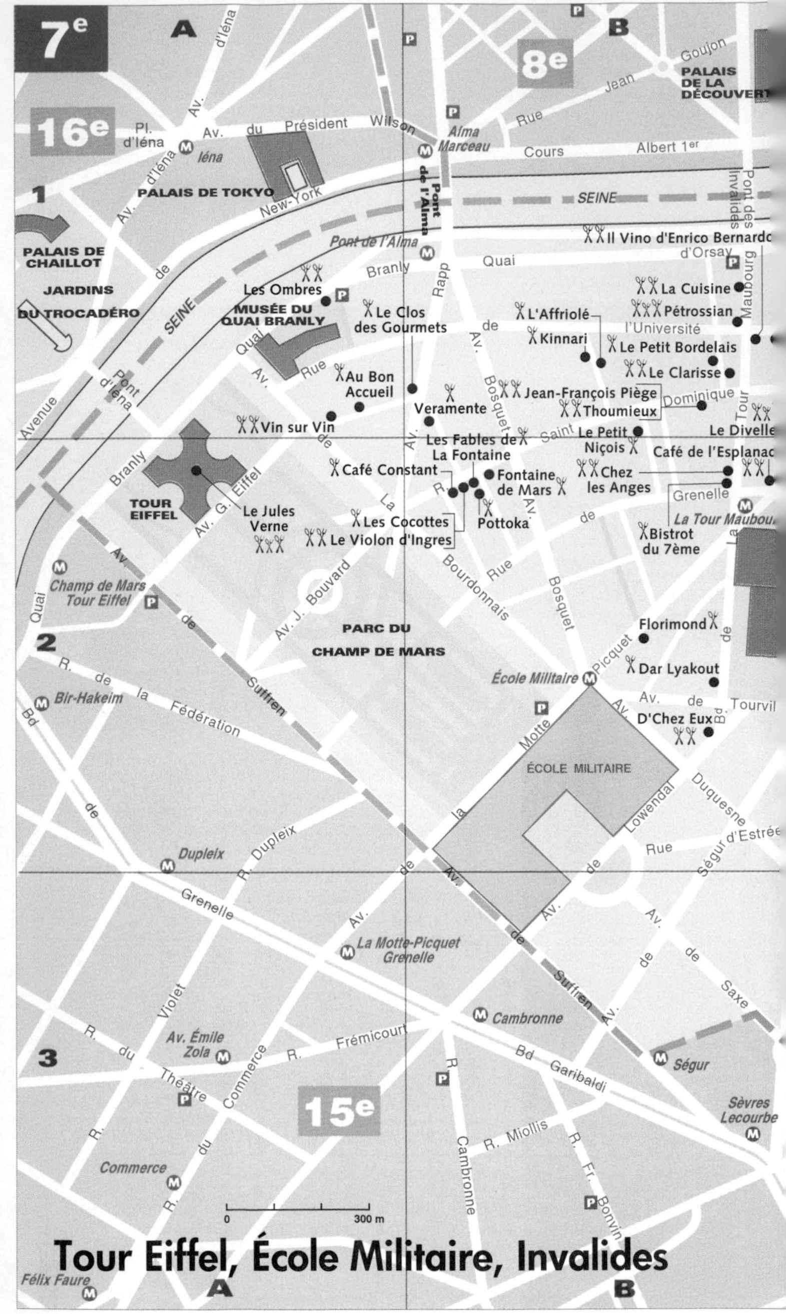

Tour Eiffel, École Militaire, Invalides

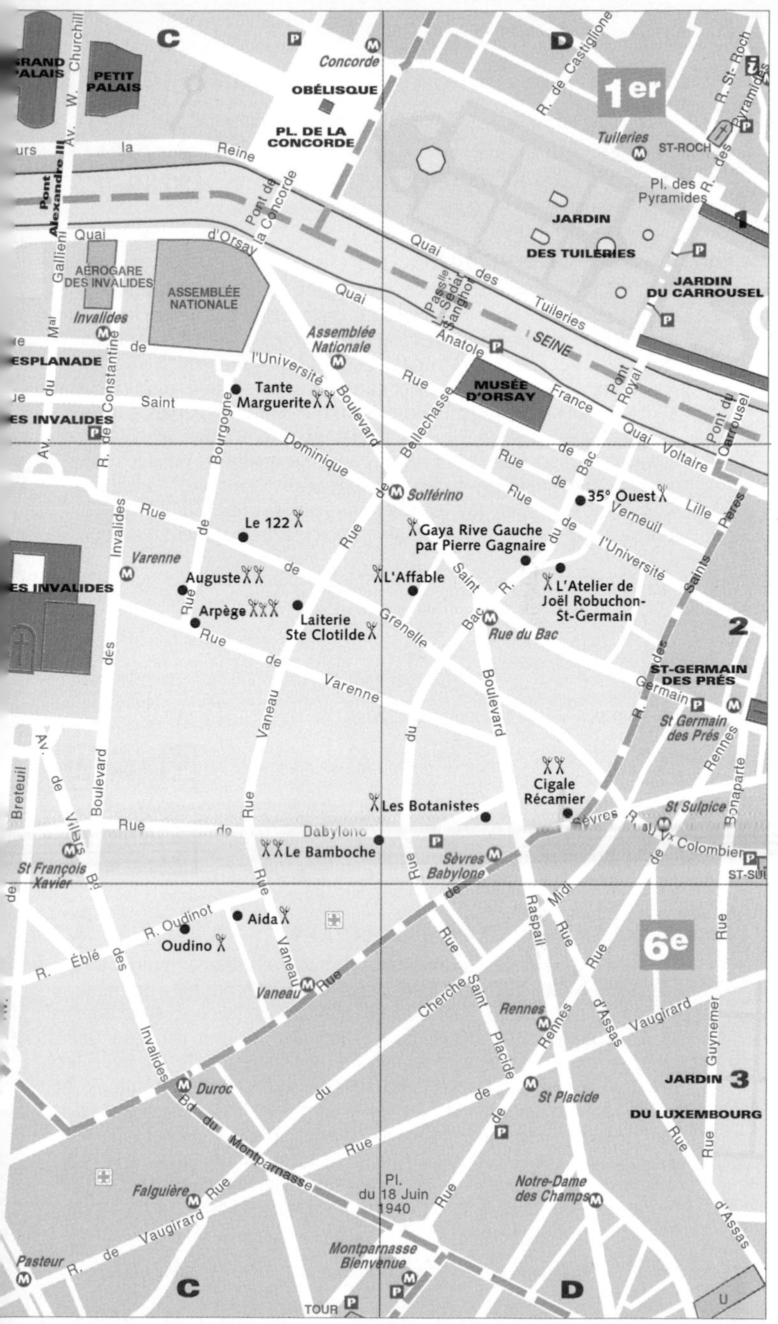
C
D
1er
6e
Concorde
OBÉLISQUE
PL. DE LA CONCORDE
GRAND PALAIS
PETIT PALAIS
JARDIN DES TUILERIES
JARDIN DU CARROUSEL
Tuileries
ST-ROCH
Pl. des Pyramides
AÉROGARE DES INVALIDES
ASSEMBLÉE NATIONALE
Invalides
Assemblée Nationale
ESPLANADE
ES INVALIDES
MUSÉE D'ORSAY
SEINE
Tante Marguerite
Le 122
35° Ouest
Gaya Rive Gauche par Pierre Gagnaire
Solférino
Varenne
Auguste
Arpège
Laiterie Ste Clotilde
L'Affable
L'Atelier de Joël Robuchon-St-Germain
Rue du Bac
ST-GERMAIN DES PRÉS
St Germain des Prés
Cigale Récamier
Les Botanistes
Le Bamboche
St Sulpice
Sèvres Babylone
St François Xavier
Aida
Oudino
Vaneau
Rennes
St Placide
JARDIN DU LUXEMBOURG
Duroc
Falguière
Notre-Dame des Champs
Pl. du 18 Juin 1940
Montparnasse Bienvenue
Pasteur
TOUR

L'Affable Ⓝ

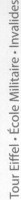

Moderne

D2

10 r. de St-Simon
✆ 01 42 22 01 60
Ⓜ Rue du Bac
Fermé 3 semaines en août, 25 décembre-1er janvier, samedi et dimanche

Formule 26 € – Carte 48/60 €

VISA MC

Cet Affable vous accueille, évidemment, avec grande amabilité! L'ambiance est conviviale dans ce bistrot des quartiers chic, qui joue une jolie carte rétro (comptoir en zinc, carrelage ancien, banquettes rouges...) et régale avec savoir-faire. Au menu, par exemple, des calamars en deux cuissons accompagnés d'une purée d'olives, suivis d'un cabillaud et sa mousseline de panais – légère comme un nuage – et, pour le dessert, un soufflé au chocolat gourmand à souhait. Les produits sont de qualité et de saison, les saveurs bien marquées dans les assiettes. Dans ces conditions, comment s'étonner que les riverains soient si nombreux à y avoir pris des habitudes? Pensez à réserver, c'est très souvent complet...

L'Affriolé

Moderne

B1

17 r. Malar
✆ 01 44 18 31 33
Ⓜ Invalides
Fermé 3 semaines en août, dimanche et lundi

Formule 25 € – Menu 29 € (déjeuner)/35 €

A/C VISA MC AE

Mobilier design et esprit contemporain (carrelage multicolore, chaises en plexiglas) : le bistrot de Thierry Verola est charmant ; quant à sa cuisine, elle réserve de vraies bonnes surprises... À l'écoute du marché et de ses envies, le chef propose une ardoise quotidienne dont les généreuses assiettes flirtent avec la modernité : croquette de jarret de porc aux lentilles, hamburger d'espadon au fenouil... Et pour les hommes (et les femmes) pressés, on propose aussi une formule "bento", dans laquelle tous les plats sont servis ensemble. On vient ici pour un repas à la fois décontracté et soigné, où les attentions ne manquent pas (radis en amuse-bouche, pots de crème en mignardises). Le tout à prix doux. Affriolant, non?

Arpège ✿✿✿

Créative

C2

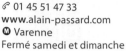

84 r. de Varenne
01 45 51 47 33
www.alain-passard.com
Ⓜ Varenne
Fermé samedi et dimanche

Menu 130 € (déjeuner)/350 € – Carte 190/270 €

A/C · VISA · MC · AE

Aurore Deligny

Plusieurs décennies déjà qu'Alain Passard a pris ses quartiers près du musée Rodin, en lieu et place de l'Archestrate, l'ancienne table de Senderens, son maître. Artiste "impressionniste", expert en cuissons et auteur d'une cuisine épurée, aboutie, d'une apparente simplicité, il s'attache depuis de nombreuses années à explorer toutes les possibilités culinaires du légume, apportant toute sa noblesse à ce produit d'ordinaire servi en accompagnement. Très attentif aux saisons, il possède même trois potagers dans l'Ouest de la France. Illustration, si besoin est, du goût pour l'authenticité de cet homme passionné. Son restaurant discret – presque insoupçonnable dans la rue de Varenne – lui ressemble : sérénité et modernité du décor ponctué de bacchanales en cristal Lalique, motifs de vagues sur les vitres, et un unique portrait, celui de Louise, sa grand-mère cuisinière. Et afin de découvrir sans trop se ruiner l'œuvre de ce "cuisinier-poète", pourquoi ne pas essayer le "déjeuner des jardins" et sa "collection légumière" ?

Entrées

- Robes des champs arlequin et merguez légumière
- Fines ravioles potagères multicolores et consommé végétal

Plats

- Homard de Chausey au côtes-du-jura, pommes de terre fumées et chou croquant
- Poularde du Haut-Maine cuite au foin

Desserts

- Tarte aux pommes "bouquet de roses" et caramel au lait
- Millefeuille "caprice d'enfant"

Aida ✿

Japonaise C3

1 r. Pierre Leroux
✆ 01 43 06 14 18
www.aidaparis.com
Ⓜ Vaneau
Fermé 1 semaine en mars, 3 semaines en août, le midi et lundi – Nombre de couverts limité, réserver

Menu 160 €

A/C
VISA
AE

Bruno Delessard

La façade blanche de ce petit restaurant niché dans une ruelle se fond si bien dans le paysage qu'on risque de passer devant sans la remarquer. Grave erreur ! Derrière se cache un secret jalousement gardé, celui d'une délicieuse table nippone. L'intérieur zen se révèle à la fois dépaysant, élégant et sans superflu, à l'image des établissements que l'on trouve au Japon. Au choix, attablez-vous au comptoir laqué rouge (seulement huit places) pour être aux premières loges face aux grandes plaques de cuisson (teppanyaki), ou dans le petit salon privé sobrement aménagé et doté d'un tatami. Au menu, une cuisine fine et pointue, valorisant des produits de première fraîcheur et tissant des liens savoureux entre le Japon et la France. Sashimis, huîtres au beurre d'algues déposées sur un lit de cresson frais, et homard de Bretagne, chateaubriand ou ris de veau cuits au teppanyaki peuvent se déguster avec des vins de Bourgogne, sélectionnés avec passion par le chef. Service très attentif et prévenant. Attention, certains plats sont uniquement disponibles sur commande lors de la réservation.

Entrées	Plats	Desserts
• Sashimi	• Teppanyaki	• Wagashi

L'Atelier de Joël Robuchon - St-Germain

Créative

D2

5 r. de Montalembert
01 42 22 56 56
www.joel-robuchon.net
Rue du Bac
Accueil de 11h30 à 15h30 et de 18h30 à minuit.
Réservations uniquement pour certains services : se renseigner.

Menu 165 € – Carte 62/132 €

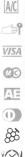

L'Atelier de Joël Robuchon

Restaurant à part dans le paysage gastronomique, qui balaie les conventions sans négliger le goût du luxe, l'Atelier de Joël Robuchon a de quoi intriguer. Plongé dans une pénombre étudiée, il délimite un espace inédit pour les sens. Deux bars se répondent autour de la cuisine centrale où les plats sont élaborés en direct sous le regard des hôtes, assis au comptoir sur de hauts tabourets. Mobilier en bois laqué noir, sol en granit sombre, lumière discrète diffusée par des faisceaux rougeoyants, bocaux d'épices ou de légumes disposés pour animer ce décor tendance : le travail de l'architecte Pierre-Yves Rochon colle parfaitement à cette première déclinaison parisienne du concept imaginé par Robuchon – qui en a essaimé depuis dans le monde entier. Une idée de "cantine chic", version occidentale des teppanyakis et des bars à sushis nippons, avec au menu une cuisine "personnalisable" (sous forme de portions) créée à partir d'excellents produits aux saveurs franches et nettes, et une belle sélection de vins au verre. À noter : pas de réservation hormis pour les services de 11h30 et 18h30.

Entrées

- Langoustine en ravioli truffé à l'étuvée de chou vert
- Châtaigne en fin velouté au fumet de céleri, foie gras

Plats

- Agneau de lait en côtelettes à la fleur de thym
- Merlan frit Colbert, beurre aux herbes

Desserts

- Fruit de la passion en soufflé chaud et sorbet exotique
- "Chocolat tendance", ganache onctueuse au chocolat

Au Bon Accueil

Moderne A1

14 r. Monttessuy
01 47 05 46 11
www.aubonaccueilparis.com
Pont de l'Alma
Fermé 3 semaines en août, samedi et dimanche

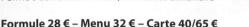

Formule 28 € – Menu 32 € – Carte 40/65 €

Ce bistrot gastronomique a plus d'un tour dans son sac pour conquérir le cœur du public. À commencer par son emplacement, à deux pas de la tour Eiffel. Sous les auspices de la grande dame, on se réfugie avec bonheur dans la salle au décor soigné, à l'élégance discrète. Question cuisine, le marché et les produits de qualité dictent chaque jour les intitulés du menu. Les plats au goût du jour, enrichis de gibier en saison, expriment des saveurs nettes et simples, rehaussées par des crus du Rhône ou de Bourgogne : pâté en croûte au poulet de Bresse, sole de ligne meunière, agneau de lait rôti, baba au rhum, terrine d'orange et pamplemousse, etc. Le rapport qualité-prix est excellent ! Quant à l'accueil, il suffit de lire l'enseigne pour l'imaginer...

Le Bamboche

Moderne C2

15 r. Babylone
01 45 49 14 40
www.lebamboche.com
Sèvres Babylone
Fermé 12-26 août et dimanche midi

Formule 26 € – Menu 33 € (semaine)/85 € – Carte 70/78 € 

On bamboche ferme dans ce petit restaurant discret, derrière le Bon Marché. Cadre contemporain et fauteuils rouges glamour pour appâter et faire patienter touristes et clientèle de quartier. En cuisine, Serge Arce et Philippe Fabert, installés ici depuis 2004, ont su imposer leurs marques et jouent une partition dans l'air du temps, travaillant de beaux produits avec originalité et mêlant les saveurs : gambas juste poêlées à l'hibiscus, petit verre de piquillos, truffe gelée à la fleur de sureau, dorade marinée au sésame ; chaud-froid de foie gras, pain d'épice et truffe d'été ; dos de cabillaud rôti, carotte violette, risotto mauve aux girolles et coulis d'oseille. De quoi se réveiller les papilles entre deux sessions de shopping...

Auguste ✿

Moderne

54 r. Bourgogne
01 45 51 61 09
www.restaurantauguste.fr
Ⓜ Varenne
Fermé 1er-22 août, samedi et dimanche

C2

Menu 35 € (déjeuner)/85 € – Carte 70/100 €

Auguste

Ambiance zen du côté des ministères! La petite maison de Gaël Orieux – à peine une trentaine de couverts – offre un calme inattendu dans son élégant cadre contemporain, aux lignes faussement simplistes. Le blanc domine, mais réchauffé d'autant d'éléments qui apportent à cette architecture subtile une pointe d'originalité : touche rouge vif d'une grande banquette, parquet gris anthracite, fleurs et, sur les murs, deux toiles originales représentant le visage de Bouddha.

Un espace chic et "cool" où l'on déguste une cuisine d'une sage modernité : poitrine de porc pochée au foin avec marinière de coquillages, pigeon accompagné de chou-fleur râpé au saké avec rouleau de printemps au tourteau, soufflé à la pistache... La carte, courte mais très souvent renouvelée, séduit par sa variété et la qualité des produits. Gaël Orieux s'approvisionne au marché et a fait notamment le choix de ne servir que des poissons dont l'espèce n'est pas menacée (mulet noir, maigre, tacaud). Quant au choix de vins, il invite à d'agréables découvertes à prix étudiés.

Entrées

- Foie gras de canard, enoki et chou patchoi, consommé de crevettes au galanga
- Huîtres creuses perles noires, gelée d'eau de mer, mousse de raifort, poire comice

Plats

- Lotte fleurée au thé vert, sabayon yuzu, mousseline de petits pois pistachée
- Bar de ligne, compotée de tomates, écume d'orange fleurée à la cannelle

Desserts

- Soufflé au chocolat pur Caraïbes, glace au miel
- Crème citron, lait pris à la vanille et au poivre, framboises et sablé breton

Le Bistrot du 7ème

Traditionnelle

56 bd de La Tour-Maubourg
01 45 51 93 08
www.bistrotdu7.com
La Tour Maubourg

B2 

Formule 15 € – Menu 17 € (déjeuner en semaine)/25 € – Carte 29/39 €

Il a tout du discret troquet de quartier. Comptoir en zinc, vieilles affiches, petites chaises en bois et nappes en papier : le décor sans prétention dépasse toutes les modes. De même que la cuisine, on ne peut plus bistrot, qualité comprise : terrine de lapin, dos de saumon sauce béarnaise, rognons de veau sauce moutarde, confit de canard… En dessert, le "patagonia" (glace vanille, confiture de lait et crème chantilly) semble détonner : c'est parce qu'il célèbre les origines argentines de la patronne. Les prix attractifs sont une aubaine dans ce quartier huppé, entre Invalides et tour Eiffel. Avec une ambiance toujours conviviale, cette petite adresse est bien épatante.

Les Botanistes

Traditionnelle

11 bis r. Chomel
01 45 49 04 54
Sèvres-Babylone
Fermé 3 semaines en août, dimanche et fériés

D2 

Formule 18 € – Carte 33/60 € 

Harengs pommes à l'huile, volaille fermière, terrine de canard aux abricots, fin sablé à la pomme fondante, moelleux au chocolat... À l'ardoise, la fine fleur de la cuisine bistrotière, dans un décor qui ne fait pas plante verte : carrelage en damier, buffet en bois clair, banquettes douillettes, appliques florales d'esprit Art déco, herbiers et natures mortes distillant leur charme champêtre, si joliment suranné. Le chef, qui officiait déjà du temps du Gorille Blanc, propose également des petits plats plus relevés : chipirons au piment d'Espelette et leur risotto d'orge perlé au chorizo, ou encore carottes à l'orange et au cumin... Et la formule déjeuner de cette table des Botanistes, tout en douceur, ravit les belles plantes autant que les jolies vénéneuses !

Café Constant

Traditionnelle

B2

139 r. St-Dominique
www.maisonconstant.com
École Militaire

Formule 16 € – Menu 23 € (déjeuner en semaine) – Carte 34/53 €

VISA MC

Lentement mais sûrement, l'ancien chef du Crillon, Christian Constant, a fait de la rue St-Dominique un vrai QG gourmand. À deux pas de son restaurant gastronomique, le Violon d'Ingres, cette annexe (dirigée par une jeune équipe) occupe un petit bistrot d'angle sans prétention. Et sans réservation ! Ici, la simplicité règne en maître. Le décor, brut de décoffrage, ne verse pas dans l'épate. La cuisine témoigne d'un sens aigu du produit, conservant un peu de l'esprit des grandes maisons (les manières et les prix en moins). Sur l'ardoise, on trouve de goûteux plats de bistrot, pensés selon le marché : œufs mimosa, côte de veau du Pays basque, agneau de lait rôti, riz au lait... Service complice et ambiance gouailleuse. Constamment épatant, le Constant !

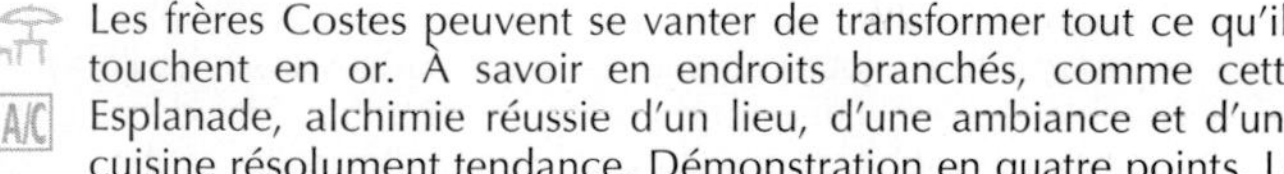

Café de l'Esplanade

Moderne

B2

52 r. Fabert
01 47 05 38 80
La Tour Maubourg

Carte 46/88 €

A/C VISA MC AE

Les frères Costes peuvent se vanter de transformer tout ce qu'ils touchent en or. À savoir en endroits branchés, comme cette Esplanade, alchimie réussie d'un lieu, d'une ambiance et d'une cuisine résolument tendance. Démonstration en quatre points. La superbe vue sur les Invalides, notamment en terrasse. La griffe "Jacques Garcia", qui a signé un décor en phase avec le monument voisin. La carte, qui revisite, avec légèreté, les classiques de brasserie façon "terroir-urbain" (tartare A-R, œuf coque bio, etc.) ou fusion (risotto aux gambas, canard caramel-coco). Enfin, le personnel looké, avec voiturier, au service d'une clientèle people et politique. Verdict : y courir pour voir et être vu, après avoir réservé.

Le 122

Moderne

C2

122 r. de Grenelle
01 45 56 07 42
www.le122.fr
Solférino
Fermé 27 juillet-27 août, samedi et dimanche

Formule 19 € – Menu 26 € (déjeuner), 39/59 € – Carte 33/68 €

Parmi les ministères, rue de Grenelle (au numéro… 122), un bistrot chic pour une savoureuse cuisine actuelle. Ancien kiné, le patron, passionné de gastronomie, a tout abandonné pour passer un bac pro en hôtellerie ; une expérience chez Laurent où il rencontre son chef de cuisine, et l'affaire est lancée. Sa vocation ? Faire beau et bon à prix doux. La formule du jour relève le pari : pavé de thon mi-cuit aux aubergines à la coriandre, croustillant de pied de cochon au foie gras et aux cèpes, brioche italienne façon pain perdu… Dans les deux salles, le décor design (tons gris et mauves, globes lumineux, chaises Ghost signées Starck) se marie parfaitement à ces assiettes bien dans leur époque. À noter, les lundis, mardis et mercredis soir, on sert une formule simplifiée "After Work – apéro dînatoire".

Chez les Anges

Traditionnelle

B2

54 bd de la Tour-Maubourg
01 47 05 89 86
www.chezlesanges.com
La Tour Maubourg
Fermé samedi et dimanche

Formule 26 € – Menu 35/55 € – Carte 37/78 €

Manger au paradis, cela vous tente ? La salle profite pleinement de la lumière du jour grâce à ses larges baies vitrées, et l'on peut s'attabler autour d'un grand comptoir central... Côté déco, esprit contemporain oblige, des vitrines habillent les murs et abritent de bien jolis nectars honorant toutes les régions viticoles françaises. Ici, on déguste des plats traditionnels, justes et sincères, qui varient en fonction du marché : pintade fermière aux champignons à l'estragon, agneau de Pauillac rôti aux aubergines farcies, baba au rhum. Bel accueil, bon rapport qualité-prix et service angélique : quelle tentation !

Cigale Récamier

Traditionnelle D2

4 r. Récamier
01 45 48 86 58
Sèvres Babylone
Fermé dimanche

Carte 35/52 €

A/C VISA MC

Hiver comme été, la Cigale Récamier chante et régale sans compter sous la houlette de Gérard Idoux, maître des lieux. Les habitués du Tout-Paris, notamment politique et littéraire, s'y retrouvent pour un moment de détente gourmande, au calme. Et le cadre s'y prête vraiment : un havre de paix niché dans une impasse donnant sur un jardin inattendu où la terrasse séduit. Ici, pas de menu mais une carte traditionnelle, complétée par des classiques du registre bistrotier : terrine de foies de volaille, steak tartare, rognons de veau, etc. Autre spécialité du lieu, le soufflé, salé ou sucré, se décline à tous les parfums. Gorgonzola roquette, ratatouille et poivrons, abricot gingembre... ils se parent de toutes les saveurs de saison !

Le Clarisse

Moderne B1

29 r. Surcouf
01 45 50 11 10
www.leclarisse.fr
La Tour Maubourg
Fermé samedi midi, lundi midi et dimanche

Formule 35 € – Menu 79/120 € – Carte 76/87 €

A/C VISA MC AE

Zen, soyons zen ! Au cœur d'une rue très tranquille, voici le Clarisse. Décor noir et blanc, dorures, recoins intimes : so chic... et très apprécié par la clientèle huppée. Côté papilles, le chef – venu du pays du Soleil-Levant – concocte une cuisine métissée et fraîche, où percent évidemment quelques touches japonisantes. La carte mêle joliment viande et poisson ; tout est coloré, élégant... et bon ! Papillote de merlu et légumes à l'asiatique, avec une délicate émulsion de gingembre et une bonne purée de pomme de terre, ou encore sabayon gratiné à la poire, tout en gourmandise et légèreté... Outre la carte des vins (courte mais bien troussée), on propose aussi des sakés froids.

Le Clos des Gourmets

Moderne

B1

16 av. Rapp
01 45 51 75 61
www.closdesgourmets.com
Alma Marceau
Fermé 1er-25 août, dimanche et lundi

Formule 25 € – Menu 30 € (déjeuner), 32/37 € – Carte 35/60 €

L'adresse n'a pas volé son nom ! Côté clos, une belle salle habillée de boiseries peintes en blanc, relevée de panneaux gris ou bruns, avec des tables bien dressées et une véranda. Simplicité, élégance, chaleur : de tels clos, on en cultiverait beaucoup ! Côté gourmets, le style du chef, Arnaud Pitrois, se reconnaît sans hésitation. Tirant profit des leçons de ses maîtres (Guy Savoy, Christian Constant, Éric Fréchon, etc.), il élabore une cuisine personnelle, inventive et pleine de parfums : crème brûlée à l'infusion d'asperges, wok de légumes au jambon pata negra, épaule d'agneau confite comme un couscous, tête de cochon croustillante à la vinaigrette d'herbes, fenouil confit aux épices douces et son sorbet citron. Et le chapitre n'est pas clos...

Les Cocottes

Moderne

B2

135 r. St-Dominique
www.maisonconstant.com
École Militaire

Menu 32 € – Carte 22/55 €

Le concept imaginé par Christian Constant, dans le sillage des autres adresses de son fief gourmand (entendez par là la rue St-Dominique) ? Des cocottes ! Version Staub, en fonte gris anthracite, servies dans un décor à part : ni resto ni bistrot, le lieu s'organise autour d'un comptoir tout en longueur, très stylé avec ses tabourets haut perchés et son design épuré. À la carte de ce concept de "snacking" convivial, de bons petits plats mijotés : suprême de dorade croustillant au fenouil confit, pommes de terre caramélisées farcies au pied de porc, côte de veau rôtie et ses pommes de terre écrasées... Côté vins, une grande ardoise située au-dessus du bar annonce les réjouissances. L'adresse n'a pas de téléphone : on s'invite sans réserver, à la bonne franquette.

La Cuisine

Traditionnelle B1

14 bd La Tour-Maubourg
01 44 18 36 32
web http://lacuisine.lesrestos.com
Invalides
Fermé samedi midi et dimanche

Formule 29 € – Menu 34/42 € – Carte 49/73 €

Proche du quai d'Orsay, cette cuisine-là fait son chemin sans faire de bruit, sûre des échos qu'elle éveille parmi sa clientèle d'habitués. Ils sont récompensés par un choix de beaux produits que le chef accommode avec brio dans des préparations fleurant bon la tradition : homard en salade (été), langoustines rôties au thym (hiver), filets de rouget au pistou, carré d'agneau au jus de romarin et son gratin dauphinois, cannelloni de chocolat blanc et ses griottes... Le tout accompagné de bons petits pains maison et d'un choix de vins au verre ou en carafe. Salle à manger contemporaine (tableaux d'art moderne, miroirs, confortables banquettes) : on y apprécie la véranda le jour et la douce lumière des photophores le soir.

Dar Lyakout

Marocaine B2

94 bd de la Tour-Maubourg
01 45 50 16 16
www.darlyakout.com
École Militaire

Formule 19 € – Menu 34 € (déjeuner en semaine) – Carte 33/51 €

Bricks croustillants et dorés ; tajines subtils et raffinés ; couscous cuisinés dans les règles de l'art, aux légumes fondants et aux morceaux de viande tendres et savoureux ; pâtisseries au miel et loukoums délicatement parfumés... Dans la maison (dar) de Lyakout (prénom féminin), on se régale de bons petits plats orientaux, généreux et bien tournés. Telle une douce évocation des Mille et Une Nuits, à la manière d'un riad du Marrakech contemporain, la déco concilie le style lounge et l'artisanat marocain, mêlant tons à la mode (du brun, du prune), lumignons et mosaïques typiques. Entre deux douceurs sucrées et quelques rêveries, on pourrait presque espérer apercevoir le fabuleux génie de la lampe...

D'Chez Eux

Du sud-ouest

B2

2 av. Lowendal
01 47 05 52 55
www.chezeux.com
École Militaire

Formule 29 € – Menu 34 € (déjeuner en semaine) – Carte 60/80 €

D'Chez Eux, c'est une petite adresse avec un accent bien de là-bas. Ce sont les terres du Sud-Ouest dans tout leur débordant appétit, une charmante salle aux airs d'auberge de carte postale, où ne manquent ni les meubles rustiques ni les nappes à carreaux rouge et blanc. D'Chez Eux, tout fleure bon la tradition : produits régionaux, assiettes généreuses, cave imposante – axée en partie sur les bordeaux et les bourgognes – et serveurs en tablier de bougnat. Pas étonnant que la recette séduise depuis plus de 40 ans en restant invariablement sourde aux appels de la mode ! Laissez-vous tenter par la terrine de canard, les escargots de Bourgogne, les cuisses de grenouilles, le coquelet rôti en marmite et les gibiers d'automne, tous irrésistibles.

Florimond

Moderne

B2

19 av. de La Motte-Picquet
01 45 55 40 38
École Militaire
Fermé 6-11 mai, 29 juillet-18 août, 1er-6 janvier , lundi midi, samedi midi et dimanche

Menu 23 € (déjeuner)/35 € – Carte 45/60 €

Florimond – du nom du jardinier de Monet à Giverny – a l'esprit bistrotier et convivial... Pour faire honneur à ce prénom chantant, le chef, Pascal Guillaumin, signe une goûteuse cuisine du terroir avec des produits tout droit venus de Corrèze, sa région d'origine. Ce digne fils et petit-fils de charcutier fait d'ailleurs lui-même ses saucisses, boudins et autres conserves. Et si sa carte fait la part belle à la viande, les amateurs de poisson ne sont pas oubliés pour autant. Le tout agrémenté des légumes du maraîcher Joël Thiébault ou encore de céréales cuisinées au wok. Rien que de belles impressions...

Les Fables de La Fontaine ✿

Poissons et fruits de mer B2

131 r. St-Dominique
✆ 01 44 18 37 55
www.lesfablesdelafontaine.net
Ⓜ École Militaire
Fermé 23-28 décembre – Nombre de couverts limité, réserver

Formule 30 € – Menu 35 € (déjeuner en semaine)/120 € – Carte 81/103 €

A/C VISA MC AE

Les Fables de La Fontaine

Une fable gourmande et subtile... Dans la rue St-Dominique, le décor adopte l'esprit d'un bistrot chic bien dans son époque : la salle, tout en longueur, aligne tables en bois foncé (tout comme la devanture), comptoir à l'entrée, le tout rehaussé avec des pierres apparentes et des tons harmonieusement associés (dominantes de gris). L'essentiel est dit : simplicité et qualité.

Même programme côté cuisine. Le choix se porte sur le "tout poisson", avec une belle sélection de vins blancs : langoustines cuites minute et mayonnaise, marinade de thon croustillante avec anchois et piquillos, saint-pierre rôti avec mousseline de patate douce et lait de concombre... La maîtrise technique, au rendez-vous dans toutes les réalisations, sait s'effacer devant l'excellence des produits, qui varient selon les arrivages de la marée. Car l'esprit d'authenticité prime toujours. Un point de plus en faveur de ces Fables d'aujourd'hui aux savoureuses histoires de poissons.

Entrées

- Croustillant de langoustines au basilic, émulsion d'agrumes et romaine au parmesan
- Raviole froide de petit pois au tourteau, avocat et tomates

Plats

- Rouget farci aux chipirons et mousseline de patate douce
- Bar en viennoise de citron, girolles et artichauts

Desserts

- Parfait passion-praliné, minestrone de melon et nectarine
- Pêches et sorbet à la bergamote, crème prise "earl grey", biscuit shortbread

Fontaine de Mars

Traditionnelle B2

129 r. St-Dominique
01 47 05 46 44
www.fontainedemars.com
École Militaire

Carte 35/77 €

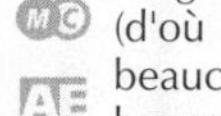

Depuis que Barack Obama a choisi d'y dîner en juin 2009, l'adresse ne désemplit pas... Juste succès pour ce parfait bistrot des années 1930 (restauré à l'identique), véritable institution dans l'arrondissement. Dans les deux salles joliment rétro, où dominent les incontournables et délicieuses nappes à carreaux rouge et blanc, ou sur la terrasse qui fait face à la fontaine de Mars (d'où l'enseigne), il règne une atmosphère décontractée qui doit beaucoup à la gentillesse de la patronne. On s'y régale donc, à la bonne franquette, de plats traditionnels au parfait esprit bistrotier : foie gras, sole meunière, boudin, andouillette, filet de bœuf sauce béarnaise, magret de canard, etc. Pas besoin d'être le président des États-Unis pour pouvoir en profiter !

Kinnari

Thaïlandaise B1

8 r. Malar
01 47 05 18 18
La Tour Maubourg
Fermé dimanche

Formule 19 € – Menu 22/39 € – Carte 30/45 €

Mais qui est Kinnari ? D'abord une divinité mi-femme, mi-cygne, connue pour la grâce de sa danse et de ses chants. Désormais, c'est également un restaurant parisien, tenu par Bounma Seng Vieng Kham, le frère du patron du Suan Thaï (4e arrondissement). La décoration, laques sombres et teintes mordorées, rend hommage à l'ancien royaume de Siam. Quant à la carte, elle reprend les recettes qui ont fait le succès du Suan Thaï : croustillants de crevettes frits à la thaïe, salade de papaye verte aux crevettes, magret de canard sauce tamarin et litchis. Sans oublier le poulet au curry vert, les larmes du tigre ou les nems au chocolat. Les cuisiniers sont recrutés en Thaïlande pour plus d'authenticité. Une adresse sympathique à prix assez raisonnables.

Gaya Rive Gauche par Pierre Gagnaire ✿

Poissons et fruits de mer D2

44 r. du Bac
✆ 01 45 44 73 73
www.pierre-gagnaire.com
Ⓜ Rue du Bac
Fermé 12-19 août, 23 décembre-6 janvier et dimanche

Menu 60 € (déjeuner) – Carte 60/100 €

AE

Jacques Gavard

Sa seconde adresse à Paris, Pierre Gagnaire – qui possède plusieurs antennes dans le monde (Londres, Tokyo, Hong-Kong) – l'a souhaitée "élégante, joyeuse et décalée". Un restaurant quotidien plus accessible, donc, où la cuisine se veut à la fois "bonne et un peu drôle". Pari gagné avec son Gaya, ouvert depuis 2005 sur la rive gauche. Amusant, le décor de Christian Ghion l'est en effet, prenant le parti de l'illustration littérale de ce qui vous attend dans les assiettes : le poisson ! Avec ses couleurs gris sardine et bleu océan, son bar lumineux à effet d'optique (un quadrillage perçu à travers le mouvement ondulatoire de l'eau), son mur en forme d'écailles, ses tables aux motifs de goémon, on plonge tout de suite dans le bain !
Ambiance détendue et astucieuse cuisine très iodée sont au rendez-vous, bien sûr. Attendez-vous à déguster des préparations délicates et créatives, déclinées en fonction des marées "hautes" ou "basses", selon que l'on opte pour la chair de tourteau liée d'une gelée d'herbes fraîches, le merlan saisi au beurre ou la barbue au laurier.

Entrées

- Chair de tourteau, coquillages, salicornes, mayonnaise au raifort
- Gnocchi du moment, mange-tout et petits oignons, infusion d'herbes au gorgonzola

Plats

- Blanc de saint-pierre grillé, marinière de coques, couteaux à la nantaise
- Cœur de morue, pouples, rouille au safran

Desserts

- Gâteau chocolat au cru Cuba, crème glacée au cru Venezuela
- Churros, ganache au vieux rhum, marmelade de pamplemousse

Il Vino d'Enrico Bernardo ✿

Moderne
B1

13 bd La Tour-Maubourg
01 44 11 72 00
www.ilvinobyenricobernardo.com
Ⓜ Invalides
Fermé le midi et dimanche

Menu 98 € /150 € – Carte environ 85 €

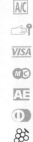

Bruno Delessard

D'habitude, on commence par commander les plats ; puis vient le tour des vins, en accompagnement. Chez Il Vino, la logique veut que l'on fasse radicalement l'inverse. Sur la carte, aucun intitulé apte à vous mettre l'eau à la bouche, uniquement une liste de crus... et pas des moindres : impossible d'énumérer les 1 500 références proposées ! Une lubie du patron, Enrico Bernardo, Meilleur Sommelier du monde 2004 ? Non, plutôt une nouvelle approche des accords mets-vins où ces derniers ont décroché le premier rôle, passion oblige. Pour en savoir plus sur la cuisine, soyez attentifs : une fois les merveilleuses bouteilles choisies, on vous proposera, oralement, les préparations correspondantes. Une partition sans fausse note, elle aussi. Original, déroutant, enivrant... Une chose est sûre, ceux qui aiment se laisser surprendre seront ravis.

Côté décor, place à une atmosphère ultrachic, alliance de sobriété et de design rehaussée par la cave vitrée – illustration manifeste du concept d'Il Vino.

Entrées

- Homard breton rôti avec sa bisque, blettes confites et mousse aux épinards
- Tartare de turbot, caviar de l'Oltrepo Pavese et fleurs de courgettes

Plats

- Noix de Saint-Jacques, endives au pamplemousse, crème de poireaux et patates douces
- Selle et carré d'agneau de lait rôtis et aubergine

Desserts

- Crémeux au chocolat blanc, pêches et mangue, sorbet au thé matcha
- Dôme et sorbet au chocolat au lait, fruits de la passion et banane

Jean-François Piège ✿✿

Moderne B1

Rest. Thoumieux,
79 r. St-Dominique (1er étage)
✆ 01 47 05 79 79
www.thoumieux.com
Ⓜ La Tour Maubourg
Fermé août, samedi et dimanche – Nombre de couverts limité, réserver

Menu 99 € (déjeuner), 119/239 € – Carte 120/150 € XX

A/C VISA MC AE

Restaurant Jean-François Piège

Un escalier confidentiel, offrant un accès discret à l'étage de la brasserie Thoumieux... puis l'impression de pénétrer dans un appartement privé, au décor chic et feutré (une création d'India Mahdavi, inspirée par les années 1950). Alors que vous prenez place, on dresse la table devant vous. Nul doute, Jean-François vous reçoit comme à la maison ! Son ambition : rendre accessible d'une nouvelle manière la haute gastronomie. Le pari est alléchant, sa réalisation atteint l'excellence. Après s'être rendu célèbre au Crillon, Piège cuisine ici en confidence, pour ainsi dire rien que pour vous (à peine vingt couverts par service). À la carte, cinq produits au choix, déclinés, selon votre appétit, en un, deux ou trois plats "surprise". Les effluves qui émanent de la cuisine contiguë – et en partie visible – aiguisent terriblement l'appétit et... la curiosité. Car les propositions du chef font mouche : des assiettes parfaitement pensées et dressées, véritables ateliers d'émotions culinaires, alliant qualité des produits, harmonie des saveurs, finesse, caractère... D'une sincérité éblouissante.

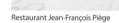

Entrées	Plats	Desserts
• Sélection des plus beaux produits de saison		

Le Jules Verne ✿

Moderne A2

2ème étage Tour Eiffel, ascenseur privé pilier sud
✆ 01 45 55 61 44
www.lejulesverne-paris.com
Ⓜ Bir-Hakeim

Menu 90 € (déjeuner en semaine)/210 € – Carte 165/205 €

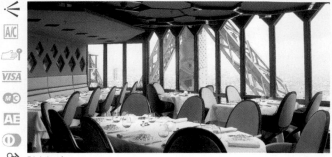

Eric Laignel

Sans vous sentir obligé de gravir les 704 marches qui conduisent au 2e étage de la tour Eiffel, rendez-vous au pilier sud et laissez faire l'ascenseur privé qui mène directement au Jules Verne, à 125 m au-dessus du sol. Ce lieu emblématique repris par Alain Ducasse offre un cadre unique : le midi comme le soir, la vue sur Paris à travers les poutrelles métalliques de la tour est spectaculaire ! Pensez à réserver très tôt (uniquement par Internet) votre table près des baies. Le décor contemporain signé Patrick Jouin (parois en nid-d'abeilles, fauteuils en cuir et fibre de carbone) est à la hauteur, de même que la cuisine classique revisitée façon Ducasse et réalisée par Pascal Féraud, un jeune chef formé à bonne école (Negresco à Nice, Louis XV-Alain Ducasse à Monte-Carlo, Spoon à Londres). Les pâtisseries sont quant à elles réalisées par Christophe Devoille, pâtissier-chocolatier et glacier de formation. La carte des vins, remarquable, compte à elle seule plus de 400 références exclusivement françaises. Un beau symbole.

Entrées

- Saint-Jacques à la plancha, fine crème de chou-fleur et beurre noisette
- Daurade marinée, citron, caviar gold et garniture mimosa

Plats

- Tournedos de bœuf et foie gras de canard, pommes soufflées et sauce Périgueux
- Volaille de Bresse en fricassée aux écrevisses, sucs de cuisson

Desserts

- L'écrou au chocolat et praliné croustillant, glace noisette
- Vacherin pêche et verveine, jus de groseille

Laiterie Sainte Clotilde

Traditionnelle C2

64 r. de Bellechasse
01 45 51 74 61
Solférino
Fermé 1er-23 août, vacances de Noël, samedi midi et dimanche

Formule 20 € – Menu 24 € (déjeuner) – Carte 31/38 €

Une photo ancienne trône sur le comptoir et nous parle d'un temps où ces lieux faisaient office de laiterie de quartier, au début du siècle passé… Une carte d'identité toute trouvée pour une adresse qui entend creuser un sillon original au milieu des ministères, celui de la nostalgie : sans prétention, convivial et informel – façon bobo ! –, on y cultive le goût d'hier à travers une collection de chaises en formica (dépareillées, évidemment) et… une jolie cuisine ménagère. Soupe du jour (toute l'année), onglet de bœuf et ses pommes grenaille, coquelet farci aux champignons, gâteau au chocolat, etc. : l'ardoise respire l'évidence ! En prime, un choix bien pensé d'une vingtaine de bouteilles (de vin) et une addition qui ne vous prend pas pour… une vache à lait. À déguster d'une traite.

Les Ombres

Moderne A1

27 quai Branly (musée du Quai Branly - 5ème étage)
01 47 53 68 00
www.lesombres-restaurant.com
Alma Marceau

Formule 26 € – Menu 38 € (déjeuner)/82 € – Carte 56/109 €

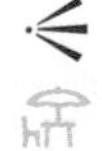

Parallélépipèdes colorés, écrans de verre et formes organiques : le musée du Quai-Branly, signé Jean Nouvel, se veut être un hymne à l'architecture contemporaine. Perché sur le toit, son restaurant relève le défi d'une situation unique, celle du voisinage immédiat de la tour Eiffel ! La terrasse comme la salle, coiffée d'une structure métallique peinte du célèbre "brun tour Eiffel" et entièrement vitrée, offrent une parfaite continuité avec ce paysage : le lieu semble tutoyer les nuages et le monument, toujours nimbé de superbes jeux d'ombres – d'où le nom – et de lumières… La carte, dans l'air du temps, ouvre aussi de belles échappées : bouquet de langoustines et mousseline de carotte aux agrumes, agneau de lait au jus de menthe et crème de roquette, conversation aux fraises...

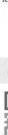

Le Divellec ✿

Poissons et fruits de mer B1

107 r. de l'Université
✆ 01 45 51 91 96
www.le-divellec.com
Ⓜ Invalides
Fermé 26 juillet-25 août, vacances de Noël, samedi et dimanche

Menu 55 € (déjeuner), 67/160 € – Carte 110/200 €

A/C
VISA
MC
AE

Nicolas Leser

En incorrigible Breton, Jacques Le Divellec s'adonne inlassablement à son air préféré : la Grande Bleue. On peut faire confiance à "l'ambassadeur de la mer" – comme il aime à se qualifier – pour retrouver, dans son pied-à-terre parisien (aux airs de yacht tout de blanc et de bleu), une cuisine qui rappelle La Rochelle, sa ville d'adoption. Tout près des Invalides, il met le cap sur les saveurs océanes et méditerranéennes avec des produits d'une remarquable fraîcheur : tartare de bar, cassolette de langoustines aux truffes, rougets barbets plaqués au fenouil safrané... D'élégantes préparations iodées qui séduisent un cortège doré de personnalités politiques, à deux pas des ministères et de l'Assemblée nationale : grisées par l'appel du large, ici comme chez elles, elles s'y laissent parfois aller à d'amusantes indiscrétions… En un mot, on est ici dans un "conservatoire" chic de la gastronomie marine, reconnu pour son classicisme sans outrance, quoiqu'un peu daté, et son service sans faille. Les prix s'envolent à la carte mais les menus du déjeuner sont plus abordables.

Entrées

- Cassolette de langoustines aux algues
- Carpaccio et tartare de langoustines, poivron confit

Plats

- Homard bleu à la presse servi avec son corail
- Turbot braisé aux truffes

Desserts

- Soufflé chaud à la rose et framboises fraîches
- Table du pâtissier

Oudino

Traditionnelle C3

17 r. Oudinot
01 45 66 05 09
www.oudino.fr
Vaneau
Fermé 4-19 août, 24 décembre-1er janvier, samedi et dimanche

Formule 19 € – Carte 30/45 €

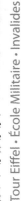

A/C VISA MC

Une adresse agréable où l'on aime prendre ses habitudes. L'Oudino a tout ce qu'il faut pour susciter la fidélité : une ambiance décontractée au cœur du quartier des ministères, une salle au décor simple – réplique moderne et épurée d'un bistrot Art déco avec miroirs, lustres à boules, mobilier en bois sombre et murs ivoire – et une cuisine bistrotière bien dans l'air du temps. Pousses d'épinards au chèvre frais, croustillant d'épaule d'agneau, parmentier de canard, pavé de cabillaud servi avec piperade et chorizo, financier tiède aux framboises, œufs à la neige... Les plats suivent les saisons, le marché et les idées venues d'ici et d'ailleurs. En prime, de bons vins affichés sur l'ardoise et un accueil attachant qui répond à la devise du restaurant : que l'on s'y sente comme chez soi.

Le Petit Bordelais

Moderne B1

22 r. Surcouf
01 45 51 46 93
www.le-petit-bordelais.com
Invalides
Fermé août, 1 semaine en février, dimanche et lundi

Formule 20 € – Menu 34/73 € – Carte 55/70 €

A/C VISA MC AE

Le goût des jolis nectars, le sens de la convivialité et l'envie de faire plaisir dans un cadre chatoyant et chic... Ce Petit Bordelais – l'enseigne rend hommage aux origines du chef – n'a pas tardé à se forger une solide clientèle d'habitués, et l'on sait pourquoi ! Aux fourneaux, Philippe Pentecôte n'a pas son pareil pour réaliser une cuisine fraîche, actuelle et sans chichi. Au cœur de son travail, le bon produit et le sens du détail. De la mise en bouche aux mignardises – le canelé bordelais, réalisé dans les règles de l'art, est un incontournable de la maison –, on se régale de petits plats aux saveurs franches du collier, accompagnés de bons vins (intéressante sélection au verre). Là encore, la région bordelaise est à l'honneur, mais pas seulement…

Le Petit Niçois N

Régionale et terroir B1

10 r. Amélie
01 45 51 83 65
www.lepetitnicois.com
La Tour Maubourg

Formule 22 € – Menu 29 € – Carte 61/87 €

VISA MC

À deux pas de la rue St-Dominique, ce restaurant bien nommé rend hommage à la cuisine méridionale. Direction Nice... via les saveurs ! Derrière les fourneaux, le chef – un ancien du Lapérouse – concocte de belles recettes ensoleillées, à l'image d'une savoureuse soupe de poisson, de crostinis aux sardines fraîches aux parfums de tomate et de basilic, d'une pissaladière aux olives et anchois, ou encore d'un pavé de cabillaud au thym citron accompagné de mogettes. Un conseil, ne passez pas à côté de la bouillabaisse, spécialité emblématique de la maison ! Voilà qui donne des envies de Méditerranée... La salle, à l'élégance contemporaine, est tout à fait plaisante et l'accueil charmant. Une agréable ambassade de la cuisine du Sud à Paris.

Pétrossian

Poissons et fruits de mer B1

144 r. de l'Université
01 44 11 32 32
www.petrossian.fr
Invalides
Fermé août, dimanche et lundi

Menu 35/90 € – Carte 55/102 €

A/C VISA MC AE

Rougui Dia, chef discrète, s'est naturellement imposée pour réinventer les codes de la mythique maison Pétrossian, symbole de la haute gastronomie russe et arménienne depuis 1920. Son approche personnelle du poisson – une façon de le préparer héritée de sa culture peule – et son goût pour les épices insufflent à la carte du "144" une modernité pleine de promesses. Aujourd'hui, le répertoire classique (tartare Alexandre III au caviar, Kyscielli...) s'ouvre aux influences exotiques : arapaïna (poisson du Brésil) grillé, cœurs d'artichauts poivrade ; merus (crabe) impérial du Kamtchatka, caviar Alverta royal ; millefeuille à la vanille et chocolat chaud. À découvrir également, le décor raffiné et contemporain, dont le camaïeu de gris rappelle le produit phare de l'enseigne : le caviar.

Pottoka

Basque B2

4 r. de l'Exposition
01 45 51 88 38
École Militaire
Fermé août, 20-27 décembre et dimanche

Formule 19 € – Menu 35 €

VISA MC AE

Pottoka ? Drôle de nom au cœur du très classique 7e arrondissement… Serait-ce un hommage à une spécialité culinaire iroquoise ? à une borne kilométrique aztèque ? à un nouvel art martial pratiqué entre amis ? Mauvaises pioches. Pottoka est l'emblème de l'Aviron Bayonnais – le club de rugby, comme son nom ne l'indique pas –, une sympathique mascotte à mi-chemin entre Footix et Petit Poney ! Depuis l'été 2011, c'est le nom de ce bistrot basque pelotonné au cœur du quartier des ministères. Jambon de Bayonne, chorizo, piment d'Espelette, ossau-iraty, gâteau basque, etc. : essai transformé sur toute la ligne pour une cuisine généreuse, colorée et bien tournée, qui fait galoper jusqu'à la frontière espagnole bien plus vite qu'un TGV. À s'en effilocher les espadrilles !

Tante Marguerite

Traditionnelle C1

5 r. Bourgogne
01 45 51 79 42
www.bernard-loiseau.com
Assemblée Nationale
Fermé août, samedi, dimanche et fériés

Formule 29 € – Menu 38 € (déjeuner)/52 € – Carte 50/117 €

A/C VISA MC AE

Par une heureuse coïncidence, c'est rue de Bourgogne que se situe cette table d'inspiration... bourguignonne. Cette institution bourgeoise du groupe Bernard Loiseau offre un décor cossu, avec boiseries, chaises Louis XV et... une étonnante table design (la n° 20). À la carte et pour les suggestions du marché, de belles recettes du terroir : escargots sautés à la purée d'ail et au jus de persil, jambon persillé du Morvan, ris de veau rôti et son jus de veau, faux-filet de bœuf de Charolles rôti et ses échalotes au vin rouge, mousse de riz au lait au cassis, etc. Sans oublier le gibier en saison. Intimité et lumières douces pour conversations feutrées : à deux pas du Palais Bourbon, les personnalités politiques adorent s'y retrouver...

Thoumieux

Moderne B1

79 r. St-Dominique
01 47 05 79 00
www.thoumieux.com
La Tour Maubourg

Formule 29 € – Carte 40/65 €

Paris avait frémi d'excitation, en 2009, en apprenant que Jean-François Piège quittait les ors du Crillon pour redonner vie à cette brasserie héritée de la Belle Époque. Fin 2010, l'émotion est montée d'un cran, ou plutôt d'un étage avec la création d'une "annexe" gastronomique très confidentielle (voir le restaurant "Jean-François Piège"). Pour autant, on aurait bien tort de bouder le rez-de-chaussée ! Modernisé, son décor flamboie : grands miroirs, moulures, lampes boules et longues banquettes rouges. Avec le ballet des people et aficionados attirés par la renommée du chef, les lieux ont même renoué avec toute la théâtralité de ces brasseries autrefois capitales, où s'encanaillaient bourgeois, hommes du monde et actrices… La carte elle-même, originale, fait de jolies œillades à l'esprit des lieux !

Veramente

Italienne B1

2 r. Sedillot
01 45 51 95 82
www.veramente.fr
Pont de l'Alma
Fermé 2 semaines en août et dimanche

Menu 24 € (déjeuner) – Carte 43/62 €

Un restaurant italien d'expression contemporaine : la salle évoque un lounge chic et feutré (murs et banquettes en tweed gris perle, tables en laque noire, parquet), convivial quand sa clientèle d'habitués est au rendez-vous, tandis que dans l'assiette le chef d'origine napolitaine laisse s'exprimer toute sa verve et pas mal d'invention. Les saveurs incontournables de l'aubergine, du parmesan ou du poivron éclatent en bouche à la dégustation de ses plats bien tournés, frais et joliment présentés. Mention spéciale aux penne Veramente (tomates, olives noires et mozzarella en papillote) et au tiramisu, classique s'il en est, ici parfaitement traité. Au déjeuner, l'ardoise du jour est intéressante. Veramente buono !

35° Ouest ✿

Poissons et fruits de mer D2

35 r. de Verneuil
✆ 01 42 86 98 88
Ⓜ Rue du Bac
Fermé 28 juillet-26 août, 27 décembre-2 janvier, dimanche et lundi – Nombre de couverts limité, réserver

Formule 35 € – Carte 60/100 €

35° Ouest

Au 35, rue de Verneuil, vous avez rendez-vous avec les beaux produits de la mer. Créée par Pascal Yar, cette petite table se veut totalement marine. Contemporain, son décor affiche une allure zen et étudiée, sans faute de goût, baignée dans un camaïeu gris-vert des plus apaisants. En complément des quelques tables design, le comptoir en bois ne manque pas de séduire la clientèle cravatée – parfois pressée à midi – du 7e. Côté cuisine, le chef sait apprivoiser les saveurs de l'océan. Poissons et coquillages sont d'une extrême fraîcheur, parfaitement choisis, cuisinés simplement et assaisonnés avec grande justesse. Les portions sont généreuses, les présentations soignées, sans mise en scène : rémoulade de tourteau, tartare de poisson parfumé à l'huile d'olive et au gingembre, sole meunière, langoustines cuites au four nappées d'un beurre à l'estragon... Un produit, une garniture : c'est efficace et goûteux. En outre, le service est diligent et courtois. Un seul mot d'ordre donc : cap à l'Ouest !

Entrées

- Rémoulade de tourteau et granny-smith
- Tartare de poissons, huile d'olive-gingembre

Plats

- Sole poêlée meunière, pommes écrasées
- Turbot rôti en tronçons, poêlée de girolles

Desserts

- Sorbet vanillé au muscat de Beaumes de Venise
- Tarte au chocolat-cannelle

Vin sur Vin

Classique A1

20 r. de Monttessuy
01 47 05 14 20
Pont de l'Alma
Fermé 4-28 août, 22 décembre-8 janvier, lundi sauf le soir de septembre à mars, samedi midi et dimanche – Nombre de couverts limité, réserver

Menu 60 € (déjeuner) – Carte 84/116 €

"Un endroit privé que l'on ouvre au public", commente Patrice Vidal pour résumer l'atmosphère de sa maison. Pas plus de dix tables et d'une quinzaine de couverts par service ! Vous conviendrez que ce discret restaurant, qui tient assez de la salle à manger familiale, n'est pas ordinaire. Et l'adresse cache un trésor : une exceptionnelle carte des vins – l'enseigne ne ment pas –, car la cave recèle plusieurs centaines de références dénichées avec patience et passion, dont quelques vieux millésimes. Voilà qui va bien à une cuisine qui joue avant tout la carte de la tradition et du classicisme. Au menu : galette de pieds de cochon, ris de veau français, navarin d'agneau, soufflé chaud, millefeuille, etc.

Ce guide vit avec vous : vos découvertes nous intéressent. Coup de colère ou coup de cœur, faites-nous part de vos impressions : écrivez-nous !

Le Violon d'Ingres ✿

Moderne

135 r. St-Dominique
✆ 01 45 55 15 05
www.maisonconstant.com
Ⓜ École Militaire

B2 

Menu 46 € (déjeuner en semaine) – Carte 61/87 €

Violon d'Ingres

Une enseigne au sens double pour Christian Constant : elle évoque à la fois sa passion pour la cuisine, héritée de sa grand-mère, et sa fascination pour le peintre éponyme, originaire comme lui de Montauban. Le nom de son premier restaurant était donc tout trouvé, quand il a décidé de voler de ses propres ailes après une brillante carrière dans les palaces et les grandes maisons (Ledoyen, Ritz, Crillon). Mais ici, fini les grosses brigades, les ambiances très huppées et les recettes qui épatent au-delà de tout. Christian Constant a amorcé un virage à 180 degrés : place à plus de simplicité et à une équipe réduite, dans ce qui ressemble à une néobrasserie de luxe, sobre et contemporaine. La salle, en longueur et baignée de tons blanc, crème et gris, procure un sentiment d'espace et de sérénité. On y déguste des plats d'inspiration classique – avec de belles racines du Sud-Ouest – et d'une parfaite maîtrise technique, mais joliment modernisés et toujours concoctés à base de produits de grande qualité. Un détail : pensez à réserver, c'est souvent complet. La rançon du succès.

Entrées

- Salade façon César Ritz
- Œuf de poule mollet roulé à la mie de pain, toast de beurre truffé

Plats

- Raviole de langoustine à l'estragon, concassé de tomate et bisque à l'armoricaine
- Véritable cassoulet montalbanais

Desserts

- Traditionnel millefeuille
- Soufflé chaud au Grand Marnier, caramel à la fleur de sel de Guérande

8e

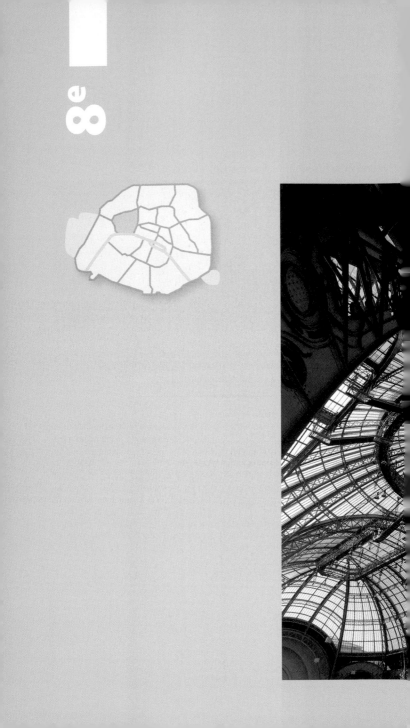

Champs-Élysées · Concorde · Madeleine

B. Rieger / Hemis.fr

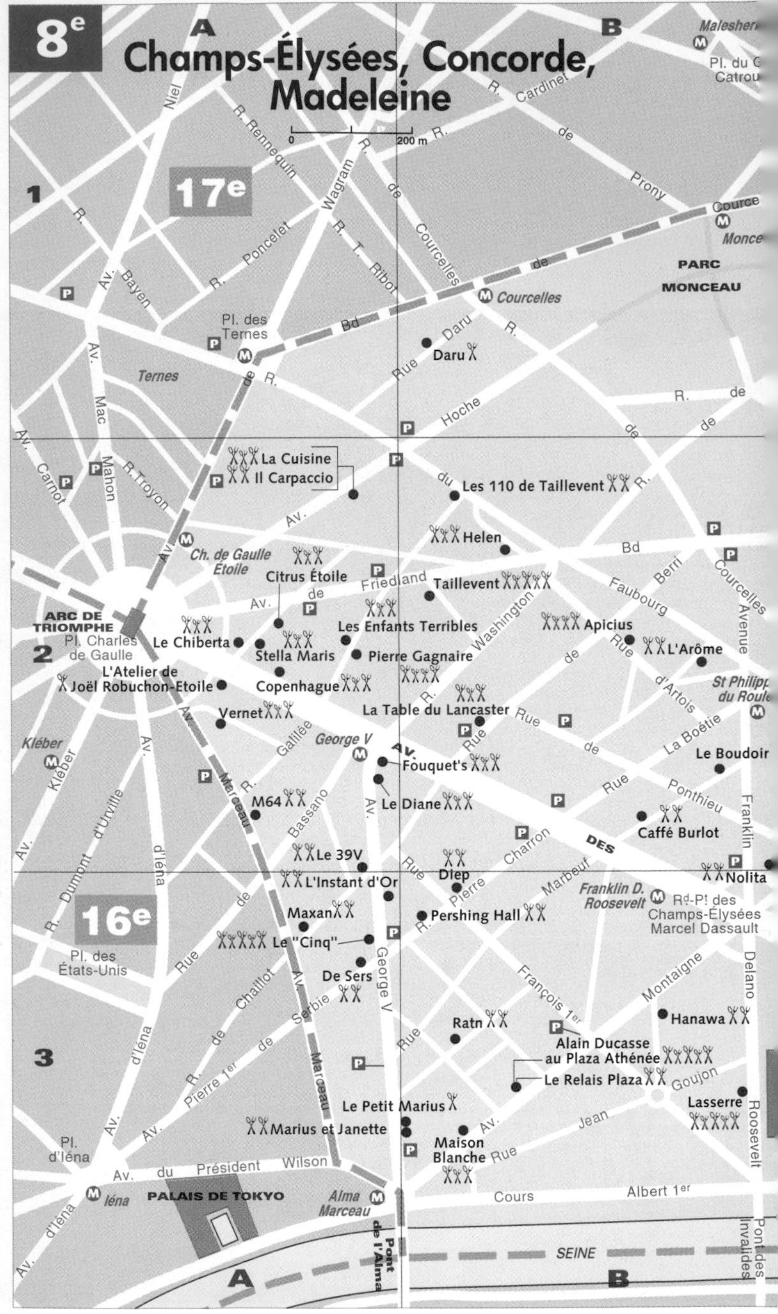
8e
Champs-Élysées, Concorde, Madeleine
17e
16e
PARC MONCEAU
ARC DE TRIOMPHE
PALAIS DE TOKYO
SEINE
Daru
La Cuisine
Il Carpaccio
Les 110 de Taillevent
Helen
Citrus Étoile
Taillevent
Les Enfants Terribles
Apicius
Le Chiberta
Stella Maris
Pierre Gagnaire
L'Arôme
L'Atelier de Joël Robuchon-Etoile
Copenhague
La Table du Lancaster
Vernet
Le Boudoir
Fouquet's
M64
Le Diane
Caffé Burlot
Le 39V
Diep
Nolita
L'Instant d'Or
Maxan
Pershing Hall
Le "Cinq"
De Sers
Hanawa
Ratn
Alain Ducasse au Plaza Athénée
Le Relais Plaza
Lasserre
Le Petit Marius
Marius et Janette
Maison Blanche
Courcelles
Ternes
Ch. de Gaulle Étoile
George V
Kléber
Franklin D. Roosevelt
St Philippe du Roule
Iéna
Alma Marceau
Pl. des Ternes
Pl. Charles de Gaulle
Pl. des États-Unis
Pl. d'Iéna
Rd-Pt des Champs-Élysées Marcel Dassault
Pont de l'Alma
Pont des Invalides

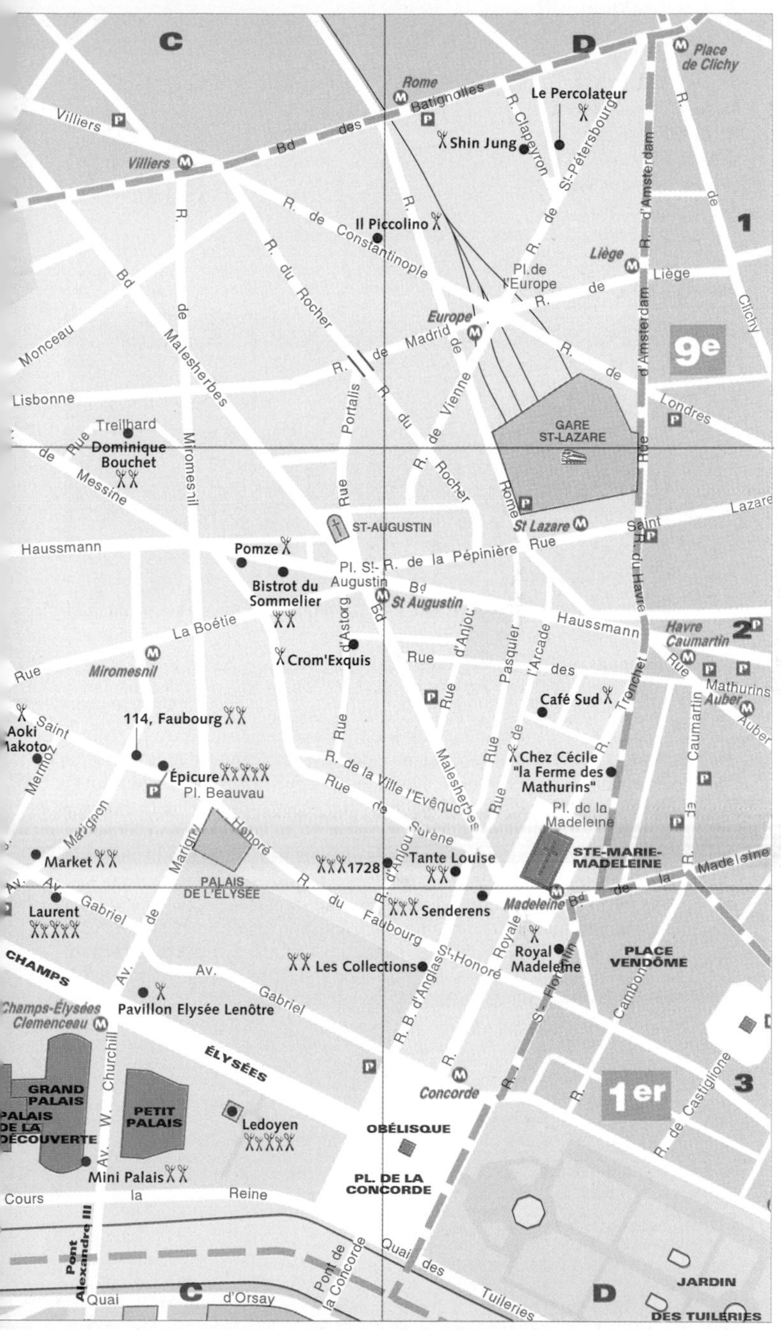

C
D
1
2
3
9e
1er
Le Percolateur
Shin Jung
Il Piccolino
Dominique Bouchet
Pomze
Bistrot du Sommelier
Crom'Exquis
Café Sud
114, Faubourg
Aoki Makoto
Épicure
Chez Cécile "la Ferme des Mathurins"
Market
1728
Tante Louise
Laurent
Senderens
Royal Madeleine
Les Collections
Pavillon Elysée Lenôtre
Ledoyen
Mini Palais
GARE ST-LAZARE
ST-AUGUSTIN
STE-MARIE-MADELEINE
PALAIS DE L'ÉLYSÉE
PLACE VENDÔME
GRAND PALAIS
PALAIS DE LA DÉCOUVERTE
PETIT PALAIS
OBÉLISQUE
PL. DE LA CONCORDE
JARDIN DES TUILERIES
Place de Clichy
Rome
Villiers
Liège
Europe
St Lazare
St Augustin
Miromesnil
Havre Caumartin
Auber
Madeleine
Champs-Élysées Clemenceau
Concorde
Bd des Batignolles
Pl. de l'Europe
Pl. St-Augustin
Pl. Beauvau
Pl. de la Madeleine
CHAMPS ÉLYSÉES
Pont Alexandre III
Pont de la Concorde
Quai d'Orsay
Quai des Tuileries
Cours la Reine

Alain Ducasse au Plaza Athénée ✿✿✿

Créative

B3

Hôtel Plaza Athénée,
25 av. Montaigne
01 53 67 65 00
www.alain-ducasse.com
Ⓜ Alma Marceau
Fermé 2-26 août, lundi midi, mardi midi, mercredi midi, samedi et dimanche

Menu 380 € – Carte 200/340 €

A/C · VISA · AE

Thomas Duval

Excellence, tradition, luxe et raffinement… N'en jetez plus ! Vous êtes au Plaza Athénée, palace de légende qui, depuis 1911, domine la prestigieuse avenue Montaigne. Sous l'impulsion d'Alain Ducasse, le designer Patrick Jouin a repensé l'allure de la salle à manger, l'habillant de "magie et de poésie", "comme si le décor, à la faveur d'une seule nuit, avait ajouté ses propres prolongements". Réminiscences Régence du mobilier, lustre central aux milliers de pampilles, enveloppé d'organza métallique, plafond redoré à la feuille d'or, tons clairs… Le résultat colle tout à fait au style gastronomique de l'endroit, à la fois classique et contemporain. Car ici, Alain Ducasse entend délivrer la quintessence de sa cuisine, à travers une partition parfaitement millimétrée, centrée sur le geste brut et le produit lui-même. Ainsi des saveurs extraordinairement cristallines... sublimées par un choix impressionnant de belles bouteilles du monde entier.

Entrées

- Légumes et fruits
- Langoustines rafraîchies et caviar

Plats

- Homard et pommes de mer
- Pâté chaud de pintade

Desserts

- Baba au rhum comme à Monte-Carlo
- Caillé de brebis, caramel et poivre

Aoki Makoto

Moderne

C2

19 r. Jean Mermoz
01 43 59 29 24
Mirosmenil
Fermé août, 23 décembre-6 janvier, samedi et dimanche

Formule 22 € – Menu 35 € (dîner)/65 € – Carte 65/80 €

VISA MC AE

Ne vous fiez pas aux apparences! L'enseigne de ce petit bistrot contemporain a beau être japonaise, sa cuisine n'en est pas moins typiquement française – et de bonne tenue. Avant d'ouvrir son propre restaurant (à quelques minutes des Champs-Élysées, s'il vous plaît), Aoki Makoto a travaillé pour de belles maisons parisiennes (Palais Royal, Senderens...). C'est avec une application et une exigence toutes nippones qu'il se consacre depuis aux usages et techniques de la gastronomie hexagonale! Parmi les spécialités proposées sur la courte carte : mosaïque de foie gras, côte de porc rôtie... La formule déjeuner présente un excellent rapport qualité-prix.

Bistrot du Sommelier

Traditionnelle

C2

97 bd Haussmann
01 42 65 24 85
www.bistrotdusommelier.com
St-Augustin
Fermé 27 juillet-25 août, 21 décembre-1er janvier, samedi et dimanche

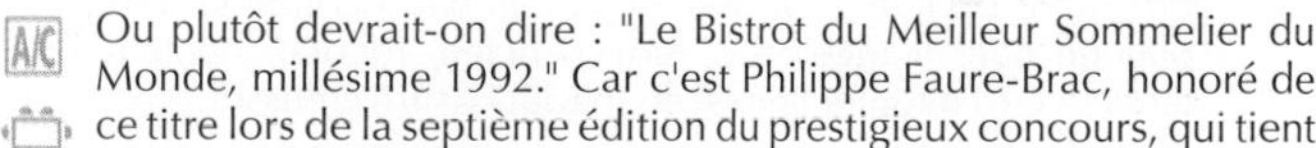

Formule 33 € – Menu 39 € (déjeuner en semaine), 65 €/110 € – Carte 50/77 €

A/C VISA MC AE

Ou plutôt devrait-on dire : "Le Bistrot du Meilleur Sommelier du Monde, millésime 1992." Car c'est Philippe Faure-Brac, honoré de ce titre lors de la septième édition du prestigieux concours, qui tient ce restaurant depuis plus de 20 ans. Confortable salle et décor tout entier dédié à Bacchus, atmosphère conviviale, superbe cave aux mille et une références : s'initier aux accords mets-vins élaborés par le sommelier et son complice en cuisine, Guillaume Saluel, est un véritable plaisir ! À noter, "les vendredis du vigneron", des repas-dégustations thématiques au cours desquels un propriétaire présente ses bouteilles et son domaine ; réservation indispensable, of course! Gastronomique et... pédagogique.

Apicius ✿✿

Classique B2

20 r. d'Artois
01 43 80 19 66
www.restaurant-apicius.com
St-Philippe du Roule
Fermé août, samedi et dimanche

Menu 160/200 € – Carte 110/195 €

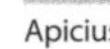

Apicius

Aux fourneaux depuis plus de quarante ans, Jean-Pierre Vigato séduit les plus blasés en élaborant la cuisine qu'il aime : une "cuisine vérité", personnelle et limpide, qui valorise le produit – prédilection pour les plats canailles – et la tradition bourgeoise, entre classicisme et invention.

En 2004, son Apicius (hommage à cet épicurien de l'Antiquité romaine qui aurait écrit le premier livre culinaire) a investi le rez-de-chaussée d'un hôtel particulier classé, impressionnant par ses airs de petit palais et son parc. Si l'espace (trois salles en enfilade côté jardin, deux salons côté cour) profite d'une ampleur qui fait rêver, l'ambiance reste détendue. Le service y est pour beaucoup, le décor aussi : lustres de théâtre, objets d'art chinés, niches ornées de grands bouquets, vaisselle colorée, bar à colonnes antiques et plafond paré d'angelots... Alors, ancien, rococo, contemporain, tendance ? Le tout à la fois, et en tout cas très réussi !

Entrées

- Les poissons bleus, maquereau, homard et crevettes aux algues
- Pâté en croûte, champignons, herbes et légumes

Plats

- Saint-pierre et seiche, mousseline de pommes de terre, moules et laitue à la goutte d'encre
- Pigeon grillé, bettes braisées et persil craquant

Desserts

- Agrumes infusés à la cardamome et à la badiane, sorbet Campari
- "Comme une île flottante", mangue-passion

L'Arôme ✿

Moderne

B2

3 r. St-Philippe-du-Roule
✆ 01 42 25 55 98
www.larome.fr
Ⓜ St-Philippe-du-Roule
Fermé 2-10 mars, août, samedi et dimanche

Formule 69 € – Menu 89/149 € – Carte environ 85 € le midi

Exclusive Restaurants

Humer un arôme, un parfum, un bouquet : un beau programme proposé par Éric Martins, grand professionnel de l'accord mets et vins, qui sélectionne minutieusement chaque bouteille de sa cave. Il mène de main de maître cette table délicate, dont le décor a été revu en 2009 afin d'apporter plus de confort et de chaleur. Touches contemporaines, vue sur les cuisines et espace dédié à la sommellerie au sous-sol (avec quelques tables) : l'ensemble est plaisant, à l'unisson de l'assiette.

Grand amoureux des produits de saison, le jeune chef, Thomas Boullault – ancien du Royal Monceau et du George V –, élabore une cuisine raffinée, contemporaine et inventive. Les menus changent chaque jour au gré du marché... Vous tomberez sous le charme de la délicatesse et de l'équilibre des saveurs. Fleur de courgette farcie au tourteau, carré d'agneau de Lozère rôti aux épices du trappeur, déclinaison de noix de coco... entre autres subtils parfums.

Entrées

- Carpaccio de veau de lait et salade de couteaux de mer, saint-florentin crémeux, cazette
- Fleur de courgette farcie de tourteau breton et avocat

Plats

- Encornets et homard poélés au saté, chou cœur de bœuf sauté au gingembre, cacahouètes
- Bar de ligne rôti au tilleul, pêches de vignes rafraichies

Desserts

- Fraisier léger, crème mascarpone à la vanille de Madagascar
- Soufflé chaud à la pistache de Sicile, sorbet fromage blanc

L'Atelier de Joël Robuchon - Étoile ✿✿

Créative A2

133 av. des Champs-Élysées (Publicis Drugstore niveau -1)
01 47 23 75 75
www.joel-robuchon.net
Ⓜ Charles de Gaulle-Étoile
Accueil de 11h30 à 15h30 et de 18h30 à minuit.
Réservations uniquement pour certains services : se renseigner

Menu 40 € (déjeuner)/166 € – Carte 60/150 €

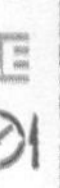

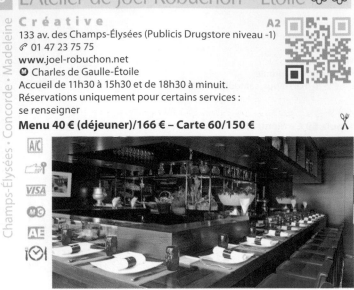

L'Atelier de Joël Robuchon

Paris, Londres, Las Vegas, Tokyo, Taipei, Hong Kong, Singapour… et encore une fois Paris. Avec deux pieds dans la capitale française, les célèbres Ateliers du grand chef font, au sens propre, le tour du monde. Beau symbole, cet opus est né fin 2010 à deux pas de l'Arc de Triomphe, au niveau - 1 du Publicis Drugstore des Champs-Élysées (également une entrée avec voiturier rue Vernet).

Destin franco-international, donc, pour ce concept qui colle à l'époque et à la tendance, version planète mondialisée – dans ce qu'elle a de plus chic. Un décor tout en rouge et noir ; un grand comptoir autour duquel on prend place sur de hauts tabourets, face à la brigade à l'œuvre ; une ambiance feutrée et à la fois décontractée : l'enseigne incarne une approche contemporaine de la haute cuisine. Sans se départir de la plus grande exigence, la carte se décline en petites portions, à la manière des tapas et des yakitoris (brochettes). Produits de première qualité, simplicité des préparations, saveurs marquantes… tout est millimétré et on ne s'en lasse pas. À quand le prochain atelier ?

Entrées

- Langoustine en papillote croustillante au basilic
- Œuf de poule mollet, friand au caviar impérial et au saumon fumé

Plats

- Caille caramélisée au foie gras, pomme purée
- Côtelettes d'agneau de lait de Lozère à la fleur de thym

Desserts

- Chocolat "tendance" et sa crème onctueuse au chocolat araguani, sorbet cacao
- Crémeux aux fruits de la passion, granité au rhum ambré

Le Boudoir (N)

Moderne

B2

25 r. du Colisée
01 43 59 25 29
www.boudoirparis.fr
Ⓜ Franklin D. Roosevelt
Fermé 5-18 août, samedi midi et dimanche

Menu 29 € (déjeuner en semaine) – Carte 48/56 €

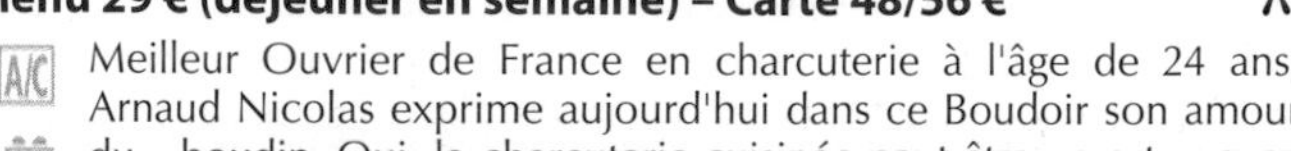

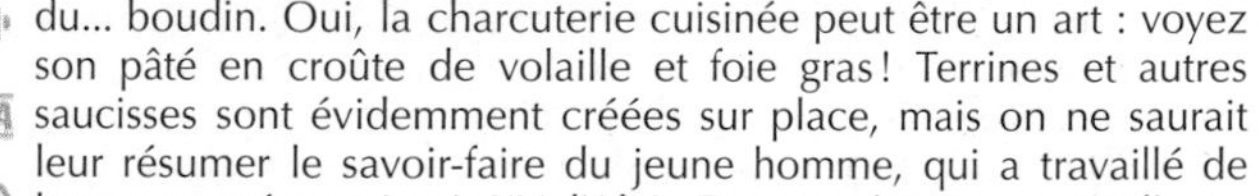

Meilleur Ouvrier de France en charcuterie à l'âge de 24 ans, Arnaud Nicolas exprime aujourd'hui dans ce Boudoir son amour du... boudin. Oui, la charcuterie cuisinée peut être un art : voyez son pâté en croûte de volaille et foie gras ! Terrines et autres saucisses sont évidemment créées sur place, mais on ne saurait leur résumer le savoir-faire du jeune homme, qui a travaillé de longues années au Louis XV d'Alain Ducasse, à Monaco. De là son goût pour les beaux produits et les saveurs franches dans l'assiette – ce qu'illustre par exemple son baba au rhum... Bref, sa table est fort gourmande. Côté décor, on découvre un sympathique bistrot coloré autour d'un comptoir en zinc au rez-de-chaussée, et trois petites salles cosy à l'étage (dont un fumoir à cigares). Comment bouder un tel Boudoir ?

Café Sud

Moderne

D2

12 r. de Castellane
01 42 65 90 52
www.cafesud.com
Ⓜ Madeleine
Fermé 10-20 août, samedi midi et dimanche

Formule 35 € – Menu 50 € – Carte 50/70 €

Derrière la place de la Madeleine et à deux pas des grands magasins se cache cette agréable table qui vous propose un petit tour... dans le Sud. Le voyage débute dès la première bouchée, et agit encore bien après la dernière : œufs brouillés aux truffes, daurade royale rôtie et sa purée d'aubergine fumée, brochette de queues de gambas accompagnée de riz pilaf à la cardamome, cheesecake à la vanille de Tahiti... Le chef témoigne d'un grand professionnalisme dans la préparation de ces appétissantes assiettes – auxquelles s'ajoutent quelques plats plus traditionnels, telles de bonnes grillades. Côté décor, une petite salle assez sobre : tons beige et gris, banquettes en tissu, chaises en alcantara et bibliothèque pleine de livres... Les hôtels du quartier n'hésitent pas à recommander l'adresse. Un signe qui ne trompe pas.

Caffé Burlot (N)

Italienne B2

9 r. du Colisée
01 53 75 42 00
Franklin D. Roosevelt
Fermé samedi midi et dimanche

Formule 29 € – Menu 40 € (dîner) – Carte 50/95 € XX

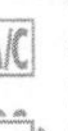
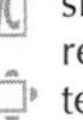

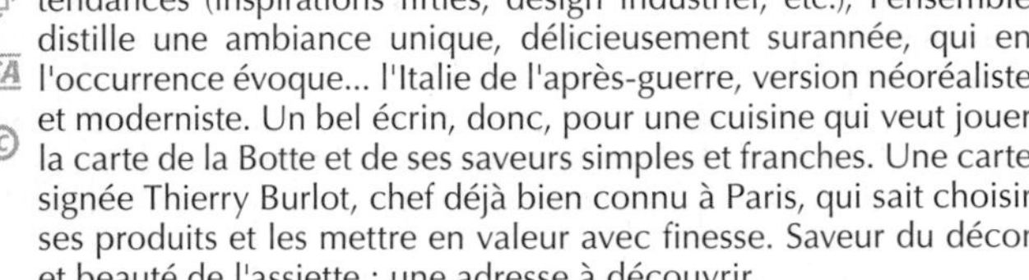

India Mahdavi est l'architecte d'intérieur qui monte : après avoir décoré le restaurant de Jean-François Piège – entre autres –, elle a signé ce Caffé Burlot où l'on peut apprécier sa patte, mêlant chic rétro, ambiance confidentielle et esprit glamour. À la croisée des tendances (inspirations fifties, design industriel, etc.), l'ensemble distille une ambiance unique, délicieusement surannée, qui en l'occurrence évoque... l'Italie de l'après-guerre, version néoréaliste et moderniste. Un bel écrin, donc, pour une cuisine qui veut jouer la carte de la Botte et de ses saveurs simples et franches. Une carte signée Thierry Burlot, chef déjà bien connu à Paris, qui sait choisir ses produits et les mettre en valeur avec finesse. Saveur du décor et beauté de l'assiette : une adresse à découvrir.

Les 110 de Taillevent (N)

Traditionnelle B2

195 r. du Faubourg-St-Honoré
01 40 74 20 20
www.taillevent.com/les-110
Charles de Gaulle-Etoile

Menu 39 € – Carte 50/70 €

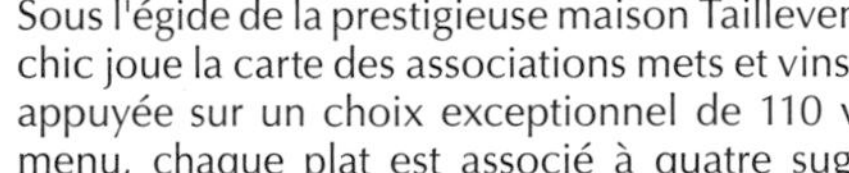

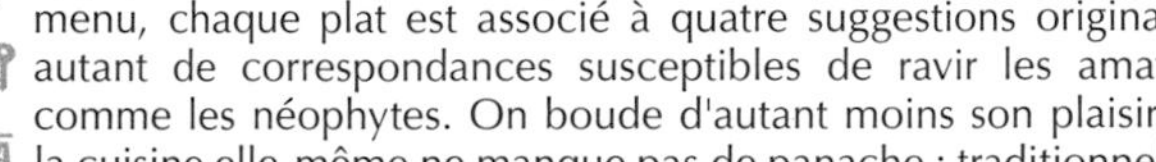

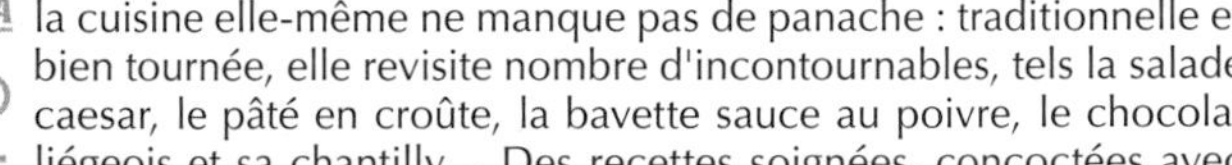

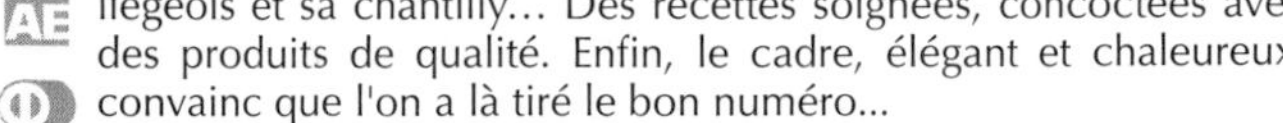

Sous l'égide de la prestigieuse maison Taillevent, cette brasserie très chic joue la carte des associations mets et vins. Une vraie réussite... appuyée sur un choix exceptionnel de 110 vins au verre ! Sur le menu, chaque plat est associé à quatre suggestions originales : autant de correspondances susceptibles de ravir les amateurs comme les néophytes. On boude d'autant moins son plaisir que la cuisine elle-même ne manque pas de panache : traditionnelle et bien tournée, elle revisite nombre d'incontournables, tels la salade caesar, le pâté en croûte, la bavette sauce au poivre, le chocolat liégeois et sa chantilly... Des recettes soignées, concoctées avec des produits de qualité. Enfin, le cadre, élégant et chaleureux, convainc que l'on a là tiré le bon numéro...

114, Faubourg ✿

Moderne

C2 

Hôtel Bristol,
114 r. Fg St-Honoré
✆ 01 53 43 44 44
www.lebristolparis.com
Ⓜ Miromesnil
Fermé 28 juillet-18 août, samedi midi et dimanche midi

Formule 52 € – Carte 80/140 €

Jean-Michel Sordello

Au sein du Bristol, une brasserie unique, assurément ! La salle interpelle au premier coup d'œil : traversée d'imposantes colonnes dorées, elle arbore sur ses murs orangés de grands motifs de dahlias luminescents… En son cœur s'ouvre un grand escalier, qui dessert le niveau inférieur où les tables côtoient les cuisines ouvertes. Chic, chatoyant, à la fois animé et confidentiel, ce lieu est une réussite.
C'est dans ce cadre original que le jeune chef, Éric Desbordes, revisite, sous la houlette d'Éric Frechon, les beaux classiques de la cuisine de l'Hexagone : pâté en croûte, tartare de bœuf, joue de veau, suprême de volaille, millefeuille à la vanille Bourbon, ananas rôti... Sans craindre la simplicité, mais toujours avec un soin avéré, les assiettes débordent de saveurs. Une prestation dans les règles de l'art, aux tarifs certes élevés... mais ne sommes-nous pas dans un palace ?

Entrées

- Pâté de canard en croûte, légumes au vinaigre
- Raviole de langoustines au citron et gingembre, émulsion au satay

Plats

- Fish and chips
- Suprême de volaille fermière bio au tandoori, fraîcheur de concombre à la menthe

Desserts

- Millefeuille à la vanille Bourbon, caramel au beurre demi-sel
- Baba au vieux rhum brun

Chez Cécile - La Ferme des Mathurins

Moderne D2

17 r. Vignon
01 42 66 46 39
www.chezcecile.com
Ⓜ Madeleine
Fermé samedi sauf le soir de septembre à juin et dimanche

Formule 29 € – Menu 35 €

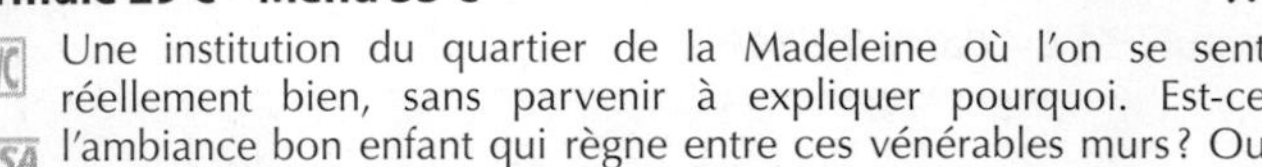

Une institution du quartier de la Madeleine où l'on se sent réellement bien, sans parvenir à expliquer pourquoi. Est-ce l'ambiance bon enfant qui règne entre ces vénérables murs ? Ou la bonne humeur de la clientèle fidèle ? Sûrement un peu des deux... Si bien que le charme de ce bistrot d'antan – Georges Simenon y avait ses habitudes – opère toujours, même si le décor a été modernisé en 2009 (rassurez-vous, les banquettes rouges sont toujours là !). Côté assiettes, c'est soigné, copieux et gourmand (cuisine traditionnelle et du marché). À noter : les soirées jazz organisées le jeudi, au cours desquelles la patronne elle-même chante et swingue... Pensez à réserver !

Citrus Étoile

Moderne A2

6 r. Arsène-Houssaye
01 42 89 15 51
www.citrusetoile.com
Ⓜ Charles de Gaulle-Étoile
Fermé 23 décembre-4 janvier, samedi, dimanche et fériés

Formule 49 € – Menu 69 € (déjeuner) – Carte 63/91 €

Le chef, Gilles Épié, étoilé au guide MICHELIN à l'âge de vingt-deux ans, a fait son retour à Paris après un séjour de dix ans en Californie. C'est avec son épouse Élizabeth qu'il a pensé cette maison qui est la leur. Elle en a supervisé la décoration (lignes épurées, atmosphère feutrée) et s'occupe de l'accueil, charmant. Lui invente en cuisine de nouvelles associations de saveurs, influencées par ses expériences américaine et asiatique. Imaginez un beignet de foie gras caramélisé au porto, une pièce de cabillaud marinée dans du soja et du saké puis grillée, un foie de veau à la vapeur, et pour le dessert, un cheesecake soufflé... À voir aussi : la cave vitrée et, sur chaque table, un poisson rouge dans son aquarium. Insolite !

Le Chiberta ✿

Créative

A2

3 r. Arsène-Houssaye
✆ 01 53 53 42 00
www.lechiberta.com
Ⓜ Charles de Gaulle-Etoile
Fermé 2 semaines en août, samedi midi et dimanche

Menu 60 € (semaine), 100/155 € – Carte 88/123 €

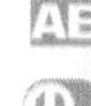

Stevens Fremont

Le Chiberta version Guy Savoy s'est choisi le noir comme couleur, le vin comme symbole et l'inventivité comme fil conducteur. En entrant, on est plongé dans un autre univers, tamisé, calme et feutré. Parfait pour les repas d'affaires comme pour les rencontres plus intimes. L'aménagement intérieur, conçu par l'architecte Jean-Michel Wilmotte, surprend par son minimalisme radical, tout en chic discret et design. La grande originalité du lieu reste indéniablement la "cave à vins verticale" : de grands crus habillant les murs à la manière d'une bibliothèque ou d'œuvres d'art. Entre deux alignements de bouteilles, des tableaux modernes et abstraits colorent ponctuellement l'espace dominé par le bois et l'ardoise. Le premier menu n'est servi qu'au comptoir ; il convient de s'installer à table pour apprécier toute l'étendue de la cuisine, supervisée par le "patron", qui revisite joliment la tradition. Bon à savoir : le menu du marché est revu quotidiennement, le service irréprochable, et la cave, évidemment, parfaitement composée.

Entrées

- Autour du petit pois : œuf poché, tartine de pata negra
- Soupe d'artichaut à la truffe d'automne, copeaux de parmesan

Plats

- Filet de saint-pierre en fine chapelure de tomate confite, orge perlé aux pignons de pin
- Veau en trois préparations, purée de céleri à la truffe

Desserts

- Terrine d'orange et de pamplemousse, tuile au thé earl grey
- Palet au chocolat gianduja, sorbet chocolat amer

Le Cinq ✿✿

Créative

A3

Hôtel Four Seasons George V,
31 av. George V
✆ 01 49 52 71 54
www.fourseasons.com/paris
Ⓜ George V

Menu 95 € (déjeuner), 155/250 € – Carte 175/290 €

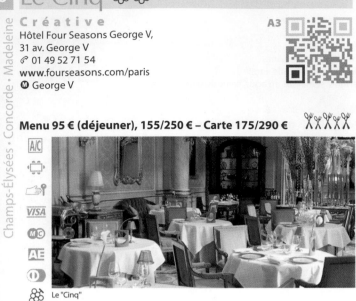

Le "Cinq"

Tout palace qui se respecte exige le meilleur. Le restaurant de l'hôtel George V ne déroge pas à cette règle, qui rend l'exceptionnel quotidien… et vice versa. Le Cinq brille au firmament grâce à sa magnifique salle à manger Louis XVI, réinterprétée par l'architecte Pierre-Yves Rochon. Baignés dans une harmonie de tons ivoire, dorés et gris, les lieux allient faste et élégance : colonnes altières, énorme lustre en cristal, moulures, tableaux, hautes gerbes de fleurs et palmiers... Sans oublier la douce lumière provenant du jardin intérieur !

Depuis l'arrivée d'Éric Briffard (ancien chef du restaurant Les Élysées) au cours de l'année 2008, il souffle ici un air de renouveau. La table reste empreinte de classicisme, mais un classicisme porté par de savoureuses touches de modernité, de remarquables produits, des cuissons et des assaisonnements proches de la perfection. Cave de haute volée, équipe menée par Éric Beaumard (l'un des meilleurs directeurs de salle de l'Hexagone) pour vous servir. Le luxe, exactement.

Entrées

- Ventrèche de thon rouge de Méditerranée, tartare au caviar, gelée de pomme verte, wasabi
- Foie gras de canard rôti au poivre noir

Plats

- Homard bleu cuit sur sel au goémon, ravioli vapeur au fenouil sauvage
- Épaule d'agneau allaiton d'Aveyron en cuisson lente (17 heures)

Desserts

- Fraisier minute, granité aux fraises, sorbet au caillé de brebis à l'olive
- Pêche blanche de Provence, tarte tiède à l'amande, milk-shake à la verveine

Les Collections

Moderne

D3

Hôtel Sofitel le Faubourg,
15 r. Boissy-d'Anglas
01 44 94 14 24
www.sofitel.com
Concorde
Fermé samedi midi et dimanche midi

Formule 40 € – Carte 66/74 €

Keigo Kimura est arrivé ici en 2011 ; ce chef japonais, qui a émoustillé bien des papilles au restaurant Les Bons Enfants de St-Julien-du-Sault, connaît ses grands classiques... Et pour cause : il est passé par de grandes maisons, sous la houlette – entre autres – de Joël Robuchon ou de Marc Veyrat. D'un plat typiquement français, il délivre une interprétation personnelle, puisant aussi son inspiration dans les saveurs du monde. Et bien sûr, sa cuisine a vraiment toute sa place dans ce restaurant ouvert sur une terrasse plantée de palmiers, au cœur du Paris "modeux". Cuissons aux petits oignons, associations fructueuses des mets, table intemporelle mais pile dans l'esprit de l'époque... En un mot : chic !

Copenhague

Danoise

A2

142 av. des Champs-Élysées (Maison du Danemark - 1er étage)
01 44 13 86 26
www.copenhague-paris.com
George V
Fermé 5-26 août, samedi midi, dimanche et fériés

Menu 51/98 € – Carte 70/110 €

Sur les Champs-Élysées, la Maison du Danemark vaut comme une ambassade culinaire du Grand Nord depuis 1955. Au 1er étage, le Copenhague offre un cadre apaisant avec son décor contemporain épuré et ses larges baies vitrées dominant l'avenue. C'est sous l'œil bienveillant de la reine Margaret – un grand portrait orne l'un des murs de la salle – ou installé sur l'agréable terrasse (dans une cour au calme, sur l'arrière), que vous découvrirez des spécialités qui fleurent bon la patrie d'Andersen : foie gras de canard confit à l'aquavit, saumon grillé à l'unilatéral, renne légèrement fumé et rôti, riz au lait aromatisé à la vanille et à la cannelle... "Velbekomme" (bon appétit) !

Crom'Exquis N

Moderne

C2

22 r. d'Astorg
01 42 65 10 74
www.cromexquis.com
St-Augustin
Fermé 3 semaines en août, 24 décembre-1er janvier, samedi et dimanche

Formule 28 € – Menu 39 € – Carte 51/90 €

Ce Crom'Exquis paraît un simple restaurant de quartier, mais on ne peut taire sa filiation : à sa tête œuvre Pierre Meneau, fils de Marc – chef fameux de L'Espérance, au pied de la colline de Vézelay, en Bourgogne. La grande cuisine se transmet-elle par les gènes ? Il n'est pas question d'en juger ici, car l'adresse joue résolument sur un autre terrain : non celui de la très haute gastronomie, mais celui d'une partition d'aujourd'hui soucieuse de valoriser de bons produits. Quelques extraits de la carte : velouté de potiron, foie gras poêlé et girolles ; sole aux gnocchis et brunoise d'aubergine ; suprême de volaille au homard, risotto à l'estragon ; ananas rôti dans l'huile d'olive et sorbet à la grenade... Avec bien sûr quelques cromesquis (par exemple à l'andouillette) en guise d'amuse-bouches !

Daru

Russe

B1

19 r. Daru
01 42 27 23 60
www.daru.fr
Courcelles
Fermé août, samedi midi et dimanche

Formule 29 € – Carte 50/150 €

La première épicerie russe de la capitale, créée par un officier de la garde de Nicolas II en 1918 ! Les lieux débordent de chaleur et de convivialité – la première salle distille l'ambiance d'une échoppe, la seconde est tout en rouge et noir – et transportent dans la Russie d'autrefois : vieux fûts, bouteilles de vodkas rares, portraits de tsars, tableaux, boiseries foncées, poupées... Aujourd'hui, la tradition perdure et l'on continue de régaler les hôtes de zakouskis (taramas en "farandole" pour deux personnes : oursin, saumon fumé, hareng mariné, etc.), de caviar, d'un koulibiac de volaille aux champignons ou d'un incontournable bœuf stroganoff (au paprika). À déguster sur fond de balalaïka et, pour les amateurs, en sirotant une vieille vodka. Typique autant qu'atypique !

La Cuisine ✿

Moderne

A2

Hôtel Le Royal Monceau,
37 av. Hoche
✆ 01 42 99 88 00
www.leroyalmonceau.com
Ⓜ Charles De Gaulle Etoile

Formule 58 € – Menu 70 € (déjeuner en semaine), 95/135 € – Carte 75/140 €

Le Royal Monceau Raffles

"La Cuisine" du Royal Monceau... Nulle équivoque : la table distille toute l'atmosphère exclusive d'un restaurant de palace, ici déclinée, sous l'égide de Philippe Starck, dans une belle veine artiste et intime. Photos originales, lithographies, pampilles, bois précieux, hauts drapés habillant les murs – en écho aux nappes blanches qui revêtent les tables : la salle est aussi élégante que feutrée...

Un cadre raffiné pour un fort joli moment de cuisine française : la carte explore le répertoire classique avec beaucoup de goût. De superbes produits habilement mis en valeur, des associations de saveurs bien équilibrées et très harmonieuses, de la légèreté et du soin : on redécouvre les plaisirs de l'œuf mollet, de la sole meunière ou du baba au rhum... À noter : les desserts sont signés du grand pâtissier Pierre Hermé.

Conclusion : ce véritable salon particulier défend la gastronomie française avec une finesse... toute particulière.

Entrées

- Foie gras poêlé, figues fraîches et rôties, marmelade de châtaigne
- Tourteau de Bretagne, gelée légère et crème d'aubergine

Plats

- Pavé de cabillaud confit à basse température, coquillages et chorizo, croquettes à l'ail
- Carré et selle d'agneau de Lozère rôtis, poires au vin

Desserts

- Tarte infiniment citron
- Baba au rhum

Le Diane ✿

Moderne A2

Hôtel Fouquet's Barrière,
46 av. George-V
01 40 69 60 60
www.fouquets-barriere.com
Ⓜ Georges V
Fermé 28 juillet-20 août, 1er-7 janvier, samedi midi, dimanche et lundi

Menu 65 € (déjeuner), 88/108 € – Carte 95/159 €

A/C VISA AE

Hôtel Fouquet's Barrière

Confidentiel, chic et sobre : au sein de l'hôtel Fouquet's Barrière, le Diane sait rester discret et incarne le restaurant de grand hôtel par excellence ! Sa salle en rotonde, aux tons joliment mordorés, ouvre sur un agréable patio et distille une atmosphère on ne peut plus feutrée. À table règne le même esprit élégant... Le chef connaît bien sa partition et compose un thème gourmand tout en subtilité et finesse, où les produits nobles – choisis avec le plus grand soin – forment un chœur délicat et... délicieux ! Foie gras, truffe blanche, araignée de mer, turbot de ligne, langoustine, ris de veau, caviar, volaille de Bresse : on ne saurait mieux dire ! Le classicisme est à l'honneur, mais laisse poindre ici et là une touche de fantaisie, une note acidulée et quelques variations inattendues. Les règles du grand art culinaire à la française mettent en exergue la pureté des saveurs : Diane, ou la chasseresse des plaisirs du palais...

Entrées

- Saumon mi-cuit, couteau et radis multicolores
- Ormeaux de pleine mer, tranche d'aubergine confite et cèpes

Plats

- Turbot de petit bateau, supions garnis de girolles et févettes, jus à la marjolaine
- Pomme de ris de veau braisée, écrasé de chou-fleur

Desserts

- Soufflé au citron de Menton, sorbet mojito
- Chiboust chocolat guanaja, crème glacée chocolat blanc et menthe

Diep

Chinoise

55 r. Pierre-Charon
✆ 01 45 63 52 76
www.diep.fr
Ⓜ George V

B3

Carte 40/75 €

À deux pas des Champs-Élysées, ce restaurant fondé par la famille Diep en 1985 paraît... un véritable morceau d'Asie! Sur la devanture comme dans la grande salle domine la couleur rouge, qui évoque instantanément la Chine, tandis que tout un mur arbore un bas-relief représentant le temple d'Angkor Vat. Des références variées exprimant le syncrétisme de la cuisine, laquelle fait honneur aux spécialités chinoises mais aussi thaïlandaises et, dans une moindre mesure, vietnamiennes : potage pékinois aux légumes, dim-sum, sole au caramel et échalotes, crevettes au gingembre, thon à l'ail et au poivre, canard laqué, filet de bœuf à l'impérial... Avis aux amateurs : crustacés et poissons sont nombreux à la carte.

Les Enfants Terribles

Moderne

8 r. Lord-Byron
✆ 01 53 89 90 91
www.enfantsterribles-paris.com
Ⓜ Charles de Gaulle-Etoile
Fermé 3 semaines en août, samedi midi et dimanche

A2

Formule 45 € – Carte 54/86 €

Point de petits diables dans cette adresse très chic, proche des Champs-Élysées. Peut-être juste une note d'impertinence dans le décor, à travers des fauteuils de velours mauve et des rideaux formés de grandes résilles noires, qui viennent relever le cadre, classique et tout de moulures blanches. La salle principale ouvre également sur une intime rotonde, logée sous une superbe verrière métallique. C'est en 2009 qu'est née cette table élégante, affiliée à la maison éponyme de Megève. On y apprécie une carte aux multiples influences, concoctée par un jeune chef : gambas croustillantes et miso de pommes, risotto carnaroli, filet de bœuf "Enfants terribles", tarte citron jaune et zeste vert... Résultat? Hommes d'affaires aussi bien qu'esthètes s'y pressent!

Dominique Bouchet ✿

Moderne

C1

11 r. Treilhard
✆ 01 45 61 09 46
www.dominique-bouchet.com
Ⓜ Miromesnil
Fermé 10 août-2 septembre, samedi et dimanche – Réserver

Formule 48 € – Menu 105 € (dîner) – Carte 73/113 €

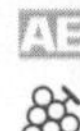

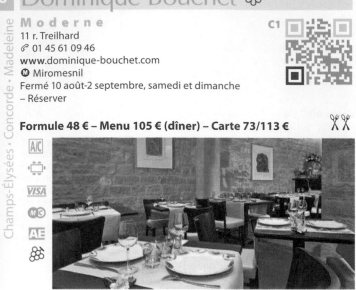

Dominique Bouchet

Du palace au bistrot. Dominique Bouchet a choisi. Lui qui dirigea les brigades du Crillon et de la Tour d'Argent (participant même à l'aventure japonaise de celle-ci) aspirait à plus de légèreté, et peut-être plus de liberté. Plus rien à prouver en matière de haute gastronomie, l'envie de laisser la place aux générations montantes pour ouvrir enfin un restaurant à son nom, la volonté aussi de ne plus courir après la perfection absolue ou les récompenses... Toutes ces raisons l'ont poussé à s'installer "chez lui" et à revenir à l'essentiel : une belle cuisine classique mise au goût du jour et incontestablement maîtrisée. C'est l'avantage de la sagesse que de ne pas s'égarer ! À noter, la belle sélection de vins au verre.

Sobriété, intimité et calme résument l'atmosphère générale de la salle, tout en longueur. Pour seul décor : murs de pierres apparentes, tables en bois wengé, tableaux et cuisines ouvertes au fond. Les repas s'y déroulent sans fausse note. Comme un long fleuve tranquille.

Entrées

- Jeunes légumes, œuf pané de brioche, foie gras et girolles
- Marbré de foie gras et filet de canard séché aux fruits des mendiants

Plats

- Cabillaud au curry vert, ravioles de légumes herbacés
- Gigot d'agneau de sept heures à la cuillère, fèves de cacao, pomme purée

Desserts

- Millefeuille aux pralins, noisettes légèrement caramélisées
- Blanc-manger framboise, chocolat grand cru au zeste de kumbawa

Épicure ✿✿✿

Moderne

Hôtel Bristol,
112 r. Fg St-Honoré
✆ 01 53 43 43 40
www.lebristolparis.com
Ⓜ Miromesnil

C2 

Menu 130 € (déjeuner)/280 € – Carte 145/320 € 

Hôtel Le Bristol

Un nouveau nom, un cadre métamorphosé : en 2011, la célèbre table du Bristol a fait sa révolution. Dans ce qui était autrefois la salle d'été du restaurant, face au jardin de l'hôtel particulier, on découvre une salle d'un classicisme brillant, signée Pierre-Yves Rochon. L'esprit du 18e siècle s'y exprime avec sobriété et élégance : mobilier de style Louis XVI, pierre blonde, miroirs, etc., le tout scandé par de grandes portes-fenêtres ouvertes sur la verdure. Sachez qu'aux beaux jours la terrasse extérieure offre un luxe rare au cœur de Paris...

Le palace a choisi le nom d'Épicure pour enseigne : un philosophe grec, chantre du plaisir dans la tempérance. Presque une devise pour Éric Frechon ! La cuisine de ce Meilleur Ouvrier de France impressionne par la subtilité et l'harmonie de ses associations de saveurs, la finesse de ses sauces. Si le chef reste dans le droit fil de la plus belle tradition culinaire, en valorisant notamment de magnifiques produits du terroir, il détourne également les classiques avec talent et créativité. La liberté dans l'exigence, les délices dans la mesure !

Entrées

- Macaronis à la truffe noire, artichaut et foie gras de canard gratinés au vieux parmesan
- Caviar de Sologne, mousseline de pommes ratte

Plats

- Merlan de ligne en croûte de pain de mie, imprimé aux amandes, tétragone relevée au curry
- Poularde de Bresse en vessie

Desserts

- Précieux chocolat Nyangbo, fine tuile croustillante
- Citron de Menton givré au limoncello, saveurs de poire et thym-citron

Fouquet's

Classique

A2

99 av. Champs-Élysées
✆ 01 40 69 60 50
www.lucienbarriere.com
Ⓜ George V

Menu 78/125 € – Carte 92/138 €

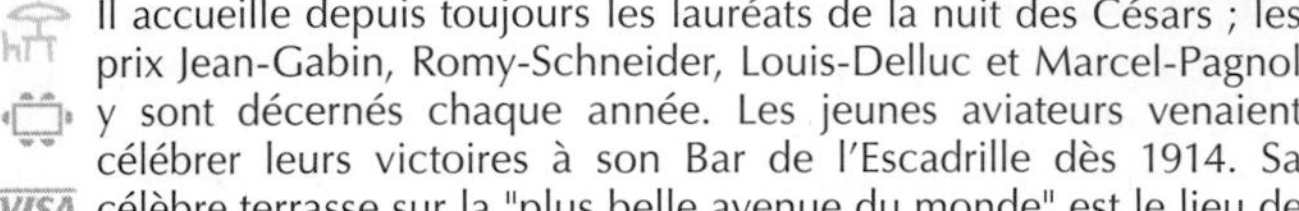

Il accueille depuis toujours les lauréats de la nuit des Césars ; les prix Jean-Gabin, Romy-Schneider, Louis-Delluc et Marcel-Pagnol y sont décernés chaque année. Les jeunes aviateurs venaient célébrer leurs victoires à son Bar de l'Escadrille dès 1914. Sa célèbre terrasse sur la "plus belle avenue du monde" est le lieu de rendez-vous du Tout-Paris depuis plus d'un siècle... Le Fouquet's est un endroit mythique, une brasserie de luxe où l'on se rend comme on va voir la tour Eiffel lorsqu'on visite Paris. Rénové par Jacques Garcia en 1999, son bel intérieur – classé à l'inventaire des Monuments historiques – séduit hôtes prestigieux et anonymes du monde entier. Un emblème de la capitale, depuis 1899.

Hanawa

Japonaise

B3

26 r. Bayard
✆ 01 56 62 70 70
www.hanawa.fr
Ⓜ Franklin D. Roosevelt
Fermé dimanche et fériés

Formule 36 € – Menu 64 € (déjeuner), 85/120 € – Carte 60/150 €

Plus de mille mètres carrés, trois étages, huit ambiances thématiques. Avec un espace digne d'un mégastore, ce restaurant japonais voit les choses en grand. Contrairement aux premières adresses parisiennes du propriétaire (dont le traditionnel Kinugawa), Hanawa dépasse les frontières gourmandes de l'archipel, avec des chefs qui maîtrisent aussi bien les spécialités nippones que françaises. Ces dernières se dégustent au sous-sol (un salon en demi-lune et plusieurs comptoirs dédiés au teppanyaki). Pour la gastronomie asiatique, rendez-vous à l'étage où l'on propose en plus un sushi-bar. La sobriété raffinée du lieu (bois, fleurs) convient aux déjeuners d'affaires, et il n'est pas rare d'y croiser les élégantes du quartier et quelques têtes connues – les studios de RTL sont à deux pas.

Helen (N)

Poissons et fruits de mer B2

3 r. Berryer
✆ 01 40 76 01 40
www.helenrestaurant.com
Ⓜ George V
Fermé 3 semaines en août , dimanche et lundi

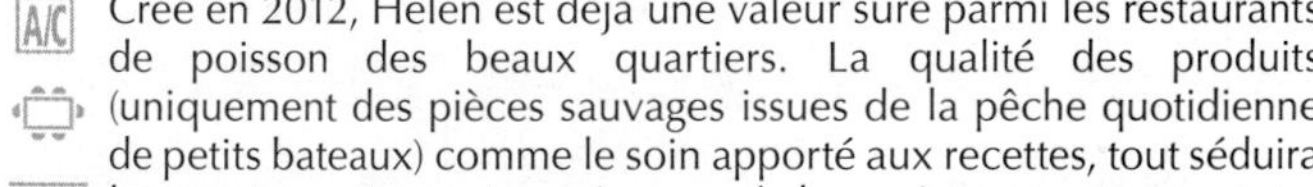

Menu 48 € (déjeuner en semaine)/120 € – Carte 76/168 €

A/C VISA MC AE

Créé en 2012, Helen est déjà une valeur sûre parmi les restaurants de poisson des beaux quartiers. La qualité des produits (uniquement des pièces sauvages issues de la pêche quotidienne de petits bateaux) comme le soin apporté aux recettes, tout séduira les amateurs. La carte varie au gré des arrivages, proposant par exemple un carpaccio de daurade royale au citron caviar, des sardines à l'escabèche, un turbotin rôti à la sauge et pancetta, des rougets barbets meunière... Dans l'assiette, pas de fioritures, une seule règle compte : mettre en valeur les saveurs naturelles – et iodées – du poisson (cru, grillé, à la plancha, à la vapeur, etc.). Un parti pris de sobriété qui répond à celui de la salle, dont l'épure toute contemporaine est d'une belle élégance... Le raffinement dans la simplicité.

Il Piccolino (N)

Italienne C1

10 r. de Constantinople
✆ 01 42 93 73 33
web http://ilpiccolino.fr/
Ⓜ Europe
Fermé 11-25 août, dimanche et fériés

Formule 19 € – Carte 31/59 €

VISA MC AE

Pour sûr, il est *piccolino* ("tout petit" en italien) ce restaurant, mais il en a sous la Botte ! Son propriétaire, milanais, élabore lui-même la carte, et s'il a gardé l'accent lombard, il n'en néglige pour autant aucune région de la péninsule : outre la charcuterie à la coupe (tel le fameux culatello di Zibello, accompagné par exemple de cèpes à l'huile) et les pecorino et parmesan présentés entiers, on découvre gnocchis au gorgonzola, raviolis à la double truffe, joue de bœuf braisée au barolo (vin piémontais) et polenta, pannacotta à l'amarena... Les produits sont de qualité, les recettes maîtrisées, et le joli choix de vins transalpins leur va d'autant mieux ! Enfin, l'ambiance se révèle plutôt raffinée malgré l'exiguïté de la salle, où retentissent des airs d'opéras italiens diffusés *a mezza voce*...

Il Carpaccio ✿

Italienne

Hôtel Le Royal Monceau,
37 av. Hoche
01 42 99 88 00
www.leroyalmonceau.com
Ⓜ Charles de Gaulle-Etoile
Fermé août, dimanche et lundi

A2

Formule 65 € – Menu 135/170 € – Carte 75/150 €

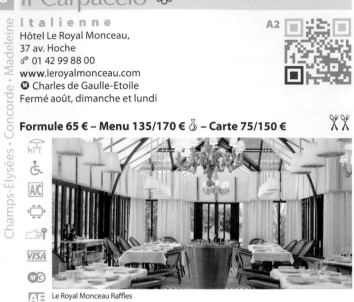

Le Royal Monceau Raffles

Au cœur du Royal Monceau, palace exclusif s'il en est, on accède à Il Carpaccio par un couloir nacré, orné de milliers de coquillages. Une belle évocation des nymphées du baroque italien ! Le ton est donné : vous voilà transporté en Italie, version artiste et raffinée. Dans le décor de la salle, le soleil de la Botte peut bien resplendir : c'est un véritable jardin d'hiver, entièrement ceint de verrières, aux couleurs printanières.

Un bel écrin, donc, pour une cuisine qui joue avec subtilité la carte de la gastronomie transalpine. Nulle sophistication inutile, point de fioritures : dans l'esprit du pays, les assiettes cultivent avant tout le goût des bons produits et des saveurs naturelles, autour d'ingrédients phares sélectionnés avec soin. Même esprit du côté des vins, principalement en provenance du Piémont et de la Toscane. Enfin, les desserts sont signés Pierre Hermé, qui revisite avec le talent qu'on lui connaît les classiques de la péninsule. Au final, voilà une belle évocation de l'Italie...

Entrées

- Carpaccio de bœuf aux champignons des bois
- Aubergines rôties, caviar de cèpe et baba à la marjolaine

Plats

- Pavé de turbot rôti à la nage aux olives taggiasche, câpres et couteaux
- Poitrine de cochon cuite au four, potiron braisé et millefeuille de cardon

Desserts

- Tiramisu
- Pannacotta

L'Instant d'Or ✿ N

Moderne

36 av. George-V
✆ 01 47 23 46 78
www.linstantdor.com
Ⓜ George V
Fermé 30 juillet-27 août, dimanche et lundi

A3 

Menu 36 € (déjeuner), 68/98 € – Carte 45/60 €

L'Instant d'or

Sur l'avenue George-V, au cœur du "triangle d'or" parisien, cette table promet... des instants de belle gastronomie. L'établissement est né au cœur de l'hiver 2011-2012 sous l'égide d'un jeune chef, Frédéric Duca. Originaire de Marseille, formé notamment auprès de Gérald Passédat et de Michel del Burgo, le cuisinier a conservé l'accent du Sud, que l'on devine bien dans ses assiettes... Ainsi ce velouté d'asperges vertes très crémeux, associé à quelques tiges laissées entières et rôties croquantes, à une savoureuse pannacotta au parmesan, à plusieurs cuisses de grenouilles en fin beignet, avec, pour couronner l'ensemble, un jus de bœuf corsé aux olives. Autant de notes méditerranéennes qui rehaussent, telles un fil d'or, une cuisine qui révèle une solide technique et des associations de saveurs ambitieuses. Couleurs, finesse et créativité sont au rendez-vous !

Un dernier mot sur le décor, original avec ses petits fauteuils design et surtout ses murs couverts d'une laque blanche d'une parfaite brillance. Un havre chic et glamour, à l'image du quartier…

Entrées

- Filets de rouget sur une tartine au thym-citron
- Langoustines cuites vapeur, pêche et haricots verts

Plats

- Poitrine de caille fermière farcie, les cuisses confites et légumes de saison
- Aiguillette de saint-pierre grillée, condiment tomate-abricot sec

Desserts

- Biscuit chaud au chocolat et parfait banane
- Pannacotta au yaourt grec, ananas et granny smith, sorbet huile d'olive

Lasserre ✿✿

Classique B3

17 av. F.-D.-Roosevelt
✆ 01 43 59 53 43
www.restaurant-lasserre.com
Ⓜ Franklin D. Roosevelt
Fermé août, mardi midi, mercredi midi, samedi midi, dimanche et lundi

Menu 80 € (déjeuner)/195 € – Carte 143/245 €

A/C VISA AE

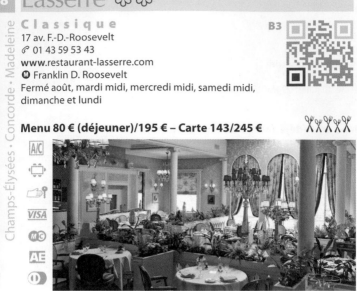

Lasserre

Tout près des Champs-Élysées, cet hôtel particulier de style Directoire marque immanquablement les esprits. René Lasserre (disparu en 2006), monté à Paris pour apprendre le métier alors qu'il était adolescent, a élevé son restaurant au rang de symbole. Située à l'étage, la salle à manger arbore un luxueux décor : colonnes, jardinières d'orchidées et de plantes vertes, vaisselle et bibelots en argent, lustres en cristal, porcelaines de Chine… Autre élément propre à la magie de l'endroit, un étonnant toit ouvrant, devenu célèbre, illumine les tables au gré des saisons. Enfin, le service à l'ancienne des serveurs en queue-de-pie ajoute à l'intemporalité des lieux.

Le cadre ignore donc résolument l'époque... et la carte reste emblématique des grandes tables à la parisienne. Sans pour autant être figée. Sous l'égide du chef Christophe Moret, l'assiette relève même le défi d'exalter le classicisme dans la fraîcheur ! Ce qui est bien cuisiné semble indémodable... La griffe Lasserre, hier comme demain.

Entrées

- Langoustines en savoureux bouillon ginger-lime
- Foie gras de canard confit en fine gelée de vin épicé

Plats

- Bar tomat'o girolles
- Agneau de l'Aveyron confit et rôti, tian gratiné et sablé au romarin

Desserts

- Vacherin à la verveine et cœur coulant à la framboise
- Crêpes Suzette

Laurent ✿

Classique

41 av. Gabriel

01 42 25 00 39

www.le-laurent.com

Champs Elysées Clemenceau

Fermé 23 décembre-2 janvier, samedi midi, dimanche et fériés

C3

Menu 88 € (semaine)/170 € – Carte 145/225 €

Laurent

Personne ne sait vraiment pourquoi le nom de Monsieur Laurent, qui devint propriétaire de ce restaurant en 1860, a perduré jusqu'à consacrer définitivement l'ancien Café du Cirque édifié par Hittorff – auquel on doit aussi le Ledoyen – en 1842. Cela fait partie du mythe de cette vieille maison, située au cœur des jardins du rond-point des Champs-Élysées. Ancien pavillon de chasse de Louis XIV ou guinguette sous la Révolution – là encore, la légende varie –, Laurent conserve son cadre néoclassique et bourgeois, très en vogue à l'époque de sa création. Pilastres, colonnes, frontons et chapiteaux antiques, associés à de confortables banquettes, font toujours l'élégance et le charme – un brin désuet – des salles à manger et des salons particuliers.

La cuisine d'Alain Pégouret s'inscrit à merveille dans cet écrin. Classique, elle respecte et valorise les codes de la tradition bleu-blanc-rouge. On comprend que le Tout-Paris politique et des affaires apprécie cette institution. Encore plus aux beaux jours, quand on peut profiter de sa terrasse ouverte sur la verdure. Un lieu privilégié.

Entrées

- Araignée de mer dans ses sucs en gelée, crème de fenouil
- Foie gras de canard grillé, abricots rôtis et amandes fraîches au banyuls

Plats

- Flanchet de veau de lait braisé, blettes à la moelle
- Tronçon de turbot nacré à l'huile d'olive, bardes et légumes verts dans une fleurette iodée

Desserts

- Glace vanille minute
- Soufflé chaud aux saveurs de saison

Ledoyen ✿✿✿

Créative

C3 

8 av. Dutuit (carré Champs-Élysées)
01 53 05 10 01
Champs-Elysées Clemenceau
Fermé 27 juillet-18 août, samedi, dimanche et fériés

Menu 98 € (déjeuner), 210/310 € – Carte 170/255 €

Ledoyen

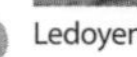

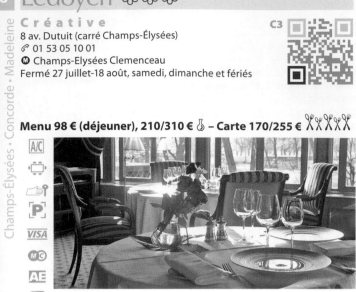

Christian Le Squer, chef discret mais ô combien inventif, a redoré le blason du Ledoyen, table parisienne mythique. Ce pavillon néoclassique de 1848 rayonne désormais au firmament ! Repas d'exception dans un cadre d'exception, à deux pas des Champs-Élysées... et pourtant comme coupé du monde. De la guinguette du 18e s. tenue par le traiteur Doyen, il ne reste qu'un lointain souvenir, recouvert par l'architecture Second Empire de Hittorff : marquise à l'entrée, colonnes, boiseries blondes, peintures anciennes, passementeries et meubles Napoléon III donnent une idée du luxe du décor, le tout environné de verdure. Du raffinement en toutes choses : dans le service, parfaitement orchestré, et dans la cuisine superbement maîtrisée, pour une carte aussi variée qu'originale (mi-classique, mi-moderne). Exécutés avec finesse et pleins de saveurs, les plats "terre et mer" trahissent les origines bretonnes du chef, et la cave sait être au diapason. Sachez que le menu déjeuner présente un excellent rapport qualité-prix ! En un mot, une valeur sûre. Très sûre.

Entrées

- Grosses langoustines bretonnes, émulsion d'agrumes
- Araignée de mer en coque glacée, jus de presse

Plats

- Ris de veau en brochette de bois de citronnelle rissolée, jus d'herbes
- Blanc de turbot de ligne juste braisé, pommes rattes truffées

Desserts

- Croquant de pamplemousse cuit et cru
- Chocolat noir au lait de caramel

Maison Blanche

Moderne B3

15 av. Montaigne
✆ 01 47 23 55 99
www.maison-blanche.fr
Ⓜ Alma Marceau
Fermé 2 semaines mi-août, samedi midi et dimanche midi

Formule 48 € – Menu 69/110 € – Carte 60/200 €

Un cadre grandiose ! Tel un cube posé sur le toit du théâtre des Champs-Élysées – un pont suspendu soutient cette étonnante Maison perchée –, la salle semble toiser la capitale à travers son immense baie vitrée... Quant à la terrasse, elle offre une vue tout simplement époustouflante sur la tour Eiffel. Si bien qu'on ne sait plus où poser le regard en entrant dans ce loft ultradesign ! Lové dans l'une des banquettes-alcôves ou installé sur la mezzanine, on ne se lasse pas du spectacle... Côté carte : une cuisine contemporaine bien réalisée, imprégnée d'influences méditerranéennes et asiatiques. Avec une belle sélection de vins venus du Languedoc et de la vallée du Rhône... juste là-bas, derrière les toits de Paris.

A/C VISA AE

Marius et Janette

Poissons et fruits de mer B3

4 av. George V
✆ 01 47 23 41 88
Ⓜ Alma Marceau

Menu 48 € (semaine) – Carte 80/125 €

Une référence à l'Estaque et aux films de Robert Guédiguian ? Plutôt un petit coin de Saint-Tropez, à en juger par le décor de la salle à manger évoquant un yacht... et par la clientèle sélecte attablée au milieu des cannes à pêche, filets, espadons en plastique accrochés aux murs et autres hublots en cuivre. Dès les premiers rayons de soleil, changement de décor : lunettes tendance et bronzages dorés filent s'afficher en terrasse, installée sur l'avenue George-V. Côté cuisine naturellement, on a aussi le pied marin : poissons, coquillages et crustacés règnent sans partage sur la carte, qui évolue au gré des marées.

A/C VISA AE

Market

Créative

C2

15 av. Matignon
✆ 01 56 43 40 90
www.jean-georges.com
Ⓜ Franklin D. Roosevelt

Formule 36 € – Carte 50/80 €

En 2001, Jean-Georges Vongerichten – "le plus alsacien des New-Yorkais" – rentre au pays pour créer son adresse parisienne. Associé pour l'occasion à Luc Besson et François Pinault, il adapte sa formule d'outre-Atlantique au goût français. Résultat sans faille : un décor sagement contemporain – façon bistrot chic – orchestré par Christian Liaigre (matériaux bruts, tons gris, beige et blanc, masques africains) ; une équipe jeune et sympathique officiant dans les deux salles, dont l'une ouverte sur la cour intérieure. À la carte, une cuisine fusion qui mêle influences françaises, italiennes et asiatiques : tartare de thon-avocat-gingembre, pizza à la truffe noire, dorade aux épices et son bouillon aigre-doux, poulet en croûte de parmesan, cheesecake à la crème fraîche...

Maxan

Moderne

A3

3 r. Quentin-Bauchart
✆ 01 40 70 04 78
www.rest-maxan.com
Ⓜ George V
Fermé 1er-23 août, 24 décembre-3 janvier, samedi midi et dimanche

Formule 32 € – Menu 40 € – Carte 40/60 €

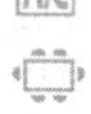

C'est donc ici, à deux pas de l'avenue Georges-V, que l'on retrouve Maxan, la table de Laurent Zajac autrefois installée près de Miromesnil. On découvre un décor élégant et discret, tout en camaïeu de gris, et on renoue surtout non sans plaisir avec une cuisine du marché bien parfumée. Le chef a été l'élève de Gérard Vié et d'Alain Dutournier : de là son exigence, son goût pour l'invention mais aussi une certaine simplicité. Velouté de petits pois et haddock mariné aux herbes ; queue de lotte rôtie et son jus au cidre ; moelleux et vaporeux chocolat... Le rapport qualité-prix se révèle très bon et la formule déjeuner particulièrement intéressante ! Pour l'anecdote, Maxan, c'est la contraction de Maxime et Andrea, les prénoms des enfants du chef.

1728

Créative D2

8 r. d'Anjou
01 40 17 04 77
www.1728-paris.com
Madeleine
Fermé 3 semaines en août, dimanche et fériés

Formule 35 € – Carte 65/97 €

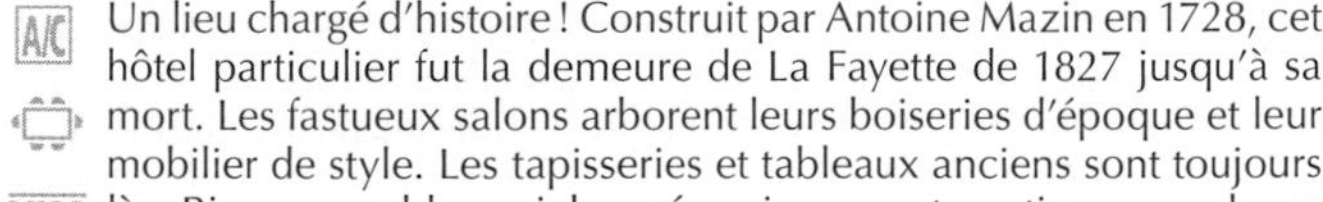

Un lieu chargé d'histoire ! Construit par Antoine Mazin en 1728, cet hôtel particulier fut la demeure de La Fayette de 1827 jusqu'à sa mort. Les fastueux salons arborent leurs boiseries d'époque et leur mobilier de style. Les tapisseries et tableaux anciens sont toujours là... Rien ne semble avoir bougé, mais une restauration scrupuleuse a redonné tout son charme et son éclat à ce lieu unique et superbe. En cuisine, une jeune chef créative, Géraldine Rumeau, travaille des ingrédients frais dans les règles de l'art. Dans l'assiette, heureux mariage entre les saveurs de l'Occident et de l'Orient : les produits nobles se déclinent avec pétales de gingembre, algues marines, thé fumé du Tigre, curry rouge... Et de très belles signatures jalonnent la carte des vins, composée avec passion.

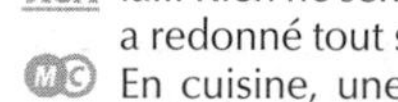

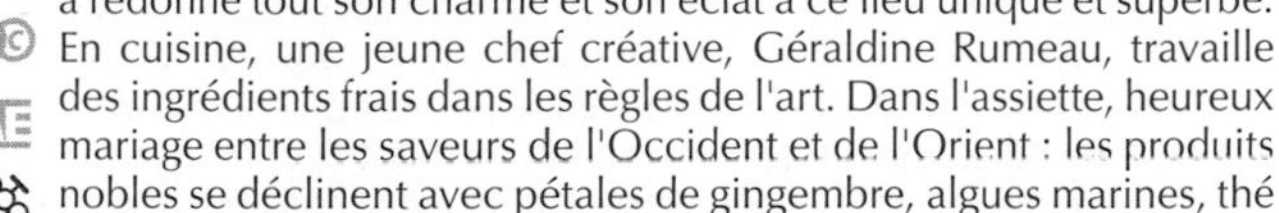

Mini Palais

Moderne C3

Au Grand Palais - 3 av. Winston Churchill
01 42 56 42 42
www.minipalais.com
Champs-Elysées Clemenceau

Formule 28 € – Carte 33/69 €

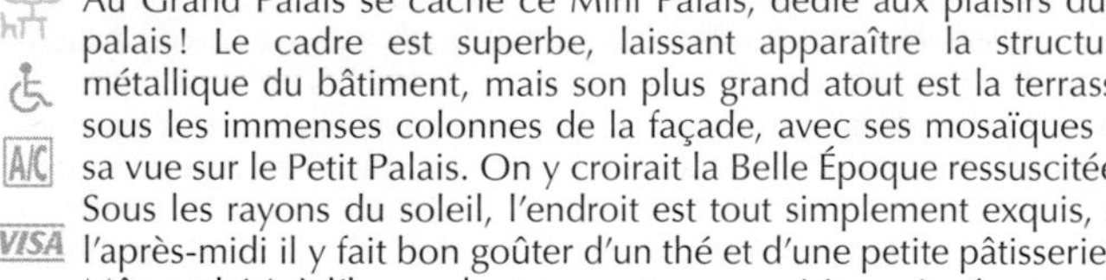

Au Grand Palais se cache ce Mini Palais, dédié aux plaisirs du... palais ! Le cadre est superbe, laissant apparaître la structure métallique du bâtiment, mais son plus grand atout est la terrasse sous les immenses colonnes de la façade, avec ses mosaïques et sa vue sur le Petit Palais. On y croirait la Belle Époque ressuscitée ! Sous les rayons du soleil, l'endroit est tout simplement exquis, et l'après-midi il y fait bon goûter d'un thé et d'une petite pâtisserie... Même plaisir à l'heure du repas, avec une cuisine soignée, pensée sous la houlette d'Éric Fréchon (du Bristol) : galantine de volaille fermière et foie gras de canard ; merlan frit, chips et sauce tartare ; baba au rhum géant à partager, etc. Et pour les petits creux, on sert aussi quelques en-cas (tartines, planches, etc.), de midi à minuit.

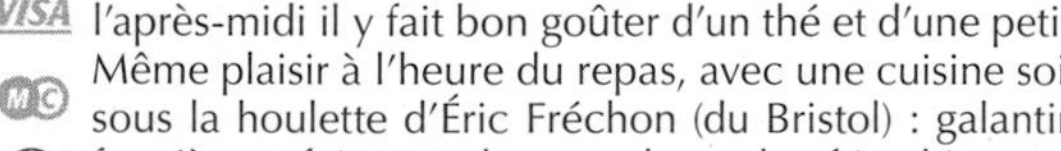

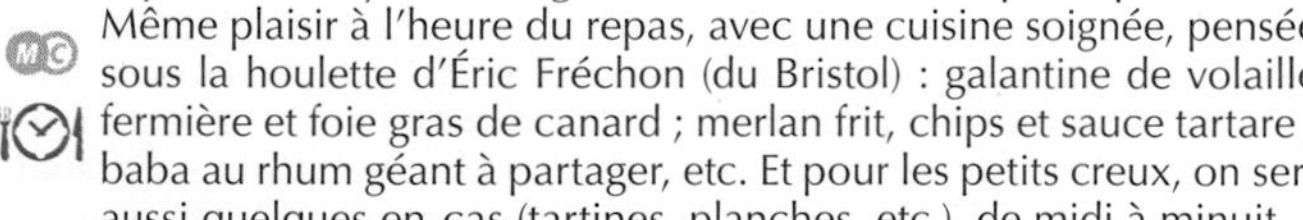

M64

Moderne

Hôtel Intercontinental Avenue Marceau,
64 av. Marceau
✆ 01 44 43 36 50
www.ic-marceau.com
Ⓜ George V
Fermé dimanche soir

Formule 41 € – Menu 49 € (déjeuner) – Carte 70/85 €

C'est dans un cadre chic, contemporain et lounge que s'exprime le talent de Romain Marzet, un jeune chef dynamique et amoureux de son métier. Volontairement "nature", sa cuisine du marché privilégie la spontanéité et, évidemment, l'extrême fraîcheur de produits bien choisis. Sucrine, homard et girolles ; quasi de veau et sa salade tiède de pommes de terre ; cabillaud accompagné de chou chinois ; macaron à la framboise et au fruit de la passion avec un cœur de crème à la vanille ; millefeuille à la cazette : pas d'esbroufe, mais un savoir-faire indéniable ! Et comme les cuisines ouvrent sur la salle, on peut admirer Romain et sa brigade vaquer à leurs occupations avec sérieux et passion... Mention spéciale pour l'agréable terrasse.

Nolita

Italienne

1 av. Matignon (Motor Village - 2ème étage)
✆ 01 53 75 78 78
www.nolita-ristorante.fr
Ⓜ Franklin D. Roosevelt

Menu 39 € (dîner), 59/89 € – Carte 56/75 €

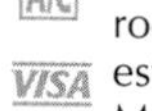

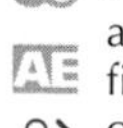

Sa localisation peut étonner – au sein du MotorVillage, le show-room d'un grand groupe automobile italien – mais ce restaurant est une vraie réussite ! Le décor, très urbain, a été conçu par Jean-Michel Wilmotte : noir et blanc, avec des lignes contemporaines et... une vitrine mettant en scène un bolide transalpin, pour les amateurs de belle mécanique. Pour autant, la cuisine ne fait pas figuration, avec des saveurs qui démarrent au quart de tour ! Le chef, passé par de belles maisons, sait magnifier l'esprit de la Botte : la carte puise dans l'authenticité de ses régions, tout en se teintant d'une belle modernité. Cochon de lait parfumé au tabac (un plat rustique d'origine sarde), salade de calamars extrafrais, carte des vins comptant quelque 150 références... Vrombissements de plaisir !

Pavillon Elysée Lenôtre

Moderne

10 av. des Champs-Elysées
01 42 65 85 10
www.lenotre.fr
Champs Elysées Clemenceau
Fermé 3 semaines en août, 19 février-18 mars, dimanche sauf le midi d'avril à octobre et lundi de novembre à mars

C3

Formule 35 € – Carte 48/66 €

À la fois boutique célébrant les arts de la table, école de cuisine et restaurant : le Pavillon Élysée Lenôtre est en quelque sorte la vitrine du célèbre traiteur parisien. Cette ambassade gourmande a trouvé son écrin sur la "plus belle avenue du monde", dans ce magnifique pavillon Napoléon III construit pour l'Exposition universelle de 1900. Superbement restauré et résolument contemporain, il donne sur une terrasse très courue... L'été, on s'y dore au soleil en lisant la carte, fort appétissante : tarte fine aux légumes et au chèvre, croustillante et pleine de saveur ; filet de dorade au fenouil braisé, bien parfumé... et les incontournables macarons ! Une cuisine dans l'air du temps, moderne, vive et bien sentie.

Le Percolateur

Traditionnelle

20 r. de Turin
01 43 87 97 59
www.lepercolateur.fr
Rome
Fermé 2 semaines en août, samedi midi et dimanche

D1

Formule 16 € – Menu 21 € (déjeuner)/30 € – Carte 30/44 €

Un bistrot tendance, cool et un rien arty ! On le doit à la belle inspiration de deux frères, David et Philippe Madamour, anciens patrons du "7-15" dans le 15e arrondissement. C'est à New York que Philippe, travaillant alors au célèbre Bilboquet, a commencé sa collection de percolateurs. Brillant de mille feux chromés, ils trônent désormais derrière le comptoir ; l'enseigne leur rend un juste hommage. Curiosité, goût du voyage, éclectisme : des traits de caractère qui résument plutôt bien la carte. Velouté de carotte à la vanille Bourbon, poulet laqué au miel et soja, crumble pommes-poires caramélisées, etc. : les habitués en redemandent ! Bonnes formules à petits prix au déjeuner en semaine.

Pershing Hall

Moderne B3

Hôtel Pershing Hall,
49 r. Pierre Charron
01 58 36 58 36
www.pershinghall.com
Ⓜ George V

Formule 39 € – Menu 45 € (déjeuner en semaine) – Carte 70/100 €

Même si l'on vient au Pershing Hall surtout pour manger, le cadre, spectaculaire, est une destination en soi. Les fenêtres théâtrales de cet immeuble haussmannien – ayant abrité la légion américaine du général Pershing – s'ouvrent sur un grand patio surmonté d'une verrière. Là se dresse un mur végétal signé Patrick Blanc, baigné d'une lumière changeant selon le moment de la journée. À l'heure du déjeuner, la discrétion, propice aux repas d'affaires, est de rigueur ; une formule adaptée est d'ailleurs proposée. Dans une atmosphère plus festive et élégante le soir, la cuisine partage son inspiration entre tradition française et saveurs italiennes et asiatiques. Et bien sûr, elle varie avec les saisons !

Le Petit Marius

Poissons et fruits de mer B3

6 av. George V
01 40 70 11 76
Ⓜ Alma Marceau

Menu 29 € – Carte 35/55 €

Bar grillé au fenouil, friture d'eperlans et d'encornets, aïoli de morue... Ce Petit Marius chante une douce ritournelle, celle des produits de la mer ! Avec une légère pointe d'accent marseillais (exotique sur l'avenue George-V...), mais sans parti pris aucun : au gré des approvisionnements, la carte propose saumon bio d'Écosse, moules de bouchot de la baie du Mont-Saint-Michel, ou encore langoustines de Bretagne. Le tout s'apprécie dans un décor de bistrot moderne, aux tons chauds et largement ouvert sur la rue, où se distinguent quatre sculptures de barracudas en métal... pour suggérer un appétit féroce peut-être ?

Pierre Gagnaire ✿✿✿

Créative

A2

6 r. Balzac
✆ 01 58 36 12 50
www.pierregagnaire.com
Ⓜ George V
Fermé août, vacances de Noël, samedi et dimanche

Menu 110 € (déjeuner)/280 € – Carte 285/380 €

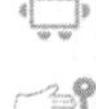

Pierre Gagnaire

Chef "surbooké" jonglant d'une adresse à l'autre, entre Paris, Londres, Tokyo, Hong-Kong, Séoul et Dubaï, Pierre Gagnaire trace sa voie en solitaire. Comme personne, il réalise une cuisine d'auteur exploratrice, entière, excessive. Car cet équilibriste de talent – également grand amateur de jazz et d'art contemporain – cherche sans cesse : selon lui, l'excellence se joue sur le détail. Pour autant, il sait quand s'arrêter. "J'essaie d'épurer, d'éviter les fausses bonnes idées", souligne-t-il à l'envi. Lui qui ne rédige jamais de recettes compose une carte de mets qui ressemble à un poème, mettant l'imagination en branle et les papilles en émoi avant même le début du repas. Préparez-vous à un festival de saveurs ! Une avalanche de mets qui n'attend de vous que curiosité et ouverture d'esprit...

Un mot, enfin, sur le cadre du restaurant de la rue de Balzac – l'enseigne mère de Gagnaire : moderne et sobre, il joue la note du raffinement discret, ton sur ton avec le service délicat.

Entrées

- Oreiller d'herbes de féra du lac Léman, berce et arroche rouge, lait caillé de brebis au curry vert
- Chaud-froid de grosse sole de ligne au champagne

Plats

- Darne de turbot sauvage grillée, terminée à l'étouffée au cerfeuil
- Carré d'agneau allaiton de l'Aveyron frotté d'origan

Desserts

- Le grand dessert de Pierre Gagnaire
- Soufflé à la vanille bora, crémeux de poire au marc de gewurztraminer

Pomze

Moderne C2

109 bd Haussmann (1er étage)
01 42 65 65 83
www.pomze.com
St-Augustin
Fermé 22 décembre-2 janvier, samedi sauf le soir de septembre à juin et dimanche

Formule 28 € – Menu 33/50 € – Carte 45/63 €

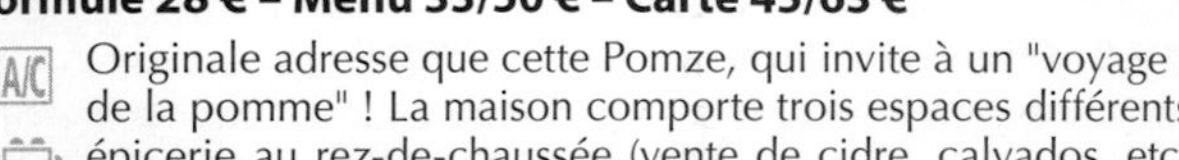

Originale adresse que cette Pomze, qui invite à un "voyage autour de la pomme" ! La maison comporte trois espaces différents : une épicerie au rez-de-chaussée (vente de cidre, calvados, etc.), une saladerie au sous-sol et un restaurant au 1er étage. Dans la salle, à la sobriété toute contemporaine, des toiles représentant des vergers rappellent le concept de la table, dédiée au fruit défendu – mais plus largement à tous les beaux produits. Derrière les fourneaux, c'est une équipe japonaise qui œuvre, proposant une cuisine créative, voyageuse et soignée... Le rapport qualité-prix se révèle excellent.

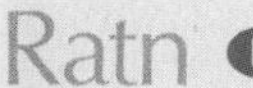

Ratn

Indienne B3

9 r. de la Trémoille
01 40 70 01 09
www.restaurantratn.com
Alma Marceau

Formule 21 € – Carte 50/75 €

Une authentique adresse indienne, dont le nom signifie... joyau. Le décor très soigné et élégant (tentures soyeuses, panneaux de bois sculptés, statues hindoues, etc.), l'accueil délicat, et surtout la carte qui offre un bel aperçu du répertoire moghol et indien : voilà qui a le parfum de l'ailleurs ! Qualité des produits, subtilité des marinades, harmonie des mariages d'épices, etc. : la cuisine fait montre d'une belle ambition, soutenue de génération en génération par la famille de ses propriétaires, originaire du pays et passionnée par la gastronomie indienne. L'adresse est donc parfaite pour qui souhaite s'initier à ses raffinements, d'autant que le cadre feutré, faut-il le répéter, permet de passer un agréable moment...

Le Relais Plaza

Traditionnelle

B3 

Hôtel Plaza Athénée,
25 av. Montaigne
01 53 67 64 00
www.plaza-athenee-paris.com
Alma Marceau
Fermé août

Formule 46 € – Menu 54 € – Carte 75/140 €

A/C VISA AE

C'est la cantine chic et intime des maisons de couture voisines ; la brasserie où le Tout-Paris a ses habitudes. Il faut dire que le Relais Plaza a vu et voit passer du beau monde : Grace Kelly, Charles Aznavour, Liza Minelli, Yves Saint Laurent, John Travolta, Albert de Monaco ou encore Junko Koshino. Aussi préserve-t-on, au détail près, le cadre qui vit naître le succès de cette institution : un élégant intérieur Art déco inspiré du paquebot Le Normandie, et délicatement rénové. Dans les assiettes, les grands classiques prennent quelques libertés : Alain Ducasse a confié ses fourneaux à Philippe Marc, auteur d'une carte originale où le club sandwich côtoie le tournedos Rossini !

Restaurant de Sers

Moderne

A3 

Hôtel de Sers,
41 av. Pierre 1er de Serbie
01 53 23 75 13
www.hoteldesers.com
George V

Formule 39 € – Menu 57 € (déjeuner en semaine)/125 € – Carte 66/107 €

A/C VISA AE

Élégance minimaliste, esprit design empreint de quiétude, jolie terrasse et jardin d'hiver : le restaurant de l'hôtel de Sers est un lieu apaisant. En cuisine, le jeune chef privilégie les produits bio et concocte aussi des plats "basses calories", un détail utile lorsqu'on multiplie les repas d'affaires. Ainsi, les plus raisonnables opteront pour un maquereau en ligne mariné au miso, un filet de cardine cuit à la vapeur, sa marinière de coquillages et ses petits légumes, et finiront sur une note sucrée avec des perles du Japon au lait de coco accompagnées d'une gelée de fraise et rhubarbe ; les gourmands apprécieront quant à eux un foie gras de canard du Sud-Ouest, un suprême de pintade fermière et son risotto, sans parler de l'onctueux cheesecake...

Royal Madeleine

Traditionnelle D3

11 r. Chevalier-St-George
01 42 60 14 36
www.royalmadeleine.com
Ⓜ Madeleine
Fermé 1 semaine en janvier et week-ends en juillet-août

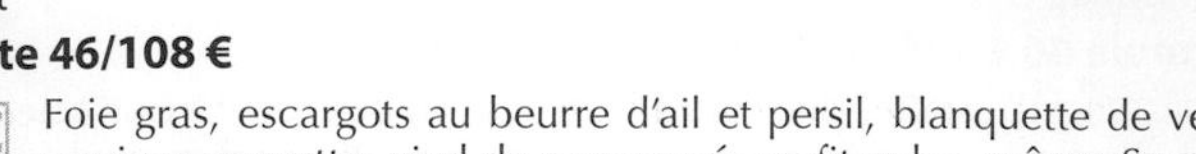

Carte 46/108 €

Foie gras, escargots au beurre d'ail et persil, blanquette de veau servie en cocotte, pied de porc pané, profiteroles, crêpes Suzette à l'ancienne… Dire que la carte est ancrée dans la tradition bistrotière est un euphémisme ! Et que penser de la salle avec son carrelage ancien en carreaux de ciment, son zinc et ses murs couverts de nombreux miroirs et de petites gravures rétro ? Elle comble simplement les touristes et les habitués, heureux de trouver tant d'authenticité à deux pas de l'église de la Madeleine. Les amoureux du nectar des dieux ronronneront également de plaisir à la seule lecture de la carte des vins, riche de beaux flacons et adaptée à toutes les bourses. Un bistrot… royal, donc, pour un repas fort soigné.

Shin Jung

Coréenne D1

7 r. Clapeyron
01 45 22 21 06
www.shinjung.fr
Ⓜ Rome
Fermé dimanche midi

Formule 14 € – Menu 16/45 € – Carte 25/40 €

Les fidèles de cette sympathique adresse familiale viennent déguster, en toute simplicité, une véritable cuisine coréenne. Souvent moins connue que celle des autres pays asiatiques, elle est pourtant tout aussi appétissante. La gastronomie de la Corée se caractérise notamment par son penchant pour le poisson cru, l'emploi du kimchi (chou mariné et pimenté) et l'importance des grillades, réalisées sur de petits barbecues. L'autre incontournable, c'est le bibimbap – ici un vrai délice... Authenticité garantie ! À découvrir dans une petite salle toute simple et sobre. Le service est rapide, agréable et sans chichi, ce qui explique l'affluence certains midis en semaine...

Senderens ✿✿

Créative

D3

9 pl. de la Madeleine
✆ 01 42 65 22 90
www.senderens.fr
Ⓜ Madeleine
Fermé 3-26 août et fériés

Menu 116/160 € – Carte 90/110 €

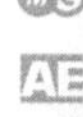

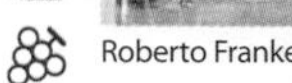

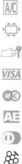

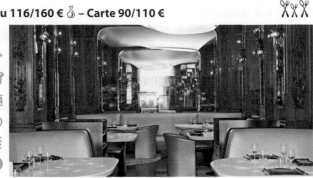

Roberto Frankenberg

L'institution de la place de la Madeleine – pour mémoire, la maison Lucas-Carton ouvrit en 1925 et céda la place au Senderens en 2005 – a bel et bien changé. Ni bistrot, ni brasserie, c'est une table gastronomique décontractée, au look tant rétro que futuriste, pour le moins insolite. Imaginez plutôt : les boiseries inventées par Majorelle au début du siècle dernier, classées, cohabitent maintenant avec des plafonniers aux formes arrondies qui inondent la salle du rez-de-chaussée d'une douce lumière ; les tables, fauteuils et banquettes imposent leur style contemporain dans des camaïeux gris, blanc, beige...

Point de regard rétrospectif vers le passé, Senderens est vraiment en prise avec son époque, comme l'illustrent son équipe rajeunie, son service moins solennel et son état d'esprit en cuisine. Jérôme Banctel, son chef très créatif, valorise avec talent des produits de grande qualité, avec la volonté de réussir de subtils accords mets-vins. À l'étage, le bar Le Passage propose un menu du jour à un prix très séduisant.

Entrées

- Mushroom burger de foie gras pur, larme de sésame noir
- Langoustines croustillantes, tempura de légumes

Plats

- Cochon de lait de Burgos rôti, carottes fanes aux baies roses et avocat
- Paleron snacké maturé quatre semaines, sauce angus

Desserts

- Saint-honoré aux fraises mara des bois
- Pom…, pom…et pomme

Stella Maris ✿

Moderne

4 r. Arsène-Houssaye
✆ 01 42 89 16 22
www.stellamaris-paris.com
Ⓜ Charles de Gaulle-Etoile
Fermé samedi midi, dimanche et fériés

A2 

Menu 68 € (déjeuner)/130 € – Carte 96/145 €

VISA

AE

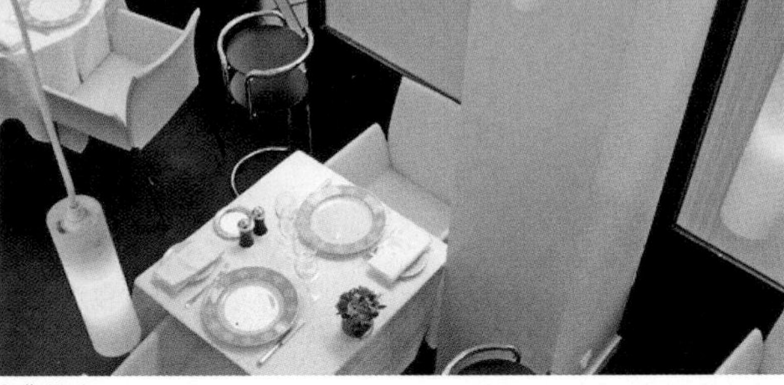

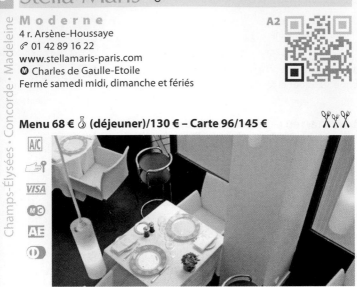

Stella Maris

Derrière le Stella Maris, un homme : Tateru Yoshino, chef japonais... épris de gastronomie française. Arrivé en France en 1979, il en a appris les bases, le tour de main et les secrets à bonne école, notamment auprès de Robuchon et de Troisgros. En amoureux de la plus pure tradition française, il commence par s'en faire l'ambassadeur au pays du Soleil-Levant, dans ses deux adresses – dont son premier Stella Maris basé à Odawara. Un retour aux sources peu banal qui a séduit ses compatriotes.

C'est en 1997 qu'il s'installe à Paris pour reprendre l'ex-Vancouver. À la jonction de deux cultures, l'endroit témoigne d'un grand raffinement. Son cadre épuré associe au style Art déco la modernité de beaux volumes traités de façon zen (lampions longilignes, fleurs discrètes, petit salon en mezzanine).

Quant à sa cuisine, inutile de dire qu'elle révèle un grand talent et une belle subtilité. À la fois précise et originale, elle exploite les produits les plus naturels et recherche l'harmonie des goûts. De la manière la plus délicate qui soit.

Entrées

- Millefeuille de thon mariné et d'aubergine
- Asssiette de légumes de saison

Plats

- Tête de veau en cocotte
- Saumon Stella Maris mi-cuit

Desserts

- Kouign Amann
- Flan de pistache

La Table du Lancaster ✿

Moderne

Hôtel Lancaster,
7 r. de Berri
✆ 01 40 76 40 18
www.hotel-lancaster.fr
Ⓜ George V
Fermé samedi midi

B2

Menu 56 € (déjeuner en semaine), 115/145 € – Carte 100/170 €

La Table du Lancaster

Il est des voyages, qui, à défaut de former la jeunesse, ravissent les papilles... Ainsi cette table, au nom légendaire, dont la cuisine a le goût de l'ailleurs. Originales, les recettes s'articulent autour de thématiques et de produits choisis selon la sensation qu'ils procurent : "l'éclat des citrons et des agrumes", "la verdeur des légumes, des herbes et des fruits", "le piquant des condiments et des épices", "la vivacité du vin et le mordant des vinaigres", "l'aigrelet des laitages"... On en réapprendrait presque le vocabulaire des sens. Le cadre de ce restaurant d'hôtel, qui n'est plus l'apanage de ses seuls pensionnaires, offre une élégance à la croisée du luxe à la française et de l'Asie du 19e s. (lignes sobres, estampes chinoises...). Aux beaux jours, ne manquez pas de profiter de la terrasse aménagée dans la cour-jardin, à l'abri de tous les regards. Confidentielle et intime, La Table du Lancaster l'est assurément.

Entrées

- Grenouilles à la meunière, sauce persillée
- Huître en gelée de coing, influence du poivre Voatsiperifery

Plats

- Sole à la ciboulette (Recette des frères Troisgros, 1975)
- Noisettes d'agneau, un parfum d'Atlantique

Desserts

- Soufflé
- Carré de chococafé au whisky

Taillevent ✿✿

Classique

B2

15 r. Lamennais
01 44 95 15 01
www.taillevent.com
Charles de Gaulle-Etoile
Fermé 27 juillet-26 août, samedi, dimanche et fériés – Nombre de couverts limité, réserver

Menu 82 € (déjeuner)/195 € – Carte 145/250 €

A/C VISA AE

Taillevent

Cette adresse qu'on ne présente plus porte fièrement les couleurs de la tradition. Par ses propriétaires, en premier lieu : la famille Vrinat qui, depuis trois générations, a fait la réputation de ce restaurant incontournable et est désormais associée à la famille Gardinier (Les Crayères à Reims). Par son nom : référence à l'auteur du "Viandier", le plus ancien manuscrit de recettes rédigé en français (vers 1379). Par son cadre, enfin : l'ancien hôtel particulier du duc de Morny (19e s.), classique, feutré et propice aux rendez-vous politiques et aux repas d'affaires. L'éclairage tamisé et l'harmonie de tons bruns, rouges et beiges favorisent un climat d'intimité, enrichi depuis 2004 par des œuvres d'art contemporain. Une façon d'entretenir des liens avec l'air du temps. Comme en cuisine, où le sixième chef de la maison, Alain Solivérès, mêle l'ancien au moderne, les recettes empruntées à la haute gastronomie à des touches méditerranéennes et actuelles. Et, cerise sur le gâteau : les caves, pléthoriques en vins rares, qui comptent parmi les plus belles de la capitale.

Entrées

- Rémoulade de tourteau à l'aneth
- Épeautre du pays de Sault en risotto

Plats

- Noix de ris de veau croustillante, jus à l'oseille
- Bar de ligne étuvé, poireaux, champagne et caviar

Desserts

- Tarte renversée au chocolat et au café grillé
- Crêpes suzette façon Taillevent

Tante Louise

Traditionnelle D2

41 r. Boissy-d'Anglas
01 42 65 06 85
www.bernard-loiseau.com
Madeleine
Fermé août, samedi, dimanche et fériés

Formule 28 € – Menu 38/61 € – Carte 60/72 €

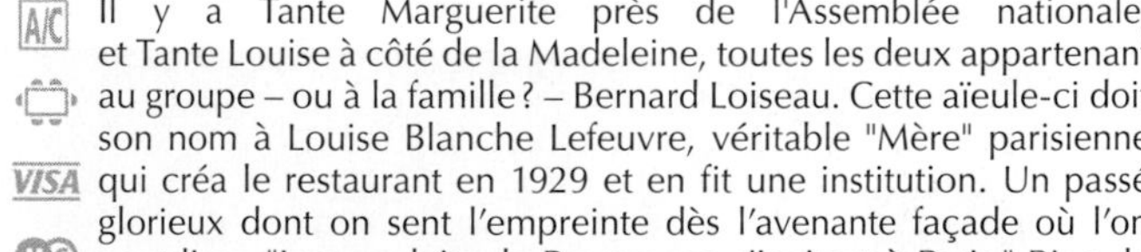

Il y a Tante Marguerite près de l'Assemblée nationale, et Tante Louise à côté de la Madeleine, toutes les deux appartenant au groupe – ou à la famille ? – Bernard Loiseau. Cette aïeule-ci doit son nom à Louise Blanche Lefeuvre, véritable "Mère" parisienne qui créa le restaurant en 1929 et en fit une institution. Un passé glorieux dont on sent l'empreinte dès l'avenante façade où l'on peut lire : "Les produits de Bourgogne s'invitent à Paris." Rien de surprenant donc à ce que l'on puisse déguster ici une cassolette d'escargots au beurre persillé ou des rognons de veau accompagnés d'une purée de rattes bien moelleuse. Autre savoureux détail, la carte des vins est élaborée par le sommelier du Relais de Saulieu. Voilà une "tantine" à qui l'on aimerait rendre visite plus souvent !

Le Vernet

Moderne A2

Hôtel Vernet,
25 r. Vernet
01 44 31 98 00
www.hotelvernet.com
Charles de Gaulle-Etoile
Fermé août, 23-27 décembre, samedi, dimanche et lundi soir

Formule 39 € – Menu 125 € (dîner) – Carte 76/102 €

D'abord, il y a le hall de l'hôtel Vernet, le petit salon fleuri d'orchidées, puis la salle à manger coiffée d'une impressionnante verrière signée Gustave Eiffel, typique du charme Belle Époque. L'ouvrage mérite assurément un coup d'œil, et il illumine joliment le travail du chef, Laurent Poitevin. Ce dernier, passé par des maisons prestigieuses comme Taillevent, élabore une cuisine maîtrisée, désireuse de transcender les classiques à partir de produits choisis. C'est avec disponibilité et politesse que l'on vous sert des tempura de grenouilles – à la chair tendre et fondante –, une déclinaison de veau de lait ou un sabayon aux fraises onctueux. Dans les règles de l'art...

Le 39V ✿

Moderne

A2

39 av. George-V (6ème étage) (entrée par le 17 r. Quentin-Bauchart)
01 56 62 39 05
www.le39v.com
Ⓜ George V
Fermé août, samedi et dimanche

Formule 40 € – Menu 50 € (déjeuner), 95/145 € – Carte 57/116 €

A/C
VISA
AE

Le 39V

La température monte au 39... de l'avenue George-V ! Franchissez donc le porche de ce discret immeuble haussmannien : de là, un ascenseur vous mène directement au 6e étage. Dans les hauteurs, sur les toits de Paris, niche cette petite cité pour gastronomes... D'abord le bar, habillé de noir, où l'on peut siroter quelque cocktail avant de rejoindre sa table. Puis la grande salle, coiffée de verre et dont les larges baies ouvrent sur une délicieuse petite terrasse.

Les lieux sont raffinés ; l'assiette n'est pas en reste. Le chef, Frédéric Vardon, propose une belle relecture de la cuisine de tradition. Très attaché à la qualité des ingrédients, il met un point d'honneur à rendre visite à ses fournisseurs sur leur domaine de production. Un travail aux origines et une véritable clef de voûte pour des assiettes raffinées et démontrant de solides bases classiques. On s'enfièvre pour ce 39V plein de saveurs !

Entrées

- Tourteau et araignée de mer décortiqués, macédoine de légumes et émulsion d'une bisque
- Œuf gros fermier cuit mollet, royale de champignons

Plats

- Saint-pierre de Bretagne, artichauts bouquet et sucs persillés
- Agneau de Lozère à la broche, primeurs cuisinés au jus

Desserts

- Paris-brest, glace praliné-noisette
- Carré 39V tout chocolat

P. Escudero / Hemis.fr

9e

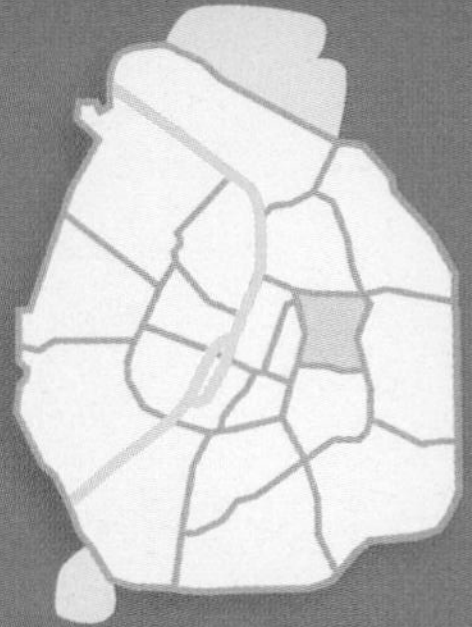

Opéra · Grands Boulevards

A. Chicurel / Hemis.fr

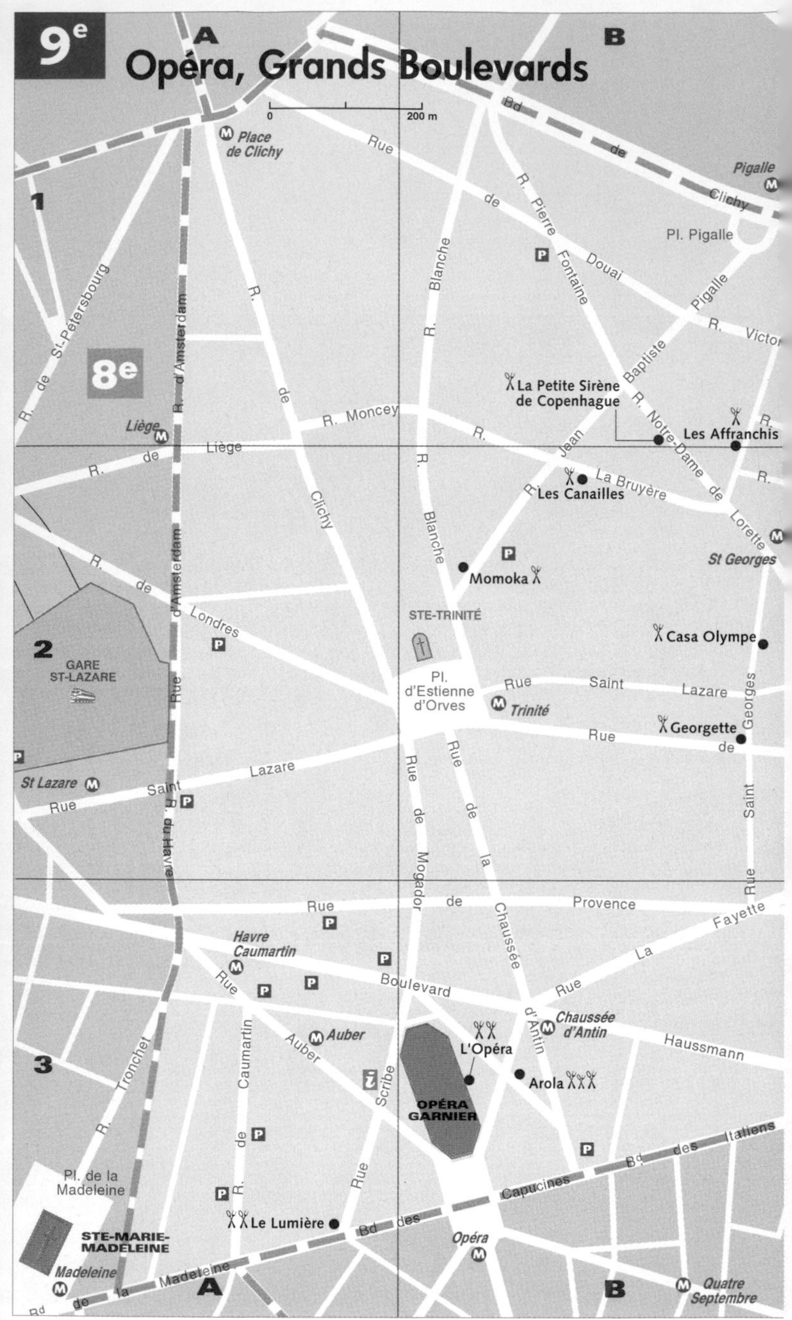
9e
Opéra, Grands Boulevards
A
B
1
2
3
8e
La Petite Sirène de Copenhague
Les Affranchis
Les Canailles
Momoka
Casa Olympe
Georgette
L'Opéra
Arola
Le Lumière
STE-TRINITÉ
GARE ST-LAZARE
OPÉRA GARNIER
STE-MARIE-MADELEINE
Pl. Pigalle
Pl. d'Estienne d'Orves
Pl. de la Madeleine
Place de Clichy
Pigalle
Liège
St Lazare
St Georges
Trinité
Havre Caumartin
Auber
Chaussée d'Antin
Opéra
Madeleine
Quatre Septembre
Bd de Clichy
Rue de Douai
R. Pierre Fontaine
R. Blanche
R. de Clichy
R. d'Amsterdam
R. de St-Pétersbourg
R. Moncey
R. de Liège
R. de Londres
Rue Saint Lazare
R. du Havre
Rue de Mogador
Rue de la Chaussée d'Antin
Rue Saint Georges
Rue de Provence
Rue La Fayette
Boulevard Haussmann
Rue Auber
R. Caumartin
Rue Scribe
R. Tronchet
Bd des Capucines
Bd des Italiens
Bd de la Madeleine
R. Jean Baptiste Pigalle
R. Victor
R. La Bruyère
R. Notre-Dame de Lorette
0
200 m

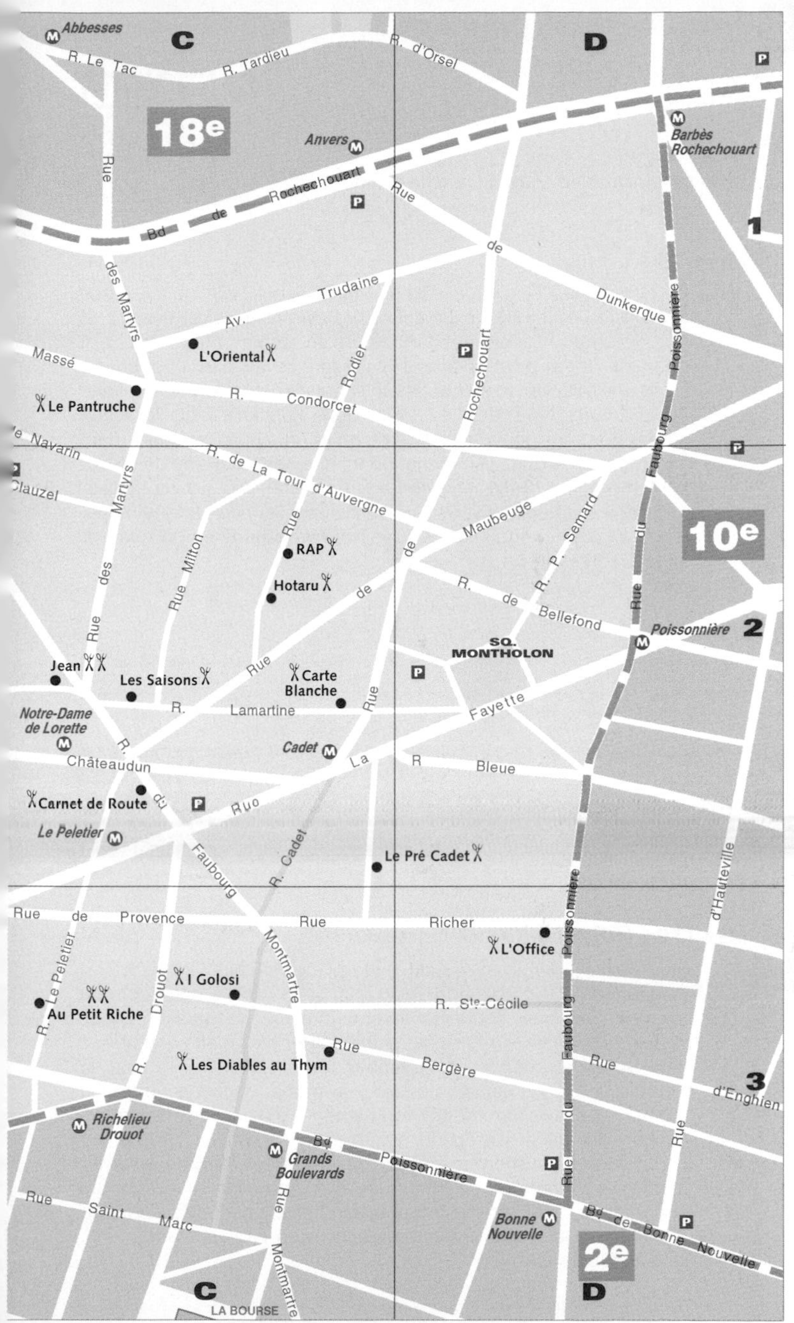
C
D
18e
10e
2e
1
2
3
Abbesses
Anvers
Barbès Rochechouart
Poissonnière
Notre-Dame de Lorette
Cadet
Le Peletier
Richelieu Drouot
Grands Boulevards
Bonne Nouvelle
SQ. MONTHOLON
LA BOURSE
L'Oriental
Le Pantruche
RAP
Hotaru
Jean
Les Saisons
Carte Blanche
Carnet de Route
Le Pré Cadet
L'Office
I Golosi
Au Petit Riche
Les Diables au Thym
R. Le Tac
R. Tardieu
R. d'Orsel
Bd de Rochechouart
Rue de Dunkerque
Av. Trudaine
Rue des Martyrs
Massé
R. Condorcet
Rue Rodier
Rue Rochechouart
Rue du Faubourg Poissonnière
de Navarin
R. de La Tour d'Auvergne
Clauzel
Rue Milton
Rue de Maubeuge
R. P. Semard
R. de Bellefond
R. Lamartine
Rue La Fayette
R. Châteaudun
R. Bleue
Rue du Faubourg Montmartre
R. Cadet
Rue de Provence
Rue Richer
R. Le Peletier
R. Drouot
R. Ste-Cécile
Rue Bergère
Rue d'Enghien
Rue d'Hauteville
Bd Poissonnière
Bd de Bonne Nouvelle
Rue Saint Marc
Rue Montmartre

Les Affranchis (N)

Moderne B1-2

5 r. Henri-Monnier
01 45 26 26 30
(M) St-Georges
Fermé 3 semaines en août, dimanche et lundi

Menu 33 €

Un hommage à l'excellent film de Martin Scorsese ? Une référence à la poste voisine ? Rien de cela : Les Affranchis, c'est avant tout une déclaration d'indépendance pour le binôme qui a ici choisi de voler de ses propres ailes ! Nul esprit revanchard cependant, sinon une belle envie de continuité : après avoir été formés à bonne école (Beurre Noisette, Les Fables de la Fontaine, etc.), les deux jeunes hommes peuvent rendre ce qu'ils ont appris, en imprimant leur propre marque... Au menu, donc, une bonne cuisine de bistrot contemporain (foie gras poché aux épices et chutney d'oignons, foie de veau taillé épais, etc.) qui a, comme la déco plutôt vintage, d'ores et déjà conquis la clientèle bourgeois-bohème du quartier Saint-Georges.

Arola (N)

Espagnole B3

Hôtel W Paris Opéra,
4 r. Meyerbeer (1er étage)
01 77 48 94 94
www.restaurant-arola.fr
(M) Chaussée d'Antin

Menu 38 € (déjeuner)/70 € – Carte 60/80 €

Pour son restaurant, le très chic et tendance Hôtel W Paris Opéra, inauguré en 2012, en a appelé au chef Sergi Arola – une figure de la cuisine ibérique, dont l'établissement madrilène est distingué de deux étoiles Michelin. Il signe ici une carte "pica pica", entendez : faite pour picorer... et démultiplier les plaisirs ! On le sait, la formule des tapas espagnoles est à la mode. Asperges vertes en tempura et sauce tomate-poivron ; langues d'oursin aux agrumes ; cochon de lait et purée de patate douce ; sphère "mojito" au citron vert et à la menthe : autant de "bouchées" déclinées sur un mode gastronomique et créatif. Le repas se révèle stylé, ludique et partageur... Du sur-mesure pour la clientèle de l'établissement, nouvelle enclave très branchée au cœur du Paris haussmannien, face à l'Opéra Garnier.

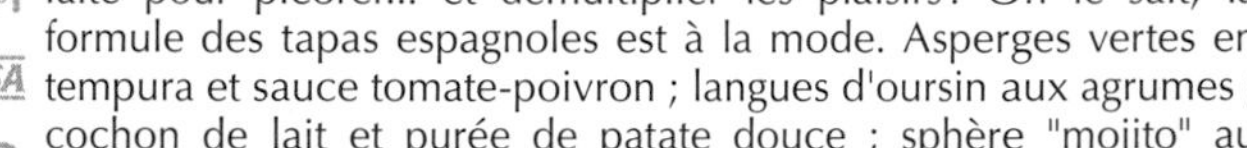

Au Petit Riche

Traditionnelle C3

25 r. Le Peletier
01 47 70 68 68
www.aupetitriche.com
Richelieu Drouot
Fermé week-ends de mi-juillet à fin août et fériés

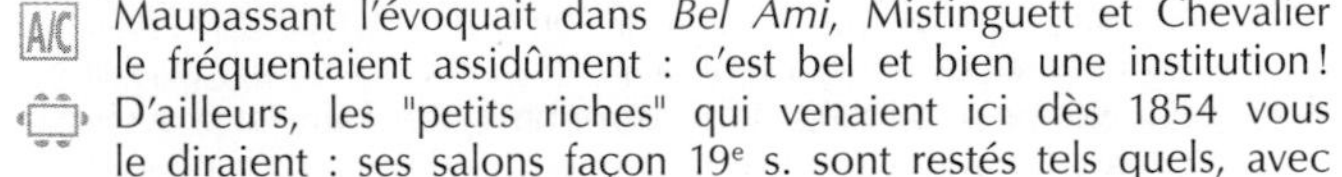

Formule 23 € – Menu 30/36 € – Carte 33/65 €

A/C VISA MC AE

Maupassant l'évoquait dans *Bel Ami,* Mistinguett et Chevalier le fréquentaient assidûment : c'est bel et bien une institution ! D'ailleurs, les "petits riches" qui venaient ici dès 1854 vous le diraient : ses salons façon 19e s. sont restés tels quels, avec banquettes en velours rouge, miroirs finement gravés, chapelières, élégantes tables au coude-à-coude... Le chef fait le bonheur des habitués – une belle clientèle de quartier et étrangère – en perpétuant une carte à l'esprit bistrotier traditionnel (pâté en croûte, huîtres, haddock poché, côte de veau et sa purée maison, baba au rhum, etc.). Une tranche d'histoire à "déguster" sur fond de recettes d'inspiration tourangelle, et à arroser d'une bouteille de la superbe sélection de vins de Loire.

Les Canailles N

Moderne B2

25 r. La Bruyère
01 48 74 10 48
www.restaurantlescanailles.fr
St-Georges
Fermé 3 semaines en août, samedi et dimanche

Formule 25 € – Menu 33 €

VISA MC AE

Parfaite pour s'encanailler, cette sympathique adresse a été créée en avril 2012 par deux Bretons formés à bonne école, notamment chez Dominique Bouchet et au Crillon. Ici, ils jouent la carte de la bistronomie, des recettes de saison et bien sûr des plats canailles. À l'image de cette belle tranche de pâté de tête et de cette échine de porc, poêlée de girolles et pommes grenaille. Ne passez pas à côté des spécialités de la maison : le carpaccio de langue de bœuf sauce ravigote et le baba au rhum avec sa chantilly à la vanille... On se régale d'autant plus que les portions sont généreuses ! Avec en prime une belle ambiance de bistrot de quartier, à deux pas de la butte Montmartre et du Moulin Rouge... où l'on pourra finir de s'encanailler.

Carnet de Route

Chinoise

C2

57 r. Faubourg-Montmartre
01 77 19 55 73
Ⓜ Notre-Dame de Lorette
Fermé mercredi

Carte 18/42 €

VISA MC

La spécialité de ce petit restaurant chinois, très prisé de la diaspora ? "Les nouilles de riz qui traversent le pont", un intitulé mystérieux pour une bien jolie légende gastronomique... Dans la province du Yunnan, il y a bien longtemps, un lettré se consacrant à l'étude sur une île isolée recevait chaque jour un plat de nouilles concocté par son épouse. Malheureusement, son repas arrivait toujours froid, et cette dernière eut l'idée de le faire cuire dans un bouillon fumant. Aujourd'hui, on se régale donc encore de nouilles bien chaudes et parfumées, en se rêvant mandarin… Parmi les autres délices de la maison, le poulet sauté au piment sec (réservé aux amateurs de sensations fortes), ou encore les aubergines à la viande hachée. À noter : pas de réservation possible.

Carte Blanche

Moderne

C2

6 r. Lamartine
01 48 78 12 20
www.restaurantcarteblanche.com
Ⓜ Cadet
Fermé 29 juillet-20 août, samedi midi, dimanche, lundi et fériés

Formule 28 € – Menu 35/49 €

A/C VISA MC AE

Certes, les néobistrots se ressemblent souvent, mais derrière sa façade toute simple, proche du métro Cadet, celui-ci possède un caractère bien à lui, avec des murs en pierre, des poutres apparentes, des lignes épurées et, le soir venu, un éclairage tamisé... Quant à la cuisine, elle ose l'originalité, mêlant bases classiques, variations contemporaines et notes d'ailleurs. Quelques extraits de cette carte blanche : une piperade de gambas snackées aux épices tandoori, nappée d'une sauce crustacés ; un duo de filets de thon et d'espadon sur une mousseline d'artichauts, accompagnée d'un taboulé de quinoa aux fines herbes, de feuilles d'épinard au beurre et d'une crème à la cacahuète ; un fondant au chocolat amer et son sorbet cacao...

Casa Olympe

Traditionnelle B2

48 r. St-Georges
01 42 85 26 01
www.casaolympe.com
Ⓜ St-Georges
Fermé 1er-15 mai, 2-22 août, 23 décembre-3 janvier, samedi midi et dimanche – Nombre de couverts limité, réserver

Menu 48 € – Carte 50/74 €

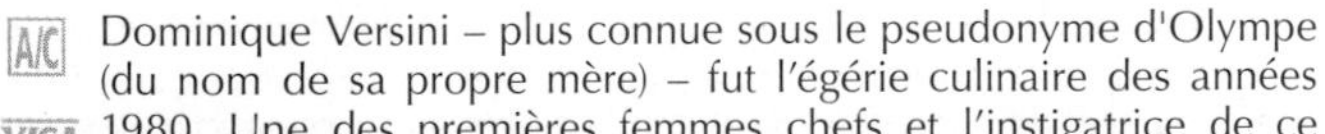

A/C VISA MC AE

Dominique Versini – plus connue sous le pseudonyme d'Olympe (du nom de sa propre mère) – fut l'égérie culinaire des années 1980. Une des premières femmes chefs et l'instigatrice de ce qu'on appelait la "nouvelle cuisine". Loin des feux de la rampe, elle règne aujourd'hui sur deux petites salles ocre dans la rue St-Georges. Avec son caractère bien trempé, elle est restée fidèle à une cuisine sous influence méditerranéenne : croustillant de boudin, thon au lard et aux oignons, épaule d'agneau rôtie au thym, sorbet cacao maison, etc. Aussi financiers et assureurs se disputent-ils une place dans leur "cantine". Et peu importe si l'on mange au coude-à-coude : cette casa-là mérite bien qu'on se serre un peu !

Les Diables au Thym

Moderne C3

35 r. Bergère
01 47 70 77 09
www.lesdiablesauthym.com
Ⓜ Grands Boulevards
Fermé 3 semaines en août, samedi midi et dimanche

Formule 24 € – Menu 30 € – Carte 41/55 €

A/C VISA MC AE

Ah, les Grands Boulevards... Le Palace et les Folies Bergère ne sont pas loin et, de jour comme de nuit, l'animation est à son comble. Hommes d'affaires et habitués du quartier aiment à se retrouver dans ce bistrot contemporain, aux tables serrées juste ce qu'il faut. Tentez par exemple la soupe du moment, des poivrons marinés... au thym, un pavé de maigre poêlé servi avec une ratatouille à la fleur... de thym, et, pour finir, pourquoi ne pas essayer un clafoutis aux fruits de saison ? Les cuissons justes et les assaisonnements bien dosés flattent les papilles. Pour accompagner le tout, la carte des vins propose quelques jolis flacons labellisés bio. L'adresse joue souvent à guichets fermés, mais c'est bien le diable si vous n'arrivez pas à vous caser !

Georgette

Traditionnelle

B2

29 r. St-Georges
01 42 80 39 13
Notre-Dame de Lorette
Fermé vacances de Pâques, août, vacances de la Toussaint, samedi, dimanche et lundi

Carte 28/42 €

VISA MC AE

Une plongée au cœur des sixties, voilà ce que propose Georgette. Derrière ce prénom rétro, il y a un sympathique bistrot qui réjouira les nostalgiques des tables multicolores en formica et des sièges en skaï vert olive. Le cachet insolite du lieu plaît aussi aux touristes en mal d'authenticité, heureux de goûter à cette atmosphère décontractée. "Retour aux sources" également dans la cuisine, inspirée par la tradition et réalisée avec des produits de qualité. Le chef vous régale avec ses harengs aux oignons doux, son pâté en croûte façon Ducloux ou des oreilles de cochon au vin blanc doux. Encore un petit creux ? Tentez le riz au lait ou un Eton mess, un dessert typiquement britannique. Si c'est Georgette qui vous le dit !

Hotaru

Japonaise

C2

18 r. Rodier
01 48 78 33 74
Notre-Dame de Lorette
Fermé 3 semaines en août, 20 décembre-3 janvier, dimanche et lundi

Formule 19 € – Carte 20/49 €

VISA MC

Association originale que celle de ce restaurant typiquement parisien avec un chef japonais né dans la capitale mais totalement imprégné de ses origines nippones. Car si Isao Ashibe ne renie pas ses origines, l'ambiance des lieux rappelle l'époque de ses prédécesseurs, malgré l'apport de quelques touches asiatiques. Outre les incontournables makis, sushis et sashimis, on trouve à la carte d'autres recettes moins connues, principalement à base de poisson et de fruits de mer (comme le foie de lotte), des plats mijotés et des fritures (agemono). Une vraie cuisine traditionnelle et familiale japonaise, où la qualité et la fraîcheur des produits sont au rendez-vous.

I Golosi

Italienne

C3

6 r. Grange-Batelière
01 48 24 18 63
Richelieu Drouot
Fermé 10-26 août, samedi soir et dimanche

Carte 25/52 €

VISA Épicerie, espace dégustation et restaurant contemporain : on a l'embarras du choix dans cette trattoria du passage Verdeau. La décoration design de l'étage, mêlée à l'accent des serveurs, donne un chic inimitable à cette adresse qui s'est forgé une solide réputation. Demandez par exemple la carte, hyperbolique, de vins transalpins – plus de 500 références –, afin d'accompagner antipasti, soupes de saison et alléchants plats de pâtes. Chaque semaine, une petite sélection d'accords mets-vins vous est d'ailleurs proposée. Vous craquez ? Un tour par la boutique attenante et vous voilà muni des meilleurs pastas, huiles et biscuits italiens. Une botte secrète, en quelque sorte. Réservation conseillée !

Momoka

Japonaise

B2

5 r. Jean-Baptiste Pigalle
01 40 16 19 09
Trinité d'Estienne d'Orves
Fermé août, samedi midi, dimanche et lundi
– Nombre de couverts limité, réserver

Formule 29 € – Menu 39 € (déjeuner), 49/68 € – Carte 32/42 €

A/C VISA Hashimoto Masayo a passé neuf ans dans une pâtisserie française à Osaka... puis elle a rejoint l'Hexagone, emportant dans ses bagages la douceur des plats traditionnels de son enfance au pays du Soleil-Levant. Ses créations du jour évoluent au gré du marché et de son inspiration, et elle adore plus que tout concocter de belles salades, travailler les légumes et les poissons avec simplicité et précision. Et comme son Momoka est vraiment mini, la minicuisine est visible de la minisalle (quatorze couverts seulement) et vous laisse tout loisir d'observer le maxi savoir-faire de cette chef hors pair, dans une atmosphère "comme à la maison"... Évidemment, il faut juste penser à réserver !

Jean ✿

Créative

8 r. St-Lazare
01 48 78 62 73
www.restaurantjean.fr
Notre-Dame de Lorette

C2 

Menu 48 € (déjeuner), 70/95 € – Carte 65/86 €

Jean

Poutres peintes, tentures fleuries, atmosphère feutrée, charme bourgeois, etc. En plein cœur du 9e arrondissement, Jean donne l'illusion d'une charmante escapade en dehors du Paris contemporain… et sa cuisine cultive des plaisirs authentiques ! En novembre 2011, Attilio Marazzo a repris les rênes des fourneaux, secondé à la pâtisserie par Sébastien Exposito. Ce jeune chef italien a fait ses armes chez Joël Robuchon ; c'est imprégné de son expérience chez ce grand nom de la gastronomie française – tout comme des goûts de son enfance – qu'il imagine des mets raffinés, presque épurés, aux saveurs tranchées, où cuissons et textures se mettent mutuellement en valeur. Esthétique, comme ce black cod mariné au miso de campagne avec ses légumes de saison merveilleusement colorés, accompagnés d'un sabayon au wasabi… Le vendredi soir, laissez faire le chef, il n'y a pas de carte mais un menu unique où il laisse libre cours à son imagination.

Entrées

- Anguille fumée et glacée au vinaigre de riz, caviar, pomme de terre fondante
- Girolles poêlées, purée d'abricots parfumés à l'orgeat

Plats

- Carré d'agneau, ballottine et côtelettes en croûte au piment d'Espelette
- Sole roulée en tempura légère, beurre noisette

Desserts

- Baba au rhum, fruits frais et sorbet mûre
- Mousse chocolat au lait-caramel, biscuit Sacher croustillant au chocolat, marmelade orange amère

Le Lumière ✿

Moderne

A3

Hôtel Scribe,
1 r. Scribe
✆ 01 44 71 24 24
www.hotel-scribe-paris.com
Ⓜ Opéra
Fermé samedi et dimanche

Formule 45 € – Menu 90 € – Carte 60/80 €

Le Scribe Paris

Silence, moteur... action! On peine à imaginer l'émotion qu'ont dû ressentir les spectateurs du premier film des frères Lumière. Et pourtant, c'est ici même, au sein de l'hôtel Scribe, qu'il fut projeté en 1895. Désormais, c'est l'art culinaire qui y attire les regards. Confortablement installé sous une splendide verrière, dans une ambiance mi-lounge mi-Belle Époque, on découvre la cuisine du chef, Sébastien Crison. Soignée et créative, elle se fonde sur des produits de saison choisis avec passion et travaillés avec une indéniable originalité. Un savoir-faire que l'on perçoit dans sa version déstructurée du boudin noir, ou dans ce suprême de pintade aux pleurotes à la chair tendre et goûteuse, accompagné de navets parfumés et d'une sauce brillante et fine... Pour finir, le chariot des desserts invite à la tentation avec de superbes éclairs ou, par exemple, un paris-brest réalisé dans les règles de l'art. Cadrage, scénario, émotion : le chef est un savant metteur en scène! Carte plus simple le week-end.

Entrées

- Saumon sauvage mi-fumé en carpaccio, marinade au poivre du Sichuan, caviar de hareng
- Boudin noir langoustine rôtie, soupe de navets

Plats

- Turbot caramélisé au beurre salé, riz haenuki en maki, betterave fondante, fumet au sancho
- Quasi de veau fermier, cuit au foin, ris fricassé au chou

Desserts

- Millefeuille déstructuré, mousse aérienne, crème glacée, chocolat noir et vanille de Tahiti
- Tartelette aux figues rôties au vin d'orange

L'Office

Moderne D3

3 r. Richer
01 47 70 67 31
Poissonnière
Fermé 27 juillet-27 août, 23 décembre-4 janvier, samedi et dimanche – Nombre de couverts limité, réserver

Formule 21 € – Menu 26 € (déjeuner)/33 €

Un bistrot de poche, à deux pas des Folies Bergère… On passerait presque devant sans le voir, tant il se fait discret, et pourtant ! Dans une ambiance décontractée, assis au coude à coude, on se régale d'une cuisine qui change au rythme du marché et des saisons. Des préparations justes et savoureuses signées par un chef japonais, passé notamment par les cases Robuchon, Ducasse, Piège ou encore Barbot. Ses recettes font mouche... et sont accompagnées d'un judicieux choix de vins. À chaque repas, on a le choix entre trois entrées, trois plats et trois desserts, le tout à prix serrés. Une formule qui en séduit visiblement plus d'un : il n'est pas rare que l'on refuse du monde !

L'Opéra

Moderne B3

pl. Jacques-Rouché - Palais Garnier
01 42 68 86 80
www.opera-restaurant.fr
Opéra

Formule 36 € – Carte 50/75 €

Fantôme ? Petit rat ? Non, gourmet de l'Opéra ! Au rez-de-chaussée de l'Opéra de Paris – sous la rotonde qui accueillait autrefois les fiacres –, l'architecte Odile Decq a imaginé un espace tout en courbes... Les piliers d'origine, en pierre de Paris, prennent une nouvelle dimension, mis en valeur par une mezzanine aux airs de grand vaisseau spatial. Tour à tour fifties, sixties, contemporain et 19e s., ce lieu étonnant a du style, c'est indéniable ! Dans l'assiette, même raffinement autour d'une cuisine de saison. Foie gras poêlé accompagné de fraises et de miel issu des ruches de l'Opéra, agneau poché et rôti, petits pois et fromage de brebis frais, avant de finir sur l'incontournable opéra. La carte, élaborée par le chef étoilé Christophe Aribert (Grand Hôtel à Uriage-les-Bains), a tout d'une partition gourmande...

L'Oriental

Marocaine

C1

47 av. Trudaine
01 42 64 39 80
www.loriental-restaurant.com
Pigalle

Menu 34 € – Carte 32/51 €

Sur l'avenue Trudaine, où s'étend sa terrasse aux beaux jours, L'Oriental est fidèle à l'esprit marocain, sa patrie de cœur : tons ocre, banquettes confortables, éclairages tamisés... sans oublier quelques notes "couleur locale" comme les tables ornées de faïence, les tableaux classiques et la fontaine importée directement de Marrakech. En cuisine, la tradition demeure une valeur sacrée. Pour preuve, les plats authentiques et parfumés qui témoignent d'un savoir-faire transmis de génération en génération. Tajines, couscous et autres bricks se dégustent dans une ambiance chaleureuse, grâce à la clientèle d'habitués et au service attentionné.

Le Pantruche

Traditionnelle

C1

3 r. Victor-Massé
01 48 78 55 60
www.lepantruche.com
Pigalle

Fermé 3 semaines en août, 23 décembre-2 janvier, samedi et dimanche – Nombre de couverts limité, réserver

Formule 18 € – Menu 34 €

Paris canaille, Paris la gouaille, Pantruche ! Les titis de Pigalle se sont transformés en gourmets avertis et se pressent dans ce bistrot vintage. Miroirs piqués, banquette rétro et zinc enjôleur : bien qu'actuel, le cadre fait de l'œil au Paris des années 1940. Sur l'ardoise, on reconnaît le style de Franck Baranger, un chef au beau parcours. Selon la saison, il imagine un tartare d'huîtres à la crème de laitue, une poitrine de veau confite à la verveine, petits pois à la menthe ou un inimitable soufflé au Grand Marnier. C'est simple, généreux, et l'on repart le sourire aux lèvres : "Ah, Paname !"

La Petite Sirène de Copenhague

Danoise B1

47 r. Notre Dame de Lorette
01 45 26 66 66
St-Georges
Fermé août, 23 décembre-2 janvier, samedi midi, dimanche et lundi – Réserver

Menu 34 € (déjeuner)/38 € – Carte 48/77 €

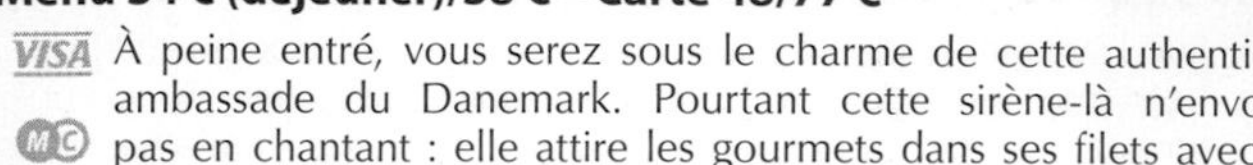

VISA MC AE

À peine entré, vous serez sous le charme de cette authentique ambassade du Danemark. Pourtant cette sirène-là n'envoûte pas en chantant : elle attire les gourmets dans ses filets avec de succulents harengs aigres-doux et un incomparable saumon fumé. Deux vedettes incontestées d'une carte de mets sucrés-salés en provenance directe de la patrie d'Andersen. Naturellement, le reste suit : Peter et sa sympathique équipe prennent votre commande avec un délicieux accent nordique, en vous proposant un pigeon au chou rouge, une sole et ses pommes de terre à l'aneth... ainsi que d'excellentes *øl* (bières danoises) et un incontournable aquavit – à consommer avec modération, bien sûr. Couleur locale aussi, le sobre décor : tomettes cirées, photos anciennes du parc de Tivoli de Copenhague... Un régal !

Le Pré Cadet

Traditionnelle C2

10 r. Saulnier
01 48 24 99 64
web http://restaurant-leprecadet.e-monsite.com
Cadet
Fermé 1 semaine en mai, 3 semaines en août, 1 semaine en décembre, samedi midi, dimanche et lundi – réserver

Menu 30 € – Carte 36/57 €

A/C VISA MC AE

Cantine du quartier des banques le midi ; point de ralliement des noctambules le soir... L'herbe est toujours verte au Pré Cadet, et la salle bien remplie. D'un coup d'œil sur la carte, on comprend les raisons de ce succès : une cuisine traditionnelle canaille et copieuse, proposée à prix d'amis. Ici, la tête de veau sauce gribiche, l'andouillette, le foie et les ris de veau sont l'orgueil de la maison ! Mais on peut évidemment se sustenter d'une solide côte de bœuf de race salers rehaussée d'une sauce marchand de vin et accompagnée de pommes de terre sautées. Pour finir, on hésite entre des profiteroles et une pêche melba... Tradi, on vous l'a dit !

RAP

Italienne C2

24 r. Rodier
01 45 26 86 26
www.rapparis.fr
Cadet
Fermé 2 semaines en août, 2 semaines en décembre, lundi et mardi

Formule 16 € – Menu 28 € (déjeuner), 38/68 € – Carte 47/55 €

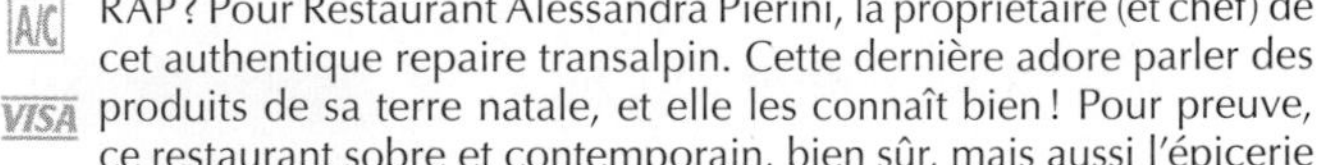

A/C VISA MC AE

RAP ? Pour Restaurant Alessandra Pierini, la propriétaire (et chef) de cet authentique repaire transalpin. Cette dernière adore parler des produits de sa terre natale, et elle les connaît bien ! Pour preuve, ce restaurant sobre et contemporain, bien sûr, mais aussi l'épicerie fine, située au numéro 15 de la même rue. Chez RAP, Alessandra concocte une cuisine traditionnelle, gourmande, copieuse et élégante. La plupart des produits arrivent tout droit de la Botte, les pâtes fraîches sont faites maison, la carte des vins s'adapte à celle des mets, laquelle change toutes les trois semaines... Autrement dit, on se régale de plats parfumés et fins. Encornet farci au riz noir italien et sa jolie salade de fenouil à l'huile d'olive, taglioni cuits al dente aux petits pois et à la lotte... Delizioso !

Les Saisons N

Traditionnelle C2

52 r. Lamartine
01 48 78 15 18
www.restaurant-les-saisons.com
Notre-Dame de Lorette
Fermé 3 semaines en août, dimanche et lundi

Formule 15 € – Menu 20 € (déjeuner en semaine) – Carte 32/47 €

VISA MC

Comme les années, les bistrots parisiens ont leurs saisons... L'heure du printemps est revenue pour cette adresse au cachet d'antan (banquettes en moleskine, petites tables serrées, etc.), sur laquelle un jeune chef fait aujourd'hui souffler un vent de fraîcheur. Jonathan Lutz a repris l'affaire fin 2011, après avoir fait ses classes dans quelques institutions du bistrot parisien. Ici chez lui, il s'approprie avec doigté les classiques du genre, proposant par exemple terrine de pâté de campagne maison et céleri rémoulade, filet de bœuf et légumes thaïs sautés au wok, crème brûlée à la vanille, etc. – avec aussi un joli choix de fromages. À noter : il concocte au déjeuner, en semaine, deux menus plutôt bon marché. Dans tous les cas, son credo, c'est la gourmandise... au plus près de chaque saison, évidemment !

10e

Gare de l'Est · Gare du Nord · Canal St-Martin

B. Rieger / Hemis.fr

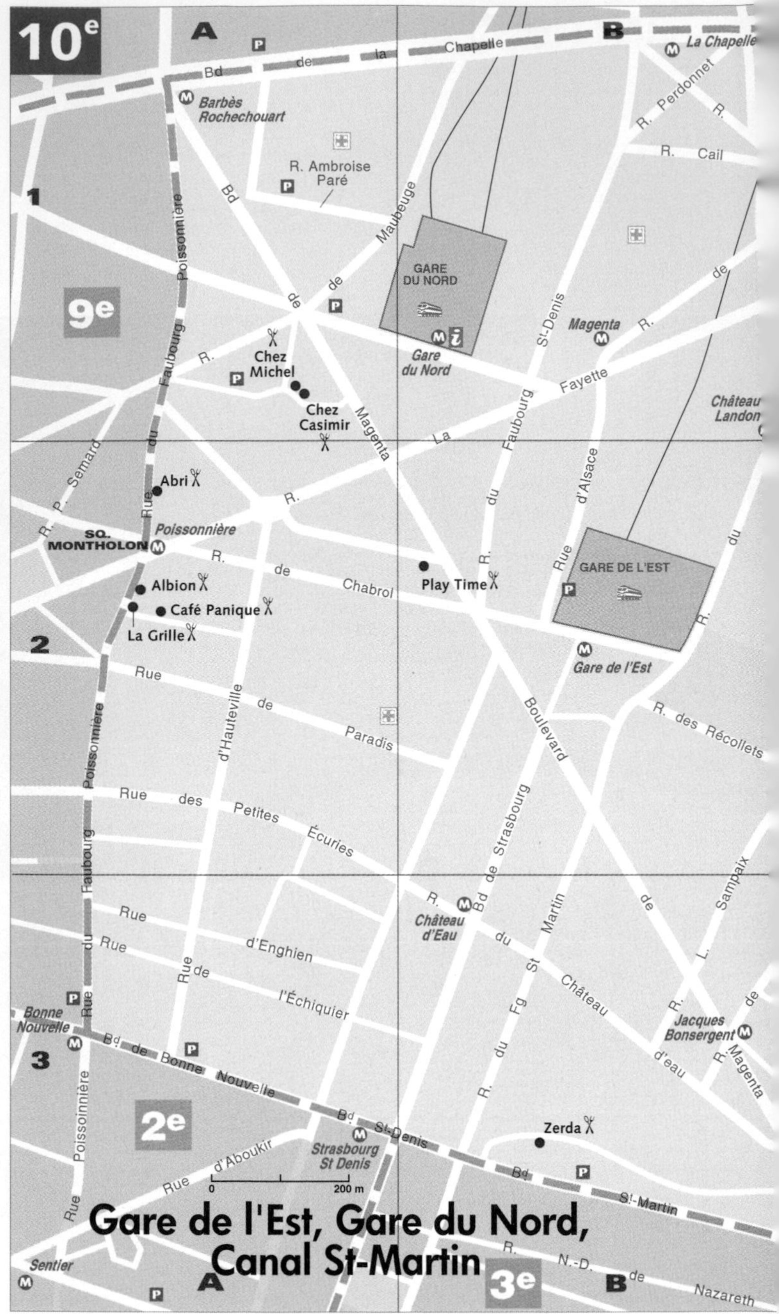

Gare de l'Est, Gare du Nord, Canal St-Martin

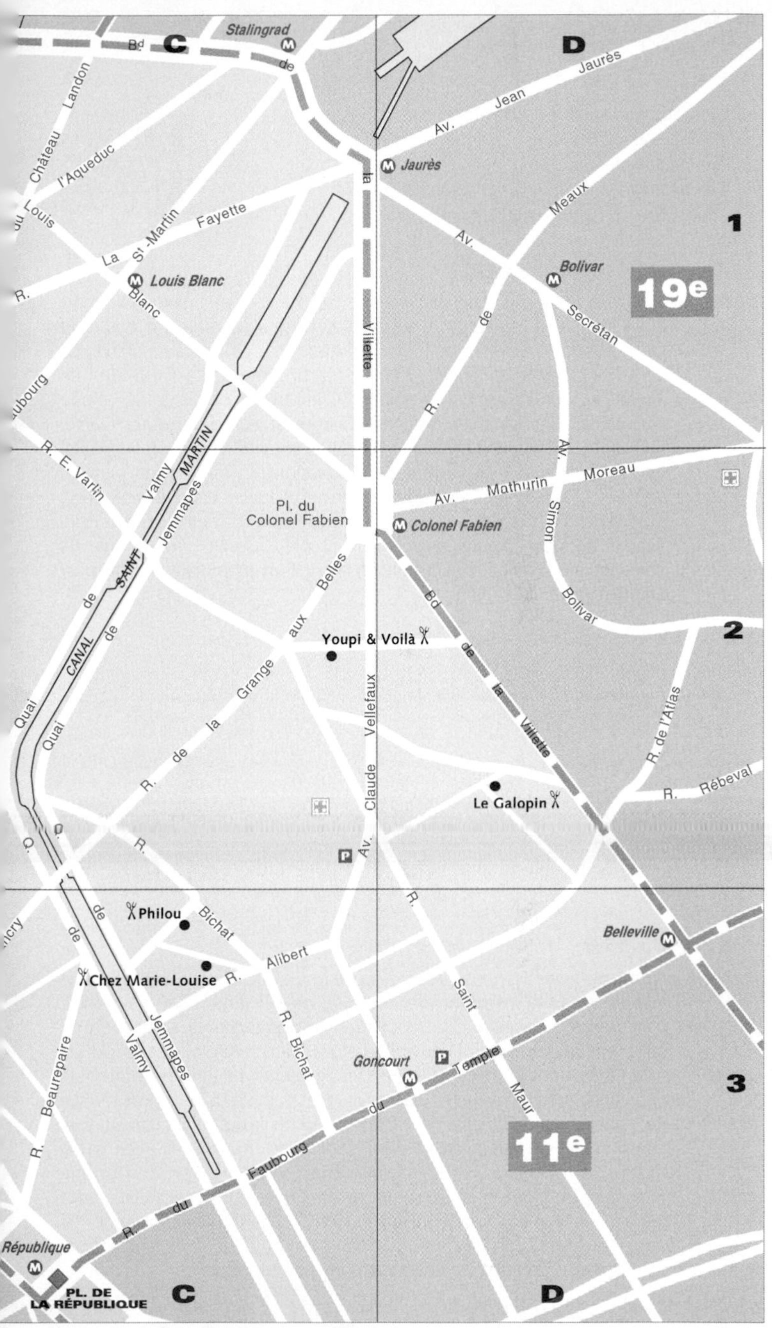
Stalingrad
Jaurès
Louis Blanc
Bolivar
19e
Pl. du
Colonel Fabien
Colonel Fabien
Youpi & Voilà
Le Galopin
Philou
Chez Marie-Louise
Belleville
Goncourt
11e
République
PL. DE
LA RÉPUBLIQUE
CANAL SAINT MARTIN

Abri Ⓝ

Moderne

A2

92 r. du Faubourg-Poissonnière
01 83 97 00 00
Ⓜ Poissonnière
Fermé août, samedi midi, dimanche et lundi – Nombre de couverts limité, réserver

Menu 22 € (déjeuner)/39 €

VISA MC

Et un de plus ! Se sont-ils passé le mot, tous ces jeunes Japonais qui s'installent aujourd'hui à Paris ? On ne s'en plaindra pas, tant cette tendance apporte à la capitale, en ces années 2010, de belles et bonnes adresses... Passé notamment par La Table de Joël Robuchon et Taillevent, Katsuaki Okiyama s'est entouré d'une équipe 100 % nippone... mais sa cuisine est grandement française. Bien sûr, elle porte la marque de cette sensibilité propre à l'Asie, qui va si bien aux classiques de l'Hexagone : ainsi ce maquereau mariné au citron et sa salade de fenouil, ou ce cochon rôti servi doré avec un jus de viande et une sauce au vinaigre de pomme. Bref, malgré sa petitesse et son décor modeste (vingt couverts environ), voilà un Abri où l'on se réfugie avec plaisir ! Le rapport qualité-prix est excellent...

Albion Ⓝ

Moderne

A2

80 r. du Faubourg-Poissonnière
01 42 46 02 44
Ⓜ Poissonnière
Fermé 3 semaines en août, vacances de Noël, samedi et dimanche

Carte 35/45 €

VISA MC

Nulle perfidie en cette Albion où œuvre un chef... britannique ! Installé dans l'Hexagone depuis plus de dix ans, Matt Ong s'est parfaitement approprié le répertoire de nos provinces, au premier rang desquelles celui du bistrot parisien. Avec des produits soigneusement choisis, il crée des recettes originales mais pas excentriques, cuisinées avec justesse : qu'il s'agisse d'une terrine de "ham hock" (jarret de porc) ou d'un onglet de bœuf aux légumes croquants, les saveurs sont bien marquées. Les tarifs restent raisonnables, et l'on peut se faire plaisir avec une bonne sélection de bouteilles de petits propriétaires, car l'établissement fait aussi cave à vins. À la limite des 9e et 10e arrondissements, on peut donc allégrement réviser son anglais et s'entraîner à prononcer : *"This bistro is very friendly !"*

Café Panique

Moderne A2

12 r. des Messageries
01 47 70 06 84
www.cafepanique.com
Poissonnière
Fermé août,1 semaine en février, le midi, dimanche et fériés

Menu 35/45 € – Carte 42/55 €

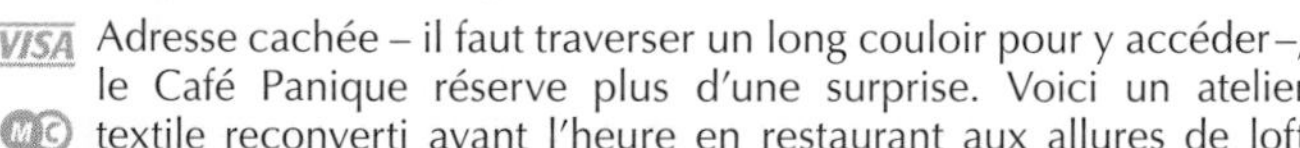

Adresse cachée – il faut traverser un long couloir pour y accéder–, le Café Panique réserve plus d'une surprise. Voici un atelier textile reconverti avant l'heure en restaurant aux allures de loft industriel (mezzanine, verrière, expositions de photos, sans oublier les cuisines vitrées). Installée ici depuis 1992, Odile Guyader a troqué l'enseignement de l'allemand pour la cuisine. Bien lui en a pris ! Affinées au fil du temps, ses recettes d'auteur, inventives et alléchantes, mettent l'eau à la bouche : roulé de betterave et chèvre à la menthe, filet de bœuf poêlé, émulsion de foie gras et gnocchis à la sauge, tiramisu au Carambar... De quoi piquer votre curiosité.

Chez Casimir

Traditionnelle A1

6 r. Belzunce
01 48 78 28 80
Gare du Nord

Formule 24 € – Menu 28 € (déjeuner en semaine), 32/50 €

Bistrot typiquement parisien – tables bien serrées, banquettes en skaï rouge, chaises bistrot – que ce Casimir imaginé par Thierry Breton, le patron de Chez Michel. Dans la semaine, on se régale d'une cuisine fraîche, simple et efficace, qui fait la part belle aux produits du marché. Mais la grande affaire, c'est le traou mad ("bonnes choses") des samedis et dimanches midi. Imaginez un peu : un buffet de hors-d'œuvre variés à volonté, de la soupe, de l'omelette, le plat en cocotte du jour et, pour ceux qui en sont encore capables, un dessert. Et le vin est à prix coûtant, on va le choisir soi-même à la cave ! Chut, ne dites rien, c'est déjà l'affluence...

Chez Marie-Louise

Traditionnelle

C3

11 r. Marie-et-Louise
01 53 19 02 04
www.chezmarielouise.com
Goncourt
Fermé août, samedi et dimanche

Formule 14 € – Menu 18 € (déjeuner) – Carte 28/38 €

Ah, le canal St-Martin et l'hôpital St-Louis, quartier bobo s'il en est ! Rue Marie-et-Louise, ce néobistrot est on ne peut plus au cœur du sujet. Banquettes en moleskine, moulures, propositions alléchantes à l'ardoise, etc. ; l'ambiance va bon train. On se laisse tenter, sur les conseils de Christophe, par un ceviche de saumon, un boudin noir aux aromates ou une canette de Barbarie aux coings... C'est simple, doucement parfumé et on n'en finit plus de commenter l'excellente crème pâtissière du millefeuille à la vanille. Compliments au chef, Pierre, qui, tout sourire, vient voir en salle si tout va bien. Bien sûr !

Chez Michel

Traditionnelle

A1

10 r. Belzunce
01 44 53 06 20
Gare du Nord
Fermé 2 semaines en août, lundi midi, samedi et dimanche

Formule 28 € – Menu 34/100 € – Carte 34/72 €

Dans ce bistrot aux airs de caveau de dégustation, l'atmosphère informelle et conviviale attire tant les habitués du quartier que les touristes. On vient ici pour la fameuse cuisine de Thierry Breton, qui a l'art de concocter une carte traditionnelle et... bretonne (sa terre natale), complétée par de jolies suggestions à l'ardoise. Quant au "plat du boulanger", qui mijote longtemps dans le four à pain trônant dans la salle, il ravira les amateurs de belles pièces de viande, de baeckoefe, etc. Bisque de homard, cotriade de lieu jaune, kouin "miam miam" (version personnelle du kouign amann), paris-brest-paris et gibier en saison... Breizh, mais pas seulement !

Le Galopin (N)

Moderne D2

34 r. Sainte-Marthe
01 42 06 05 03
www.le-galopin.com
(M) Belleville
Fermé 2 semaines en août, 1 semaine vacances de Noël, mardi midi, samedi midi, dimanche et lundi – réserver

Formule 19 € – Menu 24 € (déjeuner)/44 €

VISA MC Quel galopin, ce Romain Tischenko, lui qui après avoir remporté la très médiatique émission Top Chef sur M6 (édition 2010) a choisi... la discrétion ! A-t-il résisté aux sirènes de nombre d'investisseurs ? Refusé des ponts d'or ? Quoi qu'il en soit, il n'a laissé parler que sa passion – celle de la gastronomie, du partage, de l'humilité aussi peut-être... – en ouvrant ce petit bistrot sur la jolie place Ste-Marthe. Ici chez lui, derrière ses fourneaux ouverts sur la salle, il cuisine comme à des amis, avec l'envie palpable de faire découvrir et de faire plaisir. Jeux sur les ingrédients, les herbes, les températures, etc., exécutés avec brio et inspiration : il offre à tous un beau moment tout en saveurs. Une adresse très recommandable, avec ou sans l'estampille "Vu à la TV" !

La Grille

Traditionnelle A2

80 r. du Faubourg-Poissonnière
01 47 70 89 73
(M) Poissonnière
Fermé 3 semaines en août, samedi et dimanche

Carte 31/55 €

VISA MC Passez la grille et voici le Paris d'autrefois qui resurgit ! Un bistrot "pur jus" avec ses vieux miroirs piqués par les années qui semblent refléter les dîneurs du temps passé, son carrelage hors d'âge et ses chaises bistrot… Le service cadre avec l'atmosphère de l'endroit, et l'on vous explique avec gouaille les classiques du lieu. Rien ne semble avoir changé et pourtant… En janvier 2010, quatre associés ont repris en main cette institution et la voilà à nouveau pleine d'entrain. Il convient de faire honneur à une solide cuisine du genre, parfumée et soignée. Filets de hareng ? Tête de veau sauce gribiche ? Bœuf bourguignon ? Rognons de veau au porto ? On a l'embarras du choix et surtout la certitude qu'abondance et saveurs seront au rendez-vous.

Philou

Traditionnelle

C3

12 av. Richerand

01 42 38 00 13

Gouncourt

Fermé 28 juin-23 juillet, 21 décembre-1er janvier, samedi et dimanche

Formule 25 € – Menu 30 €

De grandes et alléchantes ardoises, des miroirs, une affiche des *Enfants du paradis* de Marcel Carné... Voilà une sympathique adresse bistronomique qui joue la carte de la convivialité gourmande. Au gré du marché et pile dans la tendance, le chef japonais, Shin Madia, vous concocte un millefeuille de thon, une crème de navet au jambon, un pigeon rôti, un blanc-manger d'estragon, un filet de maigre et sa poêlée de légumes du moment, une tarte au citron ou encore un fondant au chocolat... En vogue aussi, la carte des vins, qui fait la part belle aux petits vignerons indépendants, le tout à prix doux. Avec son bistrot de copains près du canal St-Martin, Philou a tout compris. Filez-y !

Play Time

Moderne

A2

5 r. des Petits-Hôtels

01 44 79 03 98

Gare du Nord

Fermé août, 23 décembre-2 janvier, lundi soir, samedi et dimanche

Formule 20 € – Menu 27 € (déjeuner)/39 €

Il est grand temps de jouer ! Viveka Sandklef et Jean-Michel Rassinoux sont restés de grands enfants, amoureux de l'originalité, et M. Hulot aurait certainement apprécié leur cuisine ludique, où le beau classicisme français se pare d'influences scandinaves et japonaises. Harengs en saumure sur miroir en jaune d'œuf et gelée de carotte et gingembre, tataki de veau aux épices, filet mignon de porc au manchego sauce prune rouge, sandwich au chocolat et parfait glacé de pêches au vin blanc : un voyage à travers le monde et une échappée dans le temps... Car ce lieu, vibrant hommage au film éponyme de Jacques Tati, revisite les fifties avec humour et décontraction. Time to play !

Youpi & Voilà

Moderne

C2

8 r. Vicq-d'Azir
01 83 89 12 63
www.youpietvoila.fr
Colonel-Fabien
Fermé 3 semaines en août, 1er-15 janvier, dimanche et lundi

Formule 20 € – Menu 25 € (déjeuner en semaine), 38 €

VISA MC

Youpi, voilà de la bistronomie à l'état pur ! Entre l'hôpital St-Louis et la place du Colonel-Fabien, on s'exclame de soulagement en découvrant, parmi de nombreuses pizzerias et kebabs, ce petit bistrot tout simple, qui, à la lecture de sa carte placardée sur la vitrine, annonce de jolis plaisirs... "Poulpe de St-Jean-de-Luz, tomates confites, fenouil braisé et ketchup de framboise" : comment ne pas avoir envie de pousser la porte ? L'assiette ne ment pas : voilà bel et bien de la bonne cuisine, signée par un vrai chef derrière les fourneaux – Patrice Gelbart de son nom. Son ambition : "créer des liens humains entre la terre, le producteur et le client." Pari réussi ! De surcroît chaleureuse, l'adresse est parfaite pour un repas entre amis, lequel se résumera d'un mot : youpi !

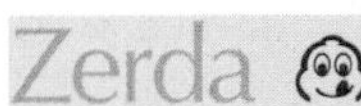

Zerda

Marocaine

B3

15 r. René-Boulanger
01 42 00 25 15
Strasbourg-St-Denis
Fermé août, lundi midi, samedi midi et dimanche – Nombre de couverts limité, réserver

Carte 27/45 €

VISA

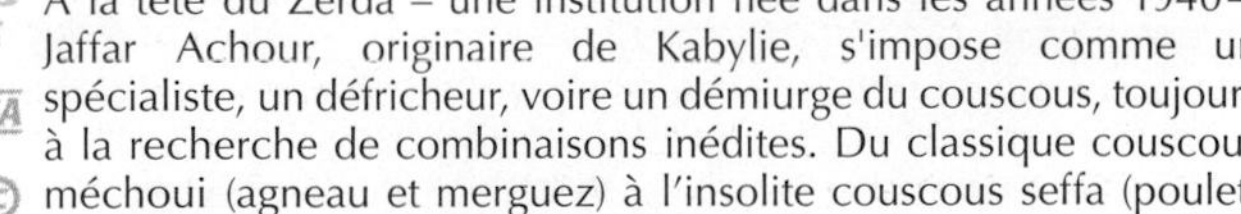

AE

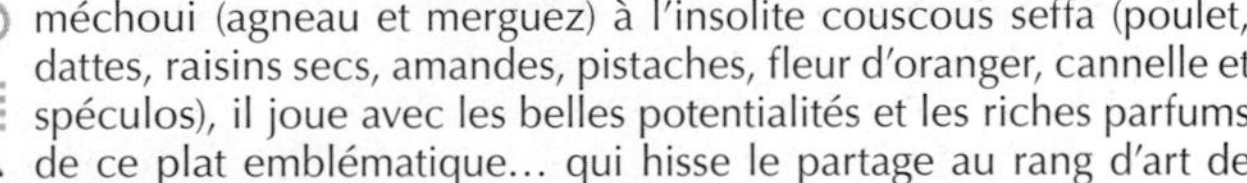

À la tête du Zerda – une institution née dans les années 1940–, Jaffar Achour, originaire de Kabylie, s'impose comme un spécialiste, un défricheur, voire un démiurge du couscous, toujours à la recherche de combinaisons inédites. Du classique couscous méchoui (agneau et merguez) à l'insolite couscous seffa (poulet, dattes, raisins secs, amandes, pistaches, fleur d'oranger, cannelle et spéculos), il joue avec les belles potentialités et les riches parfums de ce plat emblématique… qui hisse le partage au rang d'art de vivre. Le tout dans un décor arabisant, comme il se doit, et une ambiance familiale qui met à l'aise. Enfin, le joli choix de vins d'Afrique du Nord mérite attention. Une bonne graine, pour sûr !

11e

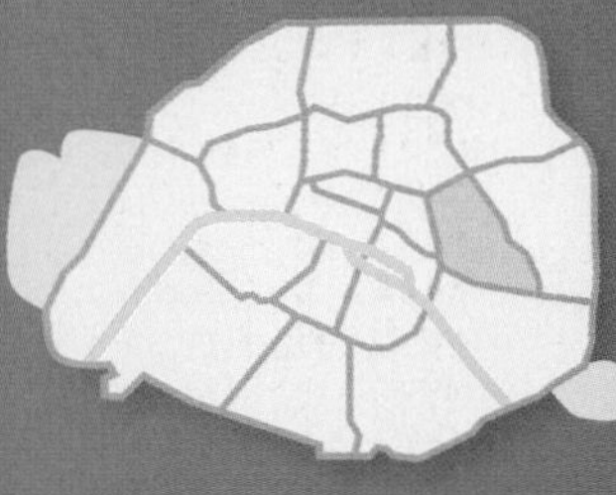

Nation · Voltaire · République

R. Mazin / Photononstop

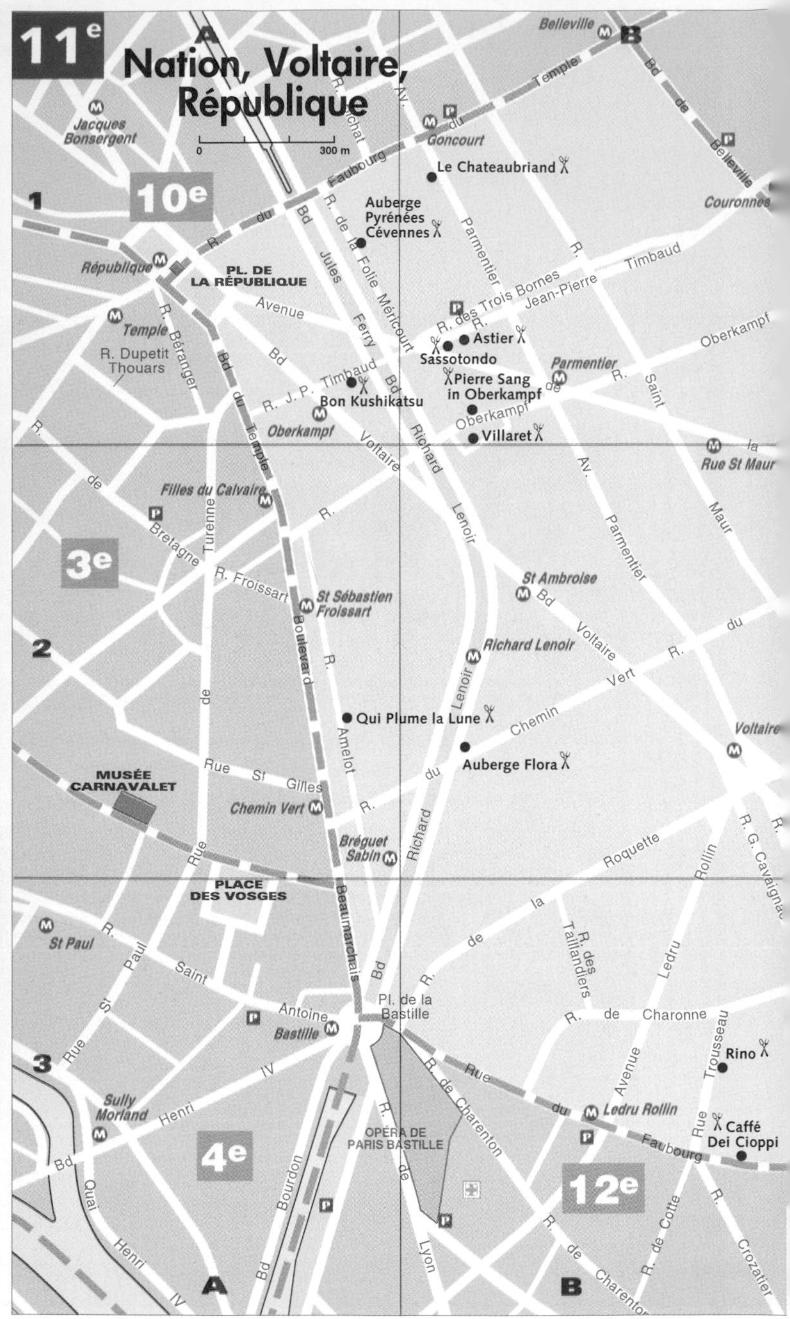
11e
Nation, Voltaire, République
0
300 m
10e
3e
4e
12e
Jacques Bonsergent
République
PL. DE LA RÉPUBLIQUE
Temple
R. Dupetit Thouars
Oberkampf
Filles du Calvaire
St Sébastien Froissart
Chemin Vert
Bréguet Sabin
MUSÉE CARNAVALET
PLACE DES VOSGES
St Paul
Bastille
Sully Morland
Pl. de la Bastille
OPÉRA DE PARIS BASTILLE
Belleville
Goncourt
Couronnes
Parmentier
Rue St Maur
St Ambroise
Richard Lenoir
Voltaire
Ledru Rollin
Le Chateaubriand
Auberge Pyrénées Cévennes
Astier
Sassotondo
Pierre Sang in Oberkampf
Villaret
Bon Kushikatsu
Qui Plume la Lune
Auberge Flora
Rino
Caffé Dei Cioppi

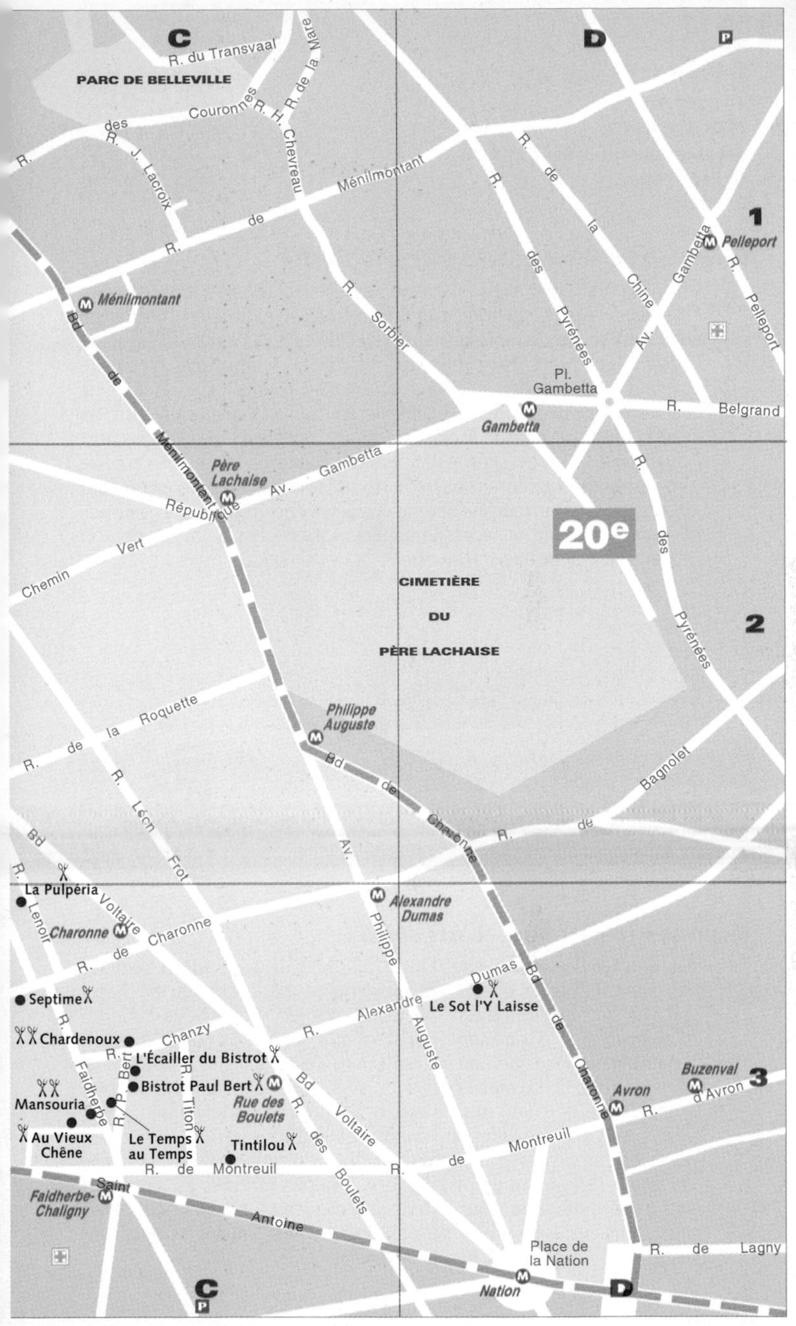
PARC DE BELLEVILLE
CIMETIÈRE DU PÈRE LACHAISE
20e
Ménilmontant
Père Lachaise
Gambetta
Pelleport
Philippe Auguste
Alexandre Dumas
Charonne
Rue des Boulets
Avron
Buzenval
Faidherbe-Chaligny
Nation
Pl. Gambetta
Place de la Nation
La Pulpéria
Septime
Chardenoux
L'Écailler du Bistrot
Bistrot Paul Bert
Mansouria
Au Vieux Chêne
Le Temps au Temps
Tintilou
Le Sot l'Y Laisse

Astier

Traditionnelle

B1 

44 r. J.-P.-Timbaud
01 43 57 16 35
www.restaurant-astier.com
Parmentier
Réserver

Formule 21 € – Menu 32/35 € – Carte 36/50 €

A/C VISA MC

Boudin noir servi avec un jus de viande déglacé au cidre, poitrine de porc braisée au foin, pintade fermière, plateau de fromages (où l'on se sert à volonté) : un vrai "lieu de gourmandise et de bavardage", selon les vœux du patron ! Et il faut aussi parler de la cave, d'une belle richesse (environ 400 références), où les vins se déclinent avec poésie : vins de soif, vins gourmands, vins de méditation, grands flacons... Tradition, simplicité et bon rapport qualité-prix : la recette d'Astier est imparable. Et le succès de cette institution ne se dément pas. On ne se lasse pas de son accueillant décor de bistrot patiné, des tables à touche-touche, des nappes à carreaux et de la vaisselle siglées Astier – en un mot, de son caractère à la bonne franquette !

Auberge Flora N

Moderne

B2 

44 bd Richard-Lenoir
01 47 00 52 77
www.aubergeflora.com
Bréguet Sabin

Menu 45 € (dîner), 50 € – Carte 30/65 € 

A/C VISA MC

Le dernier défi de la chef Flora Mikula, qui a décidé d'associer le couvert... et le gîte. C'est ainsi qu'en 2012 cet ancien hôtel proche de Bastille est devenu "son" auberge – une belle auberge d'aujourd'hui ! Comment résister aux charmes de l'endroit, véritable lieu de vie, où la cuisinière vous accueille pour ainsi dire comme à la maison ? Sa cuisine, toujours aussi pétillante, débordante de soleil et de saveurs, invite à la convivialité : petits farcis à la tomate, filet de dorade et légumes méditerranéens... On peut aussi passer simplement pour grignoter quelques tapas (crostinis de sardine en pissaladière, poulpes marinés au fenouil et citron vert, etc.), ou pour le brunch des samedi et dimanche. Avis aux Parisiens : pourquoi ne pas boucler vos valises et partir en week-end... boulevard Richard-Lenoir ?

Auberge Pyrénées Cévennes

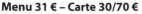

Régionale et terroir A1

106 r. de la Folie-Méricourt
01 43 57 33 78
République
Fermé 30 juillet-20 août, samedi midi, dimanche et fériés

Menu 31 € – Carte 30/70 €

La bonne humeur qui se dégage de cette maison est communicative. Les plaisanteries fusent et la patronne prodigue un accueil inégalable. Dans la salle, les tables sont accolées ; des files de jambons, saucissons et grappes de piments d'Espelette pendent au plafond... Aucun doute, ici, les bons vivants sont rois ! L'assiette propose un véritable tour de France gourmand, qui passe inévitablement par les Pyrénées et les Cévennes, sans négliger pour autant les autres régions. Des recettes généreuses et authentiques, des plats canailles et des "lyonnaiseries" dont le plus fidèle compagnon – un gouleyant pot de beaujolais, par exemple – ne saurait être oublié. Tout le charme d'une auberge régionale, à prix sages et sans chichi.

Au Vieux Chêne

Traditionnelle C3

7 r. du Dahomey
01 43 71 67 69
www.vieux-chene.fr
Faidherbe Chaligny
Fermé 27 avril-5 mai, 29 juillet-18 août, 24 décembre-1er janvier, samedi et dimanche

Formule 14 € – Menu 19 € (déjeuner), 28/33 € – Carte 37/43 €

Fondé en 1932 et... solide comme un chêne ! Le cadre est rétro, l'ambiance sympathique : toutes les racines d'un bistrot parisien. Dans une autre vie, le patron a officié au sein de belles maisons (Rostang, Savoy) ; aujourd'hui, il jongle allégrement entre la salle et la cuisine. Le midi, il propose un bon petit menu du jour et, pour les moins pressés, la carte offre un joli choix : bœuf braisé et sauté, lotte rôtie au chorizo et nage de légumes, poitrine de cochon fermier avec un croustillant de champignons, tous très tentants. Même verdict pour les desserts avec, par exemple, un financier aux noisettes et sa glace au fromage blanc. Quant à la carte des vins, elle compte quelque 150 références. Les néophytes pourront même combler leurs lacunes en lisant le petit livret qui décrit les crus !

Bistrot Paul Bert

Traditionnelle

C3

18 r. Paul-Bert
01 43 72 24 01
Faidherbe Chaligny
Fermé août, dimanche et lundi – Réserver

Menu 18 € (déjeuner en semaine)/36 € – Carte 35/59 €

Deux salles décorées de bouteilles, de banquettes et de miroirs, et une troisième logée dans une ancienne boucherie aux jolies faïences murales de 1920 : vous êtes prêt pour découvrir une cuisine de bistrot au mieux de sa forme. Ici, on ne badine pas avec les bonnes choses ! Les assiettes sont copieuses, sans chichi et bien goûteuses : marbré de foie gras et poireaux, hure de cochon, parmentier de joue et queue de bœuf, cochon de lait aux girolles, filet de bœuf au poivre de Sarawak... On salive aussi à la pensée des desserts, tels le macaron aux framboises, le soufflé au Grand Marnier ou le fameux paris-brest maison. Vous êtes encore indécis ? Songez à l'impressionnante carte des vins, qui affiche près de 500 références !

Bon Kushikatsu

Japonaise

A1

24 r. Jean-Pierre Timbaud
01 43 38 82 27
Oberkampf
Fermé le midi et dimanche – Nombre de couverts limité, réserver

Menu 58 €

Ce petit restaurant japonais cultive une spécialité culinaire toute particulière, venue de la ville d'Osaka : les *kushikatsu*, des minibrochettes panées et frites à la minute. L'occasion est belle pour s'initier à ce pan méconnu de la gastronomie nippone... Bœuf au sansho, filet de sole et sauce soja, foie gras légèrement poivré et aubergine citronnée au daïkon, crevette au sel et aux herbes sèches japonaises, etc. : au fil du menu dégustation, la succession des bouchées révèle finesse et parfums, et représente fort joliment le pays du Soleil-Levant. De même le décor, chic et typiquement japonais, et l'accueil, d'une grande gentillesse. Cette table se révèle un havre de délicatesse dans la belle tradition nippone...

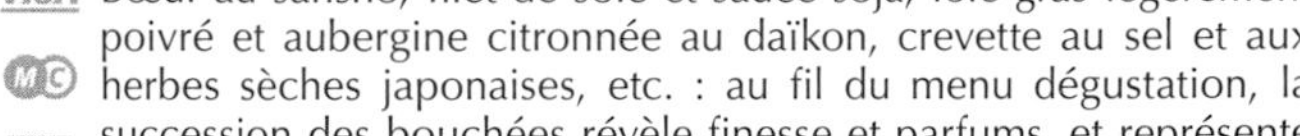

Caffé dei Cioppi

Italienne B3

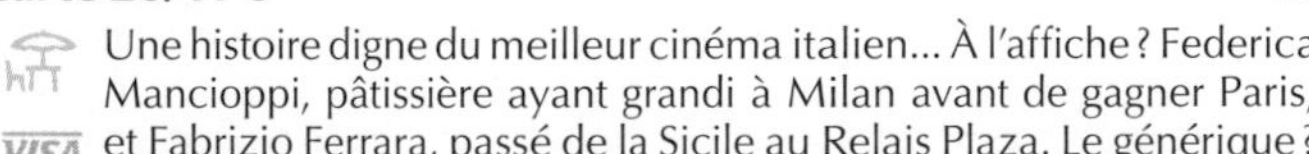

159 r. du Faubourg-St-Antoine
01 43 46 10 14
Ledru Rollin
Fermé 3 semaines en août, vacances de Noël, samedi, dimanche et lundi – Nombre de couverts limité, réserver

Carte 26/41 €

VISA

Une histoire digne du meilleur cinéma italien... À l'affiche ? Federica Mancioppi, pâtissière ayant grandi à Milan avant de gagner Paris, et Fabrizio Ferrara, passé de la Sicile au Relais Plaza. Le générique ? Une devanture toute simple, dans un passage piéton du faubourg St-Antoine. Le décor ? Cinq tables, pas une de plus, pas une de moins, réservées à quelques chanceux, avec en arrière-plan les fourneaux visibles de la salle, au-dessus desquels s'active le duo complice. Le scénario ? Tout un défilé de belles saveurs italiennes, pétillantes ou fondantes, incontournables ou plus inattendues : risotto à l'encre de seiche, linguine aux palourdes, sbrisolona (amandes et farine de maïs) et sa crème de mascarpone… À la fin du film, pas de doute : le héros, c'est vous !

Chardenoux

Traditionnelle C3

1 r. Jules-Vallès
01 43 71 49 52
www.restaurantlechardenoux.com
Charonne

Menu 27 € (déjeuner en semaine) – Carte 47/69 €

VISA AE

Rouvert à l'occasion de son 100e anniversaire en 2008, ce bistrot parisien trouve un second souffle sous l'impulsion du très médiatique Cyril Lignac. Ses deux petites salles à manger ont gardé tout leur charme d'origine : comptoir en marbre coloré, zinc, plafond mouluré orné de ciels peints et mobilier bistrot. Côté cuisine, la carte opte pour un séduisant registre traditionnel avec la terrine de campagne, l'œuf cocotte aux cèpes, le sauté de bœuf aux olives préparé en cocotte, l'andouillette et la côte de veau de lait de Corrèze à partager. Les plats du jour remettent sous les projecteurs hachis parmentier de canard ou bœuf bourguignon, et des desserts tels que le paris-brest ou le soufflé au chocolat. On en salive d'avance...

Le Chateaubriand

Moderne B1

129 av. Parmentier
01 43 57 45 95
www.lechateaubriand.net
Goncourt
Fermé 25 décembre-1er janvier, dimanche et lundi – Dîner seulement

Menu 60 €

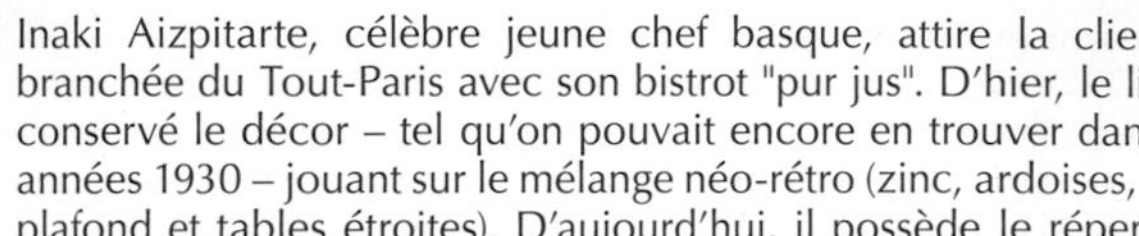

Inaki Aizpitarte, célèbre jeune chef basque, attire la clientèle branchée du Tout-Paris avec son bistrot "pur jus". D'hier, le lieu a conservé le décor – tel qu'on pouvait encore en trouver dans les années 1930 – jouant sur le mélange néo-rétro (zinc, ardoises, haut plafond et tables étroites). D'aujourd'hui, il possède le répertoire culinaire et un service stylé avec des serveurs tout droit sortis d'un défilé de mode, aux allures décontractées. Chaque soir, l'unique menu dégustation offre une cuisine créative, osée et goûteuse. Produits et vins sont choisis avec soin chez des producteurs indépendants. Pensez à réserver, vu la médiatisation de cette table et la grande affluence.

L'Écailler du Bistrot

Poissons et fruits de mer C3

22 r. Paul-Bert
01 43 72 76 77
Faidherbe Chaligny
Fermé août, dim. et lundi

Menu 18 € (déjeuner en semaine), 36/55 € – Carte 43/67 €

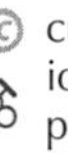

Ici, on ne sert que des produits de la mer. Les huîtres arrivent directement de Bretagne, en provenance de Riec-sur-Belon (maison Cadoret), mais aussi d'autres bassins ostréicoles. L'ardoise du jour présente plusieurs poissons, tous de belle fraîcheur, cuisinés très simplement pour conserver leurs agréables saveurs iodées. Autres points forts de la maison : le menu homard, servi presque toute l'année, et la carte des vins étoffée, comptant près de 500 références. Quant au décor des deux petites salles à manger, il transporte les Parisiens droit vers les flots avec ses maquettes de voiliers et autres embarcations, ses peintures marines et ses boiseries évoquant les cabines de bateaux. Avant d'embarquer, il est prudent de réserver.

Mansouria

Marocaine

C3 

11 r. Faidherbe
01 43 71 00 16
www.mansouria.fr
Faidherbe Chaligny
Fermé lundi midi et dimanche – Réserver

Menu 28/36 € – Carte 32/54 €

A/C VISA MC

Fatema Hal est une figure parisienne de la gastronomie marocaine et son restaurant une véritable institution en la matière. Ethnologue de formation, auteur de livres traitant de la cuisine de son pays, elle a insufflé à ce lieu authentique le meilleur de ses racines. Voilà pourquoi le Tout-Paris vient et revient depuis toujours dans ce décor mauresque pour savourer les "vraies" spécialités d'Afrique du Nord, préparées par d'habiles cuisinières originaires de là-bas : tajines, couscous, pastillas, crème parfumée à la fleur d'oranger, etc. Le service, aussi souriant que courtois et efficace, ne souffre aucune comparaison. Est-il besoin de le préciser : mieux vaut réserver sa table, en particulier le soir en fin de semaine...

Pierre Sang in Oberkampf

Moderne

B1 

55 r. Oberkampf
www.pierresangboyer.com
Parmentier
Fermé 2 semaines en août, 30 décembre-8 janvier, samedi midi, dimanche midi et lundi

Formule 20 € – Menu 25 € (déjeuner), 35/50 €

A/C VISA MC

Qui est adepte de l'émission Top Chef, sur M6, connaît forcément Pierre Sang, finaliste en 2011. C'est ici, à Oberkampf, qu'il a décidé de s'installer. Une belle surprise ! On retrouve toute la gentillesse du jeune homme, qui délivre – on pouvait l'imaginer – une cuisine sensible et partageuse. Le menu change chaque jour en fonction du marché et de son inspiration, laquelle n'hésite pas à bousculer les habitudes, mais jamais vainement. Le cuisinier n'a pas oublié les fondamentaux, lui qui, après son BEP au Puy-en-Velay, a roulé sa bosse à Lyon, en Asie, à Londres, etc. De là sa patte cosmopolite, amatrice d'herbes et d'épices... Nul doute : ses assiettes ne manquent ni d'idées ni de saveurs ! Les produits viennent des commerçants voisins et on passe en ami (pas de réservation) : un endroit fort sympathique !

La Pulpéria N

Traditionnelle C3

11 r. Richard-Lenoir
01 40 09 03 70
Ⓜ Voltaire
Fermé 2 semaines en août, 1 semaine en décembre, samedi midi et dimanche – Réservation conseillée le soir

Formule 16 € – Menu 19 € (déjeuner) – Carte 36/45 €

VISA MC

Elle se situe à Charonne, cette Pulpéria – du nom de ces épiceries qu'on trouve en Amérique latine –, mais elle porte bien cette appellation : c'est l'affaire de Fernando, jeune chef originaire d'Argentine, passé par de fameuses maisons parisiennes (Crillon, Royal Monceau). Ici chez lui, il réinterprète à l'envi les recettes de son pays et de l'Hexagone, à l'image de cette empañada (feuilleté farci à la viande) en entrée, croustillante et bien parfumée. Argentine oblige, la viande tient évidemment le haut du pavé. Avis aux amateurs : elle se révèle de grande qualité et préparée dans les règles de l'art... Dans l'esprit de l'arrondissement, la déco joue la carte du bistrot simple et branché. Bref, chez Fernando, tout est *bueno !*

Qui plume la Lune N

Moderne A2

50 r. Amelot
01 48 07 45 48
Ⓜ Chemin Vert
Fermé août, 1 semaine fin décembre, mercredi midi, samedi midi, dimanche, lundi et fériés – Nombre de couverts limité, réserver

Menu 41 € (déjeuner), 60/110 €

VISA MC

Qui plume la Lune, c'est d'abord un joli endroit, chaleureux, romantique et même un peu poétique... Sur l'un des murs de la salle trône une citation de William Faulkner : "Nous sommes entrés en courant dans le clair de lune et sommes allés vers la cuisine." C'est aussi un havre de délices, porté par un chef aussi humble que passionné. Jacky Ribault a travaillé dans de belles maisons (en particulier en Asie, dont sa cuisine porte la marque) avant de créer cette affaire avec son épouse. Il démontre une détermination rare à ne sélectionner que de superbes produits – selon une éthique écologique – et à mettre à leur service son savoir-faire de cuisinier : de là des assiettes pleines de vitalité, de fraîcheur et de senteurs. Agréable moment, donc, sous la clarté de cette table aussi lunaire que terrestre...

Rino

Italienne B3

46 r. Trousseau
01 48 06 95 85
www.rino-restaurant.com
Ⓜ Ledru-Rollin
Fermé août, le midi sauf vendredi et samedi, dimanche et lundi – Nombre de couverts limité, réserver

Formule 23 € – Menu 41/58 €

VISA MC Juste à côté du square Trousseau, les habitués du quartier plébiscitent cette adresse discrète pour sa cuisine pleine de tempérament. Ici, c'est le plaisir gustatif qui prime ! Le chef, Giovanni Passerini, a travaillé dans de belles maisons un peu partout en Europe et a conservé de ses expériences un goût pour les beaux produits de saison et une inspiration franchement latine. Des gnocchis au citron confit auxquels des couteaux apportent une note iodée, un cabillaud dont la chair translucide atteste de la justesse de la cuisson, un canard en deux cuissons accompagné de quinoa : c'est à la fois équilibré, simple et bon. Ne venez pas sur un coup de tête, le nombre de places est limité : mieux vaut réserver…

Sassotondo

Italienne B1

40 r. J.-P. Timbaud
01 43 55 57 00
Ⓜ Parmentier
Fermé août, 25 décembre-1er janvier, mardi et mercredi

Formule 16 € – Carte 33/47 €

VISA MC Cette trattoria contemporaine s'épanouit rue Jean-Pierre Timbaud, au cœur d'un quartier branché s'il en est... Chaises et tables en bois sombre, lumières tamisées, ambiance décontractée : le ton est donné. Sassotondo est le nom d'un domaine viticole et tout ici vient de la Botte ! À commencer par les vins et par le chef, d'origine toscane. Le pain et les pâtes sont faits maison, à partir d'une farine italienne ; l'occasion de découvrir des plats trop souvent méconnus en France comme l'acquacotta (un bouillon de légumes servis avec des croûtons et des œufs), les crêpes à la florentine fourrées de ricotta et d'épinards, la côte de veau rôtie aux salsifis, etc. *Va bene !*

Septime

Moderne

C3

80 r. de Charonne
01 43 67 38 29
www.septime-charonne.fr
Charonne
Fermé 3 semaines en août, lundi midi, samedi et dimanche

Formule 28 € – Menu 55 € (dîner)

VISA MC

Dès l'ouverture du restaurant, en mai 2011, le bouche-à-oreille a été impressionnant et la conquête du quartier presque immédiate. Il faut dire que nous ne sommes pas loin de la Bastille, dans une de ces rues animées où l'on se presse en un incessant ballet à la terrasse des cafés. Un rien sévère ce Septime? D'aspect seulement et uniquement pour mieux séduire avec ses matériaux bruts ; un "nu" très étudié où l'escalier en colimaçon joue les équilibristes presque au milieu de la salle. Beaucoup de fraîcheur dans l'assiette : le jeune chef, Bertrand Grébaut, concocte une cuisine tout en légèreté, sans cesse à la recherche des "perles" du marché. Comme quoi, un style à la fois jeune et décontracté peut parfaitement cohabiter avec une cuisine des plus soignées.

Le Sot l'y Laisse N

Moderne

D3

70 r. Alexandre-Dumas
01 40 09 79 20
Alexandre Dumas
Fermé 2 semaines en août, 24-31 décembre, samedi midi, lundi midi et dimanche

Formule 20 € – Menu 24 € (déjeuner) – Carte 40/60 €

VISA MC

Bien sot qui laisserait de côté ce beau bistrot ! À la limite des 11e et 20e arrondissements, il participe d'un véritable phénomène aujourd'hui à Paris : celui des tables lancées par de jeunes chefs japonais. Comme les autres, Eiji Doihara, originaire d'Osaka, est venu parfaire sa formation dans l'Hexagone avant de décider de s'y installer. L'occasion de rendre un bel hommage à cette gastronomie française qui le passionne... Ventrèche de thon mi-cuit, vinaigrette au soja, légumes de Joël Thiébault et quelques fleurs ; fricassée de sot-l'y-laisse aux champignons sauvages ; blanc-manger au sésame noir et mousseline de lait : généreuses et gourmandes, ou légères et délicates, ses recettes valorisent de superbes produits et font mouche à chaque fois. L'adresse remporte un succès mérité !

Le Temps au Temps

Traditionnelle C3

13 r. Paul-Bert
01 43 79 63 40
Faidherbe Chaligny
Fermé 9-24 août, 20-29 décembre, dimanche et lundi

Menu 18 € (déjeuner en semaine)/30 €

A/C VISA MC AE

Entre Nation et Bastille, le petit bistrot de Denis Sabarots est une valeur sûre. Parquet, murs caramel et vieilles pendules derrière le comptoir composent le décor de la salle à manger, grande comme un mouchoir de poche. Le chef-patron propose une cuisine de saison à tendance actuelle, déclinée sur l'ardoise du jour, courte et simple. Quelques exemples ? Tartine de maquereau et rillettes, carré de veau et caviar d'aubergine, baba au rhum et pêches au sirop, etc. À noter, l'alléchante formule du déjeuner et la sympathique petite sélection de vins de propriétaires. À (re) découvrir sans tarder, en réservant, car le nombre de couverts est limité.

Tintilou

Moderne C3

37 bis r. de Montreuil
01 43 72 42 32
www.tintilou.fr
Faidherbe-Chaligny
Fermé 3 semaines en août, 1 semaine en février, samedi midi et dimanche

Formule 17 € – Menu 25 € (déjeuner), 35/72 € – Carte 35/55 €

VISA MC

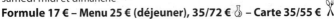

Cet ancien relais de mousquetaires du 16e s., avec ses plafonds à la française et sa cour classée, s'est paré en 2011 de toutes les couleurs de l'arc-en-ciel : rouge cerise, vert anis, jaune safran, bleu céruléen… Le résultat est élégant et original, comme cette cuisine qui rêve de voyages et de parfums. La carte est courte et change chaque mois, présentant les plats par d'énigmatiques associations : "saumon – potiron – fenouil – poutargue", "canard colvert – cacao", etc. Et lorsque l'on déguste une assiette de couteaux à la coriandre fraîche, on se prend à rêver de promenade en bord de mer à marée basse… Savoureuse simplicité !

Villaret

Traditionnelle B1

13 r. Ternaux
01 43 57 75 56
Parmentier
Fermé 3 semaines en août, samedi midi et dimanche

Formule 20 € – Menu 25 € (semaine), 32/50 € – Carte 40/60 €

Les délicieux parfums qui vous accueillent dès la porte ne trompent pas : voilà une vraie adresse gourmande ! Son credo : bien faire, en toute simplicité. Le décor de parfait bistrot met à l'aise : beau bar en zinc, bois omniprésent, briques et colombages. La cuisine est franche et sympathique, à base de produits de qualité que le chef sait travailler avec justesse : œufs cocotte à la crème de foie gras ; dos de cabillaud poêlé sur la peau, petits pois et lard ; croustillant au chocolat, glace thym-basilic. La cave offre un choix étonnant : les amateurs de bourgognes et de côtes-du-rhône devraient trouver leur bonheur ! On propose aussi des vins à petits prix désignés avec humour comme "les médicaments du jour", à l'unisson de l'accueil qui est... aux petits soins.

H. Hughes / Hemis.fr

12e

Bastille · Bercy · Gare de Lyon

Ph. Renault / Hemis.fr

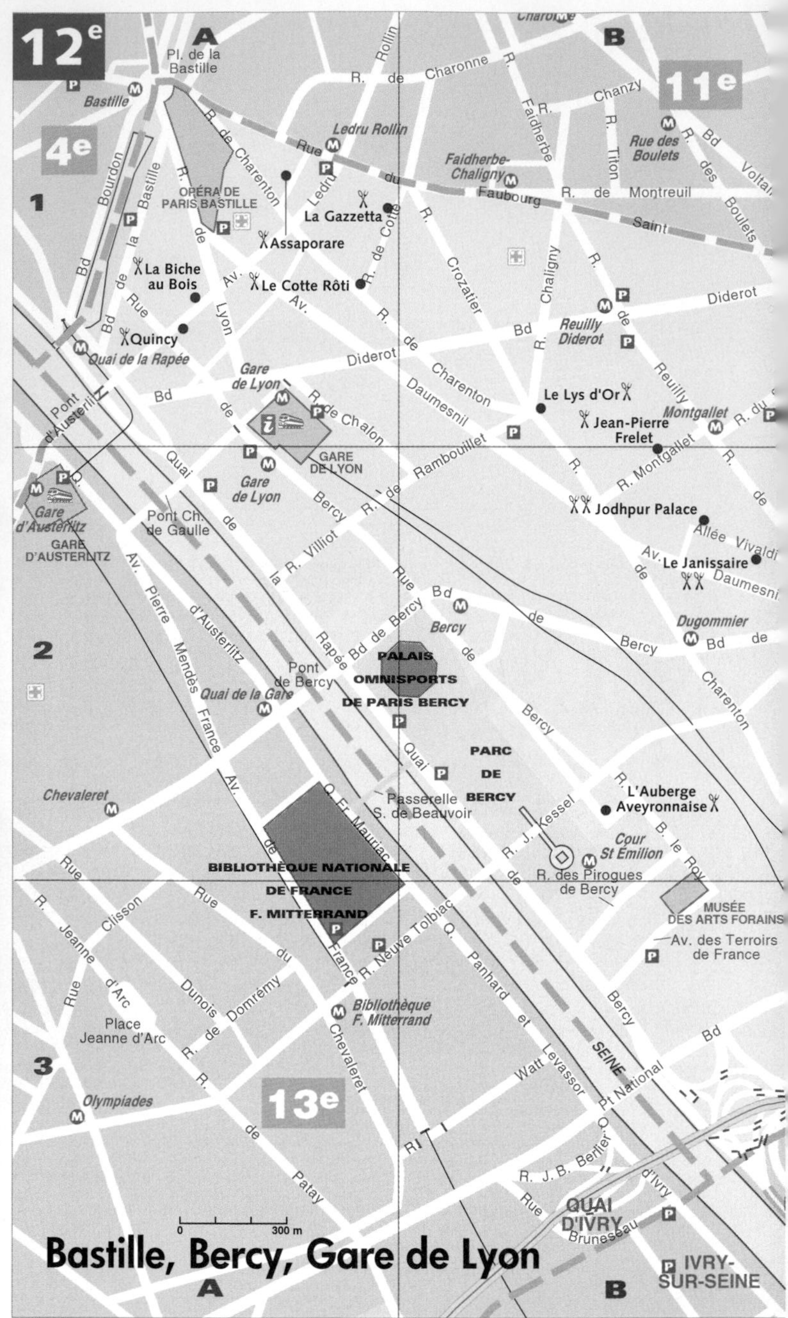

Bastille, Bercy, Gare de Lyon

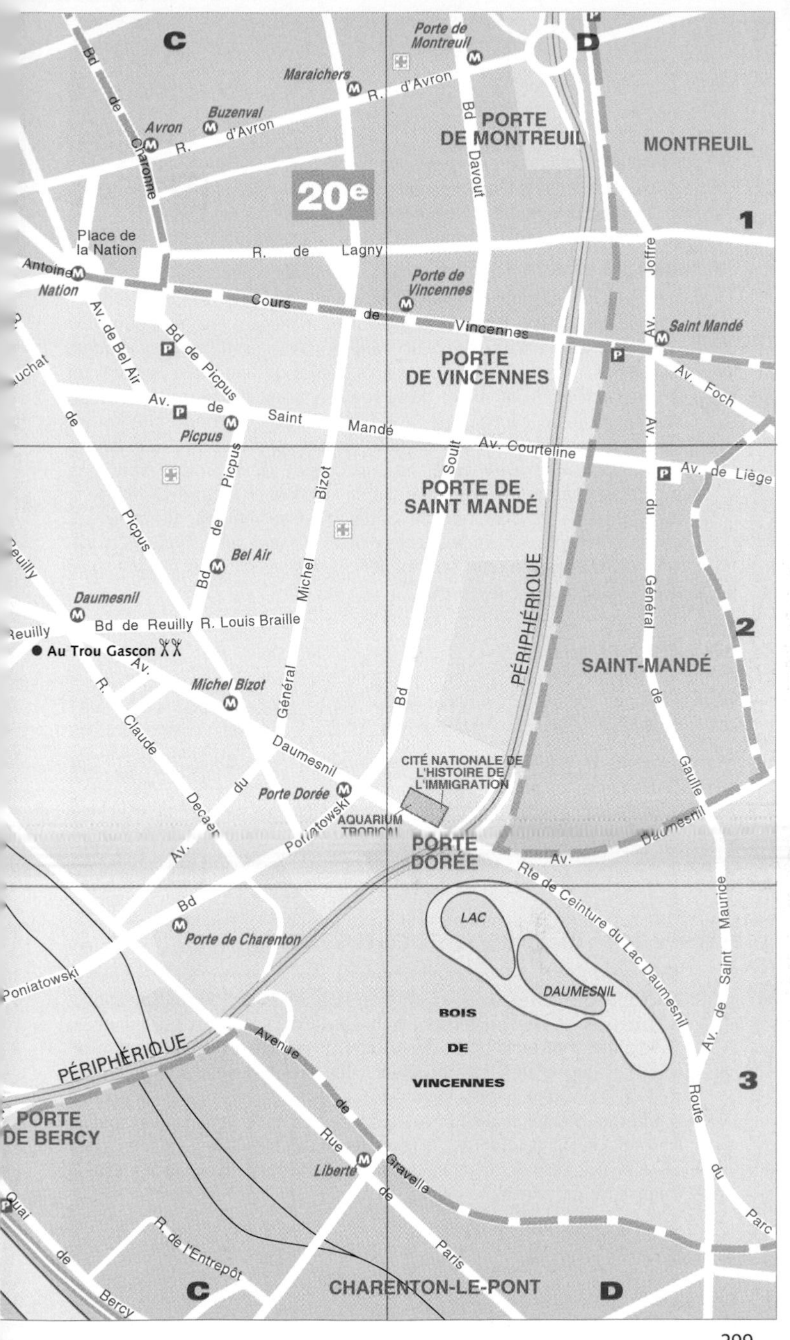
C
D
Porte de Montreuil
Maraichers
R. d'Avron
Buzenval
Avron
R. d'Avron
Bd de Charonne
PORTE DE MONTREUIL
MONTREUIL
Bd Davout
20e
1
Place de la Nation
R. de Lagny
Antoine
Nation
Porte de Vincennes
Cours de Vincennes
Av. Joffre
Saint Mandé
Av. de Bel Air
Bd de Picpus
PORTE DE VINCENNES
Av. Foch
Av. de Saint Mandé
Picpus
Av. Courteline
Bd Soult
Av. de Liège
PORTE DE SAINT MANDÉ
Bizot
Picpus
Bd de Picpus
Bel Air
Michel
PÉRIPHÉRIQUE
Av. du Général de Gaulle
Daumesnil
2
Bd de Reuilly
R. Louis Braille
Reuilly
Au Trou Gascon
SAINT-MANDÉ
Av.
Michel Bizot
Général
Bd
R. Claude Decaen
Av. du
Daumesnil
CITÉ NATIONALE DE L'HISTOIRE DE L'IMMIGRATION
Porte Dorée
Poniatowski
AQUARIUM TROPICAL
PORTE DORÉE
Av. Daumesnil
Rte de Ceinture du Lac Daumesnil
Bd
Porte de Charenton
LAC
Av. de Saint Maurice
Poniatowski
DAUMESNIL
BOIS DE VINCENNES
PÉRIPHÉRIQUE
Avenue de Gravelle
3
PORTE DE BERCY
Rue de Paris
Liberté
Route du Parc
Quai de Bercy
R. de l'Entrepôt
CHARENTON-LE-PONT

Assaporare

Italienne A1

7 r. St-Nicolas
01 44 67 75 77
Ledru-Rollin
Fermé août, vacances de Noël, samedi midi, lundi soir, mardi soir et dimanche – Nombre de couverts limité, réserver

Formule 15 € – Carte 38/63 €

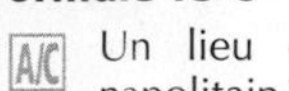

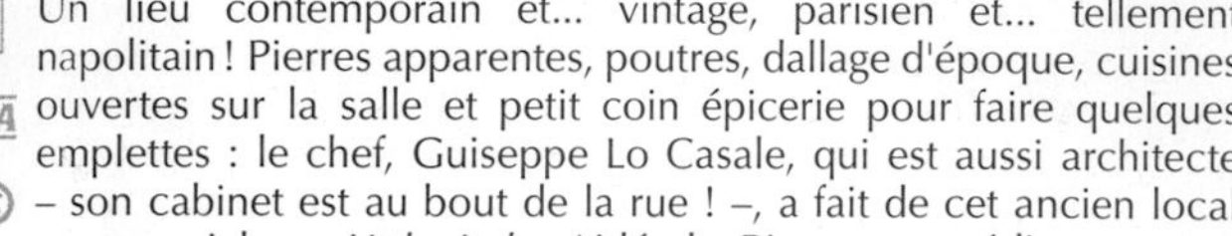

Un lieu contemporain et... vintage, parisien et... tellement napolitain ! Pierres apparentes, poutres, dallage d'époque, cuisines ouvertes sur la salle et petit coin épicerie pour faire quelques emplettes : le chef, Guiseppe Lo Casale, qui est aussi architecte – son cabinet est au bout de la rue ! –, a fait de cet ancien local commercial un *Little Italy*. Aidé de Bianca, comédienne toute pétrie du beau savoir-faire de sa "mamma", et d'un autre Guiseppe, il concocte une franche et fraîche cuisine de la Botte. Antipasti délicats, marinés dans une huile d'olive parfumée, ravioles aux épinards et à la ricotta, pâtes fraîches maison, tiramisu au citron... Simple, mais tellement bon ! Quant aux vins, ils sont sélectionnés par le chef sommelier du très sélect Cinq. Il n'y a plus qu'à "assaporare" (savourer).

L'Auberge Aveyronnaise

Régionale et terroir B2

40 r. Gabriel-Lamé
01 43 40 12 24
Cour St-Émilion
Fermé 1er-15 août

Formule 20 € – Menu 26/32 € – Carte 35/72 €

Tout est dit dans l'enseigne : bienvenue en Aveyron ! Cette adresse du Bercy moderne, avec sa cheminée et ses traditionnelles nappes à carreaux, reste solidement ancrée dans le terroir rouergat. Les spécialités mettent l'eau à la bouche : tripoux, boudin, jarret aux lentilles, chou farci, charcuteries, aligot, millefeuille à l'ancienne, flan à la louche... Des portions généreuses, cuisinées avec les meilleurs produits (veau du Ségala, bœuf de l'Aubrac, tomme fraîche de Laguiole) et arrosées de pichets de vins locaux. En été, profitez de la terrasse sur la rue (ouverte uniquement à l'heure du déjeuner).

Au Trou Gascon ✿

Du sud-ouest

C2

40 r. Taine
✆ 01 43 44 34 26
www.autrougascon.fr
Ⓜ Daumesnil
Fermé août, 22 décembre-1er janvier, samedi et dimanche

Menu 40 € (déjeuner)/60 € – Carte 55/72 €

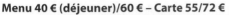

Au Trou Gascon

Alain Dutournier y a fait ses débuts en 1973, donnant au terroir gascon ses lettres de noblesse dans la capitale. Aujourd'hui, le chef étoilé a conquis une autre grande table des beaux quartiers (le Carré des Feuillants, dans le 1er arrondissement), mais son ancien bistrot 1900 est resté une affaire de famille. Dirigé par son épouse, Nicole, avec aux fourneaux le chef Thibault Sombardier, le Trou Gascon continue d'attirer les fins connaisseurs des spécialités du Sud-Ouest. De l'Adour et de l'Océan, plus précisément. À commencer par le cassoulet – incontournable –, les gibiers ou le vieux jambon "au couteau". Autant de classiques qui ne doivent cependant pas faire oublier l'autre aspect de la cuisine : créative et contemporaine. Le terroir, respecté et revisité, valorisé par une sublime carte des vins (comptant près de 1 000 références), a décidément de beaux jours devant lui !

Entrées

- Infusion de crevettes à la citronnelle et royale coraillée
- Huîtres spéciales d'Arcachon en crépinette de ris de veau à la truffe

Plats

- Filet de lotte laqué d'olives noires, bohémienne de légumes, jus de chipirons
- Lièvre à la mode royale, enrichi de foie gras et truffe

Desserts

- Framboises façon vacherin, sorbet de caillé de brebis, granité menthe fraîche
- Crumble de poire confite au thé fumé, marrons glacés en crème glacée

La Biche au Bois

Traditionnelle A1

45 av. Ledru-Rollin
01 43 43 34 38
Gare de Lyon
Fermé 20 juillet-20 août, 23 décembre-2 janvier, lundi midi, samedi et dimanche

Formule 24 € – Menu 29/37 € – Carte 27/38 €

VISA MC AE

Les inconditionnels de la Biche au Bois apprécient l'adresse pour sa qualité et ses prix serrés. Cadre simple de bistrot classique et convivial, tables nappées à touche-touche, argenterie... et cuisine à l'ancienne : le patron, consciencieux et motivé, met un point d'honneur à préserver la tradition. Foie gras au torchon, terrine de campagne au poivre vert, pavé de saumon sauce forestière tiennent le haut de l'affiche. Suivent d'autres incontournables, dont les gibiers, toujours à l'honneur en saison. Pour la note sucrée : l'"Opéra Biche" maison (un gâteau moelleux et sa crème anglaise) ou la tarte aux fruits. En un mot, une carte aux puissants accents du terroir qui justifie le succès de l'établissement.

Le Cotte Rôti

Moderne A1

1 r. de Cotte
01 43 45 06 37
Ledru-Rollin
Fermé 3 semaines en août, 24 décembre-2 janvier, samedi midi, dimanche et lundi

Formule 19 € – Menu 39/43 €

VISA MC

Dans ce quartier d'Aligre toujours en ébullition, le Cotte Rôti est à l'image de son chef, Nicolas Michel : convivial et épicurien. À sa cuisine de bistrot, il apporte un certain sens de la rigueur hérité des belles maisons où il a travaillé. Le pressé de hareng rencontre l'aneth et la moutarde douce, la salade d'artichaut se frotte au citron frais et au parmesan, l'épaule d'agneau de sept heures fricote avec des lasagnes aux champignons... Les rencontres entre bons produits sont nombreuses et changent, comme le menu à l'ardoise, au gré de l'humeur et du marché, tout proche. Beaucoup de finesse donc dans cette adresse pour gourmands où les couleurs vives claquent aux murs. Et la carte des vins rend un hommage bien mérité aux crus de Bourgogne, sans faire l'impasse sur quelque jolie bouteille de côte-rôtie !

La Gazzetta

Moderne

A1

29 r. de Cotte
01 43 47 47 05
www.lagazzetta.fr
Ledru Rollin
Fermé août, dimanche et lundi

Formule 17 € – Menu 39 € (déjeuner), 45/65 €

L'équipe du China Club et du Fumoir a ouvert une troisième adresse, La Gazzetta, mi-bistrot cosy, mi-brasserie moderne. Son concept tout en un – restaurant, bar à vins, café culturel (presse française et étrangère à disposition) – en fait un repaire branché où la cuisine ne démérite pas avec une carte dédiée aux produits de la Méditerranée. La Gazetta a trouvé son rythme de croisière grâce à Petter Nilsson (ex-chef des Trois Salons à Uzès). Suédois d'origine, parfaitement à l'aise avec les spécialités corses, italiennes et espagnoles, il privilégie les saveurs simples. Délicieuses, l'épaule d'agneau au miel et la "cassata" (ricotta sicilienne glacée et sucrée aux fruits confits), ensoleillés, les vins de terroir.

Le Janissaire

Turque

B2

22 allée Vivaldi
01 43 40 37 37
www.lejanissaire.fr
Daumesnil
Fermé samedi midi et dimanche

Menu 13 € (déjeuner), 25/45 € – Carte 25/45 €

Le Janissaire offre un beau concentré de Turquie, certifié authentique grâce à une équipe originaire de là-bas. D'emblée, la terrasse invite à s'attabler avant même d'avoir vu la salle, tout aussi séduisante avec ses touches ottomanes : tapis, peintures, vitraux. Un bel écrin pour découvrir – ou redécouvrir – les spécialités gastronomiques de cette contrée : "ezme" (purée de tomates épicée), "borek" (feuilleté au fromage), "tavuk" (brochette de poulet)... Au dessert, osez les surprenants et rares "kabak tatlisi" et "yeniceri tatlisi" (aubergine et potiron confits). Si les vins de pays se révèlent tout à fait honnêtes, testez l'"ayran", cette boisson locale à base de yaourt salé et de citron... le dépaysement n'en sera que meilleur.

Jean-Pierre Frelet

Traditionnelle

B1-2

25 r. Montgallet
01 43 43 76 65
Montgallet
Fermé 20-27 mai, 29 juillet-27 août, samedi midi et dimanche

Formule 22 € – Menu 30 € (dîner)/35 €

Les Frelet vous reçoivent chez eux comme des amis de longue date. En vrais passionnés, ils travaillent avec la précision des artisans. Elle en salle et lui aux fourneaux, ils forment un duo parfait : gentillesse de l'accueil et savoir-faire au service d'une cuisine du marché, franche et sans fausse note. Pleins feux sur les produits, rien que les produits, fraîchement accommodés dans des plats chaque jour différents : pâté de volaille, brandade de morue, croustillant à la frangipane... Voilà la clé du succès de ce petit restaurant de quartier au décor minimaliste. La formule déjeuner, très bien pensée, attire immanquablement les gourmets avertis... et chanceux (seulement une vingtaine de couverts par service). Une bonne adresse à essayer d'urgence.

Jodhpur Palace

Indienne

B2

42 allée Vivaldi
01 43 40 72 46
www.jodhpurpalace.com
Daumesnil

Formule 14 € – Menu 25/29 € – Carte 22/35 €

Sous-représentée dans le 12e arrondissement, la cuisine indienne a trouvé refuge dans ce spacieux "palace" oriental à la devanture rouge très engageante. Pour sa deuxième adresse parisienne, Baldev Singh a choisi une rue calme près de la coulée verte. Un merveilleux havre de paix (précipitez-vous sur la terrasse ombragée !) qui vous emmène au pays des épices et des saris. Le décor étonne en associant les traditionnelles fresques et boiseries acajou au blanc immaculé des murs, plus moderne. On est loin de l'ambiance tamisée attendue (quoique préservée dans une petite alcôve au fond), mais les recettes classiques sont au rendez-vous : palak panir, poulet tikka, massala, byriani... Pour un voyage gastronomique vers le Nord de l'Inde.

Le Lys d'Or

Chinoise B1

5 pl. Col-Bourgoin
01 44 68 98 88
www.lysdor.com
Reuilly Diderot

Formule 15 € – Menu 24/32 € – Carte 25/40 €

A/C VISA MC AE

Toutes les saveurs gastronomiques de la Chine à Paris. Qui plus est dans un décor de palais luxuriant, dominé par la couleur rouge et la verdure (jardin intérieur de bambous, rivières et fontaines). Ouvert depuis 1993 et auréolé de prix, le Lys d'Or invite à découvrir l'art culinaire de l'Empire du Milieu, trop méconnu. Sichuan, Shanghai, Canton, Pékin : les quatre cuisines régionales étonnent par leur diversité et leur grand raffinement. Loin des seules bouchées vapeur – tout de même présentes sur la carte –, on se laisse tenter par les "gui fei" (grillades), le tartare de tofu à la coriandre, le crabe aux légumes croustillants, le "gou fen" (paella asiatique)... Le tout assorti d'un bon choix de vins chinois et français.

Quincy

Traditionnelle A1

28 av. Ledru-Rollin
01 46 28 46 76
www.lequincy.fr
Gare de Lyon
Fermé août, samedi, dimanche et lundi

Carte 40/70 €

A/C

Alors que Paris devient une grande bourgeoise, il reste encore des tables "tradi" à l'abri des vogues et des modes. Le Quincy en fait partie et c'est tant mieux ! Inchangé depuis une trentaine d'années, ce bistrot rustique comme on n'en fait plus (attention, même la carte de crédit n'a pas sa place ici !) est à l'image de son propriétaire, Michel Bosshard, dit "Bobosse". Bon vivant et volubile, généreux et entier, il propose des plats qui lui ressemblent, 100 % maison et influencés par l'Ardèche et le Berry. Viandes et charcuteries en tête, on trouve aussi le foie gras, la terrine fermière, le chou farci, le cassoulet, la mousse au chocolat... Mieux qu'une madeleine nostalgique, ces recettes au bon goût d'antan vous réservent un pur moment de bonheur.

13e

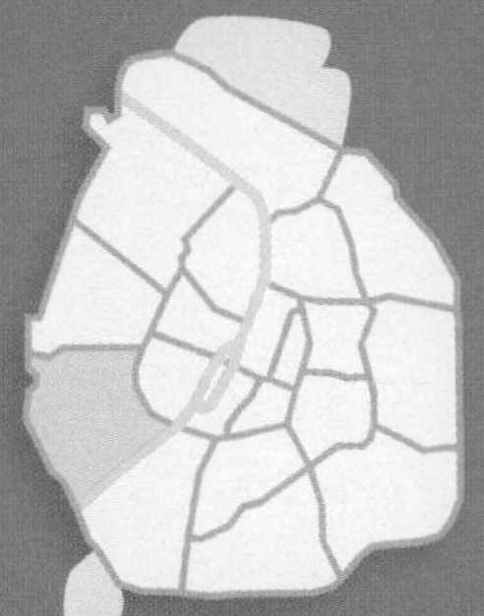

Place d'Italie · Gare d'Austerlitz · Bibliothèque nationale de France

J. Saget / AFP Creative/Photononstop

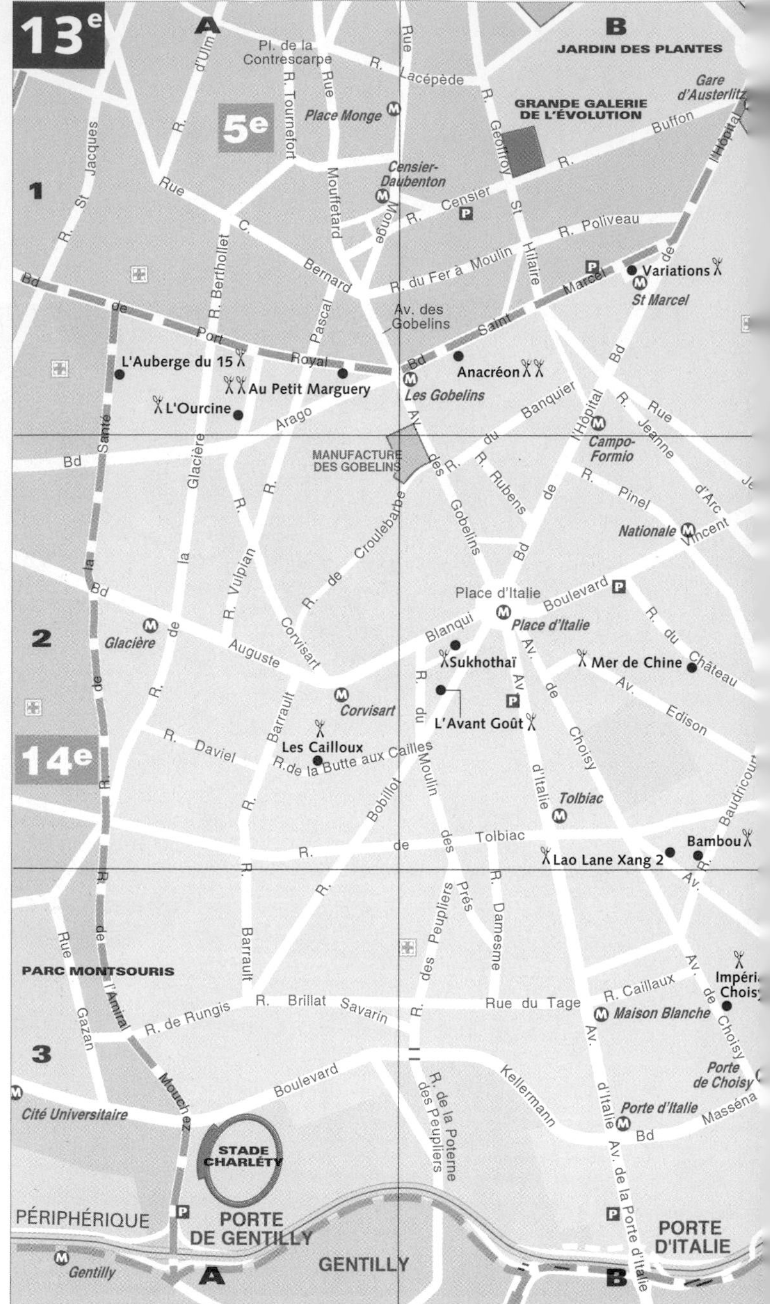
13e
A
B
JARDIN DES PLANTES
5e
14e
1
2
3
Pl. de la Contrescarpe
Place Monge
Censier-Daubenton
GRANDE GALERIE DE L'ÉVOLUTION
Gare d'Austerlitz
Variations
St Marcel
Av. des Gobelins
L'Auberge du 15
Au Petit Marguery
L'Ourcine
Anacréon
Les Gobelins
MANUFACTURE DES GOBELINS
Campo-Formio
Nationale
Place d'Italie
Glacière
Sukhothaï
Mer de Chine
Corvisart
L'Avant Goût
Les Cailloux
Tolbiac
Bambou
Lao Lane Xang 2
PARC MONTSOURIS
Impéri
Choisy
Maison Blanche
Porte de Choisy
Cité Universitaire
Porte d'Italie
STADE CHARLÉTY
PÉRIPHÉRIQUE
PORTE DE GENTILLY
GENTILLY
Gentilly
PORTE D'ITALIE

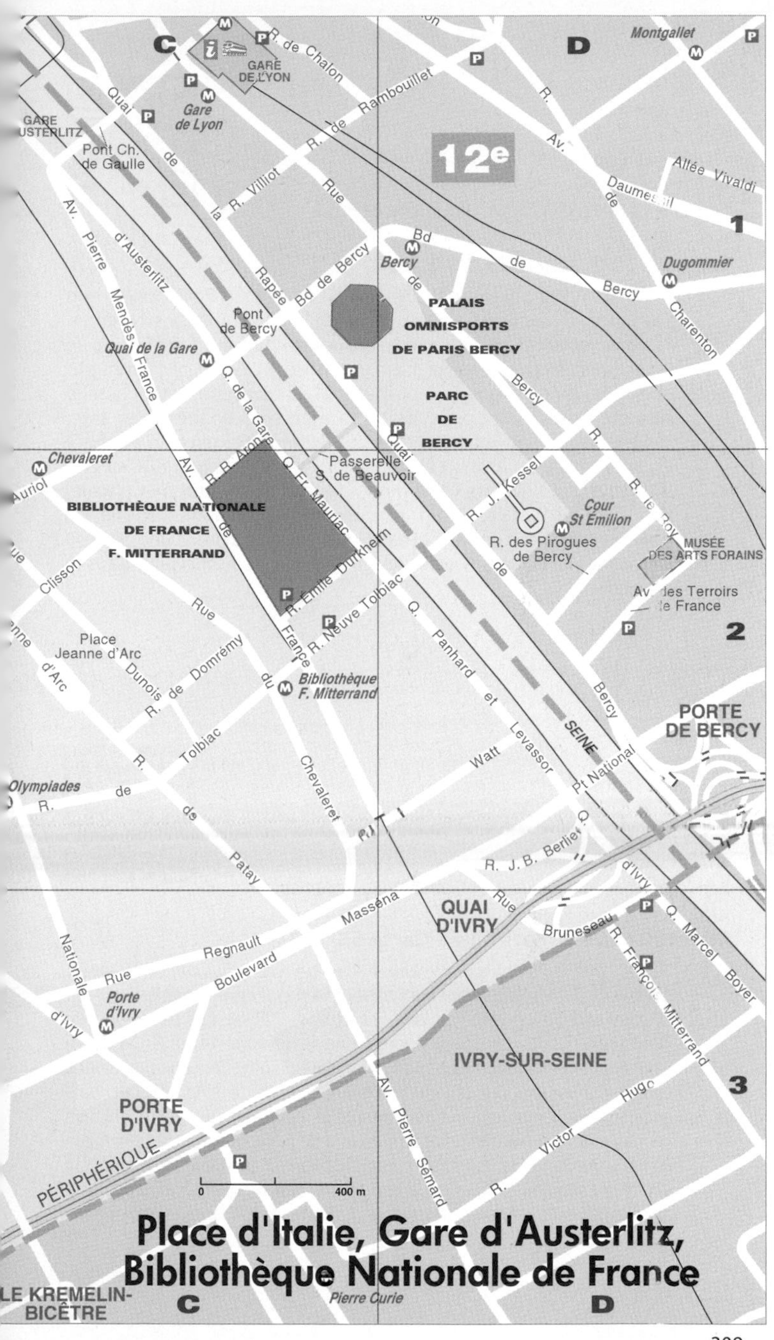

Place d'Italie, Gare d'Austerlitz, Bibliothèque Nationale de France

Anacréon

Poissons et fruits de mer B1

53 bd St-Marcel
01 43 31 71 18
www.anacreon.fr
Les Gobelins
Fermé 9-18 mars, 6-26 août, dimanche et lundi

Formule 20 € – Carte 27/50 €

A/C VISA MC

Si dans l'Antiquité le poète Anacréon avait loué Poséidon et non Dionysos, il aurait pu vanter la fraîcheur des moissons océanes, la chair ferme et goûteuse des trésors de pêche... Éric Tessier, le sympathique chef de cette maison reprise en 2009, ne l'aurait pas contredit, tant il s'ingénie à préparer avec simplicité – et recherche discrète – les beaux produits de la mer, sélectionnés avec soin. Un esprit que l'on retrouve dans le décor, contemporain et plutôt épuré, rehaussé par petites touches de rose shocking sur les sièges, les tentures... Le cadre idéal pour déguster des huîtres de Cancale, des sardines grillées "tout simplement", une bonne soupe de poisson ou un crumble de cabillaud accompagné d'une fondue de poireaux. Et les desserts sont à l'avenant ! Un bon plan dans le quartier.

L'Auberge du 15

Classique A1

15 r. de la Santé
01 47 07 07 45
www.laubergedu15.com
Glacière
Fermé août, vacances de Noël, dimanche et lundi

Menu 30 € (déjeuner)/68 € – Carte 53/107 €

VISA MC

Après de jolis parcours dans de belles maisons, ces deux frères originaires de Lozère – respectivement chef et pâtissier – ont eu envie d'ouvrir leur propre restaurant... C'est chose faite avec l'Auberge du 15, un repaire gourmand, intemporel et élégant, en lieu et place d'un ancien pub irlandais. Fruits, légumes, viandes tendres à cœur : tout, ou presque, vient de l'Aubrac et tout est préparé avec soin... Les classiques prennent un vrai coup de jeune, mais ne perdent rien de leur sel : on se régale par exemple d'un carré de veau aux légumes de saison, d'une côte de bœuf à la sauce au vin rouge accompagnée d'un aligot gourmand, ou d'une tarte aux cerises et sa chantilly si délicate... Une bonne auberge !

Au Petit Marguery

Traditionnelle

A1

9 bd de Port-Royal
01 43 31 58 59
www.petitmarguery.fr
Les Gobelins

Formule 19 € – Menu 26 € (déjeuner en semaine), 35/75 € – Carte 35/56 €

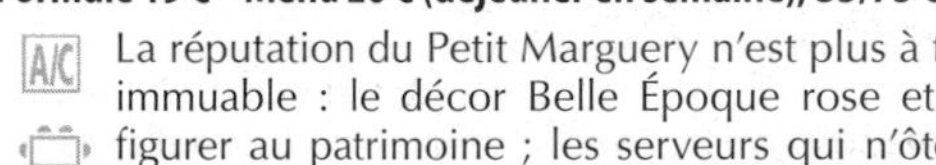

A/C VISA MC AE

La réputation du Petit Marguery n'est plus à faire, et tout y semble immuable : le décor Belle Époque rose et bordeaux, digne de figurer au patrimoine ; les serveurs qui n'ôteraient leur classique tenue noir et blanc pour rien au monde ; l'esprit chaleureux du lieu et... la carte qui joue la grande tradition ! Les habitués ne s'y trompent pas et reviennent en nombre déguster de copieux plats bistrotiers, comme les terrines maison ou la tête de veau sauce ravigote. En saison, on se bouscule également pour les spécialités de gibier, tels le fameux lièvre à la royale ou le filet de chevreuil sauce grand veneur. Des plats aussi satisfaisants que le rapport qualité-prix... Une institution indéboulonnable !

L'Avant Goût

Moderne

B2

26 r. Bobillot
01 53 80 24 00
www.lavangout.com
Place d'Italie
Fermé dimanche et lundi – Nombre de couverts limité, réserver

Formule 15 € – Menu 32/40 € – Carte 32/45 €

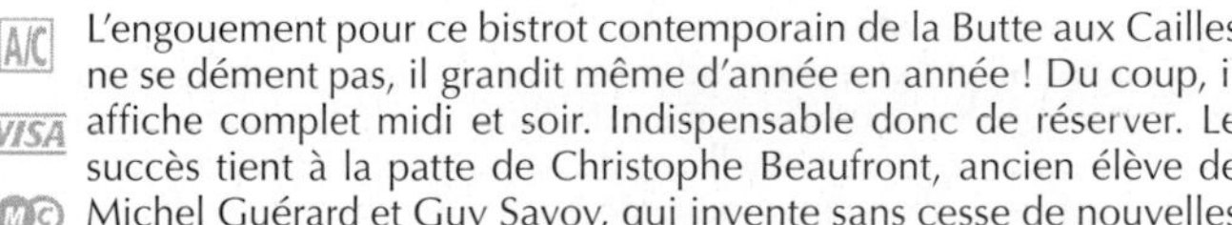

A/C VISA MC

L'engouement pour ce bistrot contemporain de la Butte aux Cailles ne se dément pas, il grandit même d'année en année ! Du coup, il affiche complet midi et soir. Indispensable donc de réserver. Le succès tient à la patte de Christophe Beaufront, ancien élève de Michel Guérard et Guy Savoy, qui invente sans cesse de nouvelles associations de saveurs, avec un penchant prononcé pour les épices. En dehors de l'emblématique pot-au-feu de cochon aux épices, laissez-vous tenter par la terrine de foie gras à la vanille, le dos de cabillaud et les fraises façon tiramisu... Les menus changent tous les mois, profitez-en ! Présentés à l'ardoise, ils participent au décor sympathique et simple (banquettes rouges, tables serrées) qui va de pair avec l'ambiance décontractée.

Bambou

Vietnamienne B2

70 r. Baudricourt
01 45 70 91 75
Les Olympiades
Fermé 1er-15 octobre et lundi

Carte 15/33 €

VISA MC Cette authentique cantine vietnamienne attire les foules ! Il n'est pas rare de faire la queue sur le trottoir avant de rentrer (la maison ne prend pas les réservations), et dans la salle, toute simple et souvent bondée, attendez-vous à jouer des coudes avec vos voisins... Bref, la bonne humeur est de mise, et plus encore la gourmandise, car Bambou doit tout son succès aux authentiques parfums de sa cuisine ! Crêpes vietnamiennes, grillades et surtout large choix de soupes (telle l'Impériale de Hué, au pied de porc et jambonneau de bœuf) : tout est aussi simple que savoureux. Mais le repas est déjà fini et il est temps de laisser sa table aux clients suivants, ce que le service saura vous faire comprendre avec plus ou moins de tact... Bref, l'adresse est parfaite pour manger vite fait, bien fait !

Les Cailloux

Italienne A2

58 r. des Cinq-Diamants
01 45 80 15 08
www.lescailloux.fr
Corvisart
Fermé 1 semaine en août

Formule 14 € – Menu 18 € (déjeuner) – Carte 25/60 €

VISA MC Envie d'une virée en Italie dans le pittoresque quartier de la Butte-aux-Cailles ? Une seule adresse : Les Cailloux. Ce restaurant a déjà conquis le cœur de nombreux fidèles qui ne se lassent pas de son ambiance informelle et de sa cuisine ensoleillée. Carpaccio de bœuf, thon en croûte de tapenade avec fenouil mariné et roquette, mozzarella fumée et frite, pennette au confit de veau et romarin, tiramisu, pannacotta à la vanille. La carte des mets, imitée par celle des vins (jolie sélection à tous les prix), regorge de propositions 100 % transalpines. Côté décor, c'est un mélange de trattoria et de bistrot à la mode (plancher en bois brut, petit zinc, murs beiges). Service souriant et places prises d'assaut. N'oubliez pas de réserver !

Impérial Choisy

Chinoise

32 av. de Choisy
01 45 86 42 40
Porte de Choisy

B3 

Carte 18/32 €

A/C
VISA
MC

D'appétissants canards laqués suspendus en vitrine donnent tout de suite le ton et l'ambiance de ce restaurant : vous êtes au cœur du Chinatown parisien. Destination : la cuisine cantonaise avec ses nombreuses spécialités, réalisées ici dans les règles de l'art. Salade de méduse, soupe de raviolis aux crevettes et nouilles, poulet fermier au gingembre et à la ciboulette, canard laqué aux cinq parfums, mais aussi un bon choix de poissons diversement préparés. Les assiettes sont généreuses, les produits frais et parfumés. Pas de fioritures inutiles dans cette salle tout en longueur, sobre et claire, qui ne désemplit pas (service non-stop) et où l'on mange au coude-à-coude. Un vrai goût d'authenticité, sans se ruiner.

Lao Lane Xang 2

Vietnamienne

102 av. d'Ivry
01 58 89 00 00
www.restolaolanexang.com
Tolbiac

B2 

Formule 11 € – Carte 19/43 €

A/C
VISA
MC

L'histoire parisienne des Siackhasone, originaires du Laos, commence dans les années 1990, avec la création successive des restaurants Rouammit et Lao Lane Xang 1, aux 103 et 105 de l'avenue d'Ivry. En 2007, Do et Ken – frères et dignes héritiers du savoir-faire familial – ouvrent cette table "bis", située juste en face de ses aînées. La carte marie avec finesse spécialités laotiennes, thaïes et vietnamiennes, et le décor, sobre et contemporain, renouvelle totalement l'habituel style "cantine" du quartier. Pour savourer une soupe de crevettes à la citronnelle bien parfumée ou un canard laqué au tamarin, à la fois tendre et croustillant, pensez à réserver !

Mer de Chine

Chinoise

B2

159 r. Château-des-Rentiers
01 45 84 22 49
Place d'Italie

Menu 15 € (déjeuner en semaine)/25 € – Carte 19/53 €

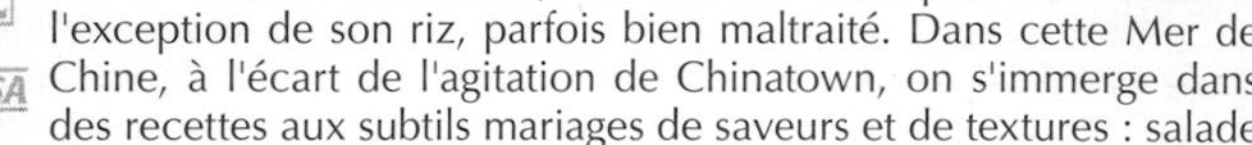

De la cuisine cantonaise, on connaît bien peu de choses à l'exception de son riz, parfois bien maltraité. Dans cette Mer de Chine, à l'écart de l'agitation de Chinatown, on s'immerge dans des recettes aux subtils mariages de saveurs et de textures : salade de méduse au blanc de volaille, crabe en mue sauté à l'ail, nouilles sautées au soja et œuf de cent ans... Avec une bière Tsingtao et un (léger) fond musical "made in China", on ne boude pas son plaisir ! Signe qui ne trompe pas : les Asiatiques se précipitent à chaque service dans la coquette petite salle, qui arbore une sobre décoration d'inspiration chinoise. Non, la cuisine cantonaise ne se résume pas à son riz.

L'Ourcine

Traditionnelle

A1

92 r. Broca (réouverture prévue après travaux au printemps 2013)
01 47 07 13 65
Les Gobelins
Fermé 3 semaines en août, dimanche et lundi

Formule 26 € – Menu 34 €

Qualité et modestie résument joliment l'esprit de l'Ourcine, un bistrot "pur jus" qui a ses fidèles. Sa façade attire l'œil en proclamant d'entrée de jeu qu'ici on a affaire à une "cuisine de cuisinier" et à des "vins de vignerons" ! De doux pléonasmes pour dire la passion du chef, Sylvain Danière (ayant travaillé chez Yves Camdeborde et à l'Épi Dupin), pour l'authenticité : sa cuisine du marché et de saison ne triche ni avec les produits ni avec les saveurs. Menu du jour, plats du moment, petite ardoise "coups de cœur" (parfois avec supplément) regorgent de belles propositions : raviole d'araignée de mer sauce à la citronnelle, pressé de céleri-rave et foie gras de canard relevé à la coriandre, blanquette de veau façon l'Ourcine...

Sukhothaï

Thaïlandaise B2

12 r. Père-Guérin
01 45 81 55 88
Ⓜ Place d'Italie
Fermé 5-24 août, lundi midi et dimanche

Formule 13 € – Menu 24/27 € – Carte 26/35 €

A/C VISA MC

Du nom de la première capitale du Siam (fondée au 13e s.), ce restaurant thaï situé à deux pas de la place d'Italie est vraiment beaucoup moins cher qu'un vol direct pour Bangkok ! Dans la salle à manger de poche, quelques bouddhas sculptés, des gravures et des fleurs de-ci de-là suffisent à planter le décor. Le service lui aussi joue la discrétion et les serveurs se faufilent avec aisance parmi les tables en rang d'oignons. Quant à la carte, elle présente un grand choix de saveurs thaïlandaises traditionnelles : bœuf, canard, porc et crustacés se frottent à la citronnelle, au basilic, au piment ou au lait de coco. Et quelques spécialités chinoises viennent compléter cette offre déjà large. Réservation fortement conseillée.

Variations

Traditionnelle B1

18 r. des Wallons
01 43 31 36 04
www.restaurantvariations.com
Ⓜ Saint-Marcel
Fermé août, samedi midi et dimanche

Formule 14 € – Menu 17 € (déjeuner), 35/48 € – Carte 35/63 €

VISA MC AE

Un vrai bistrot, celui-là : des banquettes, des tables en bois, des moulures et de grands miroirs anciens. Le chef (un ancien pilote de chasse !) compose de jolies... variations autour du marché et des saisons. Amoureux des beaux produits, il aime donner du piquant à la cuisine traditionnelle, avec une pincée de poivre de Madagascar par exemple, au parfum de bois et de fleur. À la carte : de spectaculaires pastas flambées à la grappa dans une meule de parmesan, un filet de dorade aux petits légumes et, pourquoi pas, une crème brûlée au sirop de coquelicot ou une brioche façon pain perdu, avec du caramel... Aux beaux jours, la salle s'épanche doucement sur la rue, si calme à deux pas de la Pitié-Salpêtrière.

14e

Montparnasse · Denfert-Rochereau · Parc Montsouris

J. Loic / Photononstop

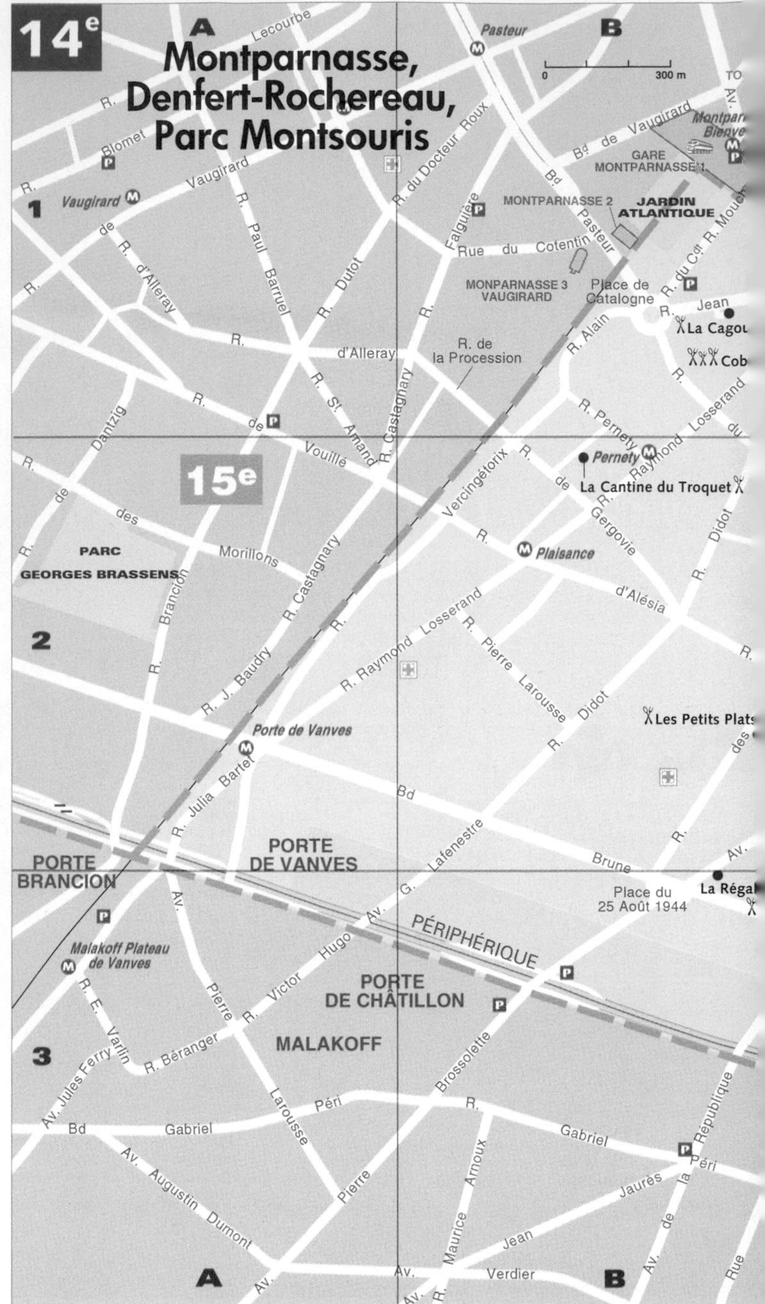
14e
Montparnasse,
Denfert-Rochereau,
Parc Montsouris
A
B
1
2
3
Pasteur
Vaugirard
GARE MONTPARNASSE 1
MONTPARNASSE 2
JARDIN ATLANTIQUE
MONPARNASSE 3 VAUGIRARD
Place de Catalogne
La Cantine du Troquet
Pernety
Plaisance
15e
PARC GEORGES BRASSENS
Porte de Vanves
Les Petits Plats
PORTE BRANCION
PORTE DE VANVES
Place du 25 Août 1944
PÉRIPHÉRIQUE
Malakoff Plateau de Vanves
PORTE DE CHÂTILLON
MALAKOFF
R. de la Procession
R. d'Alleray
R. Vercingétorix
R. Raymond Losserand
R. de Vouillé
R. des Morillons
R. Castagnary
Bd Brune
Bd Gabriel Péri
300 m

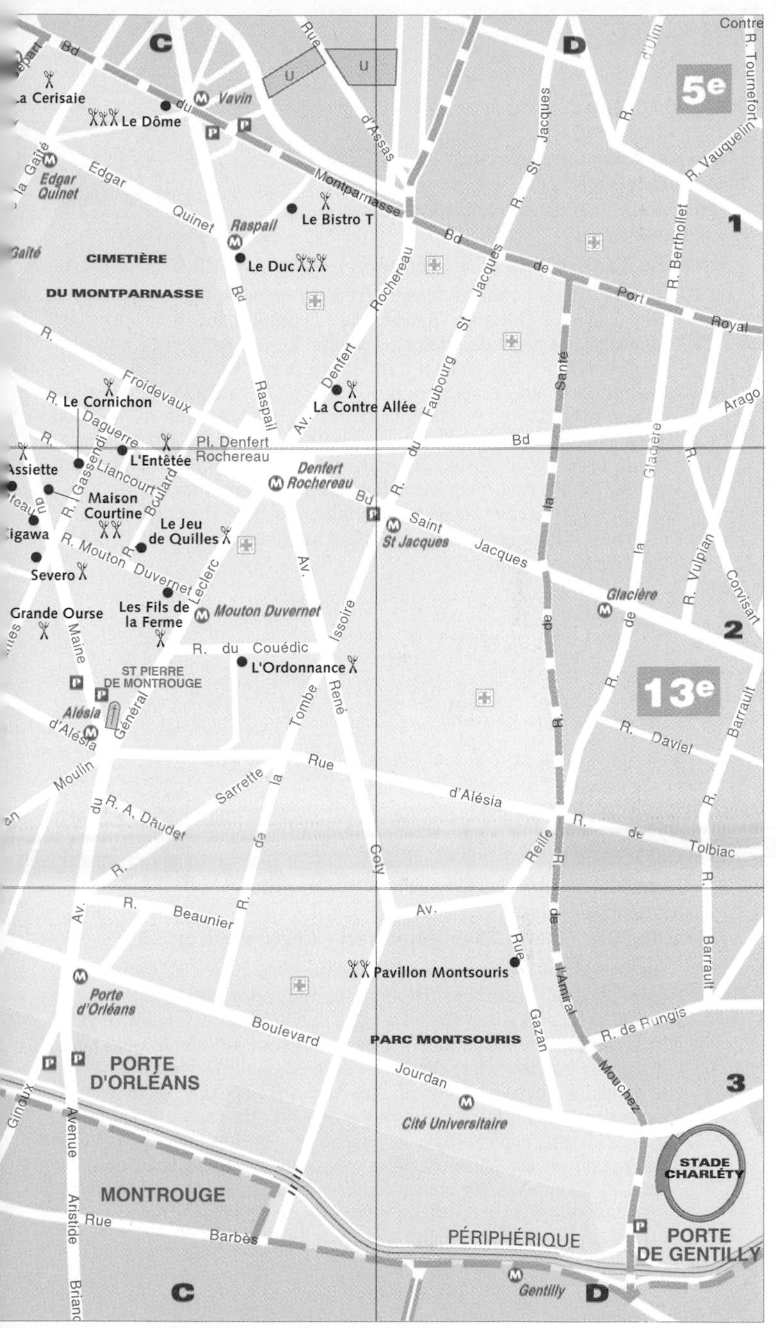

C
D
5e
1
2
3
13e
La Cerisaie
Le Dôme
Vavin
Edgar Quinet
Raspail
Le Bistro T
Le Duc
CIMETIÈRE
DU MONTPARNASSE
Bd du Montparnasse
Bd de Port Royal
Rue d'Assas
R. St Jacques
R. d'Ulm
R. Tournefort
R. Vauquelin
R. Berthollet
Contre
R. Froidevaux
R. Daguerre
R. Gassendi
R. Liancourt
R. Boulard
R. Le Cornichon
L'Entêtée
Pl. Denfert Rochereau
Denfert Rochereau
Av. Denfert Rochereau
La Contre Allée
R. du Faubourg St Jacques
Bd Arago
R. de la Santé
R. de la Glacière
Bd Saint Jacques
St Jacques
Glacière
R. Vulpian
R. Corvisart
Assiette
Maison Courtine
Le Jeu de Quilles
Zigawa
Severo
R. Mouton Duvernet
Mouton Duvernet
Les Fils de la Ferme
Grande Ourse
Av. du Maine
Av. du Général Leclerc
Bd Raspail
Av. René Coty
R. d'Issoire
R. du Couédic
L'Ordonnance
ST PIERRE DE MONTROUGE
Alésia
R. d'Alésia
R. de la Tombe Issoire
R. Sarrette
R. du Moulin
R. A. Daudet
R. Daviel
R. Barrault
R. de Tolbiac
R. Reille
R. Beaunier
Pavillon Montsouris
Rue Gazan
R. de l'Amiral Mouchez
R. de Rungis
Porte d'Orléans
Boulevard Jourdan
PARC MONTSOURIS
PORTE D'ORLÉANS
Cité Universitaire
STADE CHARLÉTY
R. Ginoux
Avenue Aristide Briand
MONTROUGE
Rue Barbès
PÉRIPHÉRIQUE
PORTE DE GENTILLY
Gentilly

L'Assiette

Classique C2

181 r. du Château
01 43 22 64 86
www.restaurant-lassiette.com
Mouton Duvernet
Fermé août, 1 semaine à Noël, lundi et mardi
– Réserver

Formule 23 € – Menu 35 € (déjeuner) – Carte 40/80 € 

Après plusieurs années derrière les fourneaux de deux restaurants de la galaxie Ducasse (Benoit, Aux Lyonnais), où il a appris la rigueur et l'amour des beaux produits, David Rathgeber a choisi l'indépendance. Sa maison a remplacé le bistrot Chez Lulu – une institution et une ex-boucherie – mais en a gardé la convivialité et la patine d'origine. Dans la cuisine, visible à l'entrée, le chef et sa brigade mitonnent de bons petits plats classiques revus à la mode bistrot chic. Cassoulet maison, rillettes de jarret de cochon confit, tartare de crevettes bleues, crème caramel au beurre salé, soufflé au chocolat : c'est tout simplement bon, de saison et sans esbroufe, à l'image du décor, plaisant avec ses tables en bois et ses céramiques au plafond.

Le Bistro T

Traditionnelle C1

17 bis r. Campagne-Première
01 43 20 79 27
www.bistro-t.fr
Raspail
Fermé août, 23 décembre-3 janvier, le 4ème samedi du mois, dimanche et lundi

Formule 20 € – Menu 25 € (déjeuner) – Carte environ 35 € 

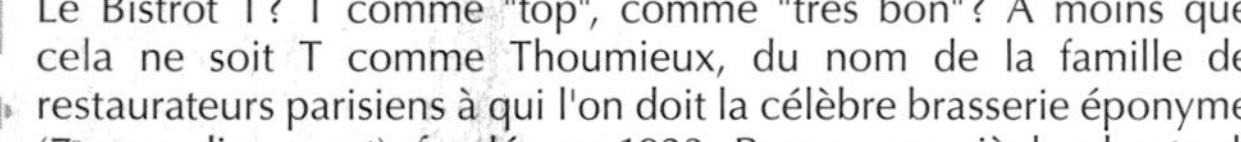

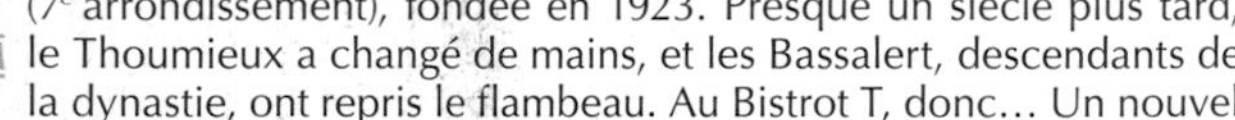

Le Bistrot T ? T comme "top", comme "très bon" ? À moins que cela ne soit T comme Thoumieux, du nom de la famille de restaurateurs parisiens à qui l'on doit la célèbre brasserie éponyme (7e arrondissement), fondée en 1923. Presque un siècle plus tard, le Thoumieux a changé de mains, et les Bassalert, descendants de la dynastie, ont repris le flambeau. Au Bistrot T, donc… Un nouvel opus qui honore la bistronomie et ses grands classiques, francs, expressifs et propices à la convivialité – banquettes de velours rouge comprises. Les must de la maison ? La tête de veau comme Martial Thoumieux, le pot-au-feu de joue de porc servi tiède avec une vinaigrette, le croustillant de queue de bœuf, la crème brûlée, ou encore le gâteau tout chocolat. Vraiment "T" !

La Cagouille

Poissons et fruits de mer B1

10 pl. Constantin-Brancusi
01 43 22 09 01
www.la-cagouille.fr
Gaîté

Formule 26 € – Menu 42 € – Carte 40/70 €

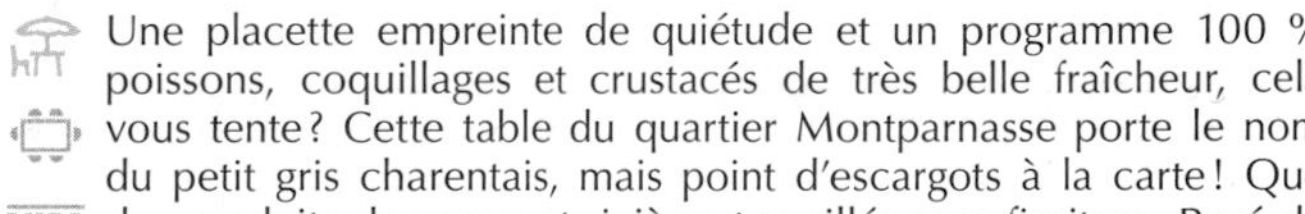

Une placette empreinte de quiétude et un programme 100 % poissons, coquillages et crustacés de très belle fraîcheur, cela vous tente? Cette table du quartier Montparnasse porte le nom du petit gris charentais, mais point d'escargots à la carte! Que des produits des mers et rivières travaillés sans fioriture. Pavé de cabillaud à la crème d'ail, dos de saint-pierre grillé et beurre de cerfeuil, et en dessert des profiteroles ou encore le "noir au noir". La salle à manger dégage une sympathique atmosphère marine avec boiseries, poulies, cordages, coquillages et tables de bistrot en marbre. Et pour profiter des beaux jours, filez sur la délicieuse terrasse chlorophyllée. Belle collection de cognacs en prime.

La Cantine du Troquet 

Traditionnelle B2

101 r. de l'Ouest
Pernety
Fermé 2 semaines en août, dimanche et lundi

Menu 32 € – Carte 28/38 € 

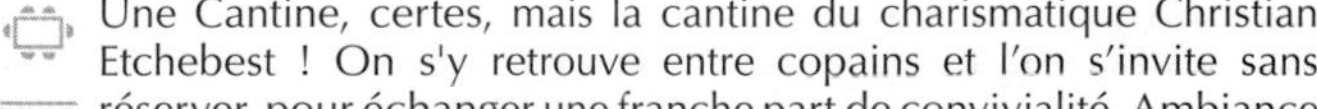

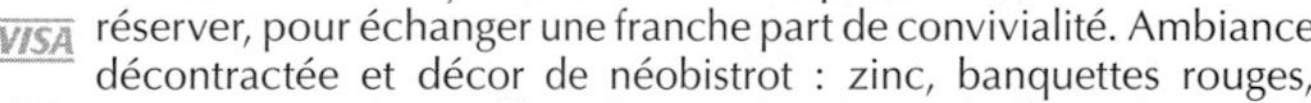

Une Cantine, certes, mais la cantine du charismatique Christian Etchebest ! On s'y retrouve entre copains et l'on s'invite sans réserver, pour échanger une franche part de convivialité. Ambiance décontractée et décor de néobistrot : zinc, banquettes rouges, couverts et serviettes dans des pots à même les tables, photos des camarades. Sur la grande ardoise murale – ni menu ni carte –, les plats aux influences basques (cochonnailles, poulet des Landes, piquillos, fromages des Pyrénées servis avec une bonne confiture de cerise noire, etc.) fraternisent avec les classiques bistrotiers (œuf mayo, frites maison, riz au lait, tarte du jour...). Tous à la Cantine!

La Cerisaie

Du sud-ouest C1

70 bd Edgard-Quinet
01 43 20 98 98
www.restaurantlacerisaie.com
Ⓜ Edgar Quinet
Fermé 14 juillet-15 août, 25 décembre-1er janvier, samedi et dimanche – Réserver

Formule 25 € – Carte 34/42 €

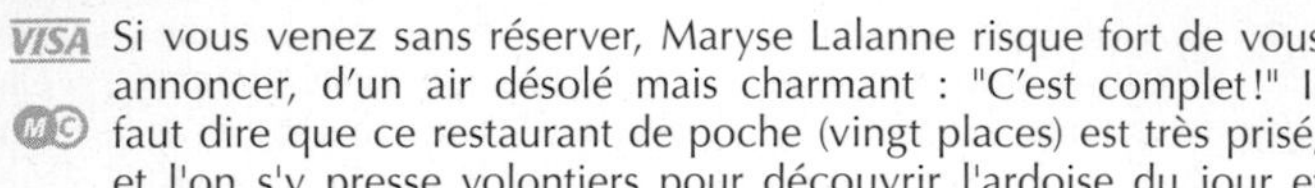

VISA MC Si vous venez sans réserver, Maryse Lalanne risque fort de vous annoncer, d'un air désolé mais charmant : "C'est complet!" Il faut dire que ce restaurant de poche (vingt places) est très prisé, et l'on s'y presse volontiers pour découvrir l'ardoise du jour et de savoureuses spécialités régionales. Parmi les classiques de la maison, les terrines de saison, le magret d'oie aux poires rôties et aux épices, ou encore la tarte fondante au chocolat... De bons petits plats qui reflètent tout le talent d'un chef passé par les plus grandes maisons toulousaines. Côté cave, des vins bien choisis les sublimeront sans mal. La Cerisaie ? Une belle ambassade du Sud-Ouest... en plein quartier breton !

La Contre Allée Ⓝ

Moderne C1

83 av. Denfert-Rochereau
01 43 54 99 86
www.restaurant-contreallee.com
Ⓜ Denfert Rochereau
Fermé 2 semaines en août, 24-30 décembre, samedi et dimanche

Formule 31 € – Menu 37/60 € – Carte 46/64 €

VISA MC AE Sur une discrète contre-allée de l'avenue Denfert-Rochereau, avec son grand auvent rouge et son cadre plutôt classique, l'adresse a tout du restaurant parisien traditionnel... Et pourtant ! On y découvre une vraie cuisine de cuisinier, appuyée sur de solides bases classiques parfaitement accomodées aux goûts d'aujourd'hui. Les assiettes sont joliment dressées, les saveurs bien marquées, les associations relevées. Bref, une cuisine vivante et sans chichis, qui sait faire résonner l'époque en toute simplicité. De surcroît, les prix sont mesurés. Voilà une formule qui mérite d'être encouragée sans contre-indications !

Cobéa ✿

Moderne

B1

11 r. Raymond Losserand
✆ 01 43 20 21 39
www.cobea.fr
Ⓜ Gaité
Fermé 28 avril-6 mai, août, 23-30 décembre, dimanche et lundi – Nombre de couverts limité, réserver

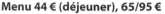

Menu 44 € (déjeuner), 65/95 €

A/C
VISA
M/C
AE

Restaurant Cobéa

Cobéa ? Une plante d'Amérique du Sud et un clin d'œil aux propriétaires : **Co** comme Jérôme Cobou en salle, **Bé** comme Philippe Bélissent aux fourneaux et **A** comme Associés. Mais avant d'être associés, ces deux compères sont surtout amis et... passionnés de gastronomie ! Après avoir fait leurs armes dans de belles maisons, Philippe et Jérôme décident de se lancer en 2011, pleins d'enthousiasme... Monsieur Lapin – institution du 14e arrondissement fondée dans les années 1920 – se libère : qu'à cela ne tienne, Cobéa est né ! Dans ce restaurant à la déco sage et élégante, on se sent tout simplement bien et l'on a tout loisir d'admirer Philippe Bélissent s'activer en cuisine, toujours inspiré... Déjà étoilé au Restaurant de l'Hôtel, dans le 6e arrondissement, il n'a rien perdu de son talent. Sens du produit, goût du bon, harmonie des saveurs et subtilité... Ses assiettes sont franches et fines. Couteaux en persillade, lotte confite à l'avocat grillé, foie gras poêlé, châtaignes et champignons : **Co** comme Contentement, **Bé** comme Béatitude et **A** comme Allez-y sans tarder !

Entrées

- Courgettes et girolles, houmous et dattes
- Coquille Saint-Jacques, châtaigne et banane

Plats

- Saint-pierre, fenouil et coquillages
- Pigeonneau fermier, céleri et truffe noire

Desserts

- Fraise-meringue
- Choco-pistache

Le Cornichon

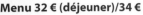

Moderne

C2

34 r. Gassendi
01 43 20 40 19
www.lecornichon.fr
Denfert-Rochereau
Fermé août, 1 semaine aux vacances de Noël, samedi et dimanche

Menu 32 € (déjeuner)/34 €

VISA

Rassurez-vous, ce bistrot du quartier Denfert-Rochereau n'a rien d'un cornichon – si ce n'est quelques murs de couleur verte ! Cette affaire, c'est la seconde vie de Franck Bellanger, un ingénieur informatique hier salarié d'une fameuse chaîne de télévision privée, et depuis toujours passionné de restauration. Ce qui a fait basculer sa vie professionnelle? La rencontre du jeune chef Matthieu Nadjar, avec lequel il a décidé de se lancer. On ne le regrettera pas : beaux produits, jolies recettes, beaucoup de saveurs, etc., leur Cornichon est un joli bistrot d'aujourd'hui plein de croquant et de peps !

Le Dôme

Poissons et fruits de mer

C1

108 bd Montparnasse
01 43 35 25 81
Vavin

Carte 85/110 €

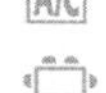

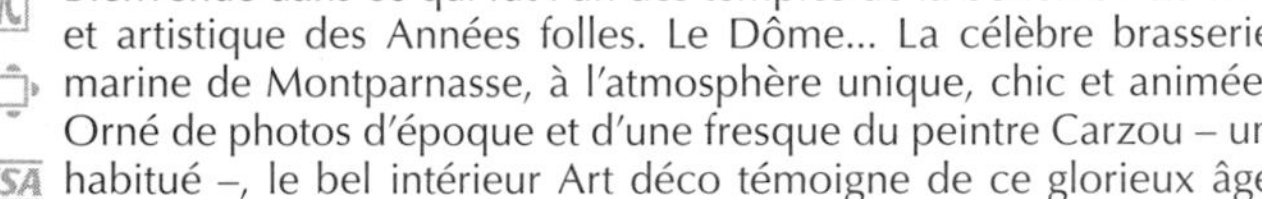

Bienvenue dans ce qui fut l'un des temples de la bohème littéraire et artistique des Années folles. Le Dôme... La célèbre brasserie marine de Montparnasse, à l'atmosphère unique, chic et animée. Orné de photos d'époque et d'une fresque du peintre Carzou – un habitué –, le bel intérieur Art déco témoigne de ce glorieux âge d'or. Boiseries omniprésentes, banquettes en cuir fauve et vert, vitraux colorés, lumières tamisées par des abat-jour... Chaque détail participe à l'âme du lieu, précieusement conservée au fil du temps. La cuisine et le service sont au diapason. Les produits de la mer occupent la scène, préparés au gré des arrivages et joliment présentés dans des assiettes généreuses à souhait – les vins aussi font honneur à la table. Comme au temps des Montparnos.

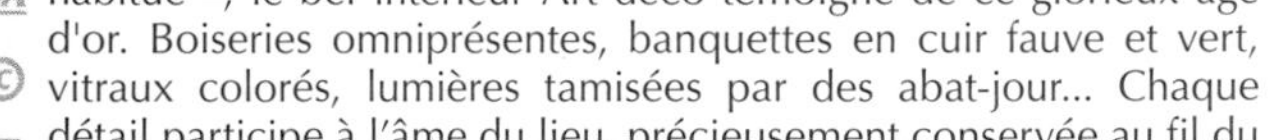

Le Duc

Poissons et fruits de mer C1

243 bd Raspail
✆ 01 43 20 96 30
Ⓜ Raspail
Fermé 28 juillet-27 août, 23 décembre-3 janvier, samedi midi, dimanche et lundi

Menu 55 € (déjeuner) – Carte 62/147 €

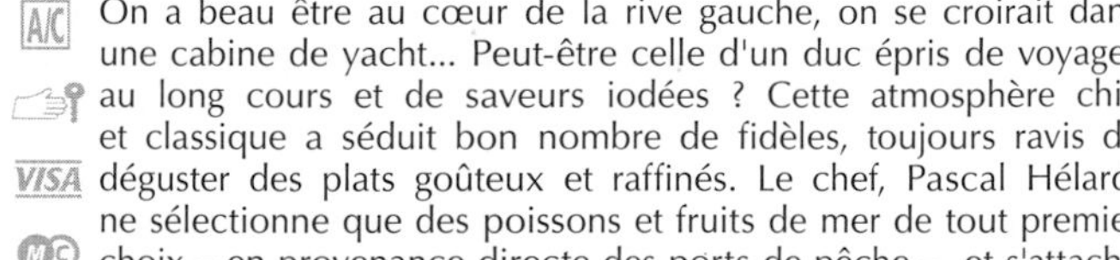

On a beau être au cœur de la rive gauche, on se croirait dans une cabine de yacht... Peut-être celle d'un duc épris de voyages au long cours et de saveurs iodées ? Cette atmosphère chic et classique a séduit bon nombre de fidèles, toujours ravis de déguster des plats goûteux et raffinés. Le chef, Pascal Hélard, ne sélectionne que des poissons et fruits de mer de tout premier choix – en provenance directe des ports de pêche –, et s'attache à les travailler avec simplicité, pour en magnifier la saveur... Un beurre émulsionné, une huile d'olive bien choisie : aller à l'essentiel, sans chichi mais avec savoir-faire, pour une cuisine qui sonne juste. Évidemment, on se réjouit aussi à l'arrivée du chariot des desserts, qui regorge de mille délices indétrônables dans le cœur des gourmands : baba au rhum, millefeuille, île flottante, etc. Embarquement immédiat !

L'Entêtée

Moderne C1-2

4 r. Danville
✆ 01 40 47 56 81
www.wix.com/lentetee/entetee
Ⓜ Denfert Rochereau
Fermé en août, 1 semaine à Noël, dimanche, lundi et fériés – Dîner seulement – Nombre de couverts limité, réserver

Menu 34 € – Carte environ 44 €

Non loin de la rue Daguerre, le petit bistrot de Julie Ferrault a le charme de sa simplicité. Sur l'immense tableau noir recouvrant tout un pan de mur, on découvre les recettes très personnelles de cette chef pleine de mordant... Dans une autre vie, elle pratiquait l'équitation, puis, après ses études universitaires, cette entêtée a fait de la gastronomie son cheval de bataille. Aujourd'hui, qu'elle concocte un crumble de saumon et lentilles, une caille au vin blanc, des encornets aux poivrons et riz épicé, un risotto aux champignons et sa crème de ciboulette, ou encore une petite tatin aux fruits du moment, elle pique immanquablement notre curiosité et réveille nos papilles... Avis aux amateurs : ses suggestions sont renouvelées tous les mois.

Les Fils de la Ferme

Traditionnelle C2

5 r. Mouton-Duvernet
✆ 01 45 39 39 61
www.filsdelaferme.com
Ⓜ Mouton Duvernet
Fermé 3 semaines en août, dimanche et lundi

Formule 21 € – Menu 30 €

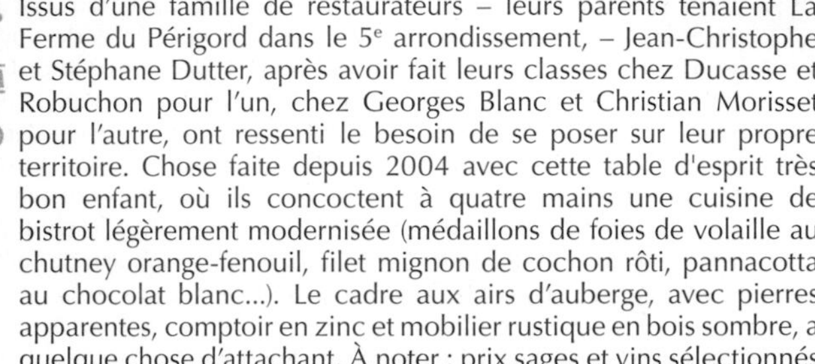

VISA

Issus d'une famille de restaurateurs – leurs parents tenaient La Ferme du Périgord dans le 5e arrondissement, – Jean-Christophe et Stéphane Dutter, après avoir fait leurs classes chez Ducasse et Robuchon pour l'un, chez Georges Blanc et Christian Morisset pour l'autre, ont ressenti le besoin de se poser sur leur propre territoire. Chose faite depuis 2004 avec cette table d'esprit très bon enfant, où ils concoctent à quatre mains une cuisine de bistrot légèrement modernisée (médaillons de foies de volaille au chutney orange-fenouil, filet mignon de cochon rôti, pannacotta au chocolat blanc...). Le cadre aux airs d'auberge, avec pierres apparentes, comptoir en zinc et mobilier rustique en bois sombre, a quelque chose d'attachant. À noter : prix sages et vins sélectionnés directement auprès de petits producteurs.

La Grande Ourse

Moderne C2

9 r. Georges Saché
✆ 01 40 44 67 85
www.restaurantlagrandeourse.fr
Ⓜ Mouton Duvernet
Fermé août, samedi midi, dimanche et lundi

Menu 18 € (déjeuner), 32/37 €

VISA

Inutile d'attendre la nuit tombée et de scruter le ciel pour profiter de la Grande Ourse. Il suffit de sillonner le quartier d'Alésia pour découvrir, campé sur une petite place, ce bistrot tout ce qu'il y a de terrien. Le cadre n'atteint pas la Lune et n'en est que plus chaleureux (tons prune et orange, tables en bois). Quant à la cuisine, elle rend bien hommage à la "Grande Casserole" (un clin d'œil ?) dont elle fait son enseigne : avec finesse, le chef travaille de savoureux produits frais. Au déjeuner, ses propositions sont assez simples ; elles se révèlent plus étoffées le soir. Extraits d'ardoise : tartare d'huîtres à la crème de beaufort, croustillant de joue de bœuf aux panais, sablé aux fraises... On finit la soirée le nez en l'air, pour apprécier les scintillements de l'autre Grande Ourse.

Le Jeu de Quilles

Traditionnelle

C2

45 r. Boulard
01 53 90 76 22
Mouton Duvernet
Fermé 3 semaines en août, 22 décembre-2 janvier, samedi soir, dimanche et lundi – Réserver

Menu 21 € (déjeuner) – Carte 31/65 € le soir

A/C VISA MC

Une adresse minuscule, conviviale et sans prétention. Esprit dépouillé – à l'entrée, un coin épicerie et, au fond, une cuisine-comptoir communiquant avec la salle – car l'essentiel se joue autour des produits. Il faut dire que Benoît Reix (ex-Triporteur, Wadja, Fines Gueules) se fournit auprès des meilleurs commerçants du quartier, et cela fait toute la différence. L'ardoise du jour propose un choix volontairement limité. À la simplicité des intitulés répondent des saveurs intactes (ris de veau aux morilles, cuisses de grenouilleS sautées à l'ail et aux échalotes, faux-filet aux pommes de terre rôties, soupe de chocolat, clafoutis aux fruits de saison). À l'heure du déjeuner comme le soir, la réservation est conseillée, pour ne pas arriver... comme un chien dans un jeu de quilles !

Kigawa

Traditionnelle

C2

186 rue du Château
01 43 35 31 61
www.kigawa.fr
Mouton Duvernet
Fermé lundi midi et mardi – Nombre de couverts limité, réserver

Formule 29 € – Menu 32 € – Carte 40/80 €

VISA MC AE

Kigawa comme Michihiro Kigawa, le chef et patron de cet établissement tout simple ouvert en mars 2011... et comme Junko, sa femme, qui accueille les clients avec toute la politesse propre au pays du Soleil-Levant. Ne vous attendez pas pour autant à déguster makis ou sushis : le jeune chef a travaillé pendant une dizaine d'années dans un restaurant français d'Osaka avant de venir à Paris. En goûtant son pâté en croûte, son pigeon rôti, sa terrine de foies de volaille aux pistaches ou sa langue de bœuf croustillante à la marjolaine, vous comprendrez mieux toute l'étendue de sa maîtrise de la gastronomie hexagonale.

Maison Courtine

Moderne C2

157 av. du Maine
✆ 01 45 43 08 04
www.lamaisoncourtine.com
Ⓜ Mouton Duvernet
Fermé 3 semaines en août, 1 semaine en février, lundi midi, samedi midi et dimanche

Formule 25 € – Menu 38/58 € 

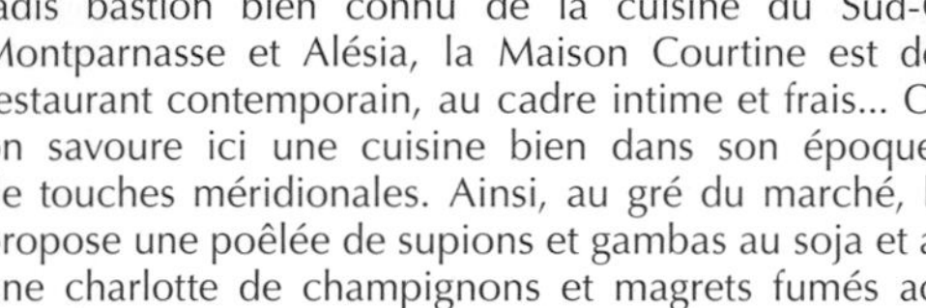

Jadis bastion bien connu de la cuisine du Sud-Ouest entre Montparnasse et Alésia, la Maison Courtine est désormais un restaurant contemporain, au cadre intime et frais... Côté papilles, on savoure ici une cuisine bien dans son époque, rehaussée de touches méridionales. Ainsi, au gré du marché, le chef vous propose une poêlée de supions et gambas au soja et aux brocolis, une charlotte de champignons et magrets fumés accompagnée d'une vinaigrette à l'estragon, des ris de veau et leur réduction au citron confit, ou encore un millefeuille au chocolat et au lait épicé. Pour accompagner tous ces mets, la carte des vins se révèle intéressante, avec un choix opportun de demi-bouteilles.

L'Ordonnance 

Traditionnelle C2

51 r. Hallé
✆ 01 43 27 55 85
Ⓜ Mouton Duvernet
Fermé 1er-15 août, samedi sauf le soir en hiver et dimanche

Formule 25 € – Menu 32 € 

VISA MC

Dans une rue tranquille du 14e arrondissement, ce bistrot nouvelle vague appose sans les opposer cuisine sérieuse et bonne franquette. Les trois petites salles toutes simples respirent la franche convivialité : le chaleureux patron quitte souvent les cuisines pour se consacrer à ses clients ! Les plats forcent l'admiration par leurs saveurs franches, leurs cuissons et assaisonnements précis : poireaux vinaigrette, œuf poché et foie gras poêlé ; carré d'agneau rôti au thym ; clafoutis aux cerises (en saison)... Une ordonnance à prescrire sans hésitation, à un risque près : l'accoutumance.

Pavillon Montsouris

Moderne D3

20 r. Gazan
01 43 13 29 00
www.pavillon-montsouris.fr
Cité Universitaire
Fermé vacances de février et dimanche soir de mi-septembre à Pâques

Menu 51 € – Carte 57/84 €

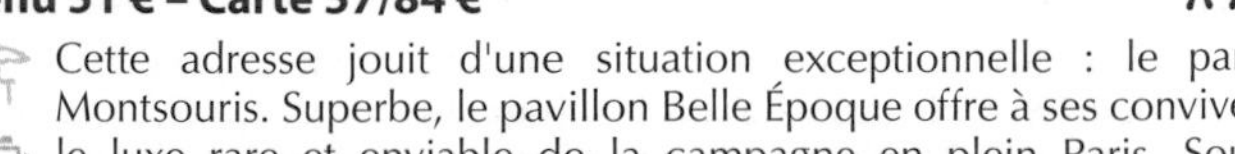

VISA AE

Cette adresse jouit d'une situation exceptionnelle : le parc Montsouris. Superbe, le pavillon Belle Époque offre à ses convives le luxe rare et enviable de la campagne en plein Paris. Sous une grande verrière – vrai puits de lumière –, le décor soigné d'inspiration coloniale (bois roux, plantes vertes, luminaires en bronze, etc.) fait oublier en un éclair l'agitation urbaine. Et lorsqu'on a la chance de prendre son temps sur la délicieuse terrasse cernée par la verdure et ouverte dès les beaux jours, le sentiment d'évasion est à son comble. Deux cadres enchanteurs pour déguster, en toute quiétude, une cuisine dans l'air du temps, franche et fine. On se régalera par exemple de gambas croustillantes au basilic accompagnées de petits légumes méditerranéens, d'une daurade royale au gâteau d'aubergine, de ris de veau... Salons particuliers à disposition.

Les Petits Plats

Traditionnelle B2

39 r. des Plantes
01 45 42 50 52
Alésia
Fermé 4- 25 août et dimanche – Nombre de couverts limité, réserver

Formule 17 € – Menu 36 € – Carte 35/56 €

VISA

Moulures immaculées, miroirs, très beau comptoir en bois, parquet et grande ardoise présentant les mets du moment : un petit bistrot élégant, dans son jus 1910 ! Alexis Minot, le jeune patron, a repris cette affaire en janvier 2010 avec un credo : faire partager son goût de la bonne chère et des jolis vins. Pari réussi : ici, les petits plats bistrotiers du chef, Mickaël Streiff, côtoient une cuisine ménagère goûteuse, simple et de saison ; la formule du jour, joliment canaille, s'affiche à prix très doux. Terrine de lapereau, croustillant de pied de porc et son jus à la sauge, viande d'Aubrac, vacherin à la vanille ou mi-cuit au chocolat servi en cocotte... Savoureux, convivial et sans chichi mais... sur réservation, pour être sûr d'avoir une table !

La Régalade

Traditionnelle

B3

49 av. Jean-Moulin
01 45 45 68 58
Porte d'Orléans
Fermé 25 juillet-20 août, 1er-10 janvier, lundi midi, samedi et dimanche – Réserver

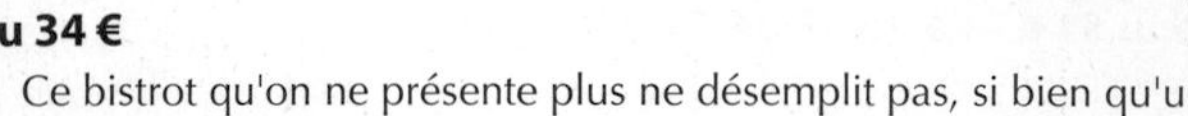

Menu 34 €

A/C VISA MC

Ce bistrot qu'on ne présente plus ne désemplit pas, si bien qu'une deuxième Régalade a ouvert rue St-Honoré ! Aux fourneaux depuis 2004, Bruno Doucet (Gagnaire, Apicius...) propose une cuisine mi-terroir, mi-marché et toujours généreuse. Pour preuve, cette terrine déposée sur la table en guise d'amuse-bouche, à déguster avec du bon pain de campagne... La suite du repas est à l'avenant : les plats sont copieux, accompagnés de beaux vins de propriétaires, et mettent en valeur les produits. Authenticité, gentillesse, plaisir... On comprend le succès du lieu. Seul regret : on ne se régale qu'en semaine !

Severo

Traditionnelle

C2

8 r. des Plantes
01 45 40 40 91
www.lesevero.fr
Mouton Duvernet
Fermé vacances de printemps, août, vacances de Noël, de février, samedi et dimanche – réserver

Formule 23 € – Carte 31/50 €

A/C VISA MC

Ce bistrot de viande, sans chichi ni manière, s'est taillé une bonne petite réputation. Il faut dire qu'à sa tête, William Bernet se démène. Il virevolte entre les tables pour prendre les commandes et partage avec ses convives son amour des bons nectars. Une passion qui s'exprime à travers les grandes ardoises posées sur toute la hauteur des murs. On peut y choisir des vins de propriété en provenance de tous les terroirs et accessibles à toutes les bourses. Spécialisée dans les grillades, la carte honore également la belle tradition bistrotière. Et rappelons qu'ici le patron – un ancien boucher – rassit lui-même sa viande !

G. Kevin / Age fotostock

15e

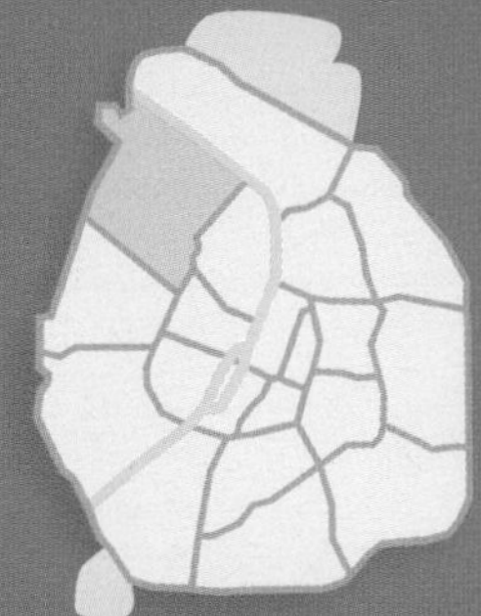

Porte de Versailles · Vaugirard · Beaugrenelle

F. Guiziou / Hemis.fr

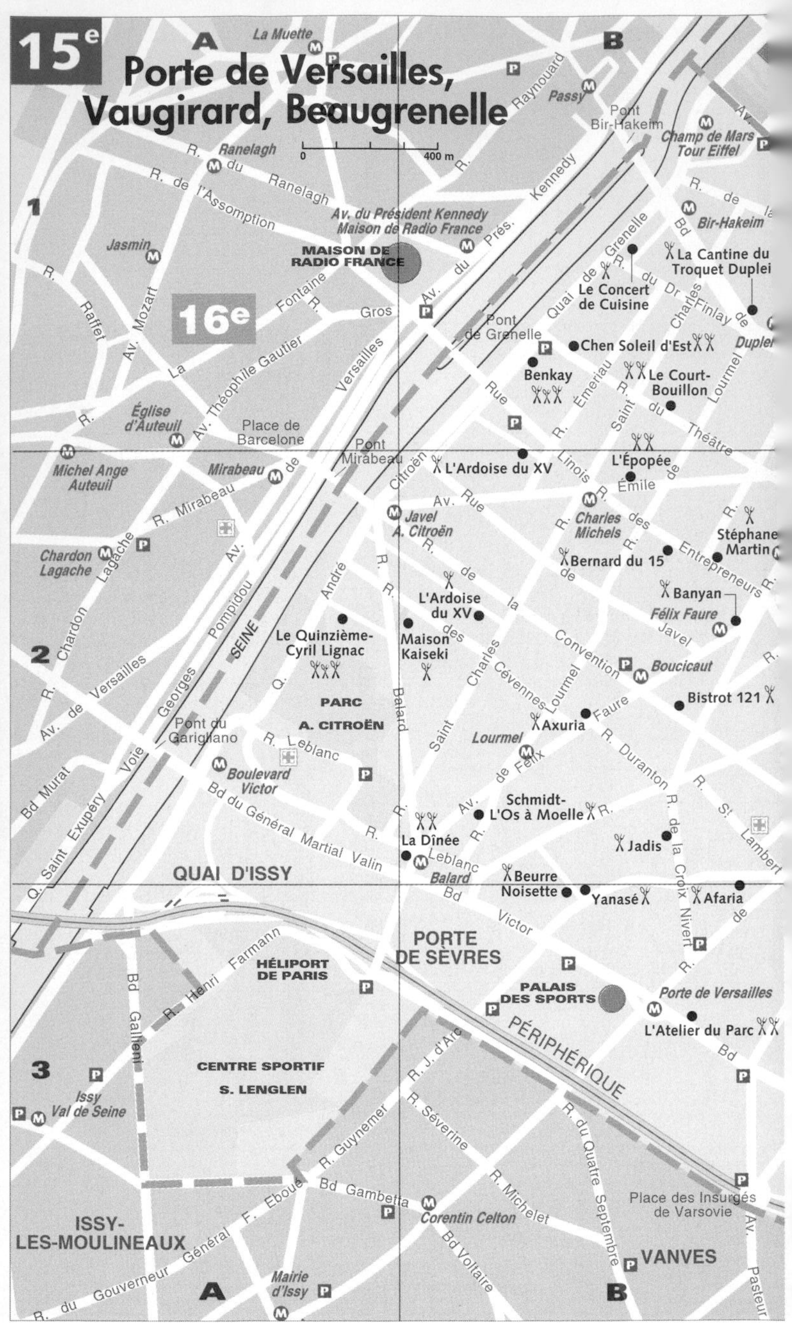
15e
Porte de Versailles, Vaugirard, Beaugrenelle
16e
MAISON DE RADIO FRANCE
Maison de Radio France
La Muette
Passy
Ranelagh
Jasmin
Église d'Auteuil
Michel Ange Auteuil
Mirabeau
Chardon Lagache
Javel A. Citroën
Charles Michels
Bir-Hakeim
Champ de Mars Tour Eiffel
Dupleix
Félix Faure
Boucicault
Lourmel
Boulevard Victor
Balard
Porte de Versailles
Corentin Celton
Mairie d'Issy
Issy Val de Seine
La Cantine du Troquet Duplei
Le Concert de Cuisine
Chen Soleil d'Est
Benkay
Le Court-Bouillon
L'Ardoise du XV
L'Épopée
Stéphane Martin
Bernard du 15
Banyan
L'Ardoise du XV
Le Quinzième-Cyril Lignac
Maison Kaiseki
Bistrot 121
Axuria
Schmidt-L'Os à Moelle
Jadis
La Dînée
Beurre Noisette
Yanasé
Afaria
L'Atelier du Parc
PARC A. CITROËN
QUAI D'ISSY
PORTE DE SÈVRES
HÉLIPORT DE PARIS
PALAIS DES SPORTS
PÉRIPHÉRIQUE
CENTRE SPORTIF S. LENGLEN
ISSY-LES-MOULINEAUX
VANVES
SEINE
Place de Barcelone
Pont Mirabeau
Pont de Grenelle
Pont Bir-Hakeim
Pont du Garigliano
Place des Insurgés de Varsovie
0
400 m
A
B
1
2
3

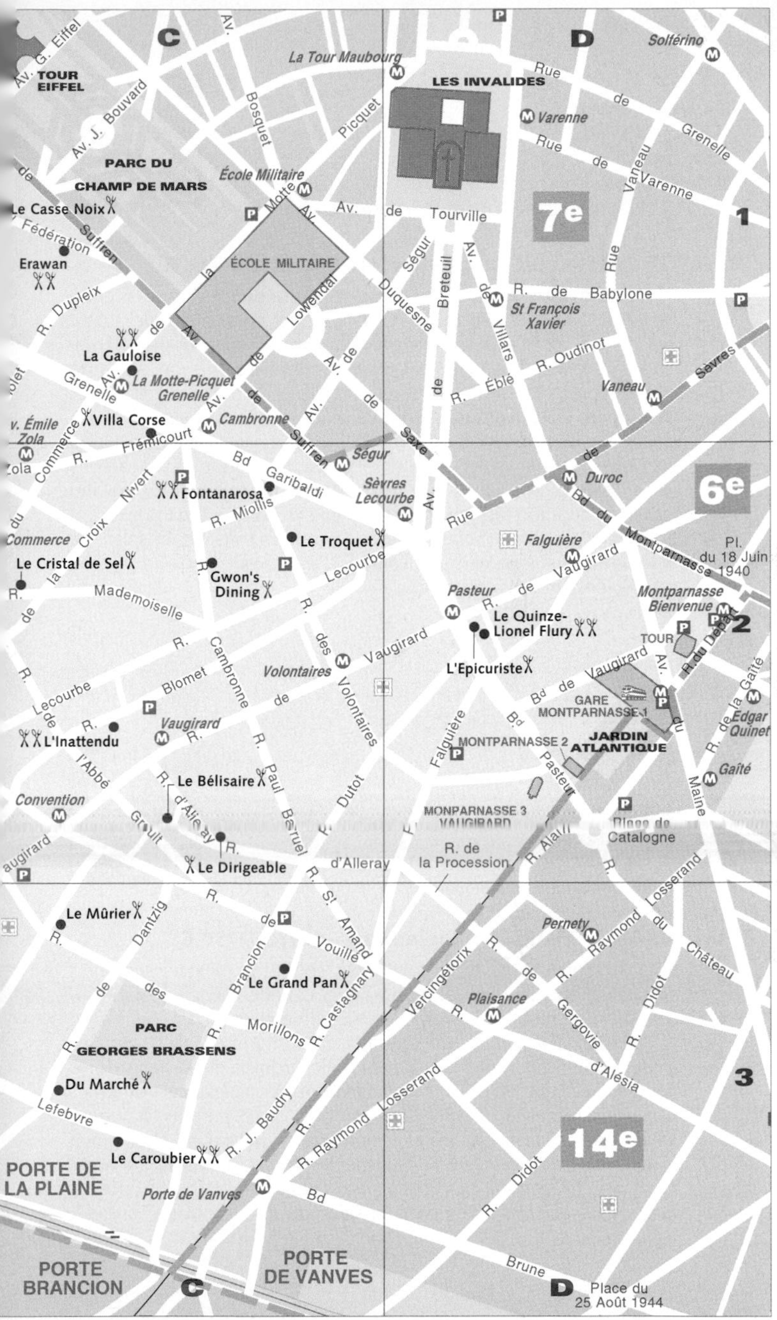
C
D
TOUR EIFFEL
LES INVALIDES
PARC DU CHAMP DE MARS
ÉCOLE MILITAIRE
7e
6e
14e
1
2
3
La Tour Maubourg
Solférino
Varenne
École Militaire
St François Xavier
Vaneau
La Motte-Picquet Grenelle
Cambronne
Ségur
Sèvres Lecourbe
Duroc
Falguière
Montparnasse Bienvenue
Pasteur
Volontaires
Vaugirard
Convention
Edgar Quinet
Gaîté
Pernety
Plaisance
Porte de Vanves
Le Casse Noix
Erawan
La Gauloise
Villa Corse
Fontanarosa
Le Troquet
Le Cristal de Sel
Gwon's Dining
Le Quinze-Lionel Flury
L'Epicuriste
L'Inattendu
Le Bélisaire
Le Dirigeable
Le Mûrier
Le Grand Pan
Du Marché
Le Caroubier
GARE MONTPARNASSE 1
MONTPARNASSE 2
JARDIN ATLANTIQUE
MONPARNASSE 3 VAUGIRARD
TOUR
Pl. du 18 Juin 1940
Place de Catalogne
R. de la Procession
PARC GEORGES BRASSENS
PORTE DE LA PLAINE
PORTE BRANCION
PORTE DE VANVES
Place du 25 Août 1944

Afaria

Créative

B3

15 r. Desnouettes
01 48 42 95 90
www.afaria.fr
Ⓜ Convention
Fermé 6-29 août, vacances de février, dimanche et lundi

Menu 26 € (déjeuner en semaine)/45 € – Carte 36/54 €

Afaria signifie "À table" en basque. Comment résister à cette invitation lancée par Julien Duboué, un chef plein de talent qui officia au Carré des Feuillants, chez Daniel Boulud (New York) et chez Drouant ? À l'heure de l'apéritif, on s'attarde dans la première salle, autour de la table d'hôte, pour déguster des tapas. Côté restaurant, on s'éloigne du Sud-Ouest, dans un décor de bistrot, pour découvrir les surprises que réserve une carte de cuisine inventive ouverte sur le monde. Laissez-vous tenter par le boudin en croûte de moutarde et pommes, le lieu jaune au bouillon japonisant, et par un sympathique baba gascon. Sélection de vins affichée sur les grands miroirs de la salle. La réservation est vivement conseillée, à moins que vous ne vouliez résister encore à l'invitation...

L'Ardoise du XV Ⓝ

Moderne

B2

70 r. Sébastien-Mercier
01 45 78 91 38
www.lardoiseduxv.fr
Ⓜ Charles Michels
Fermé août, dimanche soir et lundi

Formule 18 € – Menu 23 € (déjeuner) – Carte 31/50 €

Pâté en croûte de veau au foie gras ; soupe de melon au jambon serrano ; joue de lotte et ratatouille ; canette aux abricots et au romarin ; entrecôte, os à moelle et purée maison ; baba au rhum ; millefeuille à la vanille de Madagascar ; tiramisu... Tels sont les intitulés que l'on peut lire sur la belle ardoise de cette Ardoise nichée au cœur du 15e arrondissement ! Vous l'aurez compris : la cuisine remet la tradition au goût du jour, et ce avec fraîcheur et saveurs... Comment s'en étonner de la part d'un chef qui a longtemps travaillé au sein des fameux Ateliers de Joël Robuchon ? C'est en 2012 qu'il a ouvert ce petit restaurant avec son épouse, laquelle assure le service dans la salle, au décor tout en sobriété. Bref, voilà bien un bistrot d'aujourd'hui avide de saveurs...

L'Atelier du Parc

Moderne

B3

35 bd Lefèbvre
01 42 50 68 85
www.atelierduparc.fr
Porte de Versailles
Fermé 2 semaines en août, lundi midi et dimanche

Formule 20 € – Menu 25 € (déjeuner), 35/78 €

A/C
VISA

AE

Voilà un établissement qui tranche avec les nombreuses brasseries traditionnelles de la porte de Versailles : bar en plexiglas changeant de couleur, teintes sobres et beaux sièges design qui donnent leur version d'un nouvel Art déco... Ce cadre chic et moderne sied parfaitement à la cuisine inventive et soignée de deux jeunes chefs pleins d'allant. Pâté en croûte au foie gras relevé d'un sorbet à la moutarde à l'ancienne, tartare de dorade au jus de gingembre et mélisse, bouillabaisse revisitée, épaule d'agneau confite 36 heures aux épices, baba à la crème chantilly vanillée ; tout est fait maison ! Beaucoup de finesse, de la créativité et une belle surprise face au parc des expositions.

Axuria

Moderne

B2

51 av. Félix Faure
01 45 54 13 91
www.axuria-restaurant.fr
Boucicaut

Formule 22 € – Menu 35 € – Carte 38/53 €

A/C
VISA

AE

Axuria, c'est l'agneau de lait des Pyrénées, en basque... Et le Pays basque, c'est précisément la région du propriétaire, Olivier Amestoy ! Après avoir passé huit ans dans ce restaurant (alors nommé La Chaumière) en tant que chef, il décide de reprendre l'affaire en 2011, pour créer un lieu qui lui ressemble... Pari réussi : contemporain, chaleureux et très "nature", Axuria colle parfaitement à la cuisine d'Olivier, fraîche, centrée sur le beau produit, nourrie de classiques mais néanmoins personnelle et tendance... Selon les saisons, vous vous régalerez peut-être de bulots et de bigorneaux cuisinés aux herbes sur un lit de petits poireaux à l'huile de noix, d'un filet de rouget barbet et son wok de légumes croquants, d'un soufflé au Grand Marnier... ou, bien sûr, d'agneau des Pyrénées !

Banyan

Thaïlandaise

B2

24 pl. Étienne Pernet
01 40 60 09 31
Félix Faure

Formule 20 € – Menu 25 € (déjeuner en semaine), 35/55 € – Carte 36/56 €

A/C VISA MC AE

Le Banyan? Un petit bout de Thaïlande authentique en plein Paris, pour un dépaysement des papilles garanti! Saveurs du curcuma et du galanga, parfums du basilic et arômes puissants de la citronnelle et du curry : les recettes sont fines et fleurent bon les jardins de Bangkok et les mille senteurs de l'Orient... Pour éviter toute mauvaise surprise, la carte signale les plats les plus épicés et les palais sensibles apprécient... Qu'ils soient relevés ou non, ces mets se dégustent sur des tables en bois brut, dans une petite salle sans prétention, mais confortable et décorée d'esquisses traditionnelles. Bon à savoir : la maison concocte aussi des plats à emporter et vous propose un sympathique brunch dominical.

Le Bélisaire

Traditionnelle

C2

2 r. Marmontel
01 48 28 62 24
Vaugirard
Fermé 28 juillet-18 août, 24 décembre-1er janvier, samedi midi et dimanche

Formule 21 € – Menu 24 € (déjeuner), 33/42 €

VISA MC

À deux pas de la rue Vaugirard, ce restaurant (qui rend hommage au roman de Marmontel) a su se forger une bonne réputation auprès des gastronomes du quartier. Ce qui le rend si sympathique? Son atmosphère conviviale de bistrot à l'ancienne, sans aucun doute. Dans les trois salles au décor tout droit sorti des années 1900 – vieux comptoir, carrelage d'époque, banquettes, lustres rétro –, la grande ardoise du jour circule de table en table, quand ce n'est pas le chef qui vient lui-même conseiller ses clients. Bien inspiré, il associe spécialités typiques et recettes plus personnelles : saumon farci au chèvre de Touraine, joue de bœuf braisée au vin rouge, sabayon aux pêches, crème brûlée à la pistache, etc. Frais et généreux !

Benkay

Japonaise

B1

Novotel Tour Eiffel,
61 quai de Grenelle
01 40 58 21 26
www.restaurant-benkay.com
Bir-Hakeim
Fermé août

Menu 39 € (déjeuner), 86/169 € – Carte 60/120 €

Au quatrième et dernier étage d'un petit building du Front de Seine, ce restaurant nippon se révèle élégant, sobre et raffiné avec sa vue plongeante sur la Seine et la Maison de la Radio. On y honore les différentes facettes de la gastronomie japonaise : installé autour du teppanyaki, émerveillez-vous du spectacle des mets crépitant sur les cinq plaques de cuisson, ou bien – de manière plus classique – profitez d'une cuisine washoku (service à table) ; enfin, admirez le savoir-faire de l'excellent maître sushi sur un comptoir dédié. Les produits sont de qualité, les préparations aussi alléchantes que spectaculaires : filet de bœuf saisi devant le convive, calamars sautés sur le vif et crêpes flambées avec leur neige carbonique, etc. Une belle expérience pour les amateurs d'exotisme.

A/C VISA AE

Bernard du 15

Moderne

B2

62 r. des Entrepreneurs
01 40 59 09 27
Charles Michels
Fermé août et dimanche soir

Menu 19/34 € – Carte 39/56 €

Ravioles de gambas et combava, tajine de poisson aux olives et citron de Nice, carré d'agneau rôti au foin, millefeuille à la vanille... À la lecture de la carte, on voyage déjà entre les saveurs d'ici et d'ailleurs, entre classicisme et modernité. Car la cuisine de Bernard Sellin (qui a ouvert ce restaurant début 2008) aime mélanger les influences et surprendre. Pour cela, ce chef expérimenté puise son inspiration dans sa Bretagne natale, ses périples aux Caraïbes, ses expériences parisiennes, l'humeur du moment et le rythme des saisons. Le résultat – des recettes subtilement épicées – se révèle convaincant ! Des épices qu'on retrouve d'ailleurs exposées dans le sobre décor, à côté de tableaux évoquant eux aussi des terres lointaines.

VISA AE

Beurre Noisette

Moderne

B3

68 r. Vasco-de-Gama
01 48 56 82 49
www.lebeurrenoisette.com
Ⓜ Lourmel
Fermé 1er-24 août, dimanche et lundi

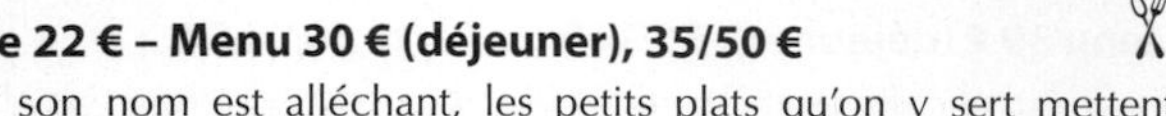

Formule 22 € – Menu 30 € (déjeuner), 35/50 €

VISA MC AE

Si son nom est alléchant, les petits plats qu'on y sert mettent franchement l'eau à la bouche ! Intérieur chaleureux entièrement rénové en 2011, belle table d'hôte et ambiance accueillante et conviviale : on se sent tout de suite à l'aise dans ce bistrot situé dans une rue tranquille entre Balard et Lourmel. Le chef, qui a travaillé pour les plus grandes maisons parisiennes, imagine les recettes du jour au gré du marché et de son inspiration. Et voilà qu'apparaissent sur l'ardoise tourte feuilletée au canard et foie gras, pressé de pintade et anguille fumée, volaille des Landes au vin d'Arbois... Le tout accompagné, comme il se doit, d'une belle sélection de vins au verre ou au pichet, à prix doux !

Bistro 121

Moderne

B2

121 r. de la Convention
01 45 57 52 90
www.bistro121.fr
Ⓜ Boucicaut
Fermé dimanche soir et lundi

Formule 28 € – Menu 34 €

A/C VISA MC AE

Des expos d'art, un œuf cocotte aux champignons et au foie gras ; un vieux comptoir (unique vestige du passé), des supions crémeux accompagnés d'un risotto à l'encre de seiche ; une déco contemporaine raffinée et cosy, une tête de veau sauce ravigote ; un service aux petits soins, un véritable paris-brest, ou encore un lingot au chocolat noir… Dit comme ça, on pourrait croire à un inventaire à la Prévert, et c'est un peu vrai ! Car tout se mêle au Bistrot 121 : les gens, les rires, les senteurs, l'art sur les murs et dans les assiettes, les couleurs de bons petits plats bistrotiers d'hier et d'aujourd'hui, le sens du partage… Et cette atmosphère 121 % chaleureuse ne fait pas perdre de vue l'essentiel : une cuisine bien ficelée, gourmande et généreuse… à prix doux !

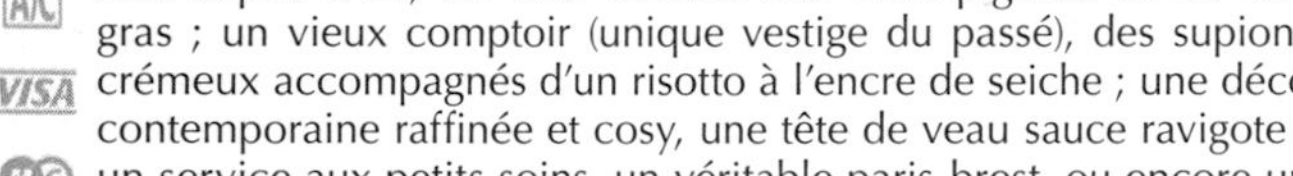

La Cantine du Troquet Dupleix  

Traditionnelle B1

53 bd de Grenelle
✆ 01 45 75 98 00
Ⓜ Dupleix

Carte 30/45 € 

Dernière création du sémillant Christian Etchebest, cette nouvelle Cantine du Troquet surfe sur une recette éprouvée : pourquoi s'en plaindre ? Comme dans le 14e arrondissement, la carte joue sur un registre mi-brasserie mi-bistrot qui mise tout sur des recettes bien tournées... où transparaissent évidemment les origines basques du patron. Charcuteries Éric Ospital (terrines, oreilles de cochon grillées, jambons, etc.), couteaux cuits à la plancha, grandes salades de saison, saumon et chipirons, lomo, fromage des Pyrénées, gâteau basque, etc. On se régale ! Puisqu'il n'est pas possible de réserver, on vient en toute simplicité, et s'il faut attendre, on boit l'apéro au comptoir en faisant connaissance avec ses voisins...

Le Caroubier

Marocaine C3

82 bd Lefèbvre
✆ 01 40 43 16 12
www.restaurant-lecaroubier.com
Ⓜ Porte de Vanves
Fermé 10-25 août

Menu 18 € (déjeuner en semaine), 28/55 € – Carte 31/45 €

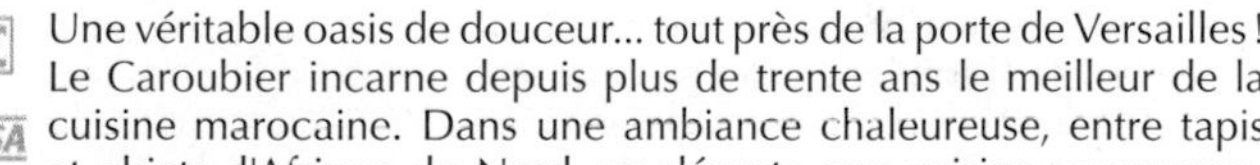

Une véritable oasis de douceur... tout près de la porte de Versailles ! Le Caroubier incarne depuis plus de trente ans le meilleur de la cuisine marocaine. Dans une ambiance chaleureuse, entre tapis et objets d'Afrique du Nord, on déguste une cuisine savoureuse, préparée dans les règles de l'art. Couscous délicats, tajines aux saveurs subtiles et franches, pastillas gorgées du soleil de l'Atlas... tous les grands classiques sont exécutés sans fausse note et servis avec générosité. L'accueil est prévenant, le service rapide et efficace, les prix modérés : nul besoin d'un billet d'avion pour vivre à l'orientale !

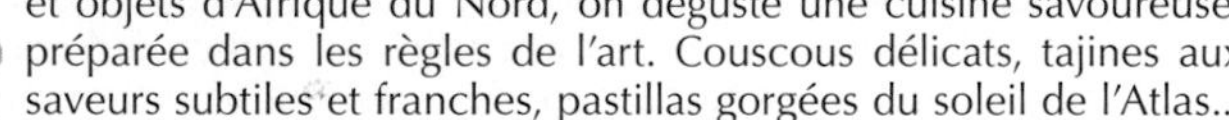

Le Casse Noix

Traditionnelle

C1

56 r. de la Fédération
01 45 66 09 01
www.le-cassenoix.fr
Bir Hakeim
Fermé 3-26 août, samedi et dimanche

Formule 20 € – Menu 32/50 €

À moins de rendre visite à un ami ou de faire un tour à la maison de la culture du Japon, on n'avait que peu de raisons de traverser la tranquille rue de la Fédération... Et puis est arrivé le Casse Noix. Ce bistrot rétro et convivial n'a vraiment rien d'un rendez-vous de casse-pieds ! Vieilles affiches, pendules et meubles vintage : le décor est planté. Côté petits plats, l'authenticité prime aussi. Charcuteries et boudin en provenance directe de chez le papa du chef, Meilleur Ouvrier de France à Orléans ; délicieuse cuisine canaille ; bons vins... Ce Casse Noix casse des briques !

Chen Soleil d'Est

Chinoise

B1

15 r. du Théâtre
01 45 79 34 34
Dupleix
Fermé août et dimanche

Menu 40 € (déjeuner)/75 € – Carte 65/95 €

Avec les deux lions qui encadrent son entrée, ce restaurant chinois montre d'emblée qu'il a du caractère… et de la finesse. Façon yin et yang, la cuisine de madame Chen révèle, au premier chef, des saveurs à la fois affirmées et délicates, qu'il s'agisse des "classiques" qui font la réputation de la maison (tel le demi-canard pékinois en trois services) ou des propositions du jour variant au gré du marché. La carte des vins offre un choix intéressant et ajoute encore au plaisir de la table. Enfin, le décor révèle une autre sorte de raffinement : boiseries d'acajou, bas-reliefs représentant des scènes traditionnelles, tables joliment dressées et beaux bouquets de fleurs fraîches...

Le Concert de Cuisine

Créative B1

14 r. Nélaton
01 40 58 10 15
Bir-Hakeim
Fermé 7-28 août, lundi midi, samedi midi et dimanche – Nombre de couverts limité, réserver

Formule 25 € – Menu 31 € (déjeuner), 42/59 €

A/C VISA MC AE

En véritable homme-orchestre, le chef japonais Naoto Masumoto plaque de beaux accords sur son teppanyaki... jouant souvent à guichets fermés ! Et pour cause, une semaine après l'ouverture en 2009, un certain Jacques Chirac et son épouse réservaient leurs places au parterre, suscitant un certain engouement médiatique... Point de cacophonie pour autant, la cuisine a conservé le goût de la simplicité et de la précision. Le chef travaille devant les clients et n'hésite pas à assurer lui-même le service. De mets en mets, thèmes japonais et gammes françaises se succèdent en une habile fusion : terrine de foie gras aux épices sansho, steak de thon mi-cuit au wasabi, cochon laqué au sésame et sa purée de céleri, tiramisu au thé vert... De quoi vouloir un rappel !

Le Court-Bouillon

Moderne B1

51 r. du Théâtre
01 45 77 08 18
www.lecourtbouillon.com
Avenue Émile Zola
Fermé 2-22 août, vacances de Noël, dimanche et lundi

Formule 39 € – Menu 45/54 € – Carte 51/60 €

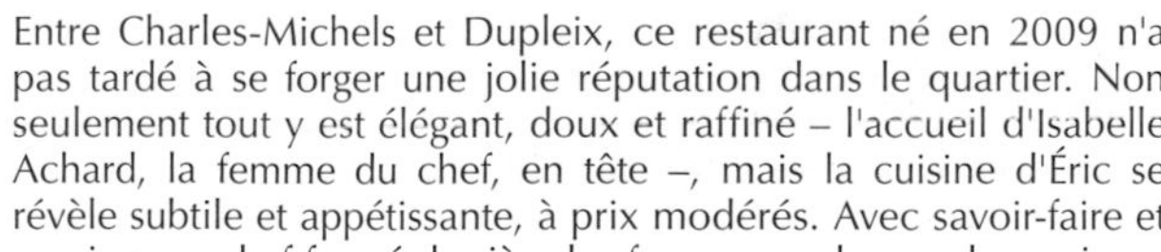

A/C VISA MC AE

Entre Charles-Michels et Dupleix, ce restaurant né en 2009 n'a pas tardé à se forger une jolie réputation dans le quartier. Non seulement tout y est élégant, doux et raffiné – l'accueil d'Isabelle Achard, la femme du chef, en tête –, mais la cuisine d'Éric se révèle subtile et appétissante, à prix modérés. Avec savoir-faire et passion, ce chef formé derrière les fourneaux de grandes maisons (Taillevent, Plaza Athénée) travaille de bons produits de saison et, sur des bases traditionnelles, concocte des plats pleins de fraîcheur. Ravigote de crabe et salade d'herbes, foie gras de canard maison à la fleur de sel de Guérande, feuilleté aux asperges, onglet de bœuf aux échalotes... Dans ce Court-Bouillon gorgé de saveurs, le plaisir de la bonne chère ne tourne pas court !

Le Cristal de Sel

Moderne

C2

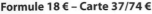

13 r. Mademoiselle
01 42 50 35 29
www.lecristaldesel.fr
Commerce
Fermé 30 avril-4 mai, 6-24 août, 24-28 décembre, dimanche et lundi

Formule 18 € – Carte 37/74 €

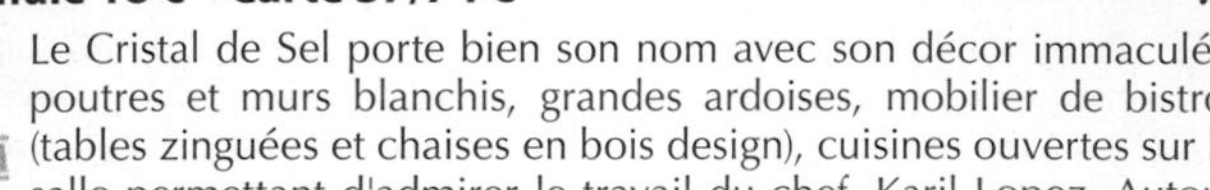

A/C VISA MC

Le Cristal de Sel porte bien son nom avec son décor immaculé : poutres et murs blanchis, grandes ardoises, mobilier de bistrot (tables zinguées et chaises en bois design), cuisines ouvertes sur la salle permettant d'admirer le travail du chef, Karil Lopez. Autour de lui, une équipe jeune et dynamique qui fait montre d'une passion communicative dès qu'on évoque la gastronomie... et concocte des plats aux petits oignons ! Ici, les excellents produits sont mariés avec finesse, et l'on se régale d'un croustillant de gambas à la coriandre et aux épices tandoori, d'une sole meunière au beurre d'algue et de son gratin de blettes... Côté dessert, on craque pour un financier à la framboise et son sorbet à la rhubarbe, ou encore pour une crème légère à l'orange et son florentin.

La Dînée

Moderne

B2

85 r. Leblanc
01 45 54 20 49
www.restaurant-ladinee.com
Balard
Fermé août, samedi et dimanche

Formule 41 € – Menu 49 €

A/C VISA MC AE

La Dînée, dans le Littré, c'est une auberge où l'on s'arrête pour le repas. Non loin du métro Balard, cette Dînée-là ne fait pas mentir le dictionnaire... Spécialisée dans la cuisine de la mer, l'adresse s'est imposée comme une valeur sûre du quartier. Le chef travaille des produits de qualité et élabore des préparations simples et harmonieuses. La salle à manger déploie un agréable décor contemporain : murs et banquettes aux tons pastel, tableaux abstraits et éclairage tamisé. Les assiettes, soignées, fleurent bon le grand large : poêlée de chipirons au citron, tartare de Saint-Jacques et bulots, etc. Que les amateurs de viande se rassurent : ils trouveront également leur bonheur, avec, par exemple, un quasi d'agneau du Limousin rôti au romarin et sa purée maison...

Le Dirigeable

Traditionnelle

37 r. d'Alleray
01 45 32 01 54
Ⓜ Vaugirard
Fermé dimanche, lundi et fériés

C2

Formule 19 € – Menu 22 € (déjeuner) – Carte 30/40 €

VISA MC AE

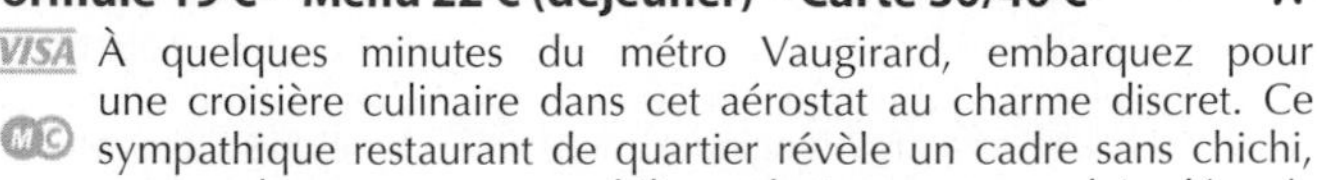

À quelques minutes du métro Vaugirard, embarquez pour une croisière culinaire dans cet aérostat au charme discret. Ce sympathique restaurant de quartier révèle un cadre sans chichi, avec ses banquettes, son mobilier en bois et ses murs clairs décorés de larges miroirs. On y déguste une cuisine traditionnelle de bonne facture élaborée à partir de produits bien sélectionnés. Le menu du midi – attractif – est renouvelé chaque jour et, le soir, la carte se fait plus audacieuse. La qualité des plats, l'ambiance conviviale et décontractée, la grande gentillesse du personnel ont su au fil des années fidéliser une importante clientèle d'habitués.

L'Épicuriste

Moderne

41 bd Pasteur
01 47 34 15 50
Ⓜ Pasteur
Fermé 3 semaines en août, dimanche et lundi

D2

Formule 25 € – Menu 29 € (déjeuner)/37 €

VISA MC AE

En guise d'Épigramme – l'ancien établissement d'Aymeric Kräml et Stéphane Marcuzzi – cet Épicuriste pourrait écrire à son fronton : "Le plaisir des sens et la tranquillité de l'âme." Dans ce bistrot à l'ancienne, mais sans fausse nostalgie, les cuisines ouvertes flattent la vue et l'odorat, l'ouïe s'imprègne d'une ambiance sonore et chaleureuse. Quant à l'ardoise, elle aiguise l'appétit. Couteaux en persillade, harengs marinés aux aromates, cochon basque rôti, crémeux au mascarpone, quenelles de chocolat aux cerises : l'inventaire délicieux du goût et... du toucher d'un chef fort doué.

L'Épopée

Traditionnelle B2

89 av. Émile-Zola
01 45 77 71 37
www.lepopee.fr
Ⓜ Charles Michels
Fermé 9-17 août, 24 décembre-2 janvier, samedi midi et dimanche soir

Formule 20 € – Menu 25 € (déjeuner en semaine), 38/54 €

L'Épopée continue d'écrire sa petite histoire sous l'égide de l'équipe qui l'a reprise en 2008. Point de récits merveilleux ou de hauts faits mythologiques, mais une chronique du quotidien où l'éloge de la tradition se conjugue au présent, avec de-ci de-là des touches contemporaines bien dosées. Le menu laisse ainsi le choix entre la raviole de langoustine au saté, le filet de bar vapeur aux coques et couteaux, l'entrecôte au foie gras, le millefeuille poire-cannelle ou les pêches rôties... Des plats qui s'accompagnent de nectars bien choisis. Quant au décor, il mêle joliment parquet flottant, boiseries et aquarelles marines. Tout près du métro Charles-Michels, la simplicité – dans la qualité – a trouvé ses hérauts.

Erawan

Thaïlandaise C1

76 r. Fédération
01 47 83 55 67
Ⓜ La Motte Picquet Grenelle
Fermé 3 semaines en août, lundi midi et dimanche

Formule 14 € – Carte 20/45 €

Dans la mythologie thaïlandaise, Erawan est un éléphant tricéphale doté d'un appétit proverbial : nul doute que l'animal se serait senti à son aise dans cet agréable restaurant thaï dissimulé derrière une devanture asiatique très discrète. Salle à manger décorée d'œuvres d'art traditionnelles et rehaussée de boiseries et bas-reliefs tantriques, ambiance feutrée et éclairage tamisé : le décor évoque la mystique épurée des cultures de l'Asie du Sud-Est. Dans cette affaire familiale, père et fils proposent une cuisine typique, légère et parfumée. Le bœuf poêlé au lait de coco, le magret de canard au poivre vert et les autres plats aux senteurs de citronnelle ou de curcuma sont bien alléchants.

Fontanarosa

Italienne

C2

28 bd Garibaldi
01 45 66 97 84
www.restaurant-fontanarosa.fr
Cambronne

Menu 19 € (déjeuner en semaine)/30 € – Carte 34/78 € XX

Cette sympathique trattoria est opportunément située sur le boulevard Garibaldi, qui porte le nom du père de l'unité italienne : en plein quartier de Grenelle, cette ambassade de la tradition culinaire sarde a su immédiatement trouver sa place. Façade d'un joli rose, verdoyante terrasse protégée et intérieur aux tons pastel rehaussé de tableaux végétaux évoquant la Sardaigne : c'est dans ce cadre typique que vous dégusterez de savoureuses spécialités italiennes, soignées et copieusement servies. Antipasti variés et adaptés à la saison, gnocchis aux saveurs franches gorgées de soleil transalpin ou risotto à la milanaise vous feront adorer la face gourmande de la "Botte". La carte des vins, très complète, couvre toutes les régions du pays.

La Gauloise

Traditionnelle

C1

59 av. La Motte-Picquet
01 47 34 11 64
La Motte Picquet Grenelle

Formule 24 € – Menu 29 € – Carte 35/75 € XX

À en juger par l'abondance de photos dédicacées affichées fièrement sur ses murs, la Gauloise a accueilli, au cours de sa longue histoire, bon nombre de personnalités du monde politique et médiatique. Son décor façon 1900 rappelle les fameux bistrots d'antan et leur caractère bien trempé : vieilles banquettes au confort spartiate, miroirs vénérables et lustres en cascade, tout évoque l'âge d'or de la brasserie parisienne. Pas de surprise en cuisine, où l'on concocte des plats traditionnels classiques, simples et soignés : soupe à l'oignon, œuf mollet et légumes de pot-au-feu, turbot sauce béarnaise ou entrecôte de bœuf. À noter, la plaisante terrasse aux beaux jours et le petit salon, pour recevoir les convives en toute intimité.

Le Grand Pan

Viandes et grillades C3

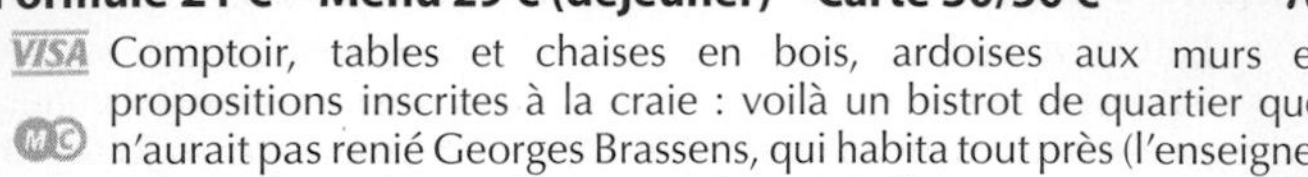

20 r. Rosenwald
01 42 50 02 50
www.legrandpan.fr
Ⓜ Plaisance
Fermé 1 semaine en mai, 10-30 août, vacances de Noël, samedi et dimanche

Formule 21 € – Menu 29 € (déjeuner) – Carte 30/50 €

VISA MC AE

Comptoir, tables et chaises en bois, ardoises aux murs et propositions inscrites à la craie : voilà un bistrot de quartier que n'aurait pas renié Georges Brassens, qui habita tout près (l'enseigne, tirée de l'une de ses chansons, lui rend d'ailleurs hommage). Après avoir longtemps secondé Christian Etchebest au Troquet, Benoît Gauthier poursuit ici sa route en solo. Avec d'alléchantes assiettes et des spécialités : soupes en entrée le midi et, le soir, de belles viandes – côte de porc ibaïona, côte de bœuf blonde d'Aquitaine de Mauléon – servies pour deux et merveilleusement cuites (à la plancha). Côté desserts, retour vers l'enfance garanti, avec par exemple un riz au lait crémeux et sa compotée de rhubarbe...

Gwon's Dining

Coréenne C2

51 r. Cambronne
01 47 34 53 17
Ⓜ Cambronne
Dîner seulement

Carte 40/50 €

A/C VISA MC

En créant ce restaurant coréen, M. et Mme Gwon, respectivement philosophe et sociologue, souhaitaient faire connaître les saveurs les plus subtiles de leur pays, en ne servant que des plats authentiques. Objectif atteint, puisque cet élégant Gwon's Dining – le décor, tout en sobriété contemporaine, évoque le raffinement asiatique par moult jolis détails – a su séduire et fidéliser Coréens, Japonais et... Parisiens. Aux fourneaux, une chef passée par de grandes maisons de Séoul prépare des recettes devenues incontournables : tartare de bœuf mêlé au jaune d'œuf et à la poire, ragoût de bœuf aux légumes, champignons et châtaignes ou ragoût de travers de porc aux épices. Quant au service, il est très prévenant. Une belle échappée culinaire !

L'Inattendu

Moderne

C2

99 r. Blomet
01 55 76 93 12
www.restaurant-inattendu.fr
Vaugirard
Fermé 3 semaines en août, 2-10 janvier, dimanche et lundi

Formule 20 € – Menu 25 € (déjeuner en semaine), 34/43 € – Carte 36/50 €

A/C VISA MC

Après un joli parcours au sein de grandes maisons, Patrick Delmas et Loïc Risse ont mis leurs expériences en commun pour ouvrir, il y a quelques années, ce petit restaurant au cœur du 15e arrondissement. Leur credo? Fraîcheur et qualité! La carte change avec les saisons et se double de suggestions du jour qui varient selon l'humeur de Patrick – et parfois de Loïc : carpaccio d'ossau-iraty, ravioles de langoustine à la crème d'estragon, tartare de magret de canard, croustillant de gambas au basilic, etc. Des propositions canailles, bien ficelées et parfois... inattendues. Cadre feutré et élégant.

Jadis

Moderne

B2

208 r. de la Croix-Nivert
01 45 57 73 20
www.bistrot-jadis.com
Convention
Fermé 3 semaines en août, samedi et dimanche

Formule 26 € – Menu 29 € (déjeuner), 36/65 € – Carte 45/65 €

VISA MC AE

Il était une fois un chef doué qui décida de s'engager dans l'aventure de la bistronomie... Après plus de trois ans à la tête des cuisines du Gaya Rive Gauche de Pierre Gagnaire, Guillaume Delage a choisi de travailler en solo, et cela lui réussit. Son restaurant restitue un bel esprit bistrot, marqué par une douce nostalgie, celle du temps jadis... Pavé de sandre rôti au bouillon d'oseille et à l'épeautre, porc basque à la laitue braisée et aux blettes, crème caramel et financier à la fève tonka : le menu-carte change au fil du marché et des saisons. "Jadis" et pourtant tellement d'aujourd'hui !

Maison Kaiseki

Japonaise B2

7 r. André-Lefebvre
01 45 54 48 60
www.kaiseki.com
Javel André Citroën
Fermé 14-30 avril, 4-20 août, dimanche et lundi – Nombre de couverts limité, réserver

Formule 25 € – Menu 47 € (dîner en semaine), 70/170 €

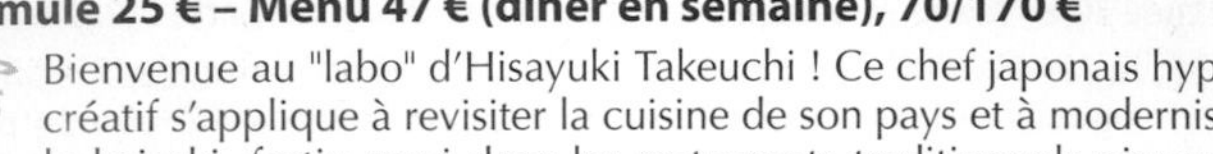

Bienvenue au "labo" d'Hisayuki Takeuchi ! Ce chef japonais hyper créatif s'applique à revisiter la cuisine de son pays et à moderniser le kaiseki, festin servi dans les restaurants traditionnels nippons. Ses assiettes sont composées comme des œuvres d'art. L'idéal est de choisir le menu omakase, une "carte blanche" composée au gré du marché et de son inspiration. L'expérience mérite d'être vécue ! Le style très dépouillé de la salle à manger en déroutera plus d'un, puisqu'elle ne comporte que trois grandes tables en bois de six personnes. Un lieu insolite qui se prolonge d'un salon de thé où le chef poursuit ses expérimentations culinaires avec d'étonnantes pâtisseries sans cesse réinventées – à base de sucre noir d'Okinawa notamment – et quelques "classiques" comme la madeleine au thé vert.

Du Marché

Traditionnelle C3

59 r. Dantzig
01 48 28 31 55
www.restaurantdumarche.fr
Porte de Versailles
Fermé août, dimanche et lundi

Formule 18 € – Menu 26/33 € – Carte 34/45 €

Situé à quelques pas du parc Georges-Brassens, ce bistrot ressuscite l'atmosphère rétro des années 1950 : carrelage en mosaïque, lampes boules, banquettes en skaï fatiguées, tables et chaises en bois, sans oublier l'indétrônable comptoir en zinc. Un petit goût de nostalgie qui n'est pas pour déplaire aux nombreux habitués du quartier. Il faut dire que la cuisine – d'un rapport qualité-prix tout à fait appréciable – ne dément pas l'esprit du lieu, convivial et chaleureux. Ainsi, on retrouve des plats bien ficelés, servis à la bonne franquette, tels le parmentier de canard, la poêlée de girolles ou encore le pain perdu et sa glace caramel. Aux beaux jours, la terrasse, cachée derrière son écrin de verdure, se révèle des plus agréables. Une adresse attachante.

Le Mûrier

Traditionnelle C3

42 r. Olivier-de-Serres
01 45 32 81 88
Ⓜ Convention
Fermé 3 semaines en août,
24 décembre-2 janvier, samedi et dimanche

Formule 20 € – Menu 23 € (déjeuner)/26 €

VISA MC

Ambiance tranquille et conviviale pour cette petite adresse sans prétention et aux prix doux. Dans une rue plutôt paisible et proche du métro Convention, sa façade timide dissimule une salle à manger tout en longueur dans les tons jaunes, où les tables sont joliment dressées. Des affiches du début du siècle confèrent à l'endroit un vrai côté "vieux troquet", tandis que de petites touches de bleu et quelques éléments de verdure apportent de la gaieté. La cuisine, simple et soignée, est à l'image du cadre, et s'épanouit dans le respect de la tradition. Parmi les grands classiques, on notera les bonnes pièces de bœuf grillé, les rognons de veau à la moutarde ou les terrines maison. Le service est efficace et sympathique.

Le Quinze - Lionel Flury

Moderne D2

8 r. Nicolas-Charlet
01 42 19 08 59
www.lequinzelionelflury.fr
Ⓜ Pasteur
Fermé 1 semaine en mars, 5-26 août,
24 décembre-2 janvier, lundi soir et dimanche

Menu 42 € (déjeuner en semaine), 55/80 € – Carte 58/72 €

A/C VISA MC AE

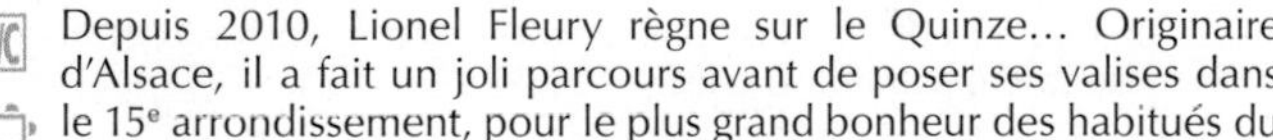

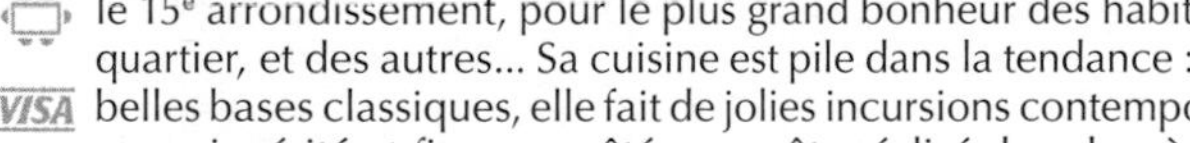

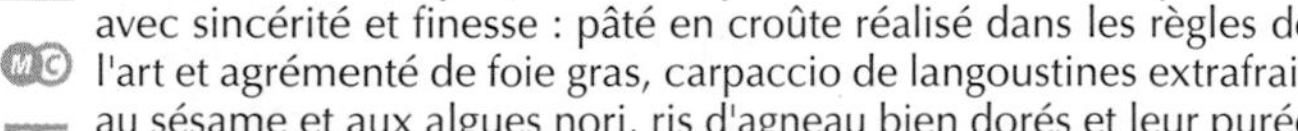

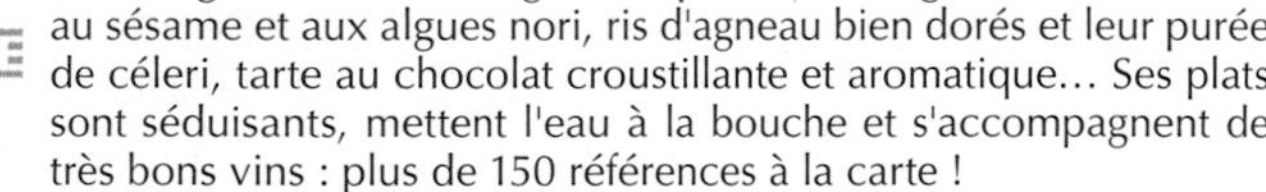

Depuis 2010, Lionel Fleury règne sur le Quinze... Originaire d'Alsace, il a fait un joli parcours avant de poser ses valises dans le 15e arrondissement, pour le plus grand bonheur des habitués du quartier, et des autres... Sa cuisine est pile dans la tendance : sur de belles bases classiques, elle fait de jolies incursions contemporaines avec sincérité et finesse : pâté en croûte réalisé dans les règles de l'art et agrémenté de foie gras, carpaccio de langoustines extrafrais au sésame et aux algues nori, ris d'agneau bien dorés et leur purée de céleri, tarte au chocolat croustillante et aromatique... Ses plats sont séduisants, mettent l'eau à la bouche et s'accompagnent de très bons vins : plus de 150 références à la carte !

Le Quinzième - Cyril Lignac ✿

Moderne

A2

14 r. Cauchy
✆ 01 45 54 43 43
www.restaurantlequinzieme.com
Ⓜ Javel
Fermé 2 semaines en août, samedi et dimanche

Menu 49 € (déjeuner), 130/175 € – Carte 100/120 €

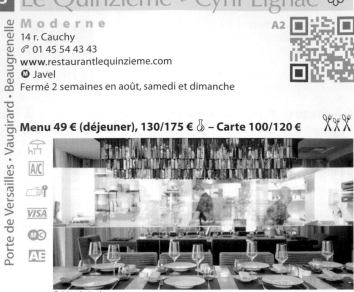

Cuisine Attitude

Le restaurant de Cyril Lignac semble tout aussi sympathique que son médiatique de chef ! À quelques enjambées du parc André-Citroën, voilà bien une adresse en vue : à la fois trendy et feutrée, chic et très contemporaine. Une élégante table d'hôte ouvre sur les fourneaux par une large baie vitrée, permettant d'admirer la brigade à l'œuvre. Car l'art de cuisiner est à la mode, surtout quand il est "live" ! Il faut dire que ces assiettes siglées Lignac font belle impression : esthétiquement très abouties et soignées, elles révèlent des associations de saveurs originales et flatteuses. Ainsi ce filet de sole de petit bateau présenté dans une ballottine d'un blanc immaculé, accompagné d'un liseré de crème aux épinards, d'une excellente sauce au vin jaune légère et parfumée, ainsi que d'une purée de ratte légèrement vanillée – des accords très séduisants… Harmonieuses et bien pensées, ces recettes pourraient passer à la télé !

Entrées

- Grosses langoustines rôties, fine raviole au piment, crème de langoustine au citron vert
- Foie gras de canard des Landes mi-cuit, gelée de raisins

Plats

- Sole cuite doucement en viennoise d'herbes, crevettes grises, sauce au vin jaune
- Ris de veau de lait de Corrèze, purée de carottes au curcuma

Desserts

- Madagascar
- Citron feuille niçois

Schmidt - L'Os à Moelle

Traditionnelle B2

3 r. Vasco-de-Gama
01 45 57 27 27
Lourmel
Fermé 2 semaines en août, dimanche et lundi

Formule 25 € – Menu 29 € (déjeuner), 38/43 € – Carte 45/57 €

VISA

En 2011, Stéphane Schmidt a ajouté son nom sur le fronton de cette adresse bien connue dans le 15e arrondissement (Thierry Faucher avait fait sa réputation)… et l'on s'y presse toujours autant. Le savoir-faire de ce cuisinier alsacien, rompu aux bonnes maisons (notamment Le Violon d'Ingres de Christian Constant), n'est plus à démontrer. Au menu : de belles saveurs traditionnelles, franches et sans chichi (pâté en croûte de mon enfance, bar aux cèpes et pommes grenaille, coings rôtis au miel et aux épices, etc.), avec quelques clins d'œil à sa région d'origine – de même pour la carte des vins. Et si la maison affiche complet, direction la Cave de l'Os à Moelle, juste en face, qui fait bar à vins et table d'hôte : on y propose des plats plus simples et à peine plus rustiques. Pour faire le plein de gourmandise et de finesse...

Stéphane Martin

Moderne B2

67 r. des Entrepreneurs
01 45 79 03 31
www.stephanemartin.com
Charles Michels
Fermé 5-13 mai, 4-26 août, 23 décembre-2 janvier, dimanche et lundi

Formule 17 € – Menu 22 € (déjeuner en semaine)/35 € – Carte 41/63 €

VISA

Tout le monde se presse chez Stéphane Martin, qui jouit d'une réputation enviable auprès de tous les gourmets de la rive gauche. Il faut dire que le cadre est cosy et de bon goût : coloris à dominante lie-de-vin et caramel, mobilier en bois sombre et bibliothèque en trompe l'œil pour les plaisirs de l'âme... Et une fois attablé, on déguste d'appétissantes recettes bien dans leur époque, réalisées par un chef qui met du cœur à l'ouvrage. Commandez donc un sorbet au foie gras et sa brioche au lard paysan, une tête de veau meunière ou un foie du même animal accompagné d'une onctueuse purée avec, pour finir, un délicieux clafoutis aux cerises. Les lettres de noblesse du registre canaille !

Le Troquet

Traditionnelle

C2 

21 r. François-Bonvin
01 45 66 89 00
Cambronne
Fermé 1 semaine en mai, 3 semaines en août, 1 semaine en décembre, dimanche et lundi

Formule 25 € – Menu 30 € (déjeuner en semaine), 32/41 € – Carte 30/40 €

Le "troquet" dans toute sa splendeur : décor bistrotier usé par les ans, banquettes en moleskine, ardoises, miroirs et petites tables au coude-à-coude invitant à la convivialité... Autant dire qu'on vient ici autant pour l'atmosphère que pour la cuisine ! Aux fourneaux, le jeune chef, Marc Mouton, concocte de délicieuses recettes – certaines avec l'accent du Sud-Ouest –, en valorisant des produits ultrafrais. Pour vous en convaincre, essayez la tartelette chaude aux piquillos et jambon cru, généreusement garnie de savoureux copeaux de parmesan, ou un filet de merlan accompagné de ratatouille. Alors, séduit ?

La Villa Corse

Corse

C1 

164 bd Grenelle
01 53 86 70 81
www.lavillacorse.com
La Motte Picquet Grenelle
Fermé dimanche

Formule 30 € – Menu 50 € – Carte 50/63 €

La Corse à Paris, vous en rêviez ? Cet élégant restaurant du quartier Cambronne porte haut le flambeau de la gastronomie insulaire et propose une cuisine aux saveurs puissantes qui fleure bon le maquis. L'adresse ne manque pas de charme, dans un esprit feutré et élégant... Dans l'assiette, les plats revendiquent fièrement leurs origines : charcuteries de caractère, herbes locales au bouquet enlevé et robustes vins locaux composent une cuisine vigoureuse et noble qui a tout pour subjuguer le "pinsut" (l'étranger, en langue corse). Ce dernier se régalera par exemple d'un velouté de châtaigne, d'un bon pavé de cabillaud accompagné d'une purée maison et d'un délicieux coulis de tomate et poivron, ou encore d'un moelleux au chocolat et... à la châtaigne, star décidément incontestée de l'île de Beauté !

Yanasé

Japonaise

75 r. Vasco-de-Gama
01 42 50 07 20
www.yanase.fr
Lourmel
Fermé 3 semaines en août, dimanche et lundi

B3

Formule 18 € – Menu 45/60 € – Carte 37/75 €

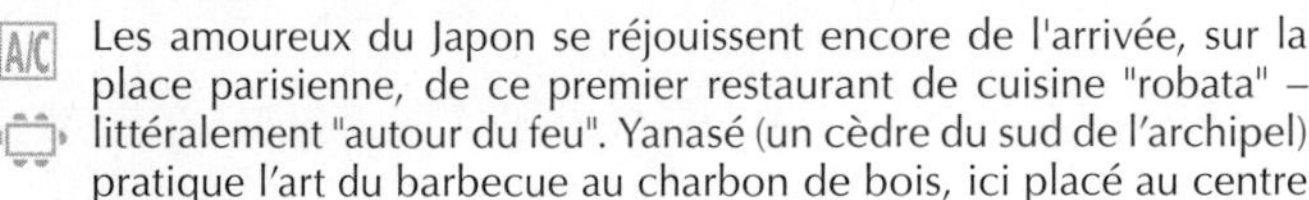

Les amoureux du Japon se réjouissent encore de l'arrivée, sur la place parisienne, de ce premier restaurant de cuisine "robata" – littéralement "autour du feu". Yanasé (un cèdre du sud de l'archipel) pratique l'art du barbecue au charbon de bois, ici placé au centre de la salle et encadré par un comptoir. On y grille sous vos yeux viandes et poissons, servis à l'aide d'une pelle en bois. Autre spécificité du lieu : son mélange de tradition et de modernité. Ainsi, les serveurs vêtus de kimonos évoluent dans un espace clair très contemporain et d'une belle sérénité. Les classiques sushis, sashimis et makis complètent la belle carte de cette adresse qui compte quelques merveilles de finesse.

Rappelez-vous :
les étoiles (✿✿✿…✿) couronnent les meilleures tables.
Et peu importe le cadre : ce que nous distinguons, c'est la cuisine, rien que la cuisine.

16^{e}

Trocadéro · Étoile · Passy · Bois de Boulogne

P. Escudero / Hemis.fr

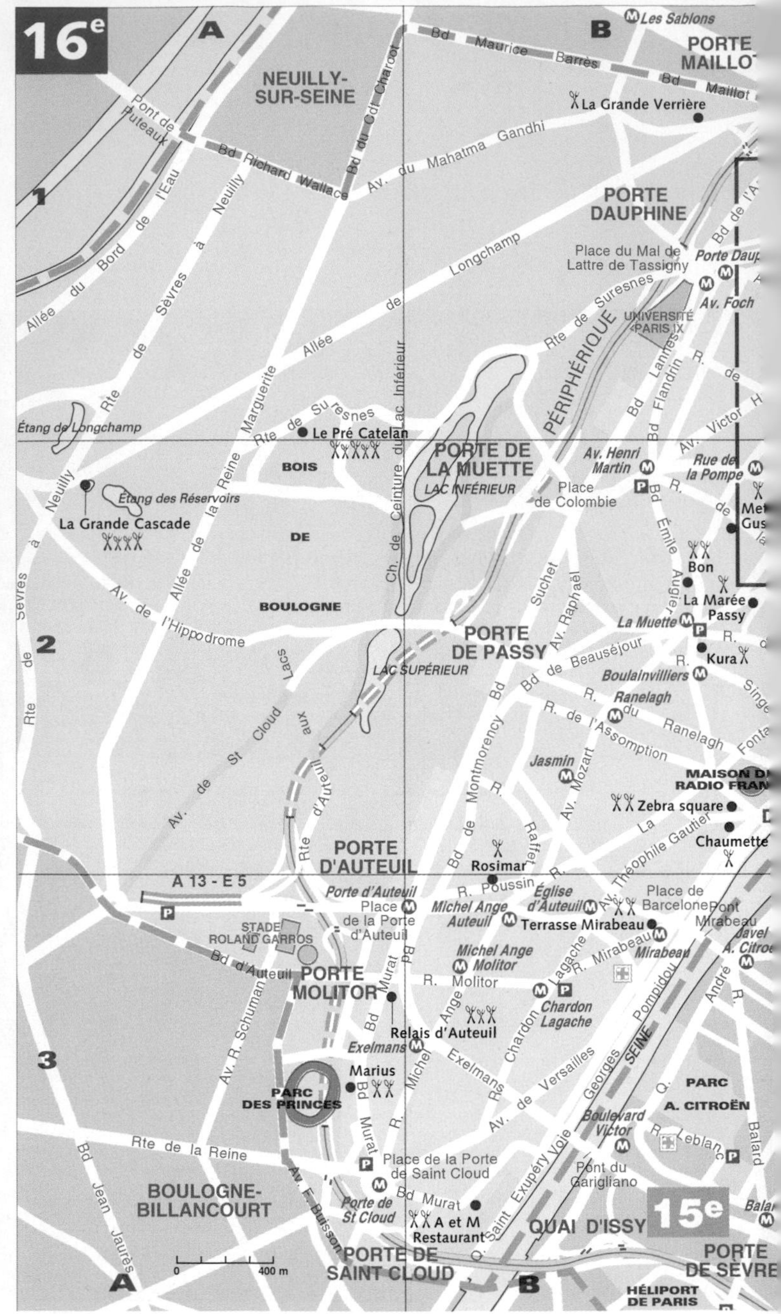

16e
A
B
Les Sablons
PORTE MAILLOT
NEUILLY-SUR-SEINE
Bd Maurice Barrès
Bd Maillot
La Grande Verrière
Pont de Puteaux
Bd Richard Wallace
Bd du Cdt Charcot
Av. du Mahatma Gandhi
PORTE DAUPHINE
Allée du Bord de l'Eau
Rte de Sèvres à Neuilly
Allée de Longchamp
Place du Mal de Lattre de Tassigny
Porte Dauphine
Av. Foch
Rte de Suresnes
UNIVERSITÉ PARIS IX
PÉRIPHÉRIQUE
Bd Lannes
Bd Flandrin
Av. Victor Hugo
Étang de Longchamp
Rte de Suresnes
Le Pré Catelan
BOIS
DE
BOULOGNE
Allée de la Reine Marguerite
Ch. de Ceinture du Lac Inférieur
PORTE DE LA MUETTE
LAC INFÉRIEUR
Av. Henri Martin
Rue de la Pompe
Place de Colombie
Étang des Réservoirs
La Grande Cascade
Bd Émile Augier
Bon
La Marée Passy
La Muette
Av. de l'Hippodrome
PORTE DE PASSY
Suchet
Av. Raphaël
Bd de Beauséjour
Kura
Boulainvilliers
LAC SUPÉRIEUR
Rte de Sèvres à Neuilly
Av. de St Cloud
Rte aux Lacs
Bd de Montmorency
R. Ranelagh
R. du Ranelagh
R. de l'Assomption
Jasmin
Av. Mozart
MAISON DE RADIO FRANCE
Zebra square
Chaumette
R. Raffet
Av. Théophile Gautier
Rte d'Auteuil
PORTE D'AUTEUIL
Rosimar
A 13 - E 5
R. Poussin
Porte d'Auteuil
Place de la Porte d'Auteuil
Michel Ange Auteuil
Église d'Auteuil
Place de Barcelone
Pont Mirabeau
Terrasse Mirabeau
Mirabeau
Javel A. Citroën
STADE ROLAND GARROS
Bd d'Auteuil
PORTE MOLITOR
Bd Murat
Michel Ange Molitor
R. Molitor
R. Mirabeau
Lagache
Chardon Lagache
Relais d'Auteuil
Exelmans
Av. R. Schuman
R. Michel Ange
Bd Exelmans
R. Chardon Lagache
Pompidou
SEINE
Av. de Versailles
R. André Citroën
3
Marius
PARC DES PRINCES
PARC A. CITROËN
Q. Georges
Boulevard Victor
R. Leblanc
Rte de la Reine
Bd Jean Jaurès
Av. F. Buisson
Place de la Porte de Saint Cloud
Pont du Garigliano
Balard
BOULOGNE-BILLANCOURT
Porte de St Cloud
Bd Murat
A et M Restaurant
Voie Saint Exupéry
QUAI D'ISSY
15e
PORTE DE SAINT CLOUD
PORTE DE SÈVRES
HÉLIPORT DE PARIS
0
400 m
1
2

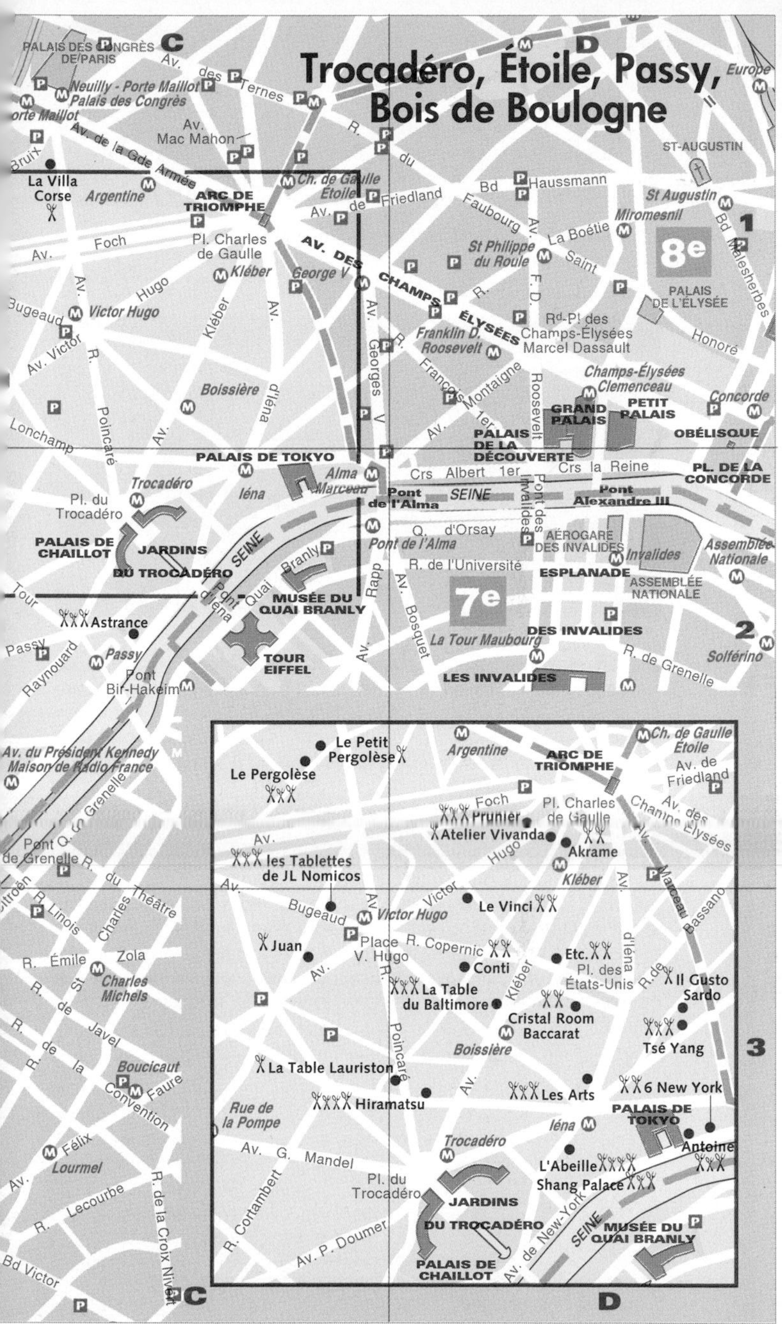

Trocadéro, Étoile, Passy, Bois de Boulogne
C
D
1
2
3
8e
7e
PALAIS DES CONGRÈS DE PARIS
Neuilly - Porte Maillot Palais des Congrès
Porte Maillot
Av. des Ternes
Av. Mac Mahon
Av. de la Gde Armée
La Villa Corse
Argentine
ARC DE TRIOMPHE
Ch. de Gaulle Étoile
Av. de Friedland
Bd Haussmann
Faubourg
La Boétie
St Augustin
Miromesnil
ST-AUGUSTIN
Europe
Av. Foch
Pl. Charles de Gaulle
AV. DES CHAMPS ÉLYSÉES
Kléber
George V
St Philippe du Roule
PALAIS DE L'ÉLYSÉE
Bd Malesherbes
Honoré
Saint
Bugeaud
Victor Hugo
Av. Victor Hugo
Av. Kléber
Av. d'Iéna
Av. George V
Franklin D. Roosevelt
Rd-Pt des Champs-Élysées Marcel Dassault
Champs-Élysées Clemenceau
Av. Montaigne
R. François 1er
GRAND PALAIS
PETIT PALAIS
Concorde
OBÉLISQUE
Boissière
R. Poincaré
Lonchamp
PALAIS DE LA DÉCOUVERTE
PALAIS DE TOKYO
Iéna
Alma Marceau
Crs Albert 1er
Crs la Reine
PL. DE LA CONCORDE
Trocadéro
Pl. du Trocadéro
Pont de l'Alma
SEINE
Pont Alexandre III
Pont des Invalides
PALAIS DE CHAILLOT
JARDINS DU TROCADÉRO
Q. d'Orsay
Pont de l'Alma
AÉROGARE DES INVALIDES
Invalides
Assemblée Nationale
R. de l'Université
ESPLANADE DES INVALIDES
ASSEMBLÉE NATIONALE
Quai Branly
MUSÉE DU QUAI BRANLY
Pont d'Iéna
Av. Rapp
Av. Bosquet
Tour
Astrance
Passy
R. Raynouard
TOUR EIFFEL
La Tour Maubourg
R. de Grenelle
Solférino
LES INVALIDES
Pont Bir-Hakeim
Av. du Président Kennedy
Maison de Radio France
Q. de Grenelle
Pont de Grenelle
R. du Théâtre
R. Linois
R. Émile Zola
Charles Michels
R. St Charles
R. de Javel
R. de la Convention
Boucicaut
Faure
Félix Lourmel
Av. Lecourbe
R. de la Croix Nivert
Bd Victor
Le Petit Pergolèse
Le Pergolèse
Prunier
Atelier Vivanda
Akrame
les Tablettes de JL Nomicos
Le Vinci
Av. Marceau
R. Bassano
Place V. Hugo
R. Copernic
Juan
Conti
Etc.
Pl. des États-Unis
Il Gusto Sardo
La Table du Baltimore
Cristal Room Baccarat
Tsé Yang
La Table Lauriston
Hiramatsu
Les Arts
6 New York
Rue de la Pompe
Av. G. Mandel
L'Abeille
Shang Palace
Antoine
R. Cortambert
Av. P. Doumer
Av. de New-York

L'Abeille ✿✿

Classique

D3

Hôtel Shangri-La,
10 av. d'Iéna
01 53 67 19 90
www.shangri-la.com
Iéna
Fermé 30 juillet-28 août, 22-30 décembre, dimanche et lundi – Dîner seulement

Menu 210 € – Carte 135/285 €

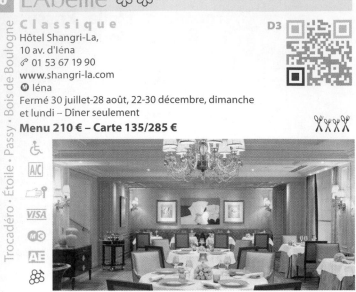

Shangri-La Paris

Le parcours de Philippe Labbé est flamboyant, à l'image de ce Shangri-La où il s'est installé début 2011 ; on se souvient encore de son passage au Château de la Chèvre d'Or, à Èze, où il fit frémir d'aise maints palais avisés. C'est désormais dans le cadre feutré de ce palace parisien, d'une sobre élégance, qu'il laisse libre cours à sa créativité. Moquette sombre, nuances de jaune et de gris clair, tables dressées avec soin et, çà et là, le motif de l'abeille rappelant les fastes napoléoniens : ne sommes-nous pas dans l'ancienne demeure du prince Roland Bonaparte ? Les produits nobles, d'une qualité irréprochable, sont à l'honneur, associés avec finesse et maîtrise. Certains crustacés, par exemple, sont présentés vivants avant leur cuisson. Une manière de souligner leur grande fraîcheur et de mieux prouver la justesse des préparations, la précision des assaisonnements. Le travail de Philippe Labbé est décidément tout en retenue, nuancé jusque dans son inventivité. Une épure au goût de miel…

Entrées

- Cèpes de Corrèze au jus de sous bois, râpée de noisettes fraîches et de pomme, crémeux de jaune d'œuf
- Langoustines royales aux zestes de yuzu

Plats

- Homard bleu de casier en deux services
- Filet d'agneau de lait de l'Aveyron rôti et fumé au romarin, chou rouge braisé à l'aigre-doux

Desserts

- Mûres sauvages, feuilleté minute caramélisé
- Aubergine confite, meringue moelleuse en crème glacée au thym-citron

A et M Restaurant

Moderne B3

136 bd Murat
01 45 27 39 60
www.am-restaurant.com
Porte de St-Cloud
Fermé août, samedi midi et dimanche

Formule 24 € – Menu 34 € – Carte environ 49 €

A pour Apicius, M pour Marius : de belles références pour cette adresse fondée par les deux patrons de ces tables renommées. Ce qui fait la différence ? Un décor plutôt chic, une ambiance conviviale et une cuisine de qualité à prix vraiment raisonnables ; en quelques mots, un "bistrot de chef" ! Aux fourneaux, on retrouve Tsukasa Fukuyama, qui s'approprie avec aisance les grands classiques de la gastronomie de l'Hexagone. Pressé de tête de veau sauce ravigote, velouté de cocos de Paimpol au haddock, fricassée de poulet fermier aux girolles, feuilleté aux fraises : on passe un bon moment !

Les Arts

Traditionnelle D3

Maison des Arts et Métiers - 9 bis av. d'Iéna
01 40 69 27 53
www.maisondesartsetmetiers.fr
Iéna
Fermé 20 juillet-26 août, 20 décembre-2 janvier, samedi, dimanche et fériés

Menu 42 € – Carte 51/62 €

Cadre plaisant pour cette table à l'élégance classique, qui occupe une partie de l'hôtel d'Iéna, construit à la fin du 19e s. Cet insigne bâtiment abrite depuis 1925 le siège de la Société des ingénieurs Arts et Métiers : ainsi s'explique l'enseigne du restaurant. La salle à manger principale affiche un cadre intimiste : haut plafond orné de moulures, colonnades doriques et copies de toiles de maître composent un décor chic et feutré. Classicisme assumé aux fourneaux, pour une cuisine qui vise principalement les ingénieurs qui fréquentent l'hôtel et la clientèle d'affaires. Aux beaux jours, pensez à réserver votre table sur la terrasse agrémentée d'un ravissant jardin.

Akrame ✿

Moderne

D2

19 r. Lauriston
01 40 67 11 16
www.akrame.com
Kléber
Fermé août, 22 décembre-7 janvier, samedi et dimanche – Réserver

Menu 35 € (déjeuner), 60/80 €

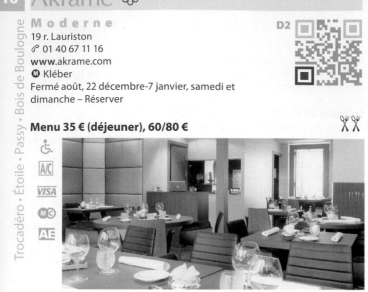

© yomgaille.com

Cette adresse née en 2011, très parisienne, a décidément le vent en poupe ! Il faut dire que le jeune et sémillant Akrame Benallal, dorénavant chez lui après avoir fait ses classes chez Pierre Gagnaire et Ferran Adrià, laisse libre cours à toute sa spontanéité et son inventivité... Le cadre tendance, avec ses clins d'œil branchés, sied à ses menus "surprises" qui changent tous les mois. En quatre ou six plats, on découvre toute l'étendue de son talent, la précision de ses cuissons, ses intuitions qui tombent juste. Dès les amuse-bouche – imaginez un croustillant au caviar citronné, une galette de parmesan à la crème de wasabi – les papilles sont en éveil : tout cela pétille, éclate en bouche... Que dire ensuite d'un "œuf parfait", d'un maquereau rôti sur peau accompagné d'un chou-fleur torréfié, relevé enfin par la saveur iodée de la Mertensia Maritima, l'irrésistible "feuille huître" ? Le nom d'Akrame est déjà sur toutes les lèvres...

Entrées

- Foie gras poché, consommé de pomme de terre et hareng
- Asperges vertes et leur moelle

Plats

- Pigeon à l'hibiscus, crème de petits pois à l'oseille
- Quasi de veau, purée d'artichauts citronnée, jus de veau

Desserts

- Banane cacahouète en chaud-froid
- Cannelloni de betteraves à la fraise et à la framboise, glace réglisse

Antoine ✿

Poissons et fruits de mer D3

10 av. de New-York
01 40 70 19 28
www.antoine-paris.fr
Alma Marceau
Fermé 2 semaines en août

Formule 35 € – Menu 120 € (dîner) – Carte 85/120 €

Charlotte Lascève

Ici, c'est la mer qui décide... La carte change chaque jour pour offrir le meilleur de la marée, en liaison directe avec les ports bretons, vendéens, basques ou méditerranéens ! En cas d'arrivage surprise, on pourra même vous proposer quelques suggestions de dernière minute. Au gré des vagues, donc, vous dégusterez croustillants de langoustine, sole au basilic, thon rouge mi-cuit au chutney d'agrumes ou une nouvelle version de la bouillabaisse. Que les carnivores se rassurent, un petit choix de viandes est prévu rien que pour eux – sans parler des très alléchants desserts (assiette tout chocolat, baba au rhum, etc.). Ici, le chef a l'amour de l'excellent produit et des belles saveurs, qu'il sait exalter avec finesse et inventivité... Une salle agréable, baignée de lumière et sobrement décorée, permet de les apprécier à leur juste valeur. Et comme elle offre une jolie vue sur les cuisines, la mer n'est jamais vraiment loin...

Entrées

- Finesse de coquillages juste tiédis, tartine au sarrasin et crevettes grises
- Soupe de poissons de roche de Méditérranée

Plats

- Bar de ligne grillé, cocotte de purée de ratte du Touquet
- Blanc de saint-pierre cuit à l'assiette, sabayon marin et haricots de Paimpol aux bigorneaux

Desserts

- Tarte caramel-chocolat, compote de poire pochée au thé fumé et sorbet poire
- Soufflé chaud à la pistache et sorbet à la framboise

Astrance ✿✿✿

Créative

4 r. Beethoven
✆ 01 40 50 84 40
Ⓜ Passy
Fermé 27 avril-13 mai, 27 juillet-26 août, 1 semaine en novembre et à Noël, samedi, dimanche, lundi et fériés – Nombre de couverts limité, réserver

C2 

Menu 70 € (déjeuner), 120/210 €

A/C VISA MC AE

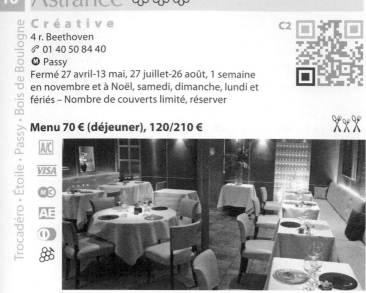

Astrance

L'époque aime les sensations et l'Astrance en est une. Table unique, elle ménage son effet de surprise : d'une part, il faut y réserver des mois à l'avance – affres délicieuses de l'attente d'un grand moment – ; d'autre part, elle est à la pointe de l'avant-garde. Car ici, la cuisine se réinvente chaque jour, et ce n'est pas une façon de parler. Improvisation ? Nullement, même si le menu découverte est établi le matin même en fonction du marché et de l'humeur : c'est que le chef, Pascal Barbot, possède un sens inné du produit et des associations de saveurs. Avec son associé Christophe Rohat, rencontré chez Alain Passard, ils avaient l'expérience nécessaire pour se lancer, en 2000, dans le projet un peu fou de ce restaurant hors normes. Près du Trocadéro, leur salle intimiste et contemporaine n'accueille que vingt-cinq convives. Vingt-cinq chanceux qui se prêtent au jeu de la maison et goûtent une cuisine experte, ouverte sur le monde et la modernité. Mariage de terroir et d'exotisme, belle carte des vins, subtilité, inventivité… Que dire de plus ?

Entrées

- Foie gras mariné au verjus, millefeuille de champignons de Paris
- Velouté de butternut à la noix de coco, lait à la cardamome

Plats

- Calamar grillé, papaye et mangue verte, écume ananas-piment
- Pigeon cuit au sautoir, condiment griotte et amande, jus de cuisson

Desserts

- Guimauve safran, glace gingembre
- Tartelette aux agrumes

Atelier Vivanda

Viandes et grillades D2

18 r. Lauriston
01 40 67 10 00
www.ateliervivenda.fr
Kléber
Fermé août, samedi et dimanche – Nombre de couverts limité, réserver

Menu 35 €

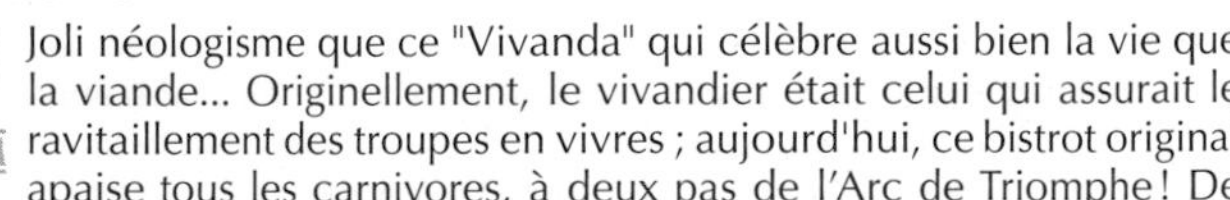

Joli néologisme que ce "Vivanda" qui célèbre aussi bien la vie que la viande... Originellement, le vivandier était celui qui assurait le ravitaillement des troupes en vivres ; aujourd'hui, ce bistrot original apaise tous les carnivores, à deux pas de l'Arc de Triomphe ! De protéines, il est donc ici essentiellement question : bœuf black angus, poulet fermier, etc. – le tout servi sur de petites tables en bois façon billot de boucher –, mais pas seulement, car la carte, très courte, cultive avant tout le goût des produits du marché et des saisons. Question qualité et traçabilité, la maison est bien lotie : elle est la deuxième adresse du jeune chef Akrame Benallal, dont le restaurant gastronomique, à deux pas, fut l'une des belles découvertes de 2011.

Bon

Créative B2

25 r. de la Pompe
01 40 72 70 00
www.restaurantbon.fr
La Muette

Formule 25 € – Menu 32 € (déjeuner en semaine) – Carte 42/73 €

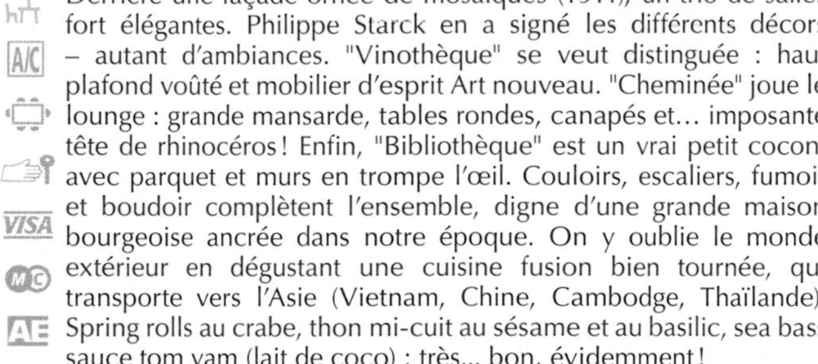

Derrière une façade ornée de mosaïques (1911), un trio de salles fort élégantes. Philippe Starck en a signé les différents décors – autant d'ambiances. "Vinothèque" se veut distinguée : haut plafond voûté et mobilier d'esprit Art nouveau. "Cheminée" joue le lounge : grande mansarde, tables rondes, canapés et... imposante tête de rhinocéros ! Enfin, "Bibliothèque" est un vrai petit cocon, avec parquet et murs en trompe l'œil. Couloirs, escaliers, fumoir et boudoir complètent l'ensemble, digne d'une grande maison bourgeoise ancrée dans notre époque. On y oublie le monde extérieur en dégustant une cuisine fusion bien tournée, qui transporte vers l'Asie (Vietnam, Chine, Cambodge, Thaïlande). Spring rolls au crabe, thon mi-cuit au sésame et au basilic, sea bass sauce tom yam (lait de coco) : très... bon, évidemment !

Chaumette

Traditionnelle

B2

7 r. Gros
01 42 88 29 27
www.restaurant-chaumette.com
Mirabeau
Fermé 3-20 août, 23 décembre-2 janvier, samedi midi, dimanche et fériés

Menu 23 € (déjeuner) – Carte 35/55 €

Derrière une jolie façade en bois se cache ce bistrot années 1920 : boiseries, petites tables serrées, comptoir, photos anciennes... et une collection de guides MICHELIN ! Une clientèle de journalistes le midi et d'habitants du quartier le soir se presse dans ce cadre chic, autrefois fréquenté par Philippe Noiret, Serge Gainsbourg et d'autres artistes. Mais ici la vedette est incontestablement la cuisine, traditionnelle et de qualité, proposée sur une courte carte enrichie de quelques plats à l'ardoise. À vous la terrine de gibier (en saison), la cuisse de volaille farcie aux morilles et l'incontournable pot-au-feu ! Et en dessert, que diriez-vous du millefeuille à la vanille Bourbon ? La formule déjeuner offre un excellent rapport qualité-prix.

Conti

Italienne

D3

72 r. Lauriston
01 47 27 74 67
www.leconti.fr
Boissière
Fermé 4-26 août, 25 décembre-1er janvier, samedi, dimanche et fériés

Menu 35 € (déjeuner) – Carte 52/82 €

Stendhal aurait sans doute apprécié ce restaurant où l'on célèbre, dans l'assiette, l'Italie qu'il aimait tant et, dans le décor, ses deux couleurs fétiches, le rouge et le noir (velours, tapisseries, boiseries, lustres en verre de Murano). Aux commandes de cette table, deux Français qui réinterprètent les recettes de la Botte avec des touches personnelles, associant les influences d'ici et de là-bas. Résultat, une cuisine de qualité appréciée par de nombreux habitués. Sur le menu du jour, on trouve par exemple : fricassée de légumes au parmesan, lasagne de homard ou de noix de Saint-Jacques (selon la saison), rognon de veau au citron, et pour la note sucrée, pannacotta au chocolat blanc. Belle carte des vins franco-italienne.

Cristal Room Baccarat

Moderne

D3

11 pl. des Etats-Unis - Maison Baccarat (1er étage)
01 40 22 11 10
www.cristalroom.fr
Boissière
Fermé dimanche et fériés

Formule 29 € – Menu 55 € (déjeuner), 109/159 € – Carte 75/85 €

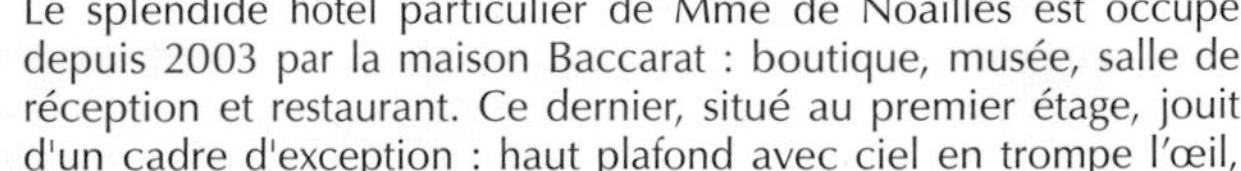

Le splendide hôtel particulier de Mme de Noailles est occupé depuis 2003 par la maison Baccarat : boutique, musée, salle de réception et restaurant. Ce dernier, situé au premier étage, jouit d'un cadre d'exception : haut plafond avec ciel en trompe l'œil, cheminée en marbre, moulures, dorures, somptueux lustres en cristal et touches de modernité apportées par Philippe Starck. Un décor qui ajoute au plaisir d'une cuisine au goût du jour supervisée par Guy Martin (Le Grand Véfour). Chacun y trouvera son bonheur : thon mi-cuit à la flamme et son tofu soyeux mariné, agneau de lait en deux façons (carré rôti et épaule confite), soufflé chaud au chocolat amer et sa mousse estragon-cerfeuil... Cette "chambre de cristal" mérite une visite.

La Grande Verrière

Moderne

B1

Jardin d'Acclimatation
01 45 02 09 32
Les Sablons
Déjeuner seulement

Formule 39 € – Carte environ 46 €

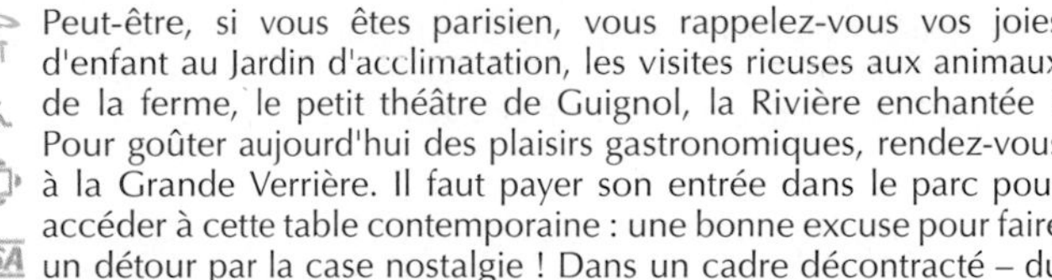

Peut-être, si vous êtes parisien, vous rappelez-vous vos joies d'enfant au Jardin d'acclimatation, les visites rieuses aux animaux de la ferme, le petit théâtre de Guignol, la Rivière enchantée ? Pour goûter aujourd'hui des plaisirs gastronomiques, rendez-vous à la Grande Verrière. Il faut payer son entrée dans le parc pour accéder à cette table contemporaine : une bonne excuse pour faire un détour par la case nostalgie ! Dans un cadre décontracté – du mobilier de jardin, des claustras en forme d'arbres –, on propose ici une cuisine simple et bien ficelée, autour d'un petit menu qui surfe joliment sur l'air du temps, avec quelques incursions exotiques. Et si vous êtes trop impatient de retrouver les attractions, tournez-vous vers la carte de snacks gourmets (bons burgers, salades, etc.).

etc... ✿

Moderne

2 r. La Pérouse

01 49 52 10 10

Kléber

Fermé 29 juillet-25 août, samedi midi et dimanche

D3 

Formule 46 € – Menu 90 € (dîner) – Carte environ 75 € 

AE

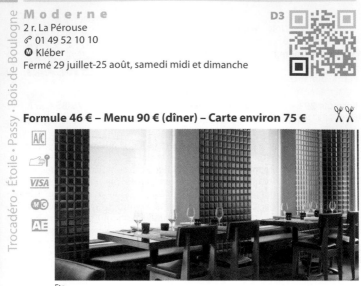

Etc.

Etc. ou Épicure Traditionnelle Cuisine. Le nom de l'annexe de Christian Le Squer, chef du prestigieux Ledoyen (8e), ne manquera pas d'intriguer les fins gourmets. Comme certains des intitulés de la carte, poétiques et alléchants : fantaisie voyageuse "Terre et Mer", persillade liquide, senteur des bois-crustacés... Que propose donc cette table contemporaine, conçue sous la forme d'un bistrot chic et épuré ? Une séduisante cuisine réalisée par Bernard Pinaud (auparavant au Ledoyen et à La Marée), où les saveurs oscillent entre tradition, classicisme, air du temps et touches fusion. Et où les présentations soignées ravissent l'œil. L'importance accordée aux beaux produits et la volonté de suivre les saisons expliquent le choix volontairement limité de plats. En contrepartie, la carte a la bonne idée de changer tous les mois et les menus tous les quinze jours. Côté décor s'exprime une modernité sobre et distinguée, caractérisée par un jeu de matières mates et brillantes (bois, velours, métal, panneaux de laque).

Entrées

- Fantaisie voyageuse
- Paté en croûte de poule faisane au foie gras

Plats

- Boudin maison version contemporaine
- Noix d'entrecôte Hereford

Desserts

- Caramel au goût de caramel glacé
- Soufflé chaud chocolat, glace pistache

La Grande Cascade ✿

Moderne
allée de Longchamp
✆ 01 45 27 33 51
www.grandecascade.com

A2 

Menu 75/185 € – Carte 140/190 € 

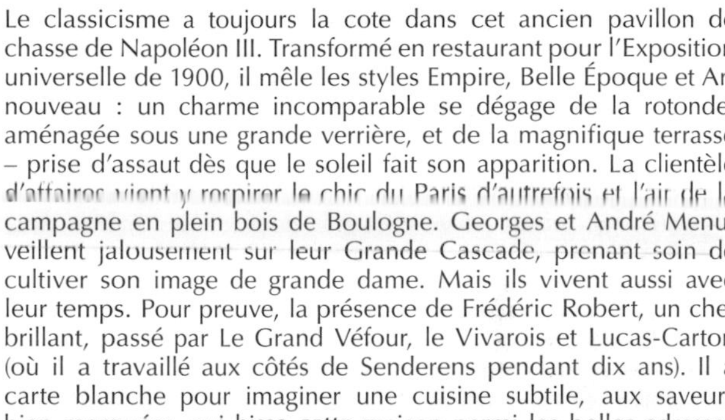

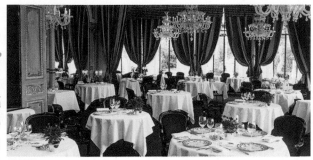

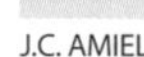
J.C. AMIEL

Le classicisme a toujours la cote dans cet ancien pavillon de chasse de Napoléon III. Transformé en restaurant pour l'Exposition universelle de 1900, il mêle les styles Empire, Belle Époque et Art nouveau : un charme incomparable se dégage de la rotonde, aménagée sous une grande verrière, et de la magnifique terrasse – prise d'assaut dès que le soleil fait son apparition. La clientèle d'affaires vient y respirer le chic du Paris d'autrefois et l'air de la campagne en plein bois de Boulogne. Georges et André Menut veillent jalousement sur leur Grande Cascade, prenant soin de cultiver son image de grande dame. Mais ils vivent aussi avec leur temps. Pour preuve, la présence de Frédéric Robert, un chef brillant, passé par Le Grand Véfour, le Vivarois et Lucas-Carton (où il a travaillé aux côtés de Senderens pendant dix ans). Il a carte blanche pour imaginer une cuisine subtile, aux saveurs bien marquées, qui hisse cette maison parmi les belles adresses gourmandes de la capitale. À noter, le "menu du marché à prix sage" servi midi et soir.

Entrées

- Langoustines saisies au poivre sauvage, agnolettis de petits pois et pomme verte
- Fleur de courgette ivre de girolles, couteau en coque au gingembre

Plats

- Ris de veau saisi au beurre demi-sel, carottes fondantes et herbes à tortue en sauce
- Saint-pierre rôti aux éclats d'amandes et primeurs

Desserts

- Fraîcheur exotique, émulsion de riz curry-banane
- Jivara lacté, caramel demi-sel façon nougat glacé, granny smith

Hiramatsu ✿

Classique D3

52 r. Longchamp
01 56 81 08 80
www.hiramatsu.co.jp
Trocadéro
Fermé août, 24 décembre-2 janvier, samedi et dimanche – Nombre de couverts limité, réserver

Menu 48 € (déjeuner)/115 €

A/C VISA AE

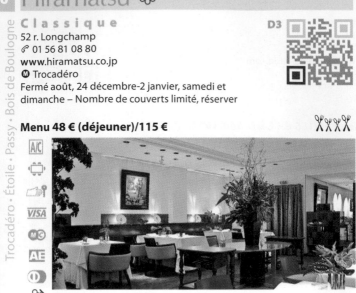

Hiramatsu

Un japonais dans le 16e ? Oui et non. Certes, à l'oreille l'enseigne du restaurant de la rue de Longchamp sonne asiatique, et pour cause, son propriétaire Hiroyuki Hiramatsu vient bel et bien de l'archipel nippon. Mais l'ancienne maison d'Henri Faugeron, connu à son époque comme l'ardent défenseur d'un certain académisme culinaire, reste toujours une ambassade de la cuisine française dans tout ce qu'elle a de classique. Et Hiramatsu n'a plus à rougir, lui qui se vit refuser la porte du lieu même alors qu'il faisait ses premières armes en France, à la fin des années 1970.

Ironie du sort ou heureuse coïncidence, il le dirige aujourd'hui avec talent. Mariage de la sobriété japonaise côté décor (une salle élégante ornée de tableaux et d'œuvres d'art) et des recettes hexagonales côté saveurs, harmonieusement préparées et rehaussées de touches contemporaines – déclinées, le soir, en un menu unique "carte blanche". Le choix de vins, quant à lui, porte sur plus de 800 références. Raffinement extrême, vous l'aurez compris, et service du même allant, discret et attentif.

Entrées	Plats	Desserts
• Cuisine du marché		

Il Gusto Sardo

Italienne D3

18 r. Chaillot
01 47 20 08 90
www.restaurant-ilgustosardo.com
Ⓜ Alma Marceau
Fermé vacances de printemps, août, vacances de Noël, samedi midi, dimanche et fériés

Carte 40/85 €

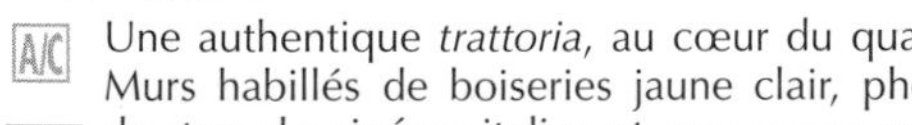

Une authentique *trattoria*, au cœur du quartier chic de Chaillot. Murs habillés de boiseries jaune clair, photos en noir et blanc de stars du cinéma italien et, aux commandes, toute une famille italienne : la *mama* officie aux fourneaux, le *papà* en salle, l'un et l'autre aidés de leurs deux *figli*. Le lieu transporte en Méditerranée, et plus précisément en Sardaigne, dont la carte exhale tous les parfums grâce au savoir-faire de la maîtresse de maison. Antipasti dell'isola Piana (différentes préparations de thon), petites pâtes sardes aux palourdes, filet de dorade aux oignons et au fromage de brebis, pannacotta aux fruits des bois ou au caramel : le soleil sarde brille dans les assiettes, et aussi dans les verres, à travers un joli choix de vins.

Juan

Japonaise C3

144 r. de la Pompe
01 47 27 10 61
Ⓜ Victor Hugo
Fermé 2 semaines en août, dimanche, lundi et fériés

Menu 34 € (déjeuner), 65/70 €

¿ Viva España ? Nullement, car ce restaurant est japonais et compte même parmi les plus authentiques ! Une fois franchi la devanture aux vitres fumées, on découvre une salle minuscule, typiquement nippone. La cuisine elle aussi joue la carte de l'épure, si chère au pays du Soleil-Levant. Le midi, une seule formule ; le soir, pas de carte : on se laisse guider par l'inspiration du chef, au fil d'un menu dégustation (servi pour un minimum de deux personnes). Saveurs marquées et bien équilibrées, jeux sur les textures, mets présentés avec esthétisme : autant de qualités que l'on apprécie à travers la pâte de soja aux légumes et tofu à la cacahouète, les sushis et sashimis, les bulots et leur bouillon aromatique… Le service est assuré en costume traditionnel.

Kura

Japonaise B2

56 r. de Boulainvilliers
✆ 01 45 20 18 32
www.kuraparis.com
Ⓜ Muette
Fermé 11-19 août et lundi

Formule 20 € – Menu 55/90 €

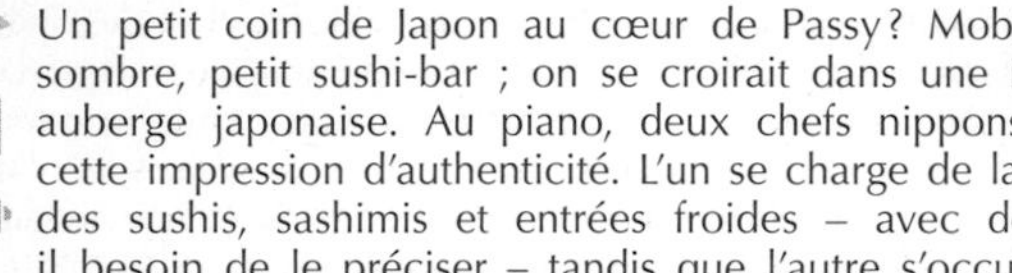

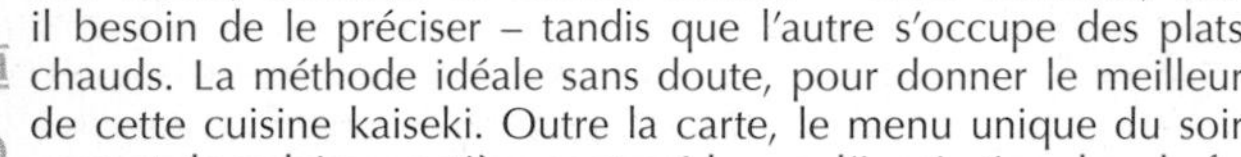

Un petit coin de Japon au cœur de Passy? Mobilier en bois sombre, petit sushi-bar ; on se croirait dans une izakaya, une auberge japonaise. Au piano, deux chefs nippons confirment cette impression d'authenticité. L'un se charge de la préparation des sushis, sashimis et entrées froides – avec dextérité, est-il besoin de le préciser – tandis que l'autre s'occupe des plats chauds. La méthode idéale sans doute, pour donner le meilleur de cette cuisine kaiseki. Outre la carte, le menu unique du soir permet de se laisser entièrement guider par l'inspiration des chefs. L'occasion de s'abandonner à cette délicatesse toute japonaise, où la fraîcheur des produits se marie avec bonheur au raffinement des présentations.

La Marée Passy

Poissons et fruits de mer B2

71 av. P. Doumer
✆ 01 45 04 12 81
www.lamareepassy.com
Ⓜ La Muette

Carte 42/56 €

L'enseigne annonce la couleur! Ce restaurant est résolument orienté produits de la mer. Entrées et plats s'affichent sur l'ardoise du jour : huîtres, palourdes, gambas, langoustines, sardines, turbots, soles ou bars, tous de belle fraîcheur, provenant de mareyeurs de Bretagne ou de Vendée (Loctudy, Quiberon, baie du Mont-St-Michel, St-Gilles-Croix-de-Vie). Les préparations s'avèrent goûteuses, les cuissons bien maîtrisées, les garnitures soignées. Et les desserts ne sont pas en reste, tel ce baba au rhum pour deux. Côté décor, la salle à manger vous pousse vers les flots : impression d'être à bord d'un vieux bateau grâce aux parois de bois blond, tissus et lampes rouges, maquettes, gravures et instruments de navigation...

Marius

Poissons et fruits de mer A3

82 bd Murat
01 46 51 67 80
www.restaurantmarius.fr
Porte de St-Cloud
Fermé août, samedi midi et dimanche

Carte 49/70 €

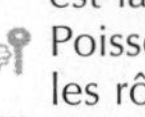

Véritable institution du quartier de la porte de St-Cloud, Marius est la table des amateurs de cuisine iodée, tendance provençale. Poissons et fruits de mer d'une qualité irréprochable se partagent les rôles dans des préparations bien faites et quelques spécialités, dont l'immanquable bouillabaisse, qui vaut le détour. Le chef renouvelle ses suggestions chaque jour : aujourd'hui, sardines grillées aux herbes ; demain, steak de thon au gingembre, citron et huile d'olive... Bien d'autres plats vous donneront à coup sûr envie de revenir dans ce restaurant où souffle le vent du large (mais où la carte compte quelques viandes pour satisfaire les irréductibles carnassiers). Cadre confortable – murs clairs, miroirs, stores en bois – et terrasse d'été bien protégée.

Mets Gusto

Moderne B2

79 r. de la Tour
01 40 72 01 16
www.metsgusto.com
Rue de la Pompe
Fermé 3 semaines en août, 22 décembre-2 janvier, samedi midi, dimanche et lundi

Formule 27 € – Menu 35 € – Carte 35/60 €

Prenez une ancienne boulangerie, deux copains passés par de grandes adresses, toutes les saveurs de la Méditerranée et un sourire ; portez à ébullition, et vous obtenez un restaurant... épatant. Le conte a pris forme en la personne de David Alberge (en salle) et Gaël Boulay (en cuisine), auteurs de cette adresse pleine de goût(s). Le chef a ses producteurs attitrés et signe des plats savoureux et percutants, centrés sur le produit et des parfums *made in* Provence, Italie ou Espagne. Pêle-mêle à la carte : épaule de lapin glacée au jus et romarin, cannelloni farci aux gambas, lingot tout chocolat et noisettes du Piémont... Le tout accompagné d'une sélection de vins bien pensée et de justes prix. Attention, beaucoup de tables hautes, précisez votre préférence lors de la réservation.

Le Pergolèse ✿

Moderne

C2

40 r. Pergolèse
01 45 00 21 40
www.lepergolese.com
Porte Maillot
Fermé 3 semaines en août, 1er-8 janvier, samedi midi et dimanche

Menu 54 € (déjeuner)/95 € – Carte 77/137 €

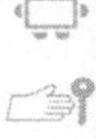

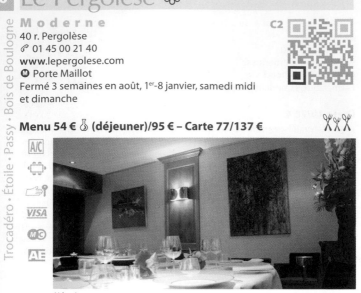

Aidomia

Dès le début, Stéphane Gaborieau voulait faire du Pergolèse une "belle maison bourgeoise où l'on reçoit les clients comme chez soi". Véritable passionné, ce chef lyonnais, Meilleur Ouvrier de France, a fait ses classes dans des maisons prestigieuses aux côtés de grands noms (Georges Paccard, Pierre Orsi). Épaulé en salle par son épouse Chantal, il a réussi à en faire une des belles adresses du très chic 16e arrondissement. Un mariage confondant de convivialité, de bourgeoisie et de saveurs haut de gamme. La cuisine, respectueuse des produits, révèle des notes ensoleillées, parfois ponctuées de touches japonisantes. Logique, c'est dans le Sud que Stéphane Gaborieau a fait ses débuts. Quant au décor, il se montre élégant : tentures crème, fauteuils de velours rouge, tableaux contemporains... Côté vins enfin, la carte, riche de près de 300 références, ne manque pas de belles bouteilles. Le plaisir est complet !

Entrées

- Moelleux de filets de sardine marinés, fondue de poivrons basquaise
- Grenadins de foie gras de canard poêlés, radis noir confit au vin chaud

Plats

- Sole meunière farcie d'une duxelles de champignons
- Cylindre de carré d'agneau parfumé gingembre-citron, palet de polenta aux fruits secs

Desserts

- Cannelloni en chocolat, mousse de marron et pomme au poivre de Sichuan
- Soufflé au chocolat

Le Petit Pergolèse

Traditionnelle C2

38 r. Pergolèse
01 45 00 23 66
Ⓜ Porte Maillot
Fermé août, samedi et dimanche

Carte 41/71 €

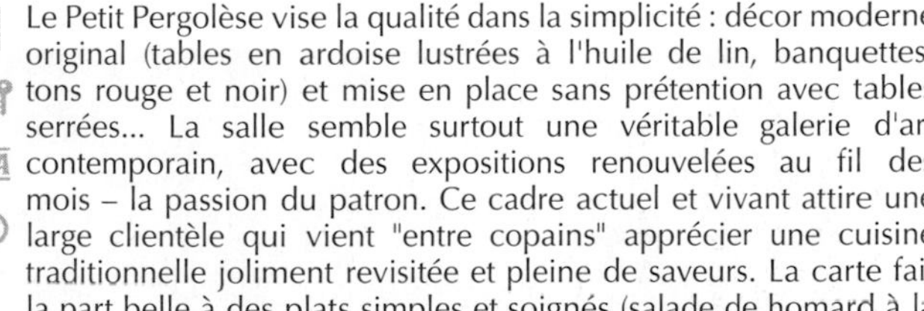

Le Petit Pergolèse vise la qualité dans la simplicité : décor moderne original (tables en ardoise lustrées à l'huile de lin, banquettes, tons rouge et noir) et mise en place sans prétention avec tables serrées... La salle semble surtout une véritable galerie d'art contemporain, avec des expositions renouvelées au fil des mois – la passion du patron. Ce cadre actuel et vivant attire une large clientèle qui vient "entre copains" apprécier une cuisine traditionnelle joliment revisitée et pleine de saveurs. La carte fait la part belle à des plats simples et soignés (salade de homard à la vinaigrette de truffe, filet de bœuf au poivre vert, mousse chaude au chocolat et sa glace vanille), et l'ardoise évolue au gré du marché, tout comme les suggestions – formulées oralement – qui ont la faveur du chef.

Prunier

Poissons et fruits de mer D2

16 av. Victor-Hugo
01 44 17 35 85
www.prunier.com
Ⓜ Charles de Gaulle-Etoile
Fermé août, samedi midi, dimanche et fériés

Formule 45 € – Menu 65 € (déjeuner), 90/150 € – Carte 68/168 €

Cette brasserie de luxe classée, née en 1925, reste de première fraîcheur. Grâce au talent d'Éric Coisel, qui porte haut son vénérable éclat et sa signature séculaire : "Tout ce qui vient de la mer"... Avec son banc d'écailler à l'entrée, la maison célèbre toujours les nobles produits marins. Mais pas seulement ! Sachez que la maison Prunier produit son propre caviar dans le Sud-Ouest. Sans oublier les autres incontournables : caviars d'ailleurs et saumons (Balik, Tsar Nikolaj, etc.). Des classiques auxquels s'ajoutent des créations régulièrement renouvelées

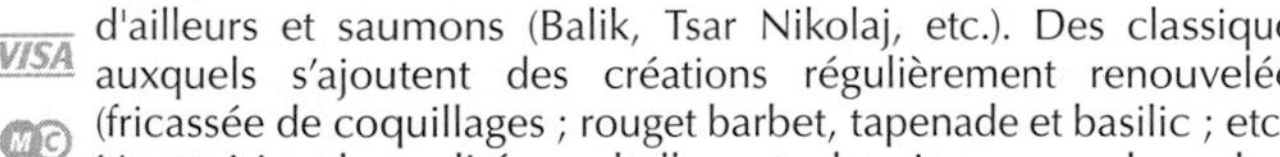

(fricassée de coquillages ; rouget barbet, tapenade et basilic ; etc.). Une cuisine de qualité, une belle carte des vins avec un bon choix de bourgognes blancs, le tout dans un cadre d'exception, imaginé par les plus grands mosaïstes, graveurs et sculpteurs de l'époque Art déco. Les amateurs du style sont au paradis !

Le Pré Catelan ✿✿✿

Créative

A1

rte de Suresnes
01 44 14 41 14
www.precatelanparis.com
Fermé 3-18 mars, 4-26 août, 27 octobre-4 novembre, dimanche et lundi

Menu 95 € (déjeuner), 195/250 € – Carte 212/282 €

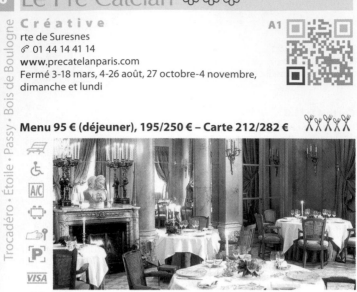

Pré Catelan

VISA

Une enclave enchantée au cœur du bois de Boulogne, tel est Le Pré Catelan. Somptueux et chargé d'histoire, le lieu dévoile un décor de jardins et d'architectures classiques. Pierre-Yves Rochon a révolutionné l'esprit du pavillon Napoléon III en le parant d'un mobilier design et de tons vert, blanc et argent, tandis que l'orangerie attenante livre un cadre contemporain à la verdure qui l'entoure...

C'est dans ce cadre rêvé que l'on peut déguster depuis quelques années la cuisine savoureuse et inventive de Frédéric Anton. Ce Meilleur Ouvrier de France révèle son talent à travers une carte alliant équilibre, harmonie et générosité. Pour chaque assiette, il recherche la perfection, soignant jusqu'à la composition graphique. La précision et la rigueur transmises par ses mentors (dont Robuchon) sont sa signature, ainsi que son goût pour les associations inédites et la vraie nature des produits. Le tout sublimé par une cave prestigieuse et un accueil irréprochable. Autant d'arguments en faveur de cette noble maison aux murs d'argent et... aux plats d'or.

Entrées

- Langoustine en ravioli
- Os à moelle : l'un parfumé de poivre noir et grillé en coque, l'autre farci d'un ragoût de petits pois

Plats

- Turbot aux algues, pouces-pieds et crevettes grises façon dieppoise
- Ris de veau, soubise, fine purée de céleri à la cannelle et foie de veau aux câpres

Desserts

- Pomme soufflée croustillante, crème glacée caramel, cidre et sucre pétillant
- Citron comme une tarte, meringue croustillante et sorbet basilic

Relais d'Auteuil ✿

Moderne

A3

31 bd Murat
01 46 51 09 54
www.relaisdauteuil-pignol.com
Ⓜ Michel Ange Molitor
Fermé août, vacances de Noël, samedi midi, dimanche et lundi

Menu 100 € (déjeuner), 129/149 € – Carte 106/218 €

Christophe Biche

Patrick Pignol reçoit comme chez lui dans sa maison cossue et chaleureuse. Depuis son ouverture en 1984, elle a vu défiler une clientèle chic qui a vite pris ses habitudes. De fait, on revient chaque fois avec plaisir dans ce lieu marqué par l'hédonisme et la convivialité. Service discret et personnalisé, assuré par Laurence Pignol, atmosphère raffinée et fleurie, décor contemporain (belle collection de peintures et sculptures) créent les conditions parfaites pour apprécier le repas. N'en déplaise aux gourmets branchés, la cuisine, généreuse et dans l'air du temps, n'est pas à la poursuite du spectaculaire ou des audaces visuelles. Le chef, amoureux du gibier – pendant la saison, son restaurant prend l'allure d'un relais de chasse –, mise plutôt sur la finesse des saveurs et le respect des produits du terroir. Ajoutez à cela un livre des vins dont la lecture donne le vertige (2 500 références) et une carte de 250 champagnes, le tout conseillé par un sommelier passionné...

Entrées

- Amandine de foie gras de canard du Gers et son lobe poêlé, petite salade d'herbes
- Cuisses de grenouilles meunière

Plats

- Bar de ligne cuit au four, peau croustillante au poivre
- Pigeon rôti en cocotte au parfum de bergamote

Desserts

- Madeleines cuites minute au miel de bruyère, glace miel et noix
- Beignets de chocolat bitter, glace au lait d'amande

Rosimar

Espagnole B3

26 r. Poussin
✆ 01 45 27 74 91
www.restaurant-rosimar.com
Ⓜ Michel Ange Auteuil
Fermé août, 24-31 décembre, lundi soir, mardi soir, samedi midi, dimanche et fériés

Menu 40 € – Carte 35/65 €

Kitsch à souhait avec ses multiples miroirs et ses nappes roses, le Rosimar – qui pourrait certainement servir de cadre à un film d'Almodóvar – constitue une enclave espagnole et familiale spécialisée dans la fameuse paella. Mais pas seulement ! Ce restaurant est également connu pour ses délicieux riz noirs (à la seiche par exemple), ses plats de poisson (morue aux oignons confits, lotte sautée aux figues) et ses fruits de mer. On ne saurait oublier les charcuteries ibériques aux saveurs puissantes (assiette de lomo avec son pain frotté à la tomate) et, tous les jeudis en hiver, le pot-au-feu catalan. Rien à redire tant c'est généreux et soigné : authenticité et qualité font toute la valeur de la maison. *Salud !*

6 New York

Moderne D3

6 av. de New York
✆ 01 40 70 03 30
www.6newyork.fr
Ⓜ Alma Marceau
Fermé août, samedi midi et dimanche

Formule 30 € – Menu 35 € (déjeuner), 72/85 € – Carte 51/69 €

L'enseigne vous dit tout sur l'adresse... postale, loin d'une table nord-américaine ! Au 6 avenue de New-York, donc, sur les quais de Seine, avec la tour Eiffel en point de mire : aucun doute, vous êtes bien à Paris. Une telle situation ne manque d'ailleurs pas d'attirer les touristes en quête de bonnes adresses, tout en fidélisant de nombreux habitués qui ne se lassent ni de la vue ni du cadre contemporain, bien dans l'air du temps. Et la cuisine ? Au goût du jour, elle aussi, plutôt diététique et subtilement inventive. Au moment de la commande, le patron saura vous conseiller au mieux : pizzaleta de langoustines et pousses d'épinard, duo de rognon rôti et ris de veau braisé, riz au lait avec son pain perdu brioché. Le service est digne du lieu, classique et stylé.

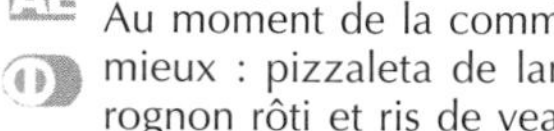
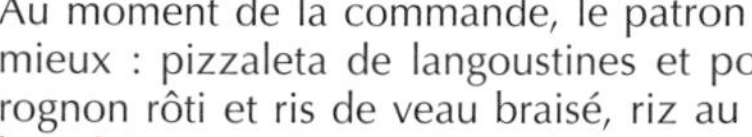
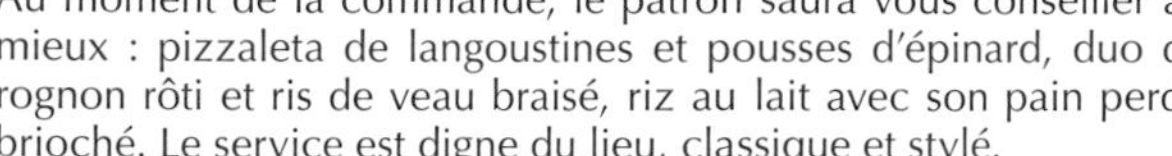

Shang Palace ✿

Chinoise

D3

Hôtel Shangri-La,
10 av. d'Iéna
✆ 01 53 67 19 92
www.shangri-la.com
Ⓜ Iéna
Fermé 15 juillet-21 août, mardi et mercredi

Menu 58 € (déjeuner en semaine), 70/98 € – Carte 60/100 € XXX

A/C

VISA

AE

Shangri-La Paris

Shangri-La... Le nom résonne comme un voyage aux confins de l'Asie, vers un paradis luxueux et imaginaire. Le célèbre hôtel parisien, né en 2010, a su donner le même éclat à ses restaurants, dont ce Shang Palace. Situé au niveau inférieur de l'établissement, il transporte ses hôtes dans un Hong Kong merveilleux, entre raffinement extrême-oriental et élégance Art déco. Colonnes incrustées de jade, paravents sculptés et lustres en cristal promettent un dîner aussi feutré qu'étincelant. La cuisine cantonaise, sous la houlette de Frank Xu, un chef originaire de Shenzhen, est à l'honneur ; on peut partager en toute convivialité un assortiment de plats servis au centre de la table. Les cuissons se révèlent précises, les parfums subtils. Les dim sum sont moelleux à souhait et le goût de la sole cuite à la vapeur s'envole accompagné de champignons noirs et de tofu soyeux. Pour finir, entre autres douceurs, une crème de mangue, garnie de pomélo et de perles de sagou, laisse une belle impression de fraîcheur...

Entrées

- Crêpe de riz rouge aux crevettes
- Variété de dim sum

Plats

- Canard laqué à la pékinoise en deux services
- Filet de bœuf sauté aux oignons façon cantonaise

Desserts

- Crème de mangue, pomélo et perles de sagou
- Crème d'amande en coque de sésame croustillante

La Table du Baltimore

Moderne D3

Hôtel Baltimore,
1 r. Léo Delibes
✆ 01 44 34 54 34
www.hotel-baltimore-paris.com
Ⓜ Boissière
Fermé août, samedi, dimanche et fériés

Formule 31 € – Menu 68 € (déjeuner), 78/95 € – Carte 74/89 €

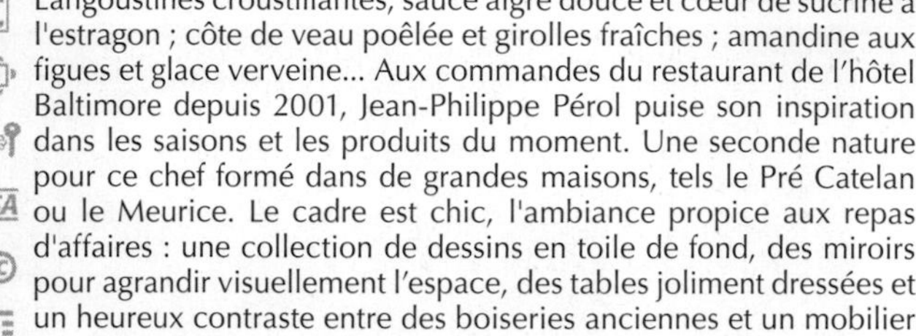

Langoustines croustillantes, sauce aigre douce et cœur de sucrine à l'estragon ; côte de veau poêlée et girolles fraîches ; amandine aux figues et glace verveine... Aux commandes du restaurant de l'hôtel Baltimore depuis 2001, Jean-Philippe Pérol puise son inspiration dans les saisons et les produits du moment. Une seconde nature pour ce chef formé dans de grandes maisons, tels le Pré Catelan ou le Meurice. Le cadre est chic, l'ambiance propice aux repas d'affaires : une collection de dessins en toile de fond, des miroirs pour agrandir visuellement l'espace, des tables joliment dressées et un heureux contraste entre des boiseries anciennes et un mobilier contemporain. La Table du Baltimore se révèle cossue et feutrée.

La Table Lauriston

Traditionnelle C3

129 r. Lauriston
✆ 01 47 27 00 07
www.restaurantlatablelauriston.com
Ⓜ Trocadéro
Fermé août, 24 décembre-2 janvier, samedi midi et dimanche

Formule 26 € – Carte 42/60 €

Pour changer de l'ambiance ouatée et chic des nombreux restaurants gastronomiques du quartier, voici l'adresse idéale. La Table Lauriston n'est autre qu'un bistrot convivial, à deux pas de la rue de Longchamp et de l'avenue Poincaré. Généreuse, bien faite et sans esbroufe, sa cuisine bistrotière a tout pour séduire les gourmands. Jetez un coup d'œil sur l'ardoise et lancez-vous sans plus attendre, tous les classiques sont là, figurant en bonne place selon les saisons : tournedos de foie de veau au vinaigre, entrecôte de premier choix, harengs pommes à l'huile, baba au rhum. Un florilège de saveurs franches et rassurantes. Détail qui ne gâche rien : le beau choix de vins au verre, sélectionnés par le chef lui-même, fils de vigneron.

Les Tablettes de Jean-Louis Nomicos ✿

Moderne

16 av. Bugeaud
01 56 28 16 16
www.lestablettesjeanlouisnomicos.com
Ⓜ Victor Hugo

C3 

Menu 42 € (déjeuner), 80/145 € – Carte 72/138 € 

Les Tablettes de JL Nomicos

Petite révolution dans la géographie des grandes tables parisiennes : après huit années à la tête des cuisines de Lasserre – l'un des temples de la cuisine classique –, Jean-Louis Nomicos a créé en 2011 son propre restaurant en lieu et place de l'ancienne Table de Joël Robuchon. Une nouvelle page… ou plutôt, à l'heure frénétique des écrans tactiles, "une nouvelle tablette" !

Le décor évoque de manière très contemporaine le panier du marché provençal ; il est vrai que la cuisine de Jean-Louis Nomicos a conservé une pointe d'accent du Midi. Pour ce chantre de la belle tradition, l'art et la technique sont avant tout au service des sens et du plaisir, révélant toutes les potentialités des grandes recettes et des produits de choix. Le service lui aussi sait se faire attentif sans être guindé… Et si la carte peut dorénavant s'écrire en pixels, sous la conduite d'un chef aussi talentueux, les saveurs, elles, n'ont rien de virtuel !

Entrées

- Macaroni aux truffes noires et foie gras
- Légumes de saison en barigoule aux écrevisses

Plats

- Filets de rouget croustillants à la marjolaine et aubergine fumée
- Sot l'y laisse et gnocchis de pommes de terre aux cèpes

Desserts

- Fraises des bois à l'eau de rose et granité à la Chartreuse
- Chocolat praliné en chaud et froid

Terrasse Mirabeau

Moderne B3

5 pl. de Barcelone
01 42 24 41 51
www.terrasse-mirabeau.com
Mirabeau
Fermé 3 semaines en août, 23 décembre-1er janvier, samedi et dimanche

Formule 27 € – Menu 38/85 € – Carte 51/78 €

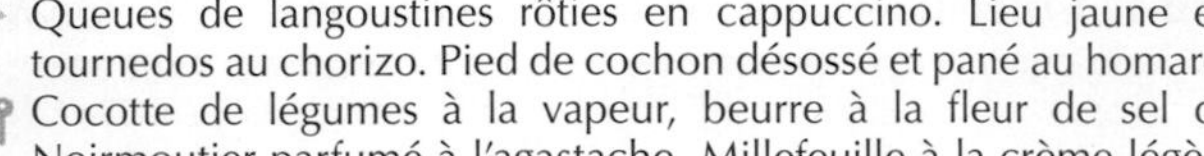

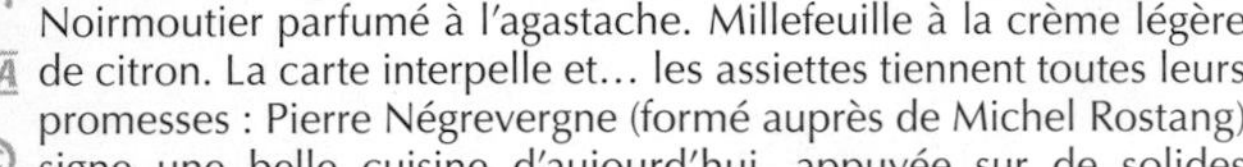

Queues de langoustines rôties en cappuccino. Lieu jaune en tournedos au chorizo. Pied de cochon désossé et pané au homard. Cocotte de légumes à la vapeur, beurre à la fleur de sel de Noirmoutier parfumé à l'agastache. Millefeuille à la crème légère de citron. La carte interpelle et… les assiettes tiennent toutes leurs promesses : Pierre Négrevergne (formé auprès de Michel Rostang) signe une belle cuisine d'aujourd'hui, appuyée sur de solides bases classiques – et des produits de qualité bien mis en valeur. L'assurance d'un bon moment, dans un cadre contemporain à la fois sobre et coloré (tons blanc, brun et rouge, miroirs, toiles abstraites) et, dès les premiers jours du printemps, sur une jolie terrasse verdoyante, à deux pas du pont Mirabeau. L'enseigne ne ment pas ; l'assiette non plus.

Tsé Yang

Chinoise D3

25 av. Pierre-1er-de-Serbie
01 47 20 70 22
www.tse-yang.fr
Iéna

Menu 43/98 € – Carte 45/100 €

Situé à deux pas du palais de Tokyo, cet élégant restaurant chinois vous transporte aussitôt l'entrée franchie dans les corridors de la Cité Interdite. Lions de jade monumentaux à la porte, intérieur riche de ses tissus sombres et plafonds dorés, mobilier en bois noir sculpté de motifs typiques : le décor relooké par James Tinel et Emmanuel Benet puise aux sources de l'Empire du Milieu. La carte présente un éventail de plats issus des régions de Pékin, de Shanghai et du Sichuan. Entre autres spécialités maison : assortiment de raviolis (dim-sum), canard rôti au thé de Chine, bar étouffé dans sa vapeur, véritable canard laqué (à la pékinoise). Un établissement qui séduira les palais occidentaux... même les plus endurcis !

La Villa Corse

Corse

C1 

141 av. Malakoff
01 40 67 18 44
www.lavillacorse.com
Porte Maillot
Fermé dimanche

Formule 29 € – Carte 43/62 € 

Il y avait la Villa Corse du 15e arrondissement, voici sa petite sœur de la rive droite. Le principe reste le même : une atmosphère particulière, un rien dépaysante, pour découvrir le terroir de l'île de Beauté. Ici, l'immense salle à manger, surmontée d'une mezzanine, se pare de patines ocre, de lustres de Murano et de fauteuils profonds. Là, elle dévoile un salon-bibliothèque avec cheminée... Le tout pour un résultat façon lounge branché. Au menu, tous les grands classiques insulaires, plus ou moins revisités : charcuteries, stufatu de veau tigré aux olives, civet de sanglier et son ravioli à la châtaigne, fiadone aux écorces d'agrumes... Sans oublier les vins des domaines Arena ou Leccia, les "stars" de Patrimonio.

Le Vinci

Italienne

D3 

23 r. P. Valéry
01 45 01 68 18
Victor Hugo
Fermé août, samedi et dimanche

Menu 35 € (dîner) – Carte 56/78 € 

Dans une rue calme, près de l'avenue Victor-Hugo, ce "ristorante" offre une belle carte de cuisine italienne, agrémentée de touches contemporaines françaises : cette table transalpine est ouverte aux influences locales. Le décor, coloré, fleure bon la péninsule et met tout de suite dans l'ambiance. Confortablement attablé, attaquez-vous à la lecture de la carte qui décline les spécialités de la maison, parfaitement exécutées : carpaccio de gambas "Cristal Bay", risotto Alfredo aux abricots rôtis à la vanille et au foie gras poêlé... Sans compter le cappuccino "café café" et sa mousse de lait, un vrai délice, et une attrayante carte de vins italiens. Inutile de préciser que cette adresse fait souvent salle comble !

Zébra Square

Moderne

Hôtel Square,
3 r. Boulainvilliers
01 44 14 91 91
www.hotelsquare.com
Mirabeau

B2

Formule 27 € – Carte 40/60 €

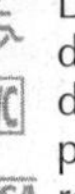

Des murs jaunes où s'affichent des photographies contemporaines, des banquettes de cuir sombre... Le restaurant du Square a rouvert début 2011 et affiche un style sobre et très international, en parfaite adéquation avec la clientèle de l'hôtel. Côté mets, la carte, résolument dans l'air du temps, est étudiée pour satisfaire tous les palais : salade de mozzarella et de tomates cœur de bœuf, nems, cheesecake, etc. Les produits sont bien choisis, et le chef propose aussi des plats plus traditionnels, à l'instar d'une bonne terrine de campagne. Pour les carnivores, rien de tel qu'une viande tendre et goûteuse sélectionnée par le boucher "star", Hugo Desnoyer : tartare aux herbes, côte de bœuf pour deux personnes... Un lieu plaisant, idéal pour un déjeuner d'affaires.

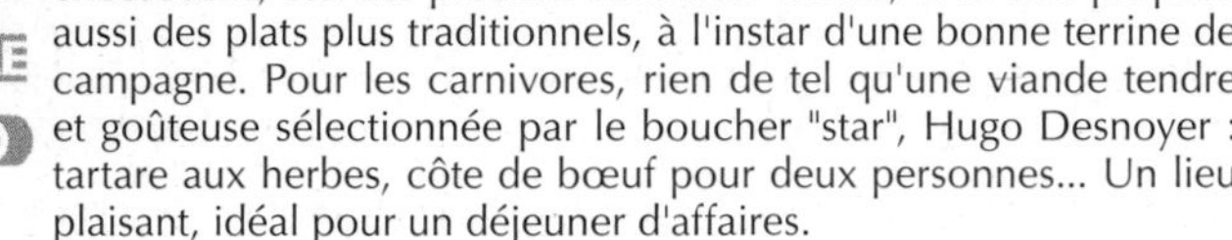

Le rouge est la couleur de la distinction : nos valeurs sûres ! Passés en rouge, les symboles X et 🏠 repèrent donc les établissements les plus agréables.

17^{e}

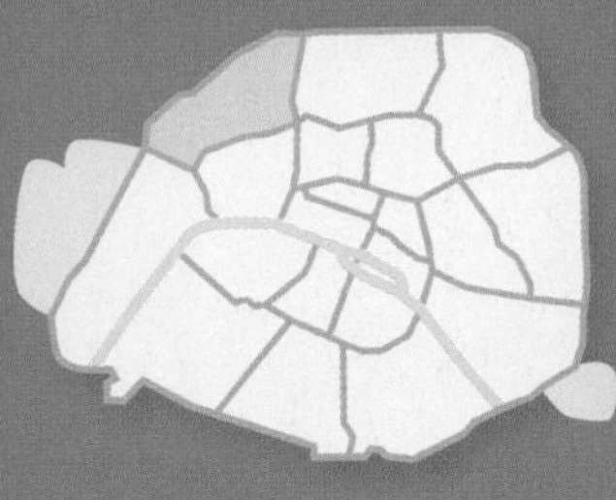

Palais des Congrès · Wagram · Ternes · Batignolles

H. Hughes / Hemis.fr

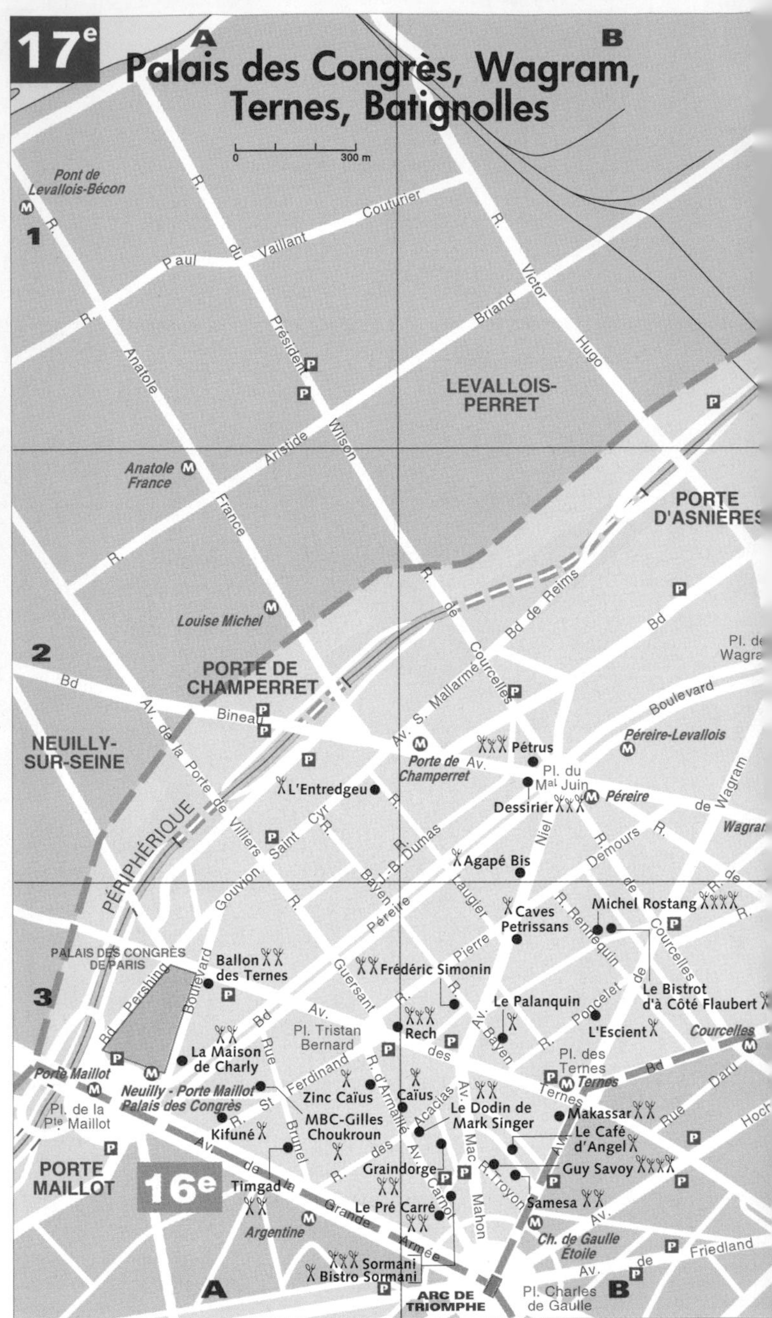
17e
Palais des Congrès, Wagram, Ternes, Batignolles
A
B
0
300 m
1
2
3
Pont de Levallois-Bécon
LEVALLOIS-PERRET
Anatole France
Louise Michel
PORTE DE CHAMPERRET
NEUILLY-SUR-SEINE
PORTE D'ASNIÈRES
Pl. de Wagram
Péreire-Levallois
Porte de Champerret
Pl. du Mal Juin
Péreire
PÉRIPHÉRIQUE
Pétrus
L'Entredgeu
Dessirier
Agapé Bis
Caves Petrissans
Michel Rostang
Le Bistrot d'à Côté Flaubert
L'Escient
Le Palanquin
Frédéric Simonin
Ballon des Ternes
PALAIS DES CONGRÈS DE PARIS
La Maison de Charly
Pl. Tristan Bernard
Rech
Courcelles
Pl. des Ternes
Ternes
Porte Maillot
Neuilly - Porte Maillot Palais des Congrès
Pl. de la Pte Maillot
Zinc Caïus
Caïus
Le Dodin de Mark Singer
Makassar
Le Café d'Angel
Guy Savoy
Samesa
MBC-Gilles Choukroun
Kifuné
Graindorge
Le Pré Carré
Timgad
PORTE MAILLOT
16e
Argentine
Ch. de Gaulle Étoile
Sormani
Bistro Sormani
ARC DE TRIOMPHE
Pl. Charles de Gaulle

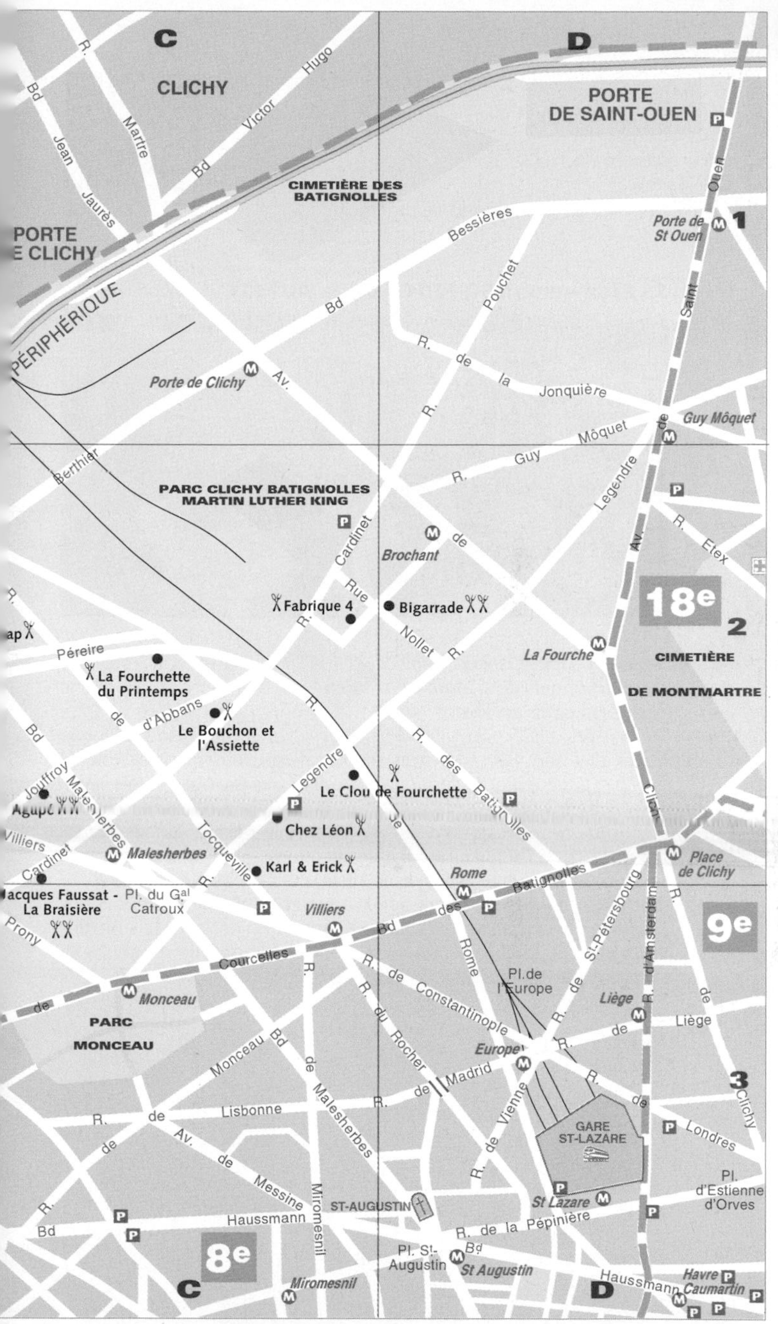
C
D
CLICHY
PORTE DE SAINT-OUEN
CIMETIÈRE DES BATIGNOLLES
PORTE DE CLICHY
PÉRIPHÉRIQUE
Porte de Clichy
Porte de St Ouen
1
Bd Jean Jaurès
R. Martre
Bd Victor Hugo
Bd Bessières
R. Pouchet
R. de la Jonquière
Av. de Saint-Ouen
Guy Môquet
R. Guy Môquet
Berthier
PARC CLICHY BATIGNOLLES MARTIN LUTHER KING
R. Legendre
Av. de Clichy
R. Etex
Brochant
Rue Cardinet
Fabrique 4
Bigarrade
Nollet
18e
2
La Fourche
CIMETIÈRE DE MONTMARTRE
Péreire
La Fourchette du Printemps
R. de d'Abbans
Le Bouchon et l'Assiette
Bd Malesherbes
Jouffroy
Agapé
Le Clou de Fourchette
R. des Batignolles
Chez Léon
Villiers
Cardinet
Malesherbes
R. Tocqueville
Karl & Erick
Rome
Place de Clichy
Jacques Faussat - La Braisière
Pl. du Gal Catroux
Prony
Villiers
Bd des Batignolles
R. de St-Pétersbourg
R. d'Amsterdam
9e
Courcelles
R. de Constantinople
R. du Rocher
Rome
Pl. de l'Europe
Liège
R. de Liège
de
Monceau
PARC MONCEAU
Bd Monceau
R. de Madrid
Europe
R. de Lisbonne
R. de Malesherbes
R. de Vienne
GARE ST-LAZARE
3
R. de Londres
Av. de Messine
Pl. d'Estienne d'Orves
St Lazare
Miromesnil
ST-AUGUSTIN
Haussmann
R. de la Pépinière
Bd
Pl. St-Augustin
St Augustin
8e
Miromesnil
Bd Haussmann
Havre Caumartin
C
D

Agapé ✿

Moderne

51 r. Jouffroy-d'Abbans
01 42 27 20 18
www.agape-paris.fr
Wagram
Fermé 26 juillet-26 août, samedi et dimanche

C2

Menu 35 € (déjeuner), 90/120 € – Carte 88/130 €

A/C

L'Agapé

Agapè… En Grèce ancienne, ce mot désignait l'amour inconditionnel de l'autre. Un nom qui augure des moments exclusifs, dans un décor chic et tendance, parfaitement adapté. La maison, hissée au rang de valeur sûre, compte une clientèle fidèle et conquise… Le fruit d'un mariage réussi entre salle et cuisine. L'accueil et le service se révèlent très professionnels, avec des conseils avisés sur le choix des mets et leur alliance avec les vins (plus de 600 références). La carte elle-même, assez courte, fait profession de transparence en mentionnant la provenance des produits, triés sur le volet. Il ne reste alors qu'à se laisser bercer, en toute confiance, par une jolie romance : celle de la finesse des saveurs, de la justesse des assaisonnements, de la précision des cuissons… le tout porté au point subtil où l'harmonie rencontre la surprise. L'arme de séduction de l'Agapé !

Entrées

- Noix de veau fumée au bois de hêtre, burrata et citron confit
- Foie gras de canard en pot-au-feu

Plats

- Ris de veau meunière, artichaut, coriandre et échalote
- Pêche des côtes bretonnes et légumes de saison

Desserts

- Chocolat grand cru, poivre sauvage et fruit de la passion
- Soufflé au yuzu

Agapé Bis

Moderne

B2

75 av. Niel
01 42 27 88 44
www.agape-bis.com
Pereire
Fermé samedi et dimanche

Formule 24 € – Menu 26 € (déjeuner), 40/77 € – Carte 53/65 €

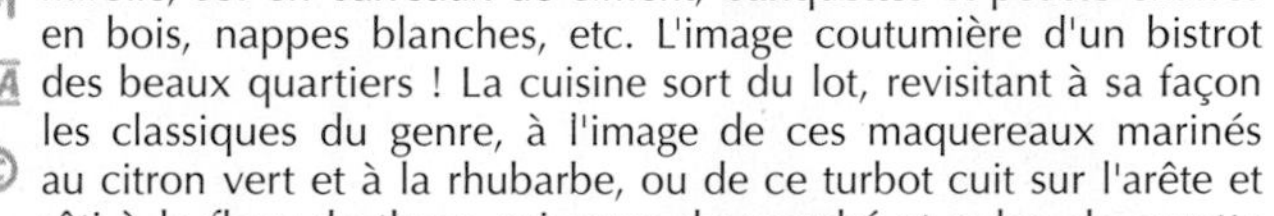

Dans le sillage du restaurant Agapé (près de Wagram), une version Bis qui joue la carte de la tradition parisienne : murs rouges, miroirs, sol en carreaux de ciment, banquettes et petites chaises en bois, nappes blanches, etc. L'image coutumière d'un bistrot des beaux quartiers ! La cuisine sort du lot, revisitant à sa façon les classiques du genre, à l'image de ces maquereaux marinés au citron vert et à la rhubarbe, ou de ce turbot cuit sur l'arête et rôti à la fleur de thym, primeurs du marché et pulpe de carotte à l'orange. Carte et menus suivent les saisons et le marché. Bon à savoir : l'été, on installe une agréable petite terrasse sous les hauts platanes de l'avenue Niel, dont on peut profiter de la belle architecture haussmannienne. Tradition parisienne...

Le Ballon des Ternes

Traditionnelle

A3

103 av. Ternes
01 45 74 17 98
www.leballondesternes.fr
Porte Maillot

Carte 45/70 €

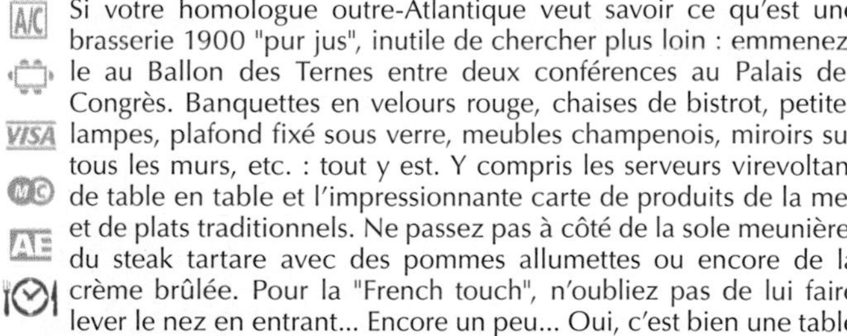

Si votre homologue outre-Atlantique veut savoir ce qu'est une brasserie 1900 "pur jus", inutile de chercher plus loin : emmenez-le au Ballon des Ternes entre deux conférences au Palais des Congrès. Banquettes en velours rouge, chaises de bistrot, petites lampes, plafond fixé sous verre, meubles champenois, miroirs sur tous les murs, etc. : tout y est. Y compris les serveurs virevoltant de table en table et l'impressionnante carte de produits de la mer et de plats traditionnels. Ne passez pas à côté de la sole meunière, du steak tartare avec des pommes allumettes ou encore de la crème brûlée. Pour la "French touch", n'oubliez pas de lui faire lever le nez en entrant... Encore un peu... Oui, c'est bien une table dressée à l'envers que l'on peut voir au plafond !

Bigarrade ✿

Créative

D2

106 r. Nollet
✆ 01 42 26 01 02
Ⓜ Brochant
Fermé août, vacances de Noël, samedi midi, dimanche et lundi – Nombre de couverts limité, réserver

Menu 35 € (déjeuner), 65/85 €

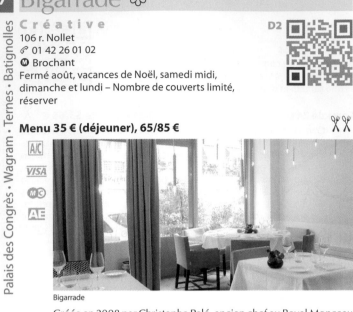

Bigarrade

Créée en 2008 par Christophe Pelé, ancien chef au Royal Monceau, cette Bigarrade s'est rapidement imposée comme un véritable laboratoire de création culinaire à Paris. Un nouveau chef a repris les rênes de ses cuisines en 2012 – Yasuhiro Kanayama, d'origine japonaise –, mais le concept reste entier : l'alliance d'un décor tout simple et... d'une cuisine qui tient de la gageure !

Du lieu, on retient surtout la sobriété et l'étroitesse : il n'accueille qu'une vingtaine de couverts par service. Ici, tout se joue du côté des fourneaux – largement ouverts sur la salle, pour mieux admirer la brigade en action – et, bien sûr, de l'assiette. Au fil de menus "imposés" réinventés chaque jour, le repas consiste en une longue succession de mets – en petites portions – aussi inattendus que créatifs. Soin d'exécution, originalité des mariages de saveurs et de textures, effets graphiques... Une vraie expérience de cuisine contemporaine !

Entrées

- Foie gras, homard rôti et jus pomme verte
- Langoustines, girolles et foie gras

Plats

- Pigeon rôti, tamarin et cèpes
- Filet de barbue poêlé, émulsion reine des prés, coulis d'abricot

Desserts

- Crème citron et gelée aux prunes
- Tarte au chocolat, graines de sarrasin torréfiées

Bistro Sormani  

Italienne B3

4 r. Gén.-Lanzerac
01 40 55 90 00
Charles de Gaulle-Etoile
Fermé août, samedi et dimanche

Carte 30/54 €

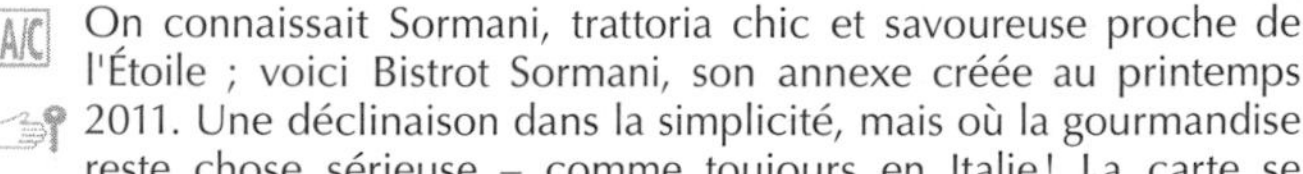

On connaissait Sormani, trattoria chic et savoureuse proche de l'Étoile ; voici Bistrot Sormani, son annexe créée au printemps 2011. Une déclinaison dans la simplicité, mais où la gourmandise reste chose sérieuse – comme toujours en Italie ! La carte se divise en deux grands chapitres : les pizzas (garnies de produits de premier choix) et les pâtes (penne aux olives noires, spaghettis all'arrabbiata, etc.), mais l'on trouve aussi d'appétissants classiques, tel ce risotto à la milanaise et calamars poêlés. En dessert, place aux inévitables glaces italiennes. En un mot : une cuisine droit dans la Botte !

Le Bistrot d'À Côté Flaubert

Traditionnelle B3

10 r. Gustave-Flaubert
01 42 67 05 81
www.bistrotflaubert.com
Ternes
Fermé 2 semaines en août, samedi midi, dimanche et lundi

Formule 29 € – Menu 36 € (déjeuner) – Carte 44/57 €

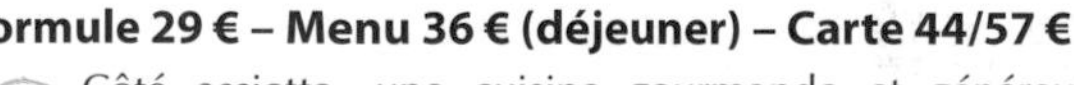

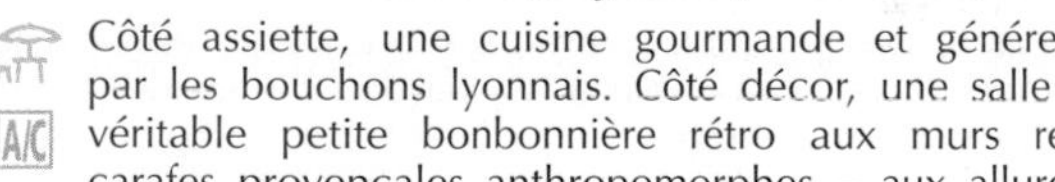

Côté assiette, une cuisine gourmande et généreuse, inspirée par les bouchons lyonnais. Côté décor, une salle chaleureuse, véritable petite bonbonnière rétro aux murs recouverts de carafes provençales anthropomorphes – aux allures grotesques et enjouées. Pas de doute, on est bien dans un bistrot ! Et il est "d'à côté" car il jouxte le restaurant gastronomique de Michel Rostang, auquel il appartient également. Aux commandes en ces lieux ? Un jeune chef plein d'enthousiasme, qui réalise de beaux classiques : pâté en croûte de canard et foie gras à l'ancienne, quenelle de brochet sauce Nantua, fricassée de rognons de veau, etc. Les desserts sont dans un registre tout aussi traditionnel et... savoureux : petits pots de crème au chocolat, tatin, etc. Un bon prétexte pour se diriger du côté de la rue Flaubert.

Le Bouchon et l'Assiette

Traditionnelle C2

127 r. Cardinet
01 42 27 83 93
Malesherbes
Fermé 6-12 mai, 3 semaines en août, 1 semaine en janvier, dimanche et lundi – Nombre de couverts limité, réserver

Menu 23 € (déjeuner en semaine)/35 €

VISA MC Le décor tout simple affiche la couleur : ici, on vient pour l'assiette ! Le jeune couple à la tête de cette affaire a su créer une formule épatante. Au déjeuner, l'ardoise du jour (qui change vraiment chaque jour) propose, à un prix très compétitif, un joli panaché de petits plats gourmands. Le soir, place à des plaisirs plus subtils, par exemple autour d'une fricassée d'escargots au lard, pousses d'épinards et bouillon mousseux de tourin à l'ail. En dessert, le gâteau basque fait un clin d'œil aux origines du chef... Mais la marque de ce dernier, c'est plus largement celle d'une cuisine du marché avide de jolies saveurs. Quant à la carte des vins, elle met en avant d'intéressants petits producteurs. Le bouchon et l'assiette sont donc bien présents rue Cardinet.

Le Café d'Angel

Traditionnelle B3

16 r. Brey
01 47 54 03 33
Charles de Gaulle-Etoile
Fermé août, 24 décembre-2 janvier, samedi, dimanche et fériés

Formule 26 € – Menu 32 € – Carte 41/51 €

A/C VISA MC Ce joli café a tout pour plaire avec ses banquettes en skaï, ses faïences aux murs, ses petites tables carrées garnies de sets en papier et ses cuisines visibles derrière le vieux comptoir... Une adresse fétiche pour les nostalgiques des bistrots parisiens d'antan ! D'autant que l'on y mange exactement ce qu'on s'attend à trouver en pareil lieu : de bonnes recettes traditionnelles, 100 % maison. Comme elles changent tous les jours, il vous suffit de guetter l'ardoise en passant : supions poêlés aux herbes, porcelet caramélisé aux épices, rognons de veau aux champignons, liégeoise au chocolat... Il y a fort à parier que, sans vous en rendre compte, le Café d'Angel devienne votre cantine préférée !

Caïus

Créative B3

6 r. d'Armaillé
01 42 27 19 20
www.caius-restaurant.fr
Charles de Gaulle-Etoile
Fermé samedi et dimanche

Menu 42 €

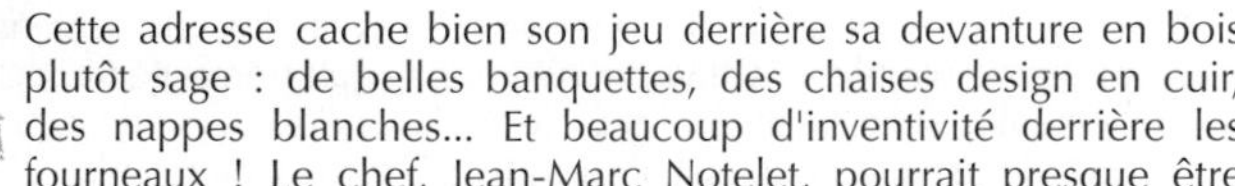

Cette adresse cache bien son jeu derrière sa devanture en bois plutôt sage : de belles banquettes, des chaises design en cuir, des nappes blanches... Et beaucoup d'inventivité derrière les fourneaux ! Le chef, Jean-Marc Notelet, pourrait presque être comparé à un alchimiste. Exhumant épices et produits oubliés pour en faire des ingrédients magiques, il a l'art de transformer des recettes ordinaires avec ici une pincée de vanille, là un filet d'huile d'argan... Et les idées fusent : chaque jour, il efface la monumentale ardoise et recommence ! Résultat, impossible de se lasser, d'autant que l'atmosphère ne gâche rien. La petite salle moderne est accueillante avec ses boiseries blondes et ses photos glorifiant les précieux condiments. Pour le plaisir... de tous les sens.

Cap

Moderne C2

42 bd Pereire
01 44 40 04 15
Wagram
Fermé août, mardi soir, samedi midi, dimanche et lundi

Formule 26 € – Menu 32 € (déjeuner)/36 €

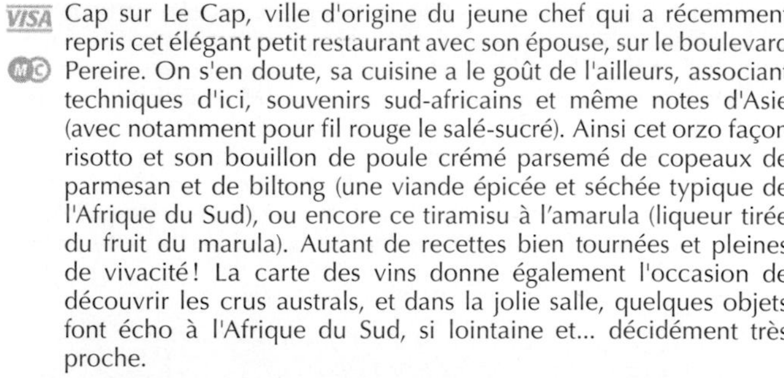

Cap sur Le Cap, ville d'origine du jeune chef qui a récemment repris cet élégant petit restaurant avec son épouse, sur le boulevard Pereire. On s'en doute, sa cuisine a le goût de l'ailleurs, associant techniques d'ici, souvenirs sud-africains et même notes d'Asie (avec notamment pour fil rouge le salé-sucré). Ainsi cet orzo façon risotto et son bouillon de poule crémé parsemé de copeaux de parmesan et de biltong (une viande épicée et séchée typique de l'Afrique du Sud), ou encore ce tiramisu à l'amarula (liqueur tirée du fruit du marula). Autant de recettes bien tournées et pleines de vivacité ! La carte des vins donne également l'occasion de découvrir les crus australs, et dans la jolie salle, quelques objets font écho à l'Afrique du Sud, si lointaine et... décidément très proche.

Caves Petrissans

Traditionnelle B3

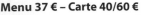

30 bis av. Niel
01 42 27 52 03
www.cavespetrissans.fr
Ⓜ Pereire
Fermé août, samedi, dimanche et fériés – Réserver

Menu 37 € – Carte 40/60 €

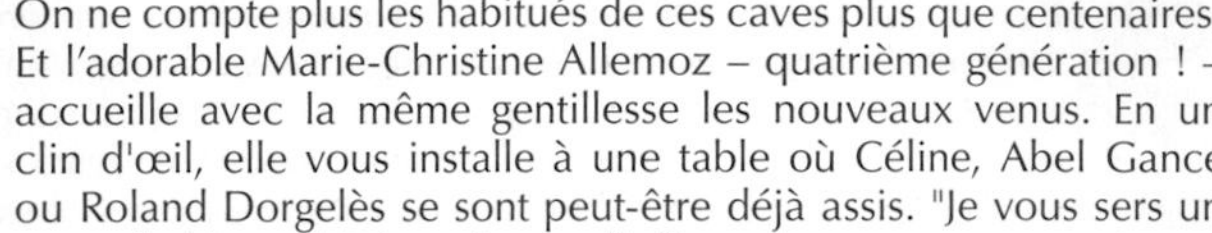

On ne compte plus les habitués de ces caves plus que centenaires. Et l'adorable Marie-Christine Allemoz – quatrième génération ! – accueille avec la même gentillesse les nouveaux venus. En un clin d'œil, elle vous installe à une table où Céline, Abel Gance ou Roland Dorgelès se sont peut-être déjà assis. "Je vous sers un verre de blanc ?" Répondre par l'affirmative est tentant, mais que choisir ? Suivez les conseils avisés des patrons, ils sauront vous dénicher "la" bouteille qu'il vous faut dans leur incroyable boutique attenante. La terrine maison, la tête de veau sauce ravigote, le baba au rhum, l'île flottante, les cerises à l'eau-de-vie ou l'un des nombreux classiques bistrotiers à la carte prendront alors une autre dimension. Arrière-salle plus intime et terrasse entourée de... ceps de vigne, pour réviser ses cépages !

Chez Léon

Moderne C2

32 r. Legendre
01 42 27 06 82
Ⓜ Villiers
Fermé 29 juillet-25 août, 25 décembre-5 janvier, samedi et dimanche

Formule 24 € – Menu 35 € – Carte 41/55 €

Ce bistrot des années 1950, entièrement relooké dans un style coloré, n'en renie pas pour autant son passé, à l'image de son vieux zinc indéboulonnable. Clin d'œil, on s'attable près d'une plaque en hommage au "commissaire principal Jules Maigret, hôte gourmand de la maison" ! Même mariage entre tradition et modernité côté cuisine : dijonnaise de lapereau (terrine en gelée), tournedos de cabillaud à la tapenade, pastilla de pintade aux épices douces et au chou... Au moment du dessert, on hésite entre un millefeuille et un baba au rhum. Pas de doute, Chez Léon, l'assiette joue les canailles apprivoisées.

Le Clou de Fourchette

Moderne C2

121 r. de Rome
01 48 88 09 97
www.cloudefourchette.fr
Rome
Fermé 1 semaine en août, 1 semaine fin décembre, lundi midi et dimanche

Formule 18 € – Menu 24 € (déjeuner en semaine) – Carte 31/50 €

VISA

Voilà un restaurant qui plante fièrement le nom de son propriétaire ! Avec ses associés, Christian Leclou invite à un bon "coup de fourchette" rue de Rome. Il serait dommage de bouder ce précieux ustensile quand la façade annonce en toutes lettres : "Boire... et manger". On profite ici de plats fort joliment cuisinés et savoureux, accompagnés d'un bon choix de vins au verre (une quinzaine de références) : os à moelle, escargots et sauce à l'ail ; épaule d'agneau confite aux agrumes et navets au miel de romarin ; lièvre à la royale (entre autres gibiers à l'automne) ; baba au rhum ; etc. Autant de recettes qui invitent à la convivialité entre amis ou collègues : le Clou du spectacle !

Dessirier par Rostang Père et Filles

Poissons et fruits de mer B2

9 pl. Mar.-Juin
01 42 27 82 14
www.restaurantdessirier.com
Pereire
Fermé samedi et dimanche en juillet-août

Formule 38 € – Menu 46 € – Carte 58/94 €

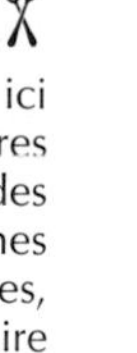

A/C

VISA

Un appétissant banc d'écailler annonce la couleur : on vient ici pour se régaler de belles spécialités de la mer. Parmi les plats phares de la maison, le tourteau décortiqué servi avec des légumes, des citrons beldi et de la coriandre fraîche. D'ailleurs, dans les cuisines se concoctent une multitude d'alléchantes recettes iodées, préparées à partir de produits que Michel Rostang – propriétaire de cinq autres "bistrots" – sélectionne avec le plus grand soin. Le décor, contemporain, arty et chic, renouvelle le genre des grandes brasseries parisiennes : banquettes de cuir gris, mosaïques, murs aux courbes élancées rappelant les ondulations océanes, œuvres d'artistes comme Combas, Arman, Folon... Pas étonnant que le lieu soit aussi prisé, particulièrement par la clientèle d'affaires.

Le Dodin de Mark Singer  

Moderne B3

42 r. des Acacias
01 43 80 28 54
www.ledodin.com
Charles de Gaulle-Etoile
Fermé 2 semaines en août, samedi midi, dimanche et lundi

Formule 29 € – Menu 35 € – Carte 40/55 € 

De nationalité américaine, installé en France depuis de longues années et passé dans nombre de maisons parisiennes renommées, Mark Singer est surtout un chef sans frontière : sa patte, déjà bien connue, est celle d'une technique classique assurée, mise au service de saveurs originales. Aux commandes de ce Dodin depuis fin 2011, il associe par exemple un ceviche de pétoncles et une limonade de kéfir, ou encore un onglet de veau et une gaufre de charlottes à l'échalote. Le chef se dit "opportuniste", composant ses menus au gré de ses marchés (sans oublier le gibier à l'automne). De quoi confirmer que le voyage est invention !

L'Entredgeu

Traditionnelle A2

83 r. Laugier
01 40 54 97 24
Porte de Champerret
Fermé 1 semaine début mai, 3 semaines en août, 1 semaine à Noël, dimanche et lundi

Formule 23 € – Menu 33/55 € 

Quelle ambiance dans ce troquet ! À croire que tout le 17e en a fait sa cantine. Non sans raison : de beaux produits ramenés du marché, des recettes traditionnelles parfaitement maîtrisées, des prix tenus... la recette fonctionne à merveille. Rançon du succès, on joue souvent à guichets fermés et le service presse parfois un peu le pas. Mais la bonne humeur qui règne fait tout pardonner. De fait, que serait cette salle de bistrot sans les plaisanteries qui fusent et les tintements de verres ? L'un des meilleurs rapports qualité-prix de la capitale.

L'Escient

Moderne

B3

28 r. Poncelet
09 66 92 49 13
Ternes
Fermé 1 semaine en août, lundi soir et dimanche

Formule 26 € – Menu 35/45 € – Carte environ 43 €

VISA MC AE

Gambas, tarama, daïkon, citron vert et gingembre ; morue fraîche, croûte de figues sèches, chorizo doux et citron confit ; chaud-froid chocolat-framboise ; etc. À la carte de cet Escient, les associations originales ne manquent pas, et elles sont toujours réalisées... à bon escient ! Créée mi-2011, l'affaire est familiale : aux fourneaux œuvrent Pierre et sa fille Claire, duo visiblement complémentaire. Les recettes se révèlent bien tournées, très parfumées, évoluant au gré des saisons et du marché. Influences maîtresses : l'Asie et l'Espagne, mais aussi de grands classiques français. Bref, un joli métissage...

Fabrique 4

Moderne

C2

17 r. Brochant
01 58 59 08 47
www.fabrique4.com
Brochant
Fermé 15 août-3 septembre, vacances de Noël, samedi et dimanche

Formule 24 € – Carte 41/52 €

VISA MC

Ce fut une fabrique de bouchons, puis une brocante, avant de devenir... cette fabrique de saveurs. L'adresse a été créée par un jeune couple de Belges : deux amoureux de la gastronomie française, munis d'une belle expérience au sein de restaurants parisiens de qualité. On ne s'étonnera donc pas de découvrir des assiettes aussi colorées que gourmandes, souvent rehaussées d'herbes fraîches (la cuisine asiatique est aussi une inspiration), à l'instar d'un sashimi de bœuf à la roquette et au parmesan, de rognons de veau et leur gratin de pommes de terre, etc. Évidemment, les références à la Belgique ne manquent pas, avec, par exemple, un tiramisu aux... spéculos et, côté boissons, de bonnes bières (Chimay, Orval, etc.). En prime, un décor pile dans le goût d'aujourd'hui. Une adresse fort sympathique !

La Fourchette du Printemps ✿

Moderne C2

30 r. du Printemps
01 42 27 26 97
Wagram
Fermé août, 24 décembre-1er janvier, dimanche et lundi – Nombre de couverts limité, réserver

Menu 49/75 € – Carte environ 58 € le midi

La Fourchette du Printemps

Et si une fourchette faisait le printemps ? Un souhait exaucé en toute saison dans ce bistrot contemporain où l'on sait exalter, avec finesse et élégance, les belles saveurs. Aux fourneaux, Nicolas Mouton fait preuve d'un vrai sens du produit, des cuissons, des jeux de textures... La carte est courte et diablement alléchante, revisitant par exemple avec subtilité la bouillabaisse ou le paris-brest, réussissant le mariage d'un waterzoï (clin d'œil à ce Nord dont Nicolas est originaire) et de beaux légumes du soleil... Le menu change en permanence en fonction du marché. Des saveurs insoupçonnées, des alliances raffinées : voilà ce qui fait le sel de la vie, voilà tout le piment de cet endroit, au demeurant très simple. Comptoir en zinc, bocaux de légumes secs, banquettes bistrotières : l'atmosphère est décontractée, sans chichi et chaleureuse. Pas de doute, cette Fourchette-là a de belles saisons devant elle !

Entrées	Plats	Desserts
• Cuisine du marché		

Frédéric Simonin ✿

Moderne

25 r. Bayen
01 45 74 74 74
www.fredericsimonin.com
Ⓜ Ternes
Fermé 4-28 août, dimanche et lundi

B3 

Menu 39 € (déjeuner), 85/135 € – Carte 70/155 € 

AE

Francis Amiand

Le moins que l'on puisse dire de Frédéric Simonin, c'est qu'il a fait un beau parcours ! Ledoyen, le Meurice, Taillevent, le Seize au Seize, et enfin la Table de Joël Robuchon, où il a gagné ses derniers galons... Rien que des grands noms, à la suite desquels il vient aujourd'hui écrire le sien, non loin de la place des Ternes (pour les connaisseurs : en lieu et place du restaurant Bath's, qu'il a entièrement transformé). Moquette noir et blanc, banquettes de velours sombre, panneaux de verre, déclinaisons élégantes de formes géométriques...

Le design des lieux sied à la cuisine du chef, fine et pleine de justesse. Ne dédaignant pas les touches inventives et parfois japonisantes, il ose les associations originales. L'équation est subtile, maîtrisée... À découvrir à la carte ou à travers le beau menu dégustation. Voilà bel et bien une table raffinée !

Entrées

- Le candele : gros macaronis farcis aux racines d'hiver et truffe noire, beurre de foie gras
- Le club tomate-homard, bavarois d'anchois et pain noir

Plats

- Le turbot de pêche cotière cuit à l'algue rouge, carottes fondantes aux senteurs de Sichuan
- La côte de veau de Corrèze cuite en cocotte à la sauge

Desserts

- Le payachoco : mousse légère au chocolat nyangbo, sorbet cacao aux biscuits Oreo
- La rhubarbe, fondant en fine gelée de grenadine

Graindorge

Flamande B3

15 r. Arc-de-Triomphe
01 47 54 00 28
www.le-graindorge.fr
Charles de Gaulle-Étoile
Fermé 1er-15 août, samedi midi et dimanche

Formule 24 € – Menu 35/45 € – Carte 44/58 €

VISA MC AE

Le climat de l'Étoile réussit plutôt bien à Bernard Broux, sans doute parce qu'il a su adapter au goût parisien ce qui fait le charme des auberges de son "Ch'Nord" natal ! Dans la salle d'esprit Art déco, on s'attable volontiers devant un potjevlesch, des bintjes farcies à la brandade de morue, un waterzoï de la mer aux crevettes grises d'Ostende ou des kippers de Boulogne grillés et oignons frits. De généreuses recettes flamandes, complétées de suggestions du marché. Le tout se déguste avec de belles bières artisanales d'outre-Quiévrain (Angélus, Moinette Blonde), mais que les amateurs de vin se rassurent, ils trouveront aussi leur bonheur !

Karl & Erick

Moderne C2

20 r. de Tocqueville
01 42 27 03 71
Villiers
Fermé août, samedi midi et dimanche

Formule 28 € – Carte 40/55 €

VISA MC AE

Qu'est-ce qui définit un bistrot contemporain ? Son atmosphère d'abord, naturellement conviviale et tendance, puis la cuisine de son chef, forcément passé par de grandes maisons et réussissant à marier classicisme et créativité. Pour vous en convaincre, découvrez cette table tenue par de talentueux jumeaux. Erick se charge de l'accueil dans une salle aux airs de loft (banquettes rouge et chocolat, mezzanine). Karl s'épanouit aux fourneaux, proposant d'alléchantes recettes : terrine de lapin à l'estragon, merlan accompagné de ratatouille et d'olives noires, carré d'agneau avec son jus parfumé au romarin. Fin de la démonstration, il est temps de passer aux travaux pratiques : bon appétit !

Guy Savoy ✿✿✿

Créative

B3

18 r. Troyon
✆ 01 43 80 40 61
www.guysavoy.com
Ⓜ Charles de Gaulle-Etoile
Fermé vacances de Noël, samedi midi, dimanche et lundi

Menu 315/490 € – Carte 170/300 €

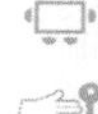

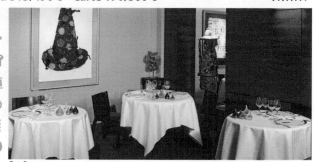

Guy Savoy

Guy Savoy a beau tutoyer les étoiles, maîtriser son art, posséder d'autres enseignes satellites tout aussi prestigieuses ; rien n'y fait, il n'en démord pas et reste... un "aubergiste" ! De la gastronomie, il dit qu'elle est "la fête, la joie, la poésie", une bien jolie définition. Épurée dans son exécution, authentique dans son expression, inventive mais sans excès, sa belle cuisine fait des merveilles. Les produits sont superbes et rappellent parfois cette tradition dauphinoise qu'il n'a jamais oubliée... Souvenirs d'enfance et création, simplicité et sophistication, gourmandise assumée et rigueur d'exécution : l'envie de donner du plaisir, l'esprit de générosité et de partage sont très palpables ! L'ambition du chef, oui, c'est bien celle de faire vivre une "auberge du 21e s."...

Entrées

- Colors of caviar
- Soupe d'artichaut à la truffe noire, brioche feuilletée aux champignons et truffes

Plats

- Saumon "figé" sur la glace, consommé brûlant, perles de citron
- Paleron de bœuf en deux cuissons

Desserts

- Boule noire
- Chariot des glaces, sorbets, bocaux et biscuits d'autrefois

Jacques Faussat - La Braisière ✿

Traditionnelle C2

54 r. Cardinet
✆ 01 47 63 40 37
www.jacquesfaussat.com
Ⓜ Malesherbes
Fermé août, 24 décembre-2 janvier, samedi sauf le soir d'octobre à avril, dimanche et fériés

Menu 38 € (déjeuner)/110 € – Carte 62/74 €

La Braisière

Un petit bout de province à Paris, cela paraît impossible. C'est pourtant la gageure que relève le chef de ce restaurant du quartier des Ternes, gersois et fier de l'être. Jacques Faussat n'aime rien tant que la simplicité inspirée de ses racines et de son enfance. Une simplicité également apprise auprès de Michel Guérard et surtout d'Alain Dutournier – sa rencontre avec cet homme de passion qui partage les mêmes origines sera déterminante dans sa carrière, à commencer par dix années passées aux fourneaux du Trou Gascon. Avec quelques réminiscences du Sud-Ouest, sa cuisine joue donc surtout la carte de la générosité et des saveurs, misant tout sur de bons produits travaillés pour en faire ressortir... le meilleur.

Enfin, on peut remercier la maîtresse de maison chargée de l'accueil et de la salle, ainsi que le service, sans manières, pour leur gentillesse. À La Braisière, on se sent bien, tout simplement.

Entrées

- Esturgeon de l'Adour mariné au citron vert et piquillos
- Coing et foie gras de canard juste épicé, lie de pinot noir au poivre long

Plats

- Ris de veau à la fève tonka, marmelade de pomme et canneberge
- Carré de porc ibérique, pomme de terre écrasée et truffe

Desserts

- Soufflé aux pêches de vigne
- Tarte fine au chocolat noir, sorbet à l'épine-vinette

Kifuné

Japonaise A3

44 r. St-Ferdinand
01 45 72 11 19
Porte Maillot
Fermé 1 semaine en mai, 3 semaines en août, vacances de Noël, dimanche, lundi et jours fériés

Menu 32 € (déjeuner) – Carte 35/65 €

Révélons d'abord le secret des trois kanji japonais inscrits sur la façade : littéralement, "kifuné" signifie "bateau en bois". Une enseigne qui dit tout, tant sur la cuisine – tout poisson – que sur l'assiette elle-même, certains plats étant présentés dans de jolies barques en bois. À l'intérieur, atmosphère nippone de rigueur, toute de simplicité : tons noir et blanc autour d'un comptoir de dix couverts où le chef sert directement les traditionnels sushis, sashimis, tempura, yakimono (grillades) et autres agemono (fritures), qu'il compose devant vous. Pour le déjeuner, plusieurs menus répondent aux attentes des habitués du quartier, gourmets mais pressés. Si vous disposez de plus de temps, quelques tables et un box offrent une agréable intimité.

La Maison de Charly

Marocaine A3

97 bd Gouvion-St-Cyr
01 45 74 34 62
www.lamaisondecharly.fr
Porte Maillot
Fermé 3 semaines en août et lundi

Formule 35 € – Carte 36/53 €

Pour point de repère, deux oliviers devant une sobre façade ocre. En entrant dans la Maison de Charly, on est immédiatement séduit par son ravissant décor mauresque parsemé de touches contemporaines, tout en élégance et en sobriété. Des matériaux nobles provenant d'Afrique du Nord, des portes sculptées et même un palmier sous sa grande verrière : la belle ambiance orientale fait son effet ! On y apprécie doublement le traditionnel trio couscous-tajine-pastilla. Et quelques spécialités qui donnent envie de revenir comme, par exemple, la "tanjia" (agneau de dix heures confit aux épices).

Makassar

Créative

B3

Hôtel Renaissance Arc de Triomphe,
39 av. Wagram
01 55 37 55 57
www.renaissancearcdetriomphe.fr
Ternes

Formule 23 € – Carte 45/65 €

Makassar... Le nom de ce port indonésien évoque le bois précieux et les îles lointaines. Flanqué d'un bar résolument lounge, le restaurant de l'hôtel Renaissance joue la sobriété et rappelle son caractère exotique par de discrets détails, comme des projections de scènes du théâtre d'ombres Ramayana. On a le choix entre des spécialités on ne peut plus françaises et des recettes d'ailleurs réalisées par le chef, Michael Foubert. Alors, bien sûr, on peut tout à fait préférer un duo de saumon bio avec sa salade d'algues au sésame, ou le homard à la plancha servi avec des légumes de saison, mais il serait dommage de ne pas découvrir le "nasi goreng", célèbre plat réalisé avec du riz sauté et accompagné de brochettes de poulet au saté.

A/C VISA

MBC - Gilles Choukroun

Moderne

A3

4 r. du Débarcadère
01 45 72 22 55
www.gilleschoukroun.com
Porte Maillot
Fermé août, samedi et dimanche

Formule 19 € – Menu 29 € (déjeuner), 39/49 € – Carte environ 52 €

M pour menthe, B pour basilic et C pour coriandre. Trois produits, trois saveurs et autant d'ouvertures sur le monde, pour une cuisine créative et métissée qui navigue entre France, Asie, Afrique du Nord et Amérique... Gilles Choukroun n'en est pas à son coup d'essai (Angl'Opéra, Café des Délices, etc.), mais avec cette table ouverte en 2009 il affirme son style et ses recettes : soupe thaïe, filet de dorade avec une purée de petits pois parfumée au gingembre, pastèque accompagnée d'un sorbet au yaourt et d'une confiture de tomates pimentée. Certaines frontières culinaires s'effacent pour laisser place à de nouvelles identités gustatives pleines de parfums ! Le tout s'apprécie dans un cadre contemporain résolument tendance, particulièrement agréable avec sa verrière.

A/C VISA

Michel Rostang ✿✿

Classique

B3

20 r. Rennequin
01 47 63 40 77
www.michelrostang.com
Ternes
Fermé lundi sauf le soir de septembre à juin, samedi midi et dimanche

Menu 78 € (déjeuner), 169/198 € – Carte 140/225 €

Michel Rostang

Le parcours de Michel Rostang était tout tracé. Un vrai destin de chef dans la pure tradition française, à l'image de son père, de son grand-père, etc. C'est bien simple, chez les Rostang, la gastronomie est une affaire de famille depuis cinq générations ! C'est après de belles années d'apprentissage (notamment chez Lasserre, Lucas-Carton et Pierre Laporte) que Michel ouvre un restaurant parisien à son nom. Sa cuisine s'inscrit alors dans la lignée des plus grandes tables. Bien qu'il s'autorise quelques incursions dans le registre contemporain, il affirme sa préférence pour le classicisme. Produits magnifiques, liés au rythme des saisons (gibier en automne, truffe en hiver), vins au diapason (tout spécialement les côtes-du-rhône) ; il mise sur des valeurs sûres, il recherche l'excellence. Le décor, luxueux et insolite, fait ressentir la même impression : salon Art nouveau, salon Lalique, salon Robj ouvert sur le spectacle des fourneaux, collection d'œuvres d'art (César, Arman, porcelaines…). Plus qu'une escale gourmande, un rendez-vous d'esthètes !

Entrées

- Escargots-petits gris, cannelloni de royale d'ail et persil, spaghettis noirs
- Sandwich tiède à la truffe fraîche

Plats

- Noix de ris de veau croustillante aux écrevisses
- Lièvre à la royale, sauce poivrade

Desserts

- Croquant de chocolat guanaja, crème des Pères Chartreux et noisettes en gelée
- Pêche blanche glacée d'une gelée de groseille

Le Palanquin

Vietnamienne B3

4 pl. Boulnois
✆ 01 43 80 46 90
Ⓜ Ternes
Fermé août, samedi et dimanche – Nombre de couverts limité, réserver

Carte 30/40 €

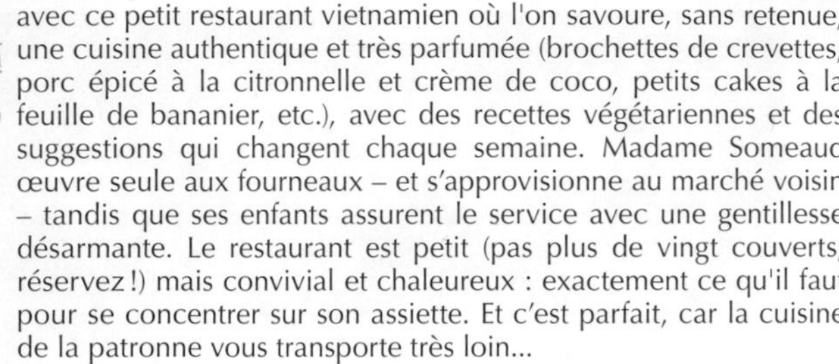

À table, qualité rime souvent avec simplicité. Parfaite démonstration avec ce petit restaurant vietnamien où l'on savoure, sans retenue, une cuisine authentique et très parfumée (brochettes de crevettes, porc épicé à la citronnelle et crème de coco, petits cakes à la feuille de bananier, etc.), avec des recettes végétariennes et des suggestions qui changent chaque semaine. Madame Someaud œuvre seule aux fourneaux – et s'approvisionne au marché voisin – tandis que ses enfants assurent le service avec une gentillesse désarmante. Le restaurant est petit (pas plus de vingt couverts, réservez !) mais convivial et chaleureux : exactement ce qu'il faut pour se concentrer sur son assiette. Et c'est parfait, car la cuisine de la patronne vous transporte très loin...

Pétrus

Moderne B2

12 pl. du Mar.-Juin
✆ 01 43 80 15 95
Ⓜ Pereire
Fermé 6-24 août et samedi midi

Carte 46/99 €

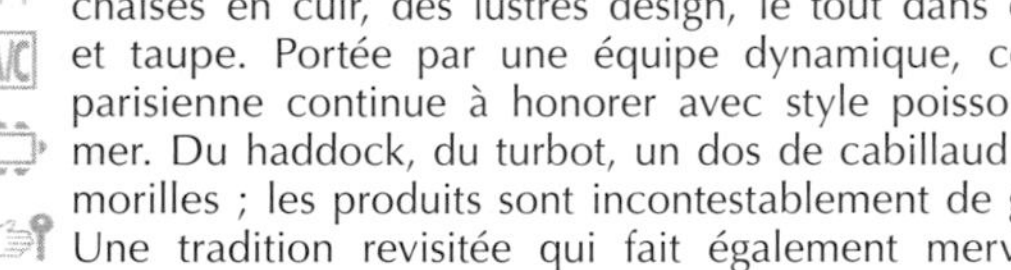

La brasserie du 21e s. par excellence ! Un beau plancher, des chaises en cuir, des lustres design, le tout dans des tons beige et taupe. Portée par une équipe dynamique, cette institution parisienne continue à honorer avec style poissons et fruits de mer. Du haddock, du turbot, un dos de cabillaud à la crème de morilles ; les produits sont incontestablement de grande qualité. Une tradition revisitée qui fait également merveille pour les entrées et les desserts. Millefeuille à la vanille, macarons aux framboises... les pâtisseries sont légères et soignées. Les fidèles sont au rendez-vous, et on les comprend. D'autant qu'en été il est possible de manger en terrasse sur la place du Maréchal-Juin.

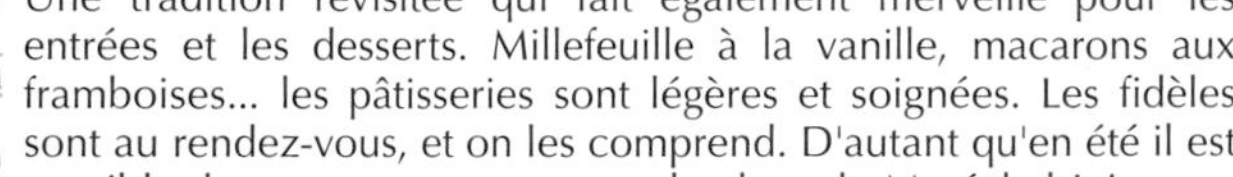

Le Pré Carré

Traditionnelle B3

Hôtel Splendid Étoile,
1 bis av. Carnot
01 46 22 57 35
www.restaurant-le-pre-carre.com
Charles de Gaulle-Etoile
Fermé 3 semaines en août, 1 semaine vacances de Noël, samedi midi et dimanche

Menu 38 € (dîner) – Carte 40/67 €

A/C VISA MC AE

Juste à côté de la place de l'Étoile et de l'Arc de Triomphe, le restaurant de l'hôtel Splendid Étoile réussit l'amalgame de l'élégance et du charme. Deux miroirs face à face reflètent à l'infini l'élégant et chaleureux décor, tout en nuances de beige et de gris, fleurs aux lignes graphiques et banquettes confortables. On dîne également en terrasse ou à l'abri d'une verrière, histoire de profiter de l'animation du quartier. À la carte, des classiques comme la sole meunière, le tartare ou l'entrecôte de salers, mais aussi l'aubergine crétoise au four, la poêlée de chipirons, le turbot cuit à la vapeur. Les produits sont bien choisis... et le plaisir des papilles garanti.

Rech

Poissons et fruits de mer A2-3

62 av. des Ternes
01 45 72 29 47
www.alain-ducasse.com
Ternes
Fermé août, dimanche et lundi

Menu 34 € (déjeuner), 54/68 € – Carte 72/93 €

A/C VISA MC AE

Illustre adresse que ce bistrot créé en 1925 par l'Alsacien August Rech, et entré il y a quelques années dans la galaxie du groupe Ducasse. Au rez-de-chaussée comme à l'étage, les salles ont de l'allure : parquet, tons clairs, persiennes d'esprit marin et photos rétro. En cuisine, un seul credo : laisser parler, avant toute chose, les produits ! Le principe est parfaitement respecté : tous sont travaillés avec simplicité afin de mettre en valeur leurs qualités naturelles. La carte est d'ailleurs principalement axée sur les produits de la mer. Ce qui n'empêche pas les habitués d'attendre la fin du repas avec envie pour... l'incontournable camembert Rech et l'éclair XXL, au chocolat ou au café selon les goûts.

Samesa

Italienne B3

13 r. Brey
✆ 01 43 80 69 34
www.samesa.fr
Ⓜ Charles de Gaulle-Etoile
Fermé 3 semaines en août, samedi midi et dimanche

Menu 19 € (déjeuner)/30 € – Carte 42/56 €

Ouverte fin 2008 par deux associés, Flavio Mascia (du restaurant Fontanarosa, 15e) et Claudio Sammarone (Le Perron, 7e), cette table transalpine offre un décor très chaleureux : la salle est lumineuse (baie vitrée et verrière), tout en longueur, avec des murs en pierres blondes et des tons beiges. Tables et chaises de bistrot s'y alignent avec une élégance simple (nappes blanches), et l'assiette fait honneur aux bonnes recettes italiennes : aubergines au parmesan, tagliatelles aux langoustines flambées au cognac, bar grillé farci à la ratatouille à la sicilienne, etc., le tout accompagné d'un bon choix de vins du pays. Gardez aussi une petite place pour le tiramisu, léger et parfumé à souhait. On vient pour les saveurs ensoleillées du Sud ; on revient aussi pour la convivialité.

Sormani

Italienne B3

4 r. Gén.-Lanrezac
✆ 01 43 80 13 91
Ⓜ Charles de Gaulle-Etoile
Fermé août, samedi, dimanche et fériés

Carte 80/180 €

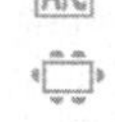
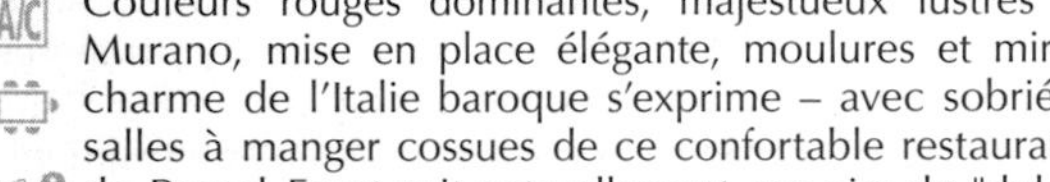

Couleurs rouges dominantes, majestueux lustres en verre de Murano, mise en place élégante, moulures et miroirs : tout le charme de l'Italie baroque s'exprime – avec sobriété – dans les salles à manger cossues de ce confortable restaurant. La cuisine de Pascal Fayet suit naturellement ces airs de "dolce vita" : une carte résolument transalpine, dont la moitié est consacrée (en saison) à la précieuse truffe. Même refrain pour le livre de cave, dont les superbes intitulés évoquent les plus belles provinces viticoles de la Botte, sans oublier un large choix de grappa pour conclure en beauté ces agapes. Parmi les fidèles de cette adresse chic, une clientèle d'affaires notamment, qui apprécie l'intimité du salon situé au rez-de-chaussée.

Timgad

Marocaine

21 r. Brunel
01 45 74 23 70
www.timgad.fr
Argentine

A3

Carte 45/80 €

A/C VISA MC AE

Bienvenue au temps où Timgad rayonnait ! Ce petit coin d'Orient, qui emprunte son nom à une antique cité nord-africaine, vaut le détour pour son seul décor : lustres dorés, mobilier mauresque et – clou du spectacle – de superbes stucs finement ouvragés, taillés au couteau par des artisans marocains et dont la réalisation a duré plus d'un an! La carte est au diapason : riche sélection de couscous (la semoule est d'une rare finesse), tajines et pastillas appréciés pour leur générosité et pour leurs mille et un parfums. Quoi de plus agréable, ensuite, que de prolonger le repas dans le joli salon feutré où murmure une fontaine... Dépaysement garanti !

Zinc Caïus

Traditionnelle

11 r. d'Armaillé
01 44 09 05 10
Charles de Gaulle-Étoile
Fermé 1er-20 août et dimanche – Nombre de couverts limité, réserver

A3

Carte 30/47 €

VISA MC AE

Sous le fameux nom de Caïus, il faut désormais compter cette table. Ce bistrot de poche façon "zinc" joue en tous points la simplicité. Une salle minuscule, un décor contemporain gris et blanc, une dizaine de tables, des tabourets hauts et deux courtes ardoises, l'une pour les vins de pays, l'autre pour les plats. Un choix réduit, donc, mais renouvelé presque quotidiennement, misant sur une cuisine du terroir aux produits frais et goûteux : foie gras au piment d'Espelette, boudin béarnais au beurre d'algues, entrecôte et ses pommes grenaille, pain perdu accompagné d'une glace au macaron, moelleux au chocolat, etc. Voilà sans doute pourquoi les habitués sont si nombreux!

18e

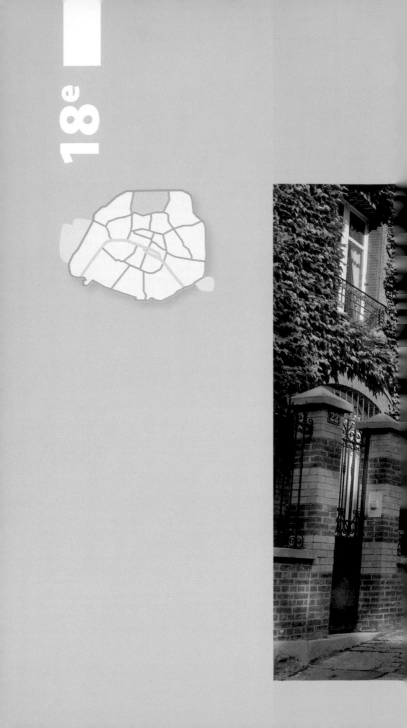

Montmartre · Pigalle

B. Rieger / Hemis.fr

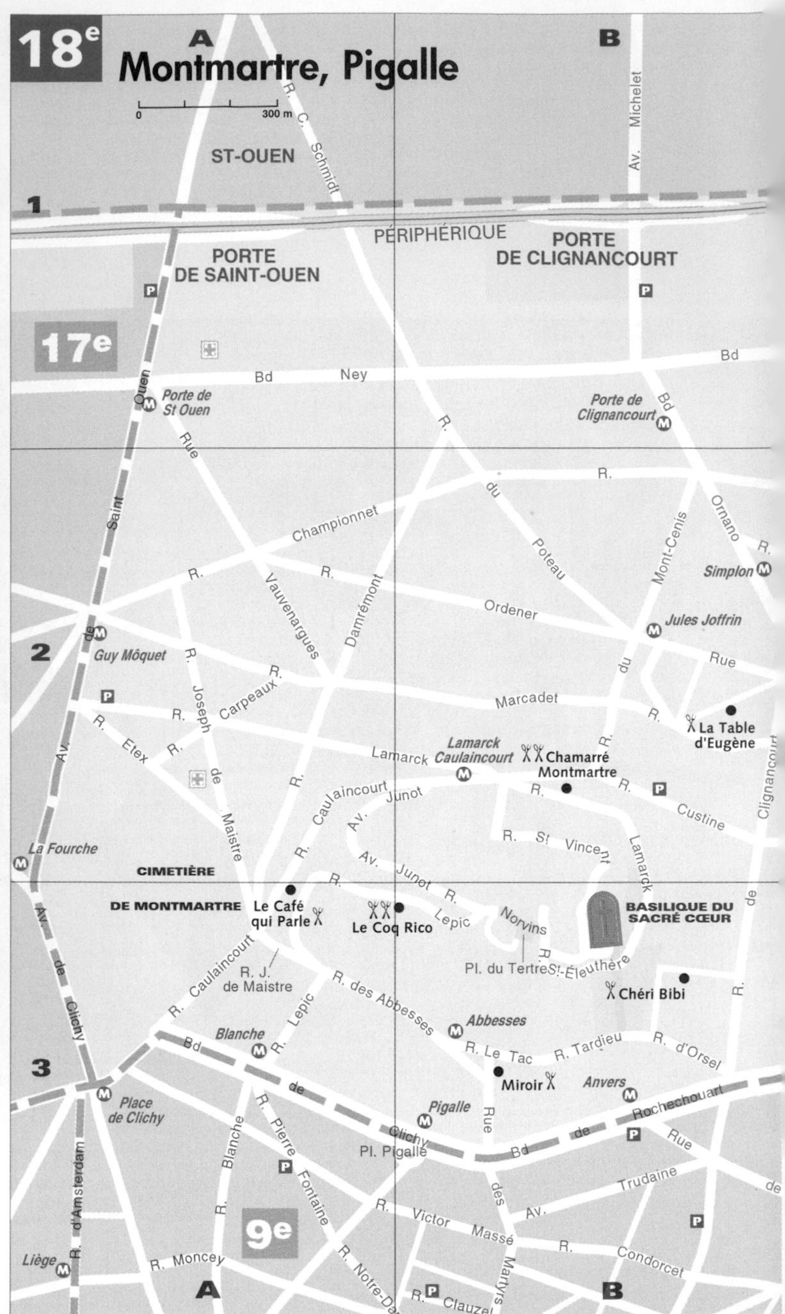
18e
Montmartre, Pigalle
300 m
ST-OUEN
PÉRIPHÉRIQUE
PORTE DE SAINT-OUEN
PORTE DE CLIGNANCOURT
17e
Porte de St Ouen
Porte de Clignancourt
Simplon
Jules Joffrin
Guy Môquet
Lamarck Caulaincourt
La Table d'Eugène
Chamarré Montmartre
La Fourche
CIMETIÈRE DE MONTMARTRE
Le Café qui Parle
Le Coq Rico
BASILIQUE DU SACRÉ CŒUR
Pl. du Tertre
Chéri Bibi
Abbesses
Blanche
Miroir
Anvers
Place de Clichy
Pigalle
Pl. Pigalle
9e
Liège

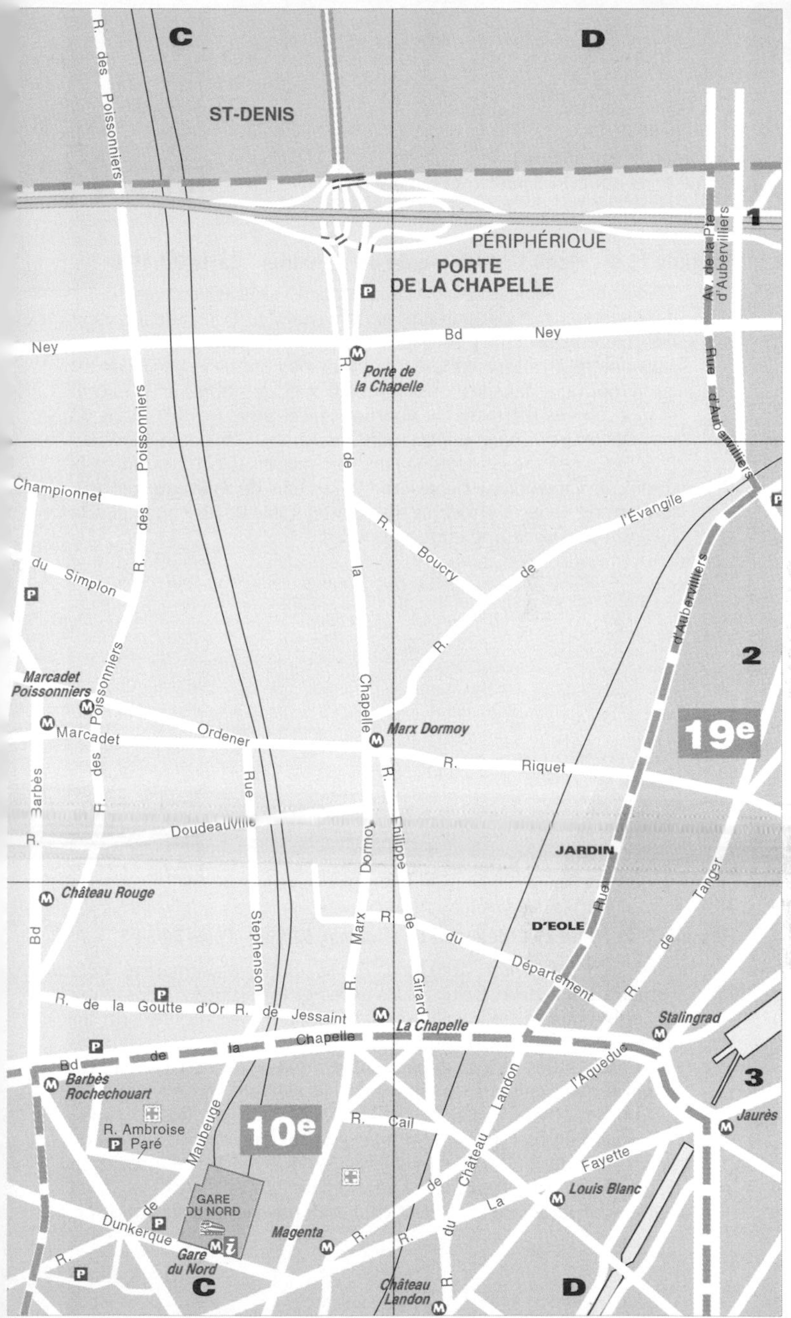
C
D
ST-DENIS
PÉRIPHÉRIQUE
PORTE DE LA CHAPELLE
Porte de la Chapelle
Marcadet Poissonniers
Marx Dormoy
19e
JARDIN
D'EOLE
Château Rouge
La Chapelle
Stalingrad
Barbès Rochechouart
10e
Jaurès
Louis Blanc
GARE DU NORD
Magenta
Gare du Nord
Château Landon
1
2
3

Le Café qui Parle

Moderne

24 r. Caulaincourt
01 46 06 06 88
Lamarck Caulaincourt
Fermé 1er-14 août, 1er-8 janvier et dimanche soir

A3

Formule 13 € – Menu 17 € (déjeuner en semaine) – Carte 29/49 €

D'une ancienne agence bancaire, Damien Mœuf a fait un restaurant dans le vent, très décontracté et convivial. Sur la façade, on peut lire, comme un clin d'œil, cette devise : "Popote gourmande et saisonnière à rendre baba les babines des bobos !" Le décor est contemporain, dans les tons chocolat, avec des tables en bois brut et des œuvres d'artistes du quartier. Après avoir travaillé dans de grandes maisons parisiennes, mais aussi à New York et au Québec, le jeune chef creuse dorénavant son propre sillon : explorer la tradition. Croustillant de sésame à la chair de tourteau, crousti-fondant de veau et gnocchis de carotte, ganache au chocolat à la fève tonka... Voilà une carte qui parle !

Chamarré Montmartre

Créative

52 r. Lamarck
01 42 55 05 42
www.chamarre-montmartre.com
Lamarck Caulaincourt
Fermé dimanche soir et lundi du 15 octobre au 15 avril

B2

Formule 23 € – Menu 29 € (déjeuner en semaine), 52/80 € – Carte 74/84 €

Voilà un restaurant attachant de la butte Montmartre, côté Lamarck, à l'écart des flux et des adresses touristiques. Vous aurez le choix entre la belle salle contemporaine, avec (petite) vue sur les cuisines, la terrasse protégée ou, pour les plus courageux, le bar et ses tables hautes dites "mange-debout". Dans l'assiette, les origines mauriciennes du chef, Antoine Heerah, s'expriment dans des plats métissés, marqués par le jeu des épices et des couleurs, à l'instar d'un filet de bar à la seychelloise, d'un homard au jus de kalamantsi ou d'un savarin punché. Service souriant et précis. La pause finie, vous retrouverez immédiatement les escaliers de la butte pour rejoindre le Sacré-Cœur, tout proche, et... ses touristes.

Chéri bibi

Traditionnelle B3

15 r. André-del-Sarte
01 42 54 88 96
Ⓜ Barbès Rochechouart
Fermé 2 semaines en août et dimanche – Dîner seulement

Formule 22 € – Menu 26 €

VISA MC

Entre la butte Montmartre et Barbès, découvrez cette petite adresse à l'ambiance festive. Dès l'entrée, le ton est donné autour d'un grand zinc où l'on sert l'apéritif. On s'installe ensuite au coude-à-coude dans un cadre dépouillé, un brin vintage (années 1950), pour savourer la cuisine mitonnée par Angela. Cette charmante Brésilienne propose un menu à prix sages, avec des plats mariant classiques du bistrot, recettes de grand-mère et touches plus personnelles. Pour saliver : crevettes sautées au piment et à la coriandre, mijothaï (un savoureux bœuf mijoté au lait de coco, servi avec des herbes thaïes), riz au lait orange-caramel... Carte des vins à l'ardoise : beau choix au verre, quelques crus bio.

Le Coq Rico Ⓝ

Traditionnelle B2-3

98 r. Lepic
01 42 59 82 89
www.lecoqrico.com
Ⓜ Lamarck Caulaincourt

Carte 36/81 €

VISA MC AE

Cocorico ! La volaille française a trouvé son ambassade à Paris, sur la butte Montmartre, avec cette adresse chic et discrète créée par le fameux chef strasbourgeois, Antoine Westermann. Les suaves parfums du poulet rôti méritaient bien une telle attention... Poularde de Bresse, pintade et canette fermières de Challans, géline de Touraine, "cou nu" des Landes : à la carte ne trônent que les meilleures pièces de l'Hexagone – avec aussi de la palombe, du perdreau, du pigeon, etc. –, le tout rôti dans les règles de l'art. Chairs moelleuses et fondantes, peaux croustillantes et caramélisées : les amateurs sont comblés ! À noter : les volailles sont servies entières pour deux à quatre personnes, mais les prix restent relativement élevés, tant ce Coq Rico cultive le meilleur. Quand on aime, on ne compte pas...

Miroir

Traditionnelle

B3 

94 r. des Martyrs
01 46 06 50 73
Abbesses
Fermé 3 semaines en août, 23-31 décembre, dimanche, lundi et fériés

Formule 26 € – Menu 33/42 € – Carte 39/54 € 

VISA MC AE

À chacun son rôle : l'un cuisine derrière les fourneaux, l'autre conseille les bons vins en salle, formé dans de belles maisons (La Tour d'Argent, Aux Lyonnais de Ducasse). Ce jeune duo a fait le pari de reprendre ce restaurant à deux pas de la place des Abbesses. Agréable décoration dans le pur style bistrot (vieux comptoir, carrelage rétro, lithographies, verrière illuminant la salle du fond…) et couleurs tendance. À l'ardoise? D'appétissantes recettes du marché comme le tartare de dorade et tomate, le pied de cochon ibaïona poêlé et, en dessert, par exemple, un miroir cassis-chocolat. Le tout accompagné de belles bouteilles ; une cave à vins a d'ailleurs été ouverte juste en face. Plus besoin de bouche-à-oreille, ce bistrot a définitivement trouvé sa place.

La Table d'Eugène

Moderne

B2 

18 r. Eugène-Sue
01 42 55 61 64
Jules Joffrin
Fermé 1er-25 août, 24 décembre-3 janvier, dimanche et lundi – Nombre de couverts limité, réserver

Formule 30 € – Menu 38/78 € 

VISA MC

L'enseigne sonne comme un slogan bobo, mais fait référence à Eugène Sue, l'auteur des *Mystères de Paris,* et au nom de la rue ! Non loin de la mairie du 18e arrondissement, cette Table a conquis le quartier avec son cocktail très réussi : un peu de nostalgie (tables bistrot, moulures à l'ancienne...) et beaucoup de saveurs! À la fois chef et patron, le jeune Geoffroy Maillard a travaillé avec les plus grands, dont Éric Fréchon, et signe des recettes inspirées autour de produits "coups de cœur" bien mis en valeur. Carpaccio de thon melon-pastèque, tartare de dorade et son millefeuille de daïkon, côte de cochon servie avec un risotto de coquillettes sauce cèpes-truffes, sphère en chocolat... Un succès mérité : réservez !

SIME/G. Simeone / Simeone / Photononstop

19e

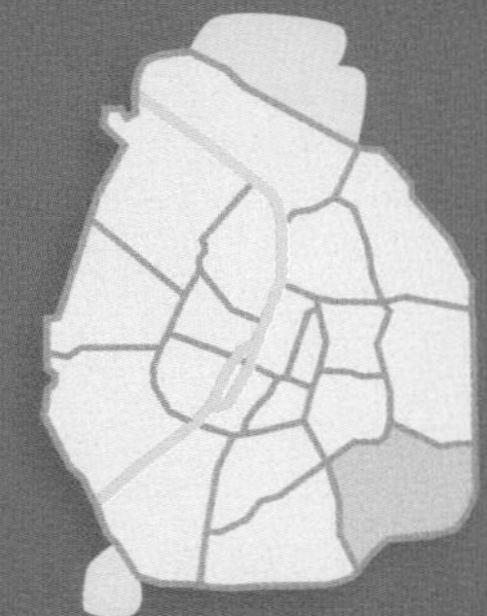

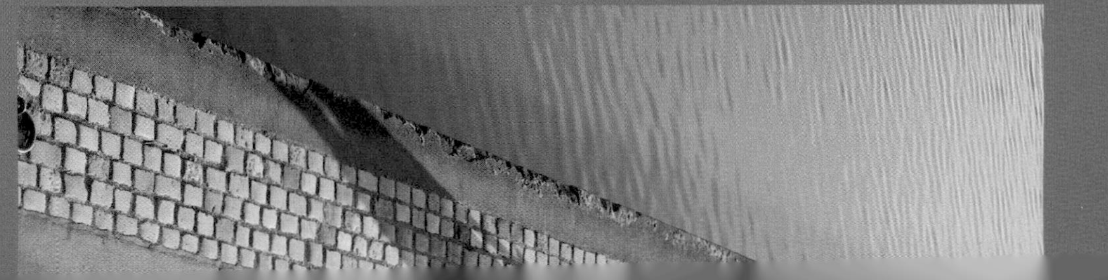

Parc de la Villette · Parc des Buttes-Chaumont

F. Guiziou / Hemis.fr

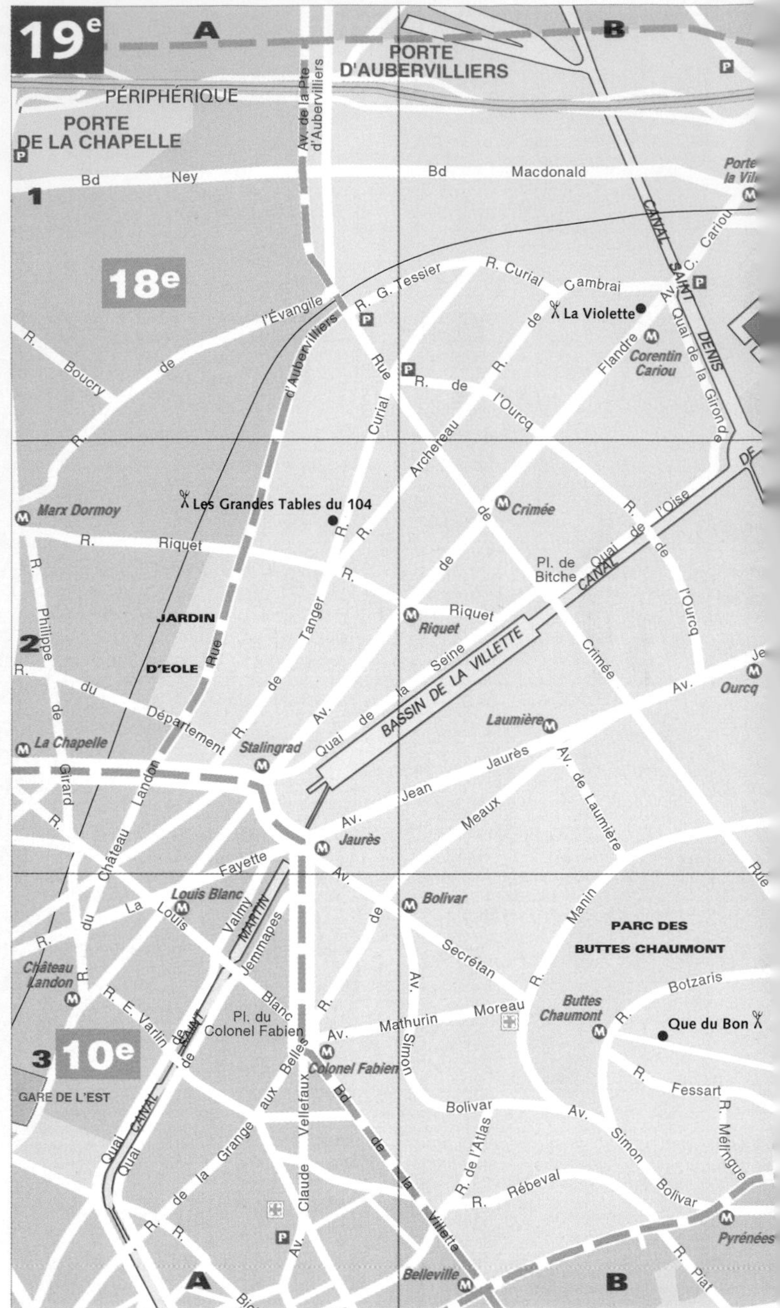
19e
A
B
PORTE D'AUBERVILLIERS
PÉRIPHÉRIQUE
PORTE DE LA CHAPELLE
Av. de la Pte d'Aubervilliers
Bd Ney
Bd Macdonald
18e
La Violette
Les Grandes Tables du 104
Marx Dormoy
Corentin Cariou
Crimée
Riquet
JARDIN D'EOLE
BASSIN DE LA VILLETTE
Stalingrad
La Chapelle
Laumière
Ourcq
Jaurès
Louis Blanc
Bolivar
PARC DES BUTTES CHAUMONT
Buttes Chaumont
Que du Bon
Château Landon
10e
GARE DE L'EST
Colonel Fabien
Pyrénées
Belleville

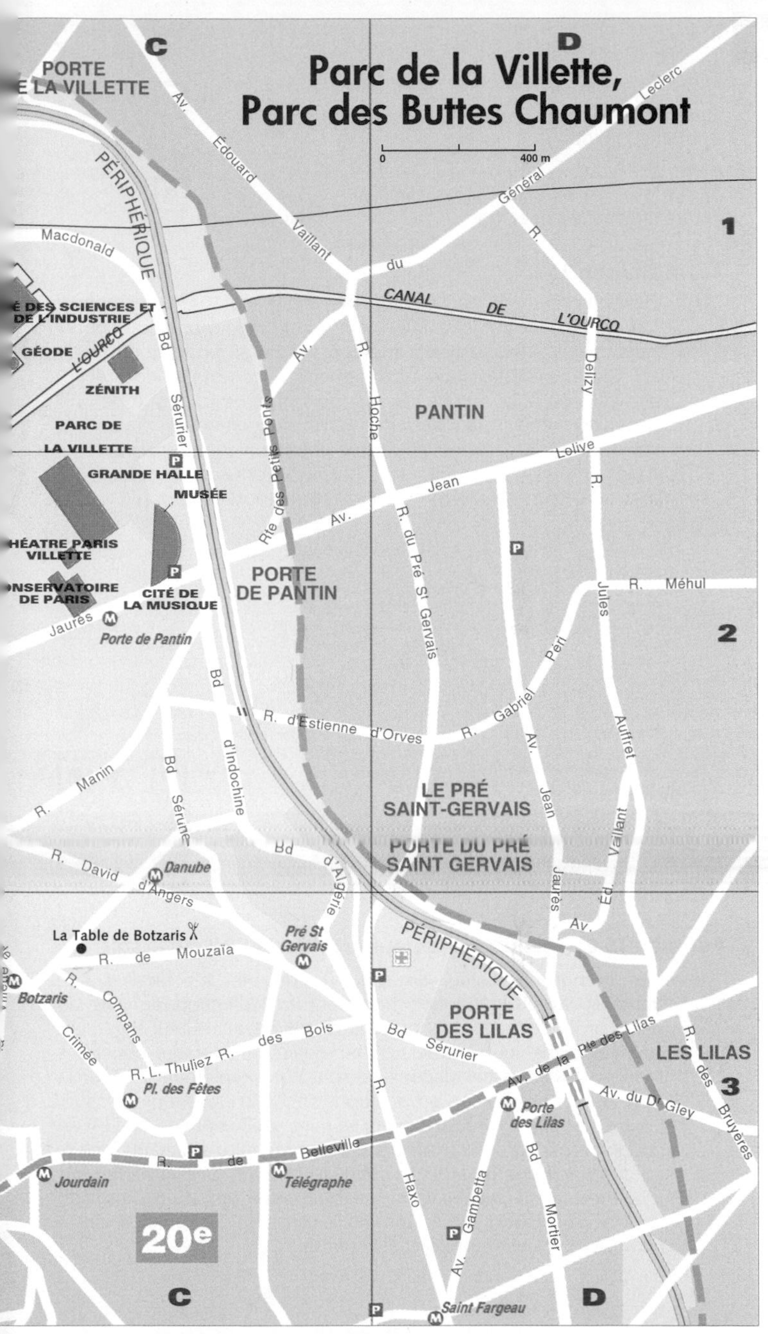

Parc de la Villette,
Parc des Buttes Chaumont
C
D
0
400 m
1
2
3
PORTE
DE PANTIN
PANTIN
LE PRÉ
SAINT-GERVAIS
PORTE DU PRÉ
SAINT GERVAIS
PORTE
DES LILAS
LES LILAS
PARC DE
LA VILLETTE
GRANDE HALLE
MUSÉE
CITÉ DE
LA MUSIQUE
GÉODE
ZÉNITH
CANAL DE L'OURCQ
PÉRIPHÉRIQUE
Porte de Pantin
Danube
Pré St Gervais
Botzaris
Pl. des Fêtes
Jourdain
Télégraphe
Porte des Lilas
Saint Fargeau
La Table de Botzaris
20e

Les Grandes Tables du 104

Moderne A2

104 r. d'Aubervilliers (entrée par le 5 r. Curial)
01 40 37 10 07
www.104.fr
Ⓜ Riquet
Fermé dimanche soir et lundi

Carte environ 25 €

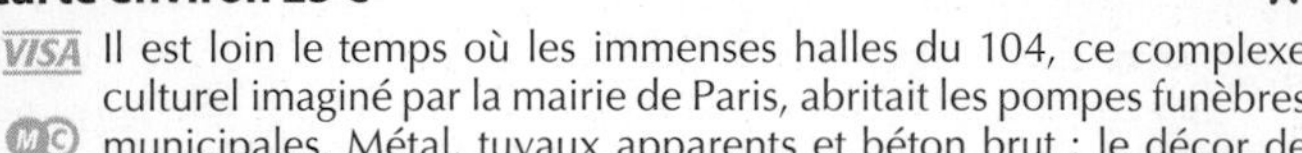

VISA MC Il est loin le temps où les immenses halles du 104, ce complexe culturel imaginé par la mairie de Paris, abritait les pompes funèbres municipales. Métal, tuyaux apparents et béton brut : le décor de ces Grandes Tables joue franchement la carte post-industrielle. Un vrai lieu à la mode... et un "bon plan" entre les 18e et 19e arrondissements. Car l'assiette se révèle généreuse, fraîche et savoureuse : la carte est courte et simple, avec une prédilection pour le bio et les produits du Sud-Ouest (poisson de St-Jean-de-Luz), à la croisée du terroir et de la "street food" !

Que du bon

Traditionnelle B3

22 r. du Plateau
01 42 38 18 65
Ⓜ Buttes-Chaumont
Fermé 24 décembre-2 janvier, dimanche et le midi sauf vendredi

Formule 15 € – Menu 18 € (déjeuner) – Carte 30/50 € le soir

VISA MC  Dès la porte franchie, on sait où l'on met les pieds : une immense ardoise annonce fièrement la collection de vins de petits producteurs, tandis que les bouteilles attendent, sagement alignées dans leurs casiers. Une collection de tire-bouchons rappelle que tous ces flacons ne sont pas simplement là pour la décoration ! Le midi, les propositions ont beau être simples, le soir, les suggestions à l'ardoise savent se faire sophistiquées. Et c'est au coude-à-coude que vous dégusterez un ragoût d'artichauts violets au citron ou une pintade "excellence Miéral" rôtie aux oignons. Inutile de résister également au sablé breton aux fruits de saison ou à ce pain perdu au caramel au beurre salé. La vente de vins à emporter permet de prolonger le plaisir...

La Table de Botzaris

Moderne

C3

10 r. du Gén.-Brunet
01 40 40 03 30
www.latabledebotzaris.fr
Botzaris
Fermé 3 semaines en août, 1 semaine en février, dimanche soir et lundi

Formule 33 € – Menu 39/59 € – Carte environ 55 €

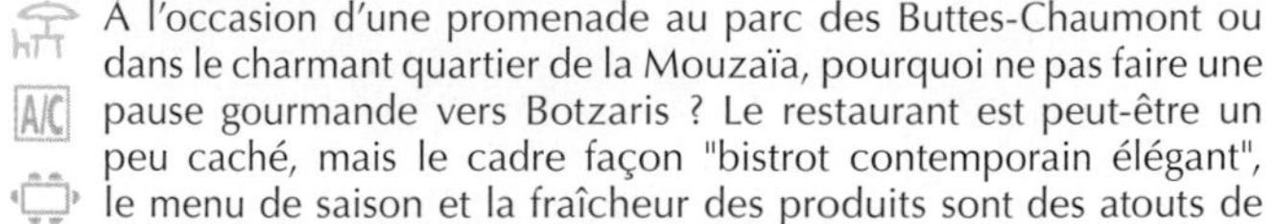

À l'occasion d'une promenade au parc des Buttes-Chaumont ou dans le charmant quartier de la Mouzaïa, pourquoi ne pas faire une pause gourmande vers Botzaris ? Le restaurant est peut-être un peu caché, mais le cadre façon "bistrot contemporain élégant", le menu de saison et la fraîcheur des produits sont des atouts de poids. L'adresse a changé d'enseigne au cours de l'année 2010, et c'est désormais Medhi Corthier, un chef au parcours déjà riche, qui revisite les classiques, joue avec les herbes et les épices, flirte avec les parfums méditerranéens... Épigramme de saumon mariné aux agrumes, dos de saint-pierre à l'infusion de macis, brioche façon pain perdu à la vanille. À table !

La Violette

Moderne

B1

11 av. Corentin Cariou
01 40 35 20 45
www.restaurant-laviolette.com
Corentin Cariou
Fermé 9-31 août, samedi, dimanche et fériés – Nombre de couverts limité, réserver

Formule 20 € – Carte 39/53 €

Le décor "black and white" de ce restaurant ne souffre qu'une exception : une banquette... violette ! Changez une lettre de cette Violette et vous aurez la Villette, un quartier où la culture a eu le bon goût de rester populaire. Des photos de la capitale et une thématique viticole – caisses de vins, casiers à bouteilles, etc. – donnent au lieu un style à la fois moderne et cosy. D'ailleurs, chaque table porte le nom d'un vin. C'est soigné, à l'image de la cuisine : nems de gambas à la sauce thaïe, foie de veau poêlé au vinaigre balsamique, tout Ô chocolat, etc. Inutile de préciser que la formule est plébiscitée par les employés de bureau à l'heure du déjeuner ou, le soir, après le spectacle. Accueil chaleureux et belle terrasse en saison.

20e

Cimetière du Père-Lachaise · Gambetta · Belleville

B. Merle / Photononstop

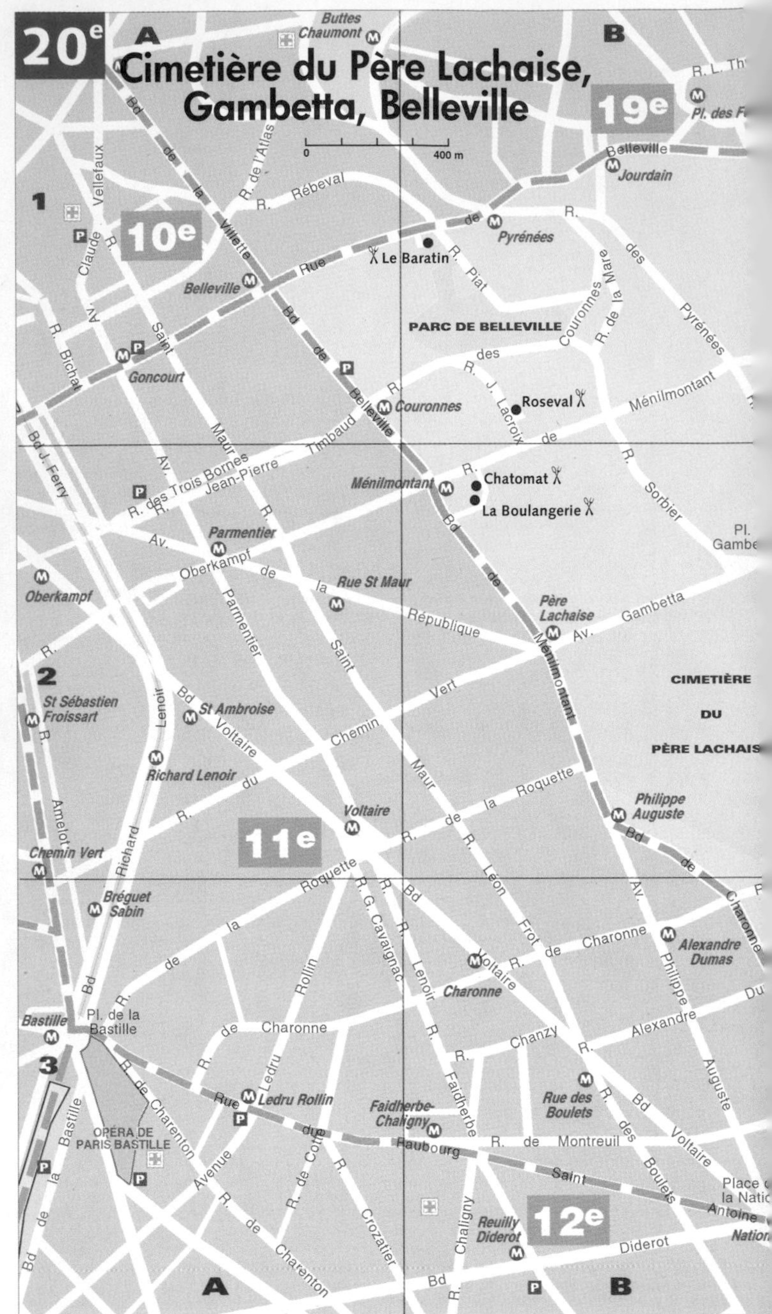

20e
Cimetière du Père Lachaise,
Gambetta, Belleville
A
B
1
2
3
0
400 m
19e
10e
11e
12e
Buttes
Chaumont
Belleville
Jourdain
Pyrénées
Le Baratin
PARC DE BELLEVILLE
Couronnes
Roseval
Ménilmontant
Chatomat
La Boulangerie
Goncourt
Parmentier
Oberkampf
Rue St Maur
Père
Lachaise
CIMETIÈRE
DU
PÈRE LACHAISE
St Sébastien
Froissart
St Ambroise
Richard Lenoir
Voltaire
Philippe
Auguste
Chemin Vert
Bréguet
Sabin
Alexandre
Dumas
Charonne
Bastille
Pl. de la
Bastille
OPÉRA DE
PARIS BASTILLE
Ledru Rollin
Faidherbe-
Chaligny
Rue des
Boulets
Reuilly
Diderot
Place
Nation
Pl.
R. Rébeval
R. de l'Atlas
Bd de la Villette
Av. Claude Vellefaux
R. Bichat
R. Saint Maur
Rue de Belleville
Bd de Belleville
R. Piat
R. des Couronnes
R. de la Mare
R. des Pyrénées
R. J. Lacroix
R. de Ménilmontant
R. Timbaud
R. Jean-Pierre
R. des Trois Bornes
Bd J. Ferry
Av. Parmentier
R. Oberkampf
Av. de la République
Bd de Ménilmontant
Av. Gambetta
R. Sorbier
R. du Chemin Vert
Bd Voltaire
Bd Richard Lenoir
R. Amelot
R. de la Roquette
R. Léon Frot
Bd de Charonne
Av. Philippe Auguste
R. de Charonne
R. Rollin
R. G. Cavaignac
R. Lenoir
R. Faidherbe
R. Chanzy
R. Alexandre Dumas
Bd Voltaire
R. des Boulets
R. de Montreuil
Rue du Faubourg Saint Antoine
R. de Charenton
Bd de la Bastille
Avenue Ledru Rollin
R. de Cotte
R. Crozatier
R. Chaligny
Bd Diderot
R. L. Th
Pl. des F

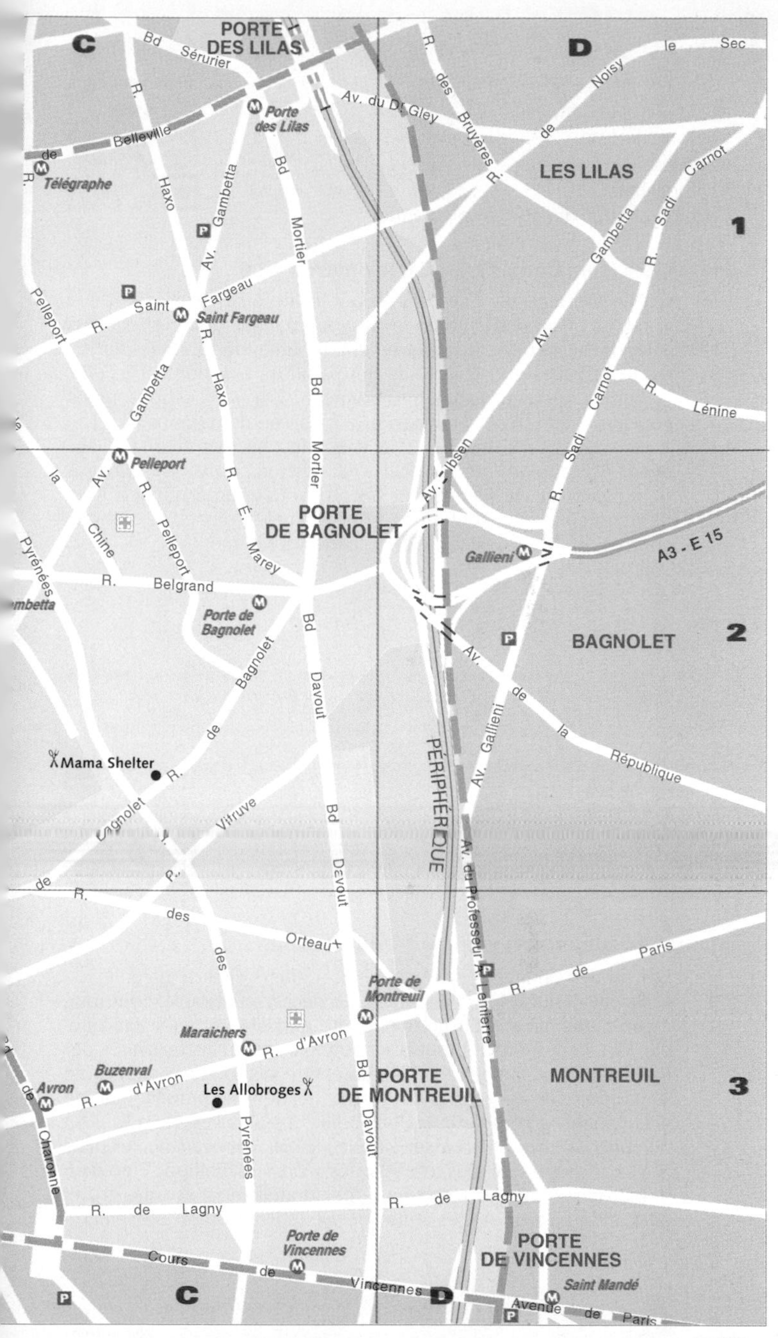
PORTE DES LILAS
LES LILAS
PORTE DE BAGNOLET
BAGNOLET
PORTE DE MONTREUIL
MONTREUIL
PORTE DE VINCENNES
Mama Shelter
Les Allobroges
PÉRIPHÉRIQUE
A3 - E 15
Porte des Lilas
Télégraphe
Saint Fargeau
Pelleport
Porte de Bagnolet
Gallieni
Porte de Montreuil
Maraichers
Buzenval
Avron
Porte de Vincennes
Saint Mandé

Les Allobroges

Traditionnelle C3

71 r. des Grands-Champs
01 43 73 40 00
www.lesallobroges.com
Maraîchers
Fermé 5-22 août, dimanche soir et lundi

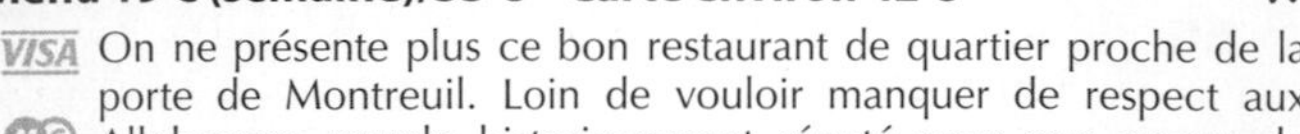

Menu 19 € (semaine)/33 € – Carte environ 42 €

VISA MC AE

On ne présente plus ce bon restaurant de quartier proche de la porte de Montreuil. Loin de vouloir manquer de respect aux Allobroges, peuple historiquement réputé pour son amour du combat, l'adresse vise surtout... les papilles ; à défaut d'être celte, la cuisine est avant tout traditionnelle. On vous proposera en effet un chaud-froid d'huîtres, une fricassée de rognons de veau à l'armagnac, un "cigare" à la ganache chocolat-rhum, etc. Le décor est toujours aussi serein avec ses tons clairs, ses gravures de poissons ou de légumes et ses affichettes humoristiques. Rien de guerrier ici, au contraire : pour Michèle Roussel et Anthony Fourbet, les propriétaires, c'est le plaisir qui prime.

Le Baratin

Traditionnelle B1

3 r. Jouye-Rouve
01 43 49 39 70
Pyrénées
Fermé 1 semaine en mai, août, 1 semaine en février, samedi midi, dimanche et lundi – Réserver

Menu 18 € (déjeuner) – Carte 34/48 € le soir

VISA MC

Les modes changent, pas ce bistrot, ancré dans une ruelle de Belleville depuis plus de vingt ans. Le décor, tout simple, contribue à son authenticité : étroite devanture en bois, comptoir en zinc, etc. On vient ici avant tout pour se régaler de plats mitonnés par Raquel Carena, la chef d'origine argentine, qui tous les matins note sur l'ardoise les recettes du moment : ris de veau braisés, joue de bœuf confite à la tomate, crème vanille et ses fraises des bois... Au déjeuner, la formule est assez simple ; le soir, en revanche, les plats à la carte se révèlent plus sophistiqués. Côté vins, Philippe Pinoteau, le patron-sommelier, sélectionne personnellement chaque cru et parle avec passion de ses coups de cœur. Réservation conseillée !

La Boulangerie

Traditionnelle

B2

15 r. des Panoyaux
01 43 58 45 45
Ménilmontant
Fermé août, 24 décembre-2 janvier, samedi midi, dimanche et lundi

Formule 15 € – Menu 18 € (déjeuner)/35 € – Carte 35/47 €

VISA MC

La réputation de ce bistrot gourmand – à l'origine, une boulangerie – dépasse largement le périmètre de Ménilmontant. Installé depuis 1999 face à une placette bordée de bars animés, il attire habitués, curieux et touristes. Belles mosaïques, boiseries, miroirs vieillis et authentique patine participent à sa convivialité et à son charme. Le chef, venu de l'univers de la sommellerie, concocte des recettes de saison ancrées dans la tradition bistrotière, avec une touche de modernité. Sa terrine de poulet au citron confit, son jambon d'agneau maison ou sa tartelette amandine aux fruits de saison trouvent le ton juste. Séduisante carte des vins à prix doux avec une impressionnante sélection de cognacs, armagnacs, calvados, whiskys et bourbons. Détail non négligeable, l'accueil est sympathique !

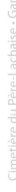

Chatomat

Moderne

B2

6 r. Victor-Letalle
01 47 97 25 77
Ménilmontant
Fermé vacances de Noël, le midi, lundi et mardi – Nombre de couverts limité, réserver

Carte 28/40 €

VISA MC

Petite par la taille, mais grande par la qualité ! Nichée dans une ruelle improbable à deux pas du métro Ménilmontant, cette table née durant l'été 2011 n'est pas restée longtemps confidentielle. À sa tête, un couple de talent – Alice Di Cagno et Victor Gaillard – qui signe une courte carte aussi vive que savoureuse... Trois entrées, trois plats, trois desserts, mais tous les bénéfices d'une expérience déjà longue, d'un vrai sens de l'invention et de la passion du beau produit. Création d'un jour : œuf mollet, racines de persil, potimarron et pao de queijo (petit pain au fromage d'origine brésilienne). Tous les jeunes gourmets de l'Est parisien en sont "fans" sur les réseaux sociaux : réservation indispensable.

Mama Shelter

Moderne

Hôtel Mama Shelter,
109 r. de Bagnolet
01 43 48 45 45
www.mamashelter.com
Ⓜ Gambetta

C2

Carte 33/58 €

Le quartier Saint-Blaise, aux confins du 20e arrondissement, n'en revient toujours pas. À la fois bar et restaurant, cette Mama draine une foule toujours plus nombreuse de Parisiens bohèmes et d'aficionados du monde entier. Il faut dire que le décor, imaginé par Philippe Starck, ose le décalage dans un inénarrable mélange de chaises d'écolier, rideaux imprimés, murs et plafonds maculés de graffitis ; sans oublier la terrasse, très prisée. Le personnel, jeune et souriant, virevolte avec habileté, proposant les plats d'une carte signée Alain Senderens, s'il vous plaît ! Et pour ceux qui ne seraient pas tentés par des noix de Saint-Jacques snackées ou une bavette Angus à la plancha, il y a l'espace pizzeria avec son immense table d'hôtes. Étonnant !

Roseval Ⓝ

Moderne

1 r. d'Eupatoria
09 53 56 24 14
Ⓜ Ménilmontant
Fermé août, 2 semaine fin décembre-début janvier, samedi et dimanche – Dîner seulement – Réservation conseillée

Menu 40/77 €

C'est ici que ça se passe ! À force de se "boboïser", l'Est parisien devait bien voir fleurir de plus en plus de bonnes adresses... Signe des temps, les restaurateurs ressemblent aux nouveaux habitants : trentenaires, avides de tendances et cosmopolites. Belle démonstration avec ce Roseval, né mi-2012 au pied de l'église Notre-Dame-de-la-Croix, où Ménilmontant prend des airs de village. Un véritable repaire pour tribu urbaine, avec une déco qui pourrait être celle d'un appartement voisin (briques, parquet) et surtout une cuisine rassembleuse. Elle est l'œuvre d'un jeune duo de chefs, Michael Greenworld – anglais – et Simone Tondo – sarde –, réunis ici après un parcours au sein de belles maisons. Leurs recettes sont centrées sur le produit, très gourmandes et inspirées, pour le plaisir... des nouveaux épicuriens.

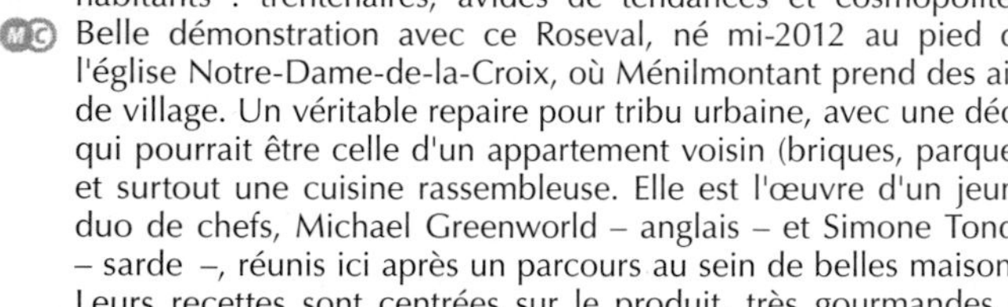

S. Gabriel / Imagebroker / Age fotostock

...et autour de Paris

Toutes les adresses par département et par localité, de A à Z, jusqu'à 40 kilomètres autour de Paris.

B. Rieger / Hemis.fr

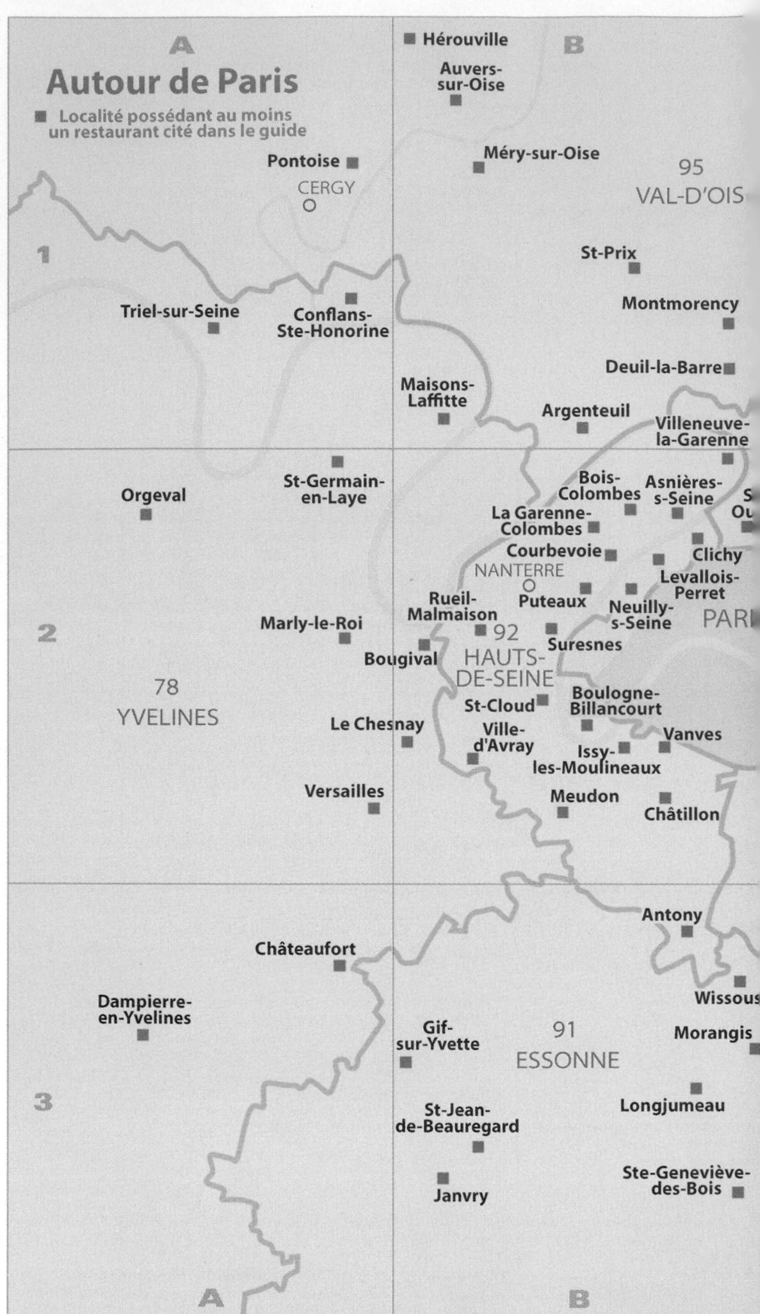
A
B
Autour de Paris
Localité possédant au moins un restaurant cité dans le guide
Hérouville
Auvers-sur-Oise
Pontoise
CERGY
Méry-sur-Oise
95
VAL-D'OIS
1
St-Prix
Triel-sur-Seine
Conflans-Ste-Honorine
Montmorency
Deuil-la-Barre
Maisons-Laffitte
Argenteuil
Villeneuve-la-Garenne
Orgeval
St-Germain-en-Laye
Bois-Colombes
Asnières-s-Seine
La Garenne-Colombes
Courbevoie
Clichy
NANTERRE
Levallois-Perret
Rueil-Malmaison
Puteaux
Neuilly-s-Seine
Marly-le-Roi
2
92
HAUTS-DE-SEINE
Suresnes
Bougival
78
YVELINES
St-Cloud
Boulogne-Billancourt
Le Chesnay
Ville-d'Avray
Vanves
Issy-les-Moulineaux
Versailles
Meudon
Châtillon
Antony
Châteaufort
Dampierre-en-Yvelines
Wissous
Gif-sur-Yvette
91
ESSONNE
Morangis
3
Longjumeau
St-Jean-de-Beauregard
Janvry
Ste-Geneviève-des-Bois
A
B

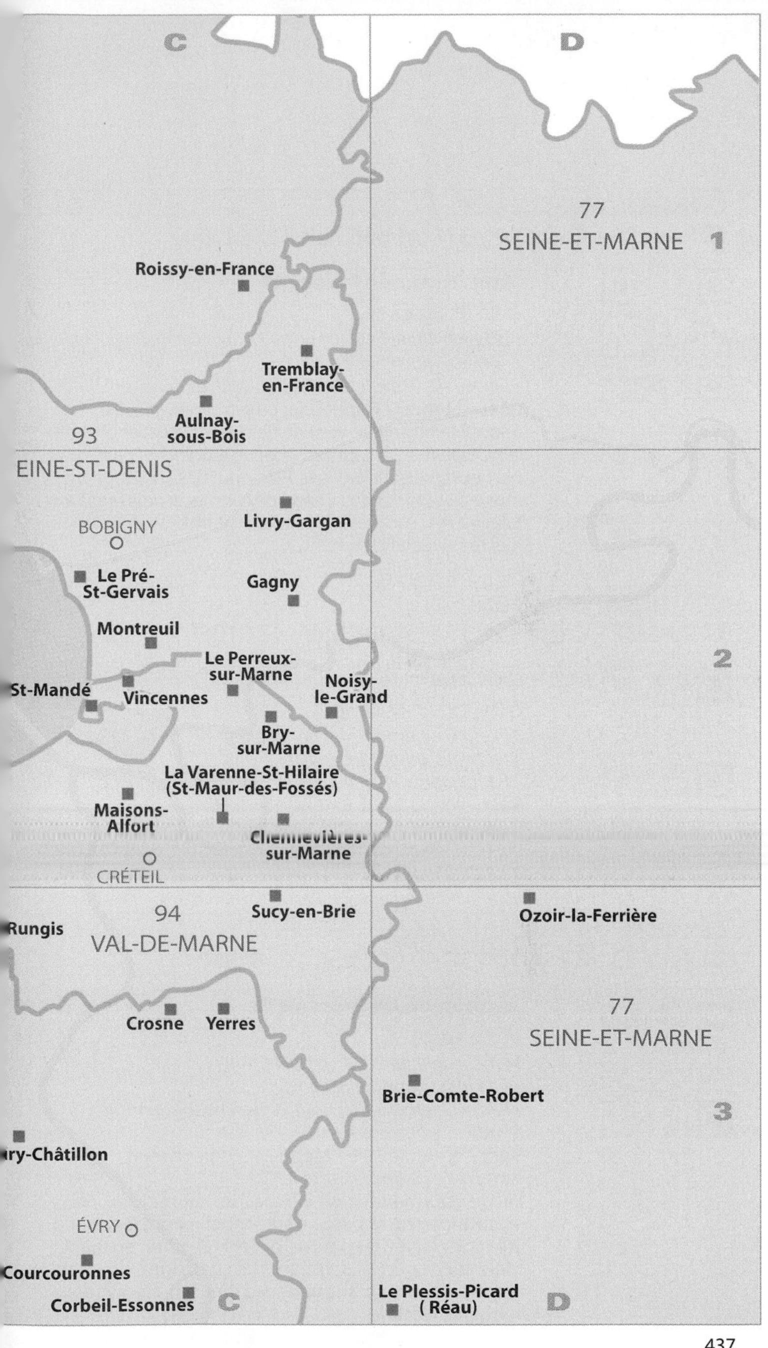
C
D
77
SEINE-ET-MARNE
1
Roissy-en-France
Tremblay-en-France
Aulnay-sous-Bois
93
EINE-ST-DENIS
Livry-Gargan
BOBIGNY
Le Pré-St-Gervais
Gagny
Montreuil
Le Perreux-sur-Marne
2
St-Mandé
Vincennes
Noisy-le-Grand
Bry-sur-Marne
La Varenne-St-Hilaire (St-Maur-des-Fossés)
Maisons-Alfort
Chennevières-sur-Marne
CRÉTEIL
94
Sucy-en-Brie
Ozoir-la-Ferrière
Rungis
VAL-DE-MARNE
Crosne
Yerres
77
SEINE-ET-MARNE
Brie-Comte-Robert
3
ry-Châtillon
ÉVRY
Courcouronnes
Corbeil-Essonnes
C
Le Plessis-Picard (Réau)
D

Essonne

91

CORBEIL-ESSONNES C3

Paris 36 – Carte **101** 37 – 41 666 hab – 91100

Aux Armes de France

1 bd Jean-Jaurès – 01 60 89 27 10 – www.aux-armes-de-france.fr – Fermé 10-18 mars, 28 juillet-20 août, dimanche et lundi

Rest – Menu 37 € (déjeuner en semaine), 46/69 €

Il souffle comme un vent de fraîcheur sur cet ancien relais de poste repris en 2011 par un jeune chef passé par plusieurs maisons étoilées. Au menu : des recettes généreuses en saveurs, à l'image de ces macaronis farcis au foie gras et céleri-rave, gratinés au parmesan. Ambiance feutrée, accueil charmant.

COURCOURONNES C3

Paris 35 – Carte **101** 36 – 14 101 hab – 91080

Le Canal

31 r. du Pont Amar, (près de l'hôpital) – 01 60 78 34 72 – www.restaurant-lecanal.fr – Fermé août, 24-31 décembre, samedi et dimanche

Rest – Menu 29/38 € – Carte 26/52 €

Une adresse d'esprit brasserie un brin rétro. On y sert une cuisine du marché, franche et simple, dont l'incontournable spécialité du patron : le pied de cochon farci.

CROSNE C3

Paris 23 – Carte **101** 37 – 9 097 hab – 91560

La Maison du Pressoir

34 av. Jean-Jaurès – 01 69 06 49 83 – www.lamaisondupressoir.fr – Fermé 2 semaines en août, dimanche soir, lundi et mardi

Rest – Formule 19 € – Menu 24 € (déjeuner en semaine), 28/50 € – Carte 47/59 €

Pause gourmande non loin de l'aéroport d'Orly, dans cette ancienne auberge traditionnelle dont le décor a été modernisé – les poutres ont été repeintes en taupe, mais la cheminée demeure ! Le chef signe de jolies recettes, qui ne manquent ni d'idées ni de saveurs... Terrasse au calme.

GIF-SUR-YVETTE

B3

▶ Paris 34 – Carte **101** 33 – 21 248 hab – ✉ 91190

Les Saveurs Sauvages

4 r. Croix-Grignon, (face à la gare RER) – ✆ 01 69 07 01 16 – Fermé 5-25 août, 25 décembre-2 janvier, dimanche et lundi

Rest – Formule 20 € – Menu 26 € (déjeuner), 28/40 € – Carte 40/49 €

Un bistrot gastro moderne où la cuisine, inventive avec quelques touches asiatiques, est réalisée à quatre mains. Carte saisonnière assortie d'un menu changeant tous les jours.

JANVRY

B3

▶ Paris 35 – Carte **101** 33 – 605 hab – ✉ 91640

Bonne Franquette

1 r. du Marchais – ✆ 01 64 90 72 06 – www.bonnefranquette.fr – Fermé 30 avril-6 mai, 2-24 septembre, 24 décembre-8 janvier, samedi midi, dimanche et lundi

Rest – Formule 30 € – Menu 38 €

Ex-relais de poste situé face au château (17e s.) d'un joli village francilien. Deux grandes ardoises annoncent la cuisine du jour servie dans un cadre de bistrot chaleureux. Spécialité : cervelle de veau meunière aux câpres.

LONGJUMEAU

B3

▶ Paris 20 – Carte **101** 35 – 21 365 hab – ✉ 91160

Le St-Pierre

42 r. François-Mitterrand – ✆ 01 64 48 81 99 – www.lesaintpierre.com – Fermé 28 juillet-19 août, lundi soir, mercredi soir, samedi midi et dimanche

Rest – Menu 25 € (déjeuner), 33/39 € – Carte 42/62 €

Les patrons aiment à faire partager leur amour des produits du Gers : canard et foie gras en tête, les plats du Sud-Ouest défilent dans un chaleureux cadre d'esprit rustique.

MORANGIS B3

Paris 21 – Carte **101** 35 – 11 836 hab – ✉ 91420

XXX **Le Sabayon**

A/C VISA AE

15 r. Lavoisier – ✆ 01 69 09 43 80 – www.restaurantlesabayon.com – Fermé août, mardi soir, samedi midi, dimanche et lundi

Rest – Menu 49 € (dîner en semaine)/70 € – Carte 49/71 €

Ce restaurant chaleureux est un vrai rayon de soleil dans cette zone industrielle un peu grise... Au menu, une cuisine dans l'air du temps appuyée sur de solides bases traditionnelles (spécialité : le gratin d'huîtres aux moules). Service prévenant.

ST-JEAN-DE-BEAUREGARD B3

Paris 35 – Carte **101** 33 – 277 hab – ✉ 91940

XX **L'Atelier Gourmand**

P VISA AE

5 Grande-Rue – ✆ 01 60 12 31 01 – www.lateliergourmandjmdelrieu.com – Fermé 3-12 mai, 3 semaines en août, samedi et dimanche

Rest – Menu 36 € – Carte 50/68 €

Au cœur du village, dans une ancienne ferme, une table bien nommée : on y apprécie une cuisine de tradition bien tournée et toute fraîche (le chef s'approvisionne auprès du maraîcher voisin). Cadre classique et agréable, face au jardin clos de murs.

STE-GENEVIÈVE-DES-BOIS B3

Paris 27 – Carte **101** 35 – 34 022 hab – ✉ 91700

XX **La Table d'Antan**

A/C VISA

38 av. Grande-Charmille-du-Parc, (près de l'hôtel de ville) – ✆ 01 60 15 71 53 – www.latabledantan.fr – Fermé 5-21 août, mardi soir, mercredi soir, dimanche soir et lundi sauf fériés

Rest – Menu 30/48 € – Carte 40/62 €

Vous serez d'abord séduit par un accueil prévenant en ce restaurant d'un quartier résidentiel. On y savoure une cuisine classique et des spécialités du Sud-Ouest de qualité.

VIRY-CHÂTILLON C3

Paris 26 – Carte **101** 36 – 31 681 hab – ✉ 91170

Le Marcigny

27 r. Danielle Casanova – ✆ 01 69 44 04 09 – www.lemarcigny.fr – Fermé 12-19 août, samedi midi, dimanche soir et lundi

Rest – Formule 31 € – Menu 27/37 €

La Bourgogne mise à l'honneur ! Ce petit restaurant à succès porte le nom du village dont est originaire l'épouse du chef. Plats traditionnels, pain maison et vins régionaux.

WISSOUS B3

Paris 22 – Carte **101** 25 – 5 181 hab – ✉ 91320

La Grange aux Dîmes

3 r. André-Dolimier – ✆ 01 69 81 70 08 – www.grangeauxdimes.com – Fermé 3 semaines en août, samedi, dimanche et jours fêriés

Rest – Menu 33 € – Carte 58/80 €

Vieilles pierres, cheminée monumentale, haute charpente en bois... Cette belle grange aux dîmes du 13e s. transporte dans l'Île-de-France d'hier ! Pour autant, la cuisine joue la carte de la gastronomie d'aujourd'hui, sous l'égide d'un chef venu de grandes maisons parisiennes. Saveurs flatteuses et accueil aimable.

YERRES C3

Paris 25 – Carte **101** 38 – 29 041 hab – ✉ 91330

Chalet du Parc

2 r. de Concy – ✆ 01 69 06 86 29 – www.chaletduparc.fr – Fermé 1er-15 août, lundi et mardi

Rest – Formule 32 € – Menu 39/69 € – Carte 56/73 €

Ce parc qui fut la propriété du peintre Gustave Caillebotte (musée) accueille depuis 2009 un agréable restaurant dont le décor marie joliment l'ancien et le contemporain. Cuisine actuelle à base de bons produits, dont les herbes aromatiques du potager.

Hauts-de-Seine

✉ 92

ANTONY — B3

▶ Paris 13 – Carte **101** 25 – 61 240 hab – ✉ 92160

La Tour de Marrakech

72 av. Division Leclerc – ✆ 01 46 66 00 54 – www.latourdemarrakech.com – Fermé août et lundi

Rest – Formule 22 € – Menu 34 €/58 € – Carte 24/45 €

Un Paris-Marrakech par voie express ! Décor délicieusement mauresque, plats du pays joliment mitonnés, desserts faits maison, sans oublier l'accueil et le service prévenants.

ASNIÈRES-SUR-SEINE — B2

▶ Paris 10 – Carte **101** 15 – 81 666 hab – ✉ 92600

La Petite Auberge

118 r. Colombes – ✆ 01 47 93 33 94 – Fermé 5-13 mai, 11-28 août, dimanche soir, mercredi soir et lundi

Rest – Menu 30/35 €

Une petite auberge rustique au charme un brin suranné, mais tellement sympathique... Objets anciens, collection d'assiettes, accueil prévenant : tout y est ! Côté papilles, la carte respecte la tradition et les saisons.

Le Van Gogh

1 Port Van Gogh, (accès par le Pont de Clichy) – ✆ 01 47 91 05 10 – www.levangogh.com – Fermé 4-20 août, 16-25 décembre et lundi en août

Rest – Menu 39 € – Carte 50/80 €

Sur les bords de Seine immortalisés par Van Gogh, presque les pieds dans l'eau ! Sur la jolie terrasse, on voit passer les péniches en se délectant d'une cuisine d'aujourd'hui honorant les poissons de l'Atlantique... Et dans la salle à la déco très "bateau", on apprécie la vue sur les cuisines.

BOIS-COLOMBES B2

▶ Paris 12 – Carte **101** 15 – 27 809 hab – ✉ 92270

Le Chefson

17 r. Ch.-Chefson – ☎ 01 42 42 12 05
– Fermé août, 1 semaine vacances de février, lundi soir, samedi et dimanche

Rest *(nombre de couverts limité, réserver)* – Formule 23 € – Menu 28/37 €

Le Chefson ? Tout le quartier en parle ! Une cuisine traditionnelle simple et généreuse, une atmosphère bistrotière (ou plus cossue dans la deuxième salle) et de jolies suggestions du marché à l'ardoise : plutôt rare dans une banlieue résidentielle très paisible...

BOULOGNE-BILLANCOURT B2

▶ Paris 10 – Carte **101** 24 – 112 233 hab – ✉ 92100

L'Auberge

86 av. J.-B.-Clément Ⓜ Boulogne Pont de St-Cloud – ☎ 01 46 05 67 19 – www.restaurant-boulogne-billancourt.com
– Fermé 1er-25 août, samedi midi, dimanche soir et lundi

Rest – Formule 24 € – Menu 42 € (déjeuner) – Carte 48/73 €

Une auberge d'aujourd'hui, mêlant les pierres apparentes et l'épure contemporaine avec grâce... Le jeune chef aime travailler de beaux produits nobles et de saison ; sa cuisine se montre fine et savoureuse, à l'instar d'un filet de turbot et poivrons, galette de courgette et beignet d'aubergine.

Au Comte de Gascogne (Benoit Charvet)

89 av. J.-B.-Clément Ⓜ Boulogne Pont de St-Cloud – ☎ 01 46 03 47 27 – www.aucomte.fr
– Fermé dimanche et lundi

Rest – Menu 69/92 € – Carte 90/130 €
Rest ***Le Bistrot*** – voir ci-après

Une table élégante, sous la lumière d'une belle verrière... Saveur, fraîcheur, simplicité : le sens du produit est un héritage chez les Charvet et, dorénavant, le fils réinterprète joliment les classiques de la maison.

➜ Dégustation de foie gras de canard. Homard entier en bisque. Glace à la vanille Bourbon turbinée au moment.

Le Bistrot – Rest. Au Comte de Gasgogne

89 av. J.-B.-Clément Ⓜ Boulogne Pont de St-Cloud – ✆ 01 46 03 47 27 – www.aucomte.fr – Fermé dimanche et lundi

Rest – Menu 29 € – Carte 46/59 €

Sous l'égide d'une table bien connue, un bistrot élégant, avec une agréable terrasse. La cuisine y est soignée, concoctée à partir de beaux produits frais de saison. Outre les classiques (foie gras et saumon fumé maison, etc.), le menu change régulièrement.

Chez Michel

4 r. Henri-Martin Ⓜ Porte de St-Cloud – ✆ 01 46 09 08 10 – Fermé août, 20 décembre-2 janvier, samedi midi et dimanche

Rest – Formule 13 € – Menu 24/30 € – Carte environ 30 €

Lasagnes d'asperges vertes, turbot aux girolles, meringue aux fruits rouges... Dans le bistrot de Michel, les plats varient avec le marché : fraîcheur et simplicité. Une adresse sympathique, appréciée par la clientèle d'affaires au déjeuner.

Ducoté Cour

97 av. E.-Vaillant Ⓜ Marcel Sembat – ✆ 01 41 41 07 15 – Fermé samedi et dimanche

Rest – Carte 28/48 €

Dans cette brasserie assez trendy, le chef Julien Ducoté concocte une jolie cuisine tendance, assez internationale dans son esprit. On peut bien sûr s'installer en terrasse – côté cour oblige ! – ou au comptoir, pour manger sur le pouce.

Le Gorgeon

42 av. Victor-Hugo Ⓜ Porte de St-Cloud – ✆ 01 46 05 11 27 – Fermé en août, samedi et dimanche

Rest – Carte 26/56 €

Un bistrot comme on les aime, avec un comptoir millésimé 1925 et une ambiance bon enfant. Sur l'ardoise, rien que de grands classiques bien troussés : œuf (bio) mayo, andouillettes AAAAA et frites maison, harengs pommes à l'huile, etc. Avec une petite carte de vins de propriétaires très judicieuse.

XX ✿ **Ma Sa** N (Hervé Rodriguez)

112 av. Victor-Hugo M *Marcel Sembat – ✆ 01 48 25 49 20 – www.masa-paris.fr – Fermé 3 semaines en août, samedi et dimanche*

Rest – Formule 25 € – Menu 42 € (déjeuner), 48/68 € – Carte 50/70 €

Œuf de Marans, bœuf de Coutancie, canette de Challans... Les meilleurs produits pour une cuisine volontiers ludique et créative. Féru notamment des techniques moléculaires, le chef joue avec les formes, les textures, les couleurs, sans jamais dénaturer les saveurs. Original et percutant !

➜ Langoustine rafraîchie dans une eau de tomate, petits pois et sarriette. Ris de veau braisé au jasmin, condiment orange, petits pois et girolles. Le citron de Nice.

X **Mon Bistrot**

33 r. Marcel Dassault M *Porte de St-Cloud – ✆ 01 47 61 90 10 – www.mon-bistrot.fr – Fermé 3 semaines en août, samedi, dimanche et fériés*

Rest – Formule 29 € – Carte 30/49 €

Rouleaux de concombre à la ricotta, baba au rhum et caramel au beurre salé et, tous les jeudis, viande d'Argentine cuite à la plancha... Un néobistrot convivial et plutôt cosy pour une cuisine bistrotière d'aujourd'hui, fraîche et bien ficelée.

CHÂTILLON B2

▶ Paris 10 – Carte **101** 25 – 32 510 hab – ✉ 92320

X **Barbezingue**

14 bd de la Liberté – ✆ 01 49 85 83 50 – www.barbezingue.com – Fermé 3 semaines en août, dimanche soir et lundi

Rest – Menu 32/42 € – Carte environ 35 €

Généreuse cuisine canaille dans ce bistrot qui fait aussi table d'hôte (à l'étage) et... barbier le vendredi matin ! Terrasse idéale pour l'apéro, terrain de pétanque : plus qu'un concept, un lieu de vie.

CLICHY B2

▶ Paris 9 – Carte **101** 15 – 58 388 hab – ✉ 92110

XX **La Barrière de Clichy**

1 r. de Paris M *Mairie de Clichy – ✆ 01 47 37 05 18 – Fermé août, samedi, dimanche et fériés*

Rest – Menu 35/44 € – Carte 60/90 €

Nappes blanches, argenterie, décor feutré, menu dégustation qui change avec les saisons : un bon restaurant traditionnel, tenu par un couple avenant et animé par le désir de bien faire.

COURBEVOIE

B2

▶ Paris 10 – Carte **101** 15 – 85 054 hab – ✉ 92400

Les Trois Marmites

215 bd St-Denis – ✆ 01 43 33 25 35
– Fermé août, samedi, dimanche et fériés
Rest *(déjeuner seulement)* – Formule 39 €
– Menu 42/69 €
Face au parc de Bécon et tout près des quais, un petit restaurant de quartier tenu en couple – monsieur aux fourneaux, madame en salle. À la carte, honneur à la tradition et aux plats bistrotiers : andouillette, boudin noir, etc.

LA GARENNE-COLOMBES

B2

▶ Paris 13 – Carte **101** 14 – 26 699 hab – ✉ 92250

L'Instinct

1 r. Voltaire – ✆ 01 56 83 82 82 – www.linstinct.fr
– Fermé 5-23 août, lundi soir, samedi midi et dimanche
Rest *(réserver)* – Menu 34/46 € – Carte environ 40 €
Le quartier du marché : idéal pour se retrouver entre amis autour d'une bonne cuisine tendance, parfois fusion, concoctée avec des produits... du marché et de saison ! La sélection de vins sort des sentiers battus, tout comme ce lieu contemporain.

Le Saint-Joseph

100 bd de la République Ⓜ La Garenne Colombes
– ✆ 01 42 42 64 49
– Fermé 2 semaines en mai, 3 semaines en août, samedi midi, dimanche et le soir du lundi au jeudi
Rest – Menu 29 € – Carte 30/54 €
Ce bistrot de quartier ne paie pas de mine, pourtant c'est une pépite. La salle est toute simple, le service sans chichi, mais l'assiette... Le chef concocte une belle cuisine bistrotière de saison, ne choisit que les meilleurs produits et nous régale ! Quant à la sélection de vins, elle est très judicieuse.

ISSY-LES-MOULINEAUX

B2

▶ Paris 8 – Carte **101** 25 – 63 297 hab – ✉ 92130

Manufacture

20 espl. Manufacture, (face au 30 r. E. Renan) Ⓜ Corentin-Celton – ✆ 01 40 93 08 98 –
www.restaurantmanufacture.com
– Fermé 3 semaines en août, samedi et dimanche
Rest – Formule 29 € – Menu 37 €
Cette manufacture de tabac (1904) est devenue un sympathique restaurant design. Petit comptoir, cuisines ouvertes sur la salle, jolie terrasse, carte classique et propositions de saison : reconversion réussie !

XX **Le 7 à Issy**

A/C VISA MC AE

7 rond-point Victor-Hugo Ⓜ Corentin-Celton – ✆ 01 46 45 22 12 – www.7aissy.fr – Fermé 2-26 août, 22 décembre-1er janvier, lundi soir, samedi midi et dimanche

Rest – Formule 26 € – Menu 30 € (déjeuner)/34 € – Carte 40/61 €

Terrine de chevreuil maison, selle d'agneau aux épices en papillotte... Ici, on savoure une cuisine traditionnelle copieuse et bien ficelée ; oui oui, on a bien dit ici, à Issy ! Habitués et hommes d'affaires ne boudent pas leur plaisir.

LEVALLOIS-PERRET B2

▶ Paris 9 – Carte **101** 15 – 62 995 hab – ✉ 92300

X **L'Audacieux**

VISA MC

51 r. Danton Ⓜ Anatole France – ✆ 01 47 59 94 17 – www.laudacieux.fr – Fermé août, samedi midi, lundi soir et dimanche

Rest – Formule 28 € – Menu 35/48 €

"De l'audace, encore de l'audace, toujours de l'audace" disait Danton. Arrivé en septembre 2012, le chef de ce restaurant de poche n'en manque pas, signant une cuisine inspirée et originale, rehaussée notamment d'épices. Le menu "surprise" est renouvelé chaque jour.

MEUDON B2

▶ Paris 11 – Carte **101** 24 – 44 706 hab – ✉ 92190

XX ✿ **L'Escarbille** (Régis Douysset)

VISA MC

8 r. Vélizy – ✆ 01 45 34 12 03 – www.lescarbille.fr – Fermé 3-19 mars, 4-21 août, 22 décembre-2 janvier, dimanche et lundi

Rest – Menu 54/108 €

Un buffet de gare ? Oui... et non ! Un passé "ferroviaire" certes, mais un présent résolument gourmet, dans une atmosphère chic et contemporaine. Amoureux du beau produit, le chef réalise ici une élégante cuisine du marché : c'est frais, bien tourné et très bon !

➜ Tarte fine de cèpes cuits et crus. Pigeon en crapaudine, chou-rave et jus lié au foie gras. Tarte Tatin de pêche à la lavande, sorbet thym citron.

NEUILLY-SUR-SEINE B2

Paris 9 – Carte **101** 15 – 60 341 hab – ✉ 92200

À la Coupole

3 r. de Chartres Ⓜ Porte Maillot – ✆ 01 46 24 82 90
– Fermé vacances de Pâques, août, samedi, dimanche et fériés
Rest – Carte 35/62 €
Un lieu chic et sobre, d'esprit feutré (boiseries sombres, tons crème et chocolat), où l'on savoure une bonne cuisine traditionnelle. Parmi les spécialités de la maison : le foie gras et les huîtres en saison.

Foc Ly

79 av. Ch.-de-Gaulle Ⓜ Les Sablons – ✆ 01 46 24 43 36
– www.focly.fr
– Fermé 3 semaines en août et dimanche
Rest – Formule 24 € – Carte 36/69 €
Deux lions encadrent l'entrée de ce restaurant qui dévoile un intérieur contemporain orné de bois clair et de lithographies. Cuisine goûteuse thaï et chinoise.

Jarrasse L'Écailler de Paris

4 av. de Madrid Ⓜ Pont de Neuilly – ✆ 01 46 24 07 56
– www.jarrasse.com
– Fermé samedi et dimanche en juillet-août
Rest *(réserver)* – Menu 40 € – Carte 58/79 €
Les salles décorées dans un style actuel aux tons pastel créent une atmosphère reposante. Produits de la mer en provenance des petits bateaux de pêche bretons, banc d'écailler.

La Truffe Noire (Patrice Hardy)

2 pl. Parmentier Ⓜ Porte Maillot – ✆ 01 46 24 94 14
– www.latruffenoire.net
– Fermé 27 juillet-20 août, samedi et dimanche
Rest – Formule 36 € – Menu 45 € (déjeuner), 95/175 € – Carte 81/218 €
Cette jolie maison au décor romantique célèbre le "diamant noir" mais aussi – en hommage à Parmentier qui fit aux "Sablons" ses premiers essais de culture – la pomme de terre.
➜ Œuf mollet, pomme de terre, crème de lard et râpée de truffe fraîche. Ris de veau caramélisé, jus truffé. Chocolat coulant aux noisettes, glace praliné.

PUTEAUX B2

Paris 11 – Carte **101** 14 – 44 548 hab – ✉ 92800

L'Escargot 1903

18 r. Charles-Lorilleux – ☎ 01 47 75 03 66 – www.lescargot1903.com
– Fermé 28 juillet-28 août, 24 décembre-2 janvier, samedi midi, lundi soir et dimanche
Rest – Menu 35 € – Carte 40/56 €
Pourquoi se dépêcher ? On le sait, les modes vont et reviennent : il suffisait de moderniser ce bistrot estampillé 1903 pour être pile dans la tendance. Souci du produit, recettes traditionnelles joliment tournées, service sympathique et prix mesurés : on ne change pas des recettes qui marchent... même à pas d'escargot !

RUEIL-MALMAISON B2

Paris 16 – Carte **101** 14 – 78 112 hab – ✉ 92500

Le Bonheur de Chine

6 allée A. Maillol, (face 35 av. J. Jaurès à Suresnes) – ☎ 01 47 49 88 88 – www.bonheurdechine.com
– Fermé lundi
Rest – Formule 28 € – Menu 35 € (déjeuner en semaine)/59 € – Carte 30/80 €
Un décor aux couleurs de l'Extrême-Orient pour un authentique voyage gastronomique aux cœur des saveurs de la Chine. Spécialité de la maison : le canard à la pékinoise en trois services.

Les Écuries de Richelieu

21 r. du Dr-Zamenhof – ☎ 01 47 08 63 54 – www.ecuries-richelieu.com
– Fermé août, samedi midi, dimanche et lundi
Rest – Formule 28 € – Menu 35 €
Deux amis, deux beaux parcours dans des maison de renom... puis cette table commune dans une salle voûtée et fraîche, où ils proposent une jolie cuisine de tradition autour d'un court menu.

Les Terrasses de l'Impératrice

25 bd Marcel-Pourtout, (au golf) – ☎ 01 76 21 54 68
Rest *(déjeuner seulement)* – Menu 39 €
Dans le cadre du golf de Rueil, sous l'égide du célèbre chef Christian Le Squer, une cuisine délicate et parfumée, avec quelques clins d'œil adressés aux spécialistes du swing : ainsi le "gazon" (des spaghettis aux saveurs de plein air) et la balle "green apple" (une boule en sucre garnie de chocolat blanc).

ST-CLOUD B2

Paris 12 – Carte **101** 14 – 29 772 hab – ✉ 92210

Le Garde-Manger

VISA MC

21 r. d'Orléans – ☎ 01 46 02 03 66 – www.legardemanger.com – Fermé dimanche

Rest – Formule 17 € – Carte 33/43 €

Dans son garde-manger, le chef stocke de beaux produits et concocte une jolie cuisine bistrotière, pile dans la tendance. Et tendance, son restaurant l'est aussi, avec ses grandes ardoises, ses lampes indus' et son comptoir très... néobistrot !

L'Heureux Père

VISA MC

47 bis bd Semard – ☎ 01 46 02 09 43 – www.lheureuxpere.com – Fermé 3 semaines en août, 24 décembre-1er janvier, samedi midi, dimanche soir et fériés

Rest – Formule 19 € – Menu 24 € (déjeuner en semaine) – Carte 39/54 €

Un repaire chaleureux et gourmand ! Le chef aime surprendre par de jolies associations d'épices et de saveurs à dominante créole ; sa collection de vieux rhums bruns a de quoi en rendre heureux plus d'un...

SURESNES B2

Paris 12 – Carte **101** 14 – 45 617 hab – ✉ 92150

Les Jardins de Camille

VISA MC AE

70 av. Franklin Roosevelt – ☎ 01 45 06 22 66 – www.les-jardins-de-camille.fr – Fermé dimanche soir

Rest – Formule 27 € – Menu 42/80 € – Carte 50/62 €

Aux abords du mont Valérien, les Jardins de Camille offrent une vue magnifique sur Paris et la Défense, en terrasse comme en salle. On y apprécie une cuisine classique, accompagnée d'un beau choix de bourgognes et de vins du monde. Pour passer la nuit, réservez l'une des chambres d'hôtes, calmes et jolies.

VANVES B2

▶ Paris 7 – Carte **101** 25 – 26 459 hab – ✉ 92170

XXX **Pavillon de la Tourelle**

10 r. Larmeroux – ☎ 01 46 42 15 59 – www.lepavillondelatourelle.com
– Fermé 6-13 mai, 29 juillet-26 août, 2-7 janvier et le soir du dimanche au mercredi
Rest – Formule 27 € – Menu 44/66 €
Un ancien pavillon de chasse bordant un joli parc, n'est-ce pas bucolique ? En tout cas, c'est élégant ! Le chef, d'origine japonaise, réalise une cuisine française très traditionnelle, parfois parsemée de quelques touches nipponnes.

VILLE-D'AVRAY B2

▶ Paris 14 – Carte **101** 24 – 10 861 hab – ✉ 92410

X **Le Café des Artistes** – Hôtel Les Étangs de Corot

A/C VISA MC AE
55 r. de Versailles – ☎ 01 41 15 37 00 – www.etangs-corot.com
Rest – Menu 32 € – Carte 40/50 €
Un bistrot au décor rétro, qui évoque les repaires d'artistes parisiens de la fin du 19e s. Carte traditionnelle (parmentier de confit de canard, entrecôte grillée, etc.). Une sympathique étape lors d'une promenade bucolique aux portes de Paris.

XXX **Le Corot** – Hôtel Les Étangs de Corot

A/C VISA MC AE
55 r. de Versailles – ☎ 01 41 15 37 00 – www.etangs-corot.com
– Fermé 29 juillet-21 août, 16-25 décembre, 2-8 janvier, dimanche soir, mercredi midi, lundi et mardi
Rest *(réserver)* – Menu 42 € (déjeuner en semaine)/85 € – Carte 67/95 €
Une salle tout en boiseries et ornée de reproductions de tableaux de Camille Corot, avec de jolies échappées sur la verdure : ce restaurant gastronomique distille une ambiance feutrée... pour une cuisine actuelle.

VILLENEUVE-LA-GARENNE B2

▶ Paris 13 – Carte **101** 15 – 24 711 hab – ✉ 92390

XX **Les Chanteraines**

P VISA MC AE
av. 8 Mai 1945 – ☎ 01 47 99 31 31
– Fermé 3 semaines en août, samedi et dimanche
Rest – Menu 37/110 € – Carte 44/72 €
Tout près et... très loin de la zone d'activités. Un restaurant agréable et accueillant, avec une véranda et une terrasse donnant sur le lac artificiel du parc des Chanteraines. Le chef concocte une sympathique cuisine traditionnelle...

Seine-et-Marne

✉ 77

BRIE-COMTE-ROBERT D3

▶ Paris 30 – Carte **101** 39 – 15 901 hab – ✉ 77170

XX **La Fabrique**

P VISA MC

1 bis r. du Coq-Gaulois – ✆ 01 60 02 10 10 – www.restaurantlafabrique.fr – Fermé 1 semaine en mars, août, 24 décembre-2 janvier, samedi midi, mardi soir, mercredi soir, dimanche et lundi

Rest – Formule 24 € – Menu 30 € (déjeuner)/65 € – Carte 54/82 €

Ce loft d'esprit industriel est bien caché au bout d'une petite allée, et il fait bon s'y régaler dans une belle atmosphère conviviale... Une adresse d'aujourd'hui, qui décline les nouveaux codes de la gastronomie bistrotière et gourmande !

OZOIR-LA-FERRIÈRE D3

▶ Paris 34 – Carte **101** 30 – 20 528 hab – ✉ 77330

XXX **La Gueulardière**

P VISA MC AE

66 av. du Gén.-de-Gaulle – ✆ 01 60 02 94 56 – www.la-gueulardiere.com – Fermé dimanche soir

Rest – Formule 25 € – Menu 38 € (semaine), 48/78 € – Carte 60/111 €

Cette ancienne maison de village, dotée de salles élégantes et feutrées aux tons pastel, propose une cuisine actuelle soignée. Belle terrasse d'été, dressée sous une pergola.

LE PLESSIS-PICARD D3

▶ Paris 41 – Carte **101** 39 – ✉ 77550

XX **La Mare au Diable**

P VISA MC AE

– ✆ 01 64 10 20 90 – www.lamareaudiable.fr – Fermé dimanche soir et lundi

Rest – Menu 25 € (déjeuner en semaine), 35 € /45 € – Carte 51/77 €

Demeure du 15e s. tapissée de vigne vierge, que fréquenta George Sand. Intérieur de caractère, avec solives patinées et cheminée. Recettes classiques et spécialités italiennes.

Seine-Saint-Denis

✉ 93

AULNAY-SOUS-BOIS C1

▶ Paris 19 – Carte **101** 18 – 82 188 hab – ✉ 93600

XXX **Auberge des Saints Pères** (Jean-Claude Cahagnet)

✿ A/C VISA MC AE

212 av. de Nonneville – ✆ 01 48 66 62 11 – www.auberge-des-saints-peres.fr

– Fermé 3 semaines en août, mercredi soir, samedi et dimanche

Rest – Menu 43/90 € – Carte 55/81 €

Des assiettes sophistiquées, originales et techniques, où dialoguent de nombreux ingrédients, accompagnés des épices et herbes du propre jardin aromatique du chef : telle est la savoureuse signature de ces Saints Pères, au cadre épuré et élégant.

➜ Transparence de lapereau et de haddock, artichaut poivrade et compotée de tomate. Lotte habillée d'une fondue de mozzarella, tomate et basilic en velouté de petits pois. Fondant de thé matcha sur un pain de Gênes, velouté de gingembre confit.

GAGNY C2

▶ Paris 17 – Carte **101** 18 – 38 342 hab – ✉ 93220

XX **Le Vilgacy**

P VISA MC

45 av. H. Barbusse – ✆ 01 43 81 23 33 – www.vilgacy.com

– Fermé 4-14 mars, 22 juillet-22 août, dimanche soir, mardi soir et lundi sauf fériés

Rest – Formule 21 € – Menu 26 € (semaine)/36 € – Carte 47/67 €

Marbré de canard et foie gras, filet de bœuf au ragoût d'escargots, tarte fine aux pommes, etc. : le goût de la tradition dans cet établissement au cadre bourgeois, situé dans un quartier pavillonnaire de Gagny. Tables en extérieur aux beaux jours.

LIVRY-GARGAN C2

Paris 19 – Carte **101** 18 – 41 808 hab – ✉ 93190

XX **La Petite Marmite**

8 bd de la République – ✆ 01 43 81 29 15
– Fermé 8-31 août, vacances de février, dimanche soir et mercredi
Rest – Menu 35 € – Carte 44/81 €
Un auvent couvert de chaume, une salle tout en bois, des banquettes douillettes... Cette Petite Marmite réchauffe les cœurs ! Aux commandes œuvre un duo complémentaire ; monsieur au marché et madame en cuisine : saumon fumé au bois de hêtre, tatin, profiteroles, etc., le tout accompagné de bons bordeaux.

MONTREUIL C2

Paris 11 – Carte **101** 17 – 102 176 hab – ✉ 93100

X **L'Amourette** N

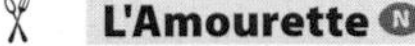

54 r. Robespierre Ⓜ Robespierre – ✆ 01 48 59 99 94
– www.lamourette.fr
– Fermé 3 semaines en août et vacances de Noël
Rest – Formule 15 € – Menu 19 € (déjeuner en semaine)/30 € – Carte 27/60 €
Il se dit que les Parisiens n'aiment pas passer le périph'... Et si les "banlieusards" avaient de bonnes raisons de snober la capitale ? C'est le cas à Montreuil avec cet amour de bistrot contemporain. Au menu, point de parigots, mais une superbe tête de veau !

XX **Villa9Trois**

28 r. Colbert Ⓜ Mairie de Montreuil – ✆ 01 48 58 17 37
– www.villa9trois.com
– Fermé dimanche soir
Rest – Menu 39/46 € – Carte 50/58 €
Une jolie demeure ancienne, un décor bourgeois et design, une grande terrasse sous les arbres, une cuisine en prise sur les dernières tendances... Cette Villa du "9Trois" est un havre pour une clientèle, disons-le, dorée. Dress code : chic et décontracté.

NOISY-LE-GRAND C2

Paris 19 – Carte **101** 18 – 63 106 hab – ✉ 93160

XX **L'Amphitryon**

56 av. A. Briand – ✆ 01 43 04 68 00 – www.amphitryon.over-blog.com – Fermé 11-19 mars, 29 juillet-23 août, samedi midi et dimanche soir

Rest – Menu 28/45 € – Carte 45/55 €

Face à l'Espace Michel-Simon – la scène musicale et théâtrale de Noisy-le-Grand –, cet Amphitryon mise sur un décor très classique, avec pour tête d'affiche une généreuse cuisine traditionnelle (foie gras de canard mi-cuit, tarte fine aux pommes...).

LE PRÉ-ST-GERVAIS C2

Paris 8 – Carte **101** 16 – 17 588 hab – ✉ 93310

X **Au Pouilly Reuilly**

68 r. A. Joineau – ✆ 01 48 45 14 59 – www.pouilly-reuilly.fr – Fermé samedi midi, lundi soir et dimanche

Rest – Formule 22 € – Menu 29 € – Carte 32/73 €

Un bistrot dans son jus, pour une cuisine qui ne l'est pas moins : ris de veau aux morilles, rognons émincés sauce moutarde, boudin noir grillé, côte de bœuf... Le respect de la tradition, avec des produits de qualité.

ST-OUEN B2

Paris 9 – Carte **101** 16 – 45 595 hab – ✉ 93400

XX **Le Coq de la Maison Blanche**

37 bd Jean Jaurès Ⓜ Mairie de St-Ouen – ✆ 01 40 11 01 23 – www.lecoqdelamaisonblanche.com – Fermé samedi en juillet-août et dimanche

Rest – Menu 31 € – Carte 34/89 €

Une cuisine très traditionnelle (tête de veau sauce ravigote, coq au vin, etc.), un authentique décor estampillé 1950, des serveurs efficaces et de nombreux habitués de longue date : cette adresse, incontournable à St-Ouen, ressuscite un film d'Audiard !

Ma Cocotte

106 r. des Rosiers Porte de Clignancourt – 01 49 51 70 00 – www.macocotte-lespuces.fr – Fermé 1 semaine en août, dimanche soir et lundi soir

Rest – Formule 24 € – Menu 29 € (déjeuner) – Carte 35/50 €

Nichée dans les puces de St-Ouen, où elle a ouvert fin 2012, une cantine chic signée "by Philippe Starck". La déco joue la carte du loft contemporain chaleureux, la cuisine celle des classiques – bien troussés – dont on ne se lasse pas : poulet fermier à la broche, tarte Tatin, etc. Cette cocotte a la cote !

La Puce

17 r. Ernest-Renan Mairie de St-Ouen – 01 40 12 63 75 – Fermé 3 semaines en août, 2 semaines en février, dimanche et lundi

Rest – Formule 17 € – Menu 32 € – Carte environ 38 €

À un saut de puce des puces de St-Ouen, cette Puce-là ne fait pas faux bond à la qualité : dans ce bistrot coloré, on apprécie ravioles au foie gras et lentilles à la crème de porto blanc, ch'tiramisu aux spéculos, etc. Des plats bien tournés, aux prix raisonnables, comme les vins. De quoi mettre la puce à l'oreille !

TREMBLAY-VIEUX-PAYS C1

Paris 33 – Carte **101** 18 – 93290

Le Cénacle

1 r. de la Mairie – 01 48 61 32 91 – www.restaurantcenacle.com – Fermé samedi midi et dimanche soir

Rest – Menu 30 € (semaine), 45/130 € – Carte 58/170 €

Rien de confidentiel dans ce Cénacle, mais la tradition dans toute sa générosité – menu homard – et un décor qui joue une carte très classique (poutres peintes, chaises de style, etc.).

La Jument Verte

43 rte de Roissy – 01 48 60 69 90 – www.aubergelajumentverte.fr – Fermé août, mercredi soir, samedi, dimanche et fériés

Rest – Formule 23 € – Menu 28/59 € – Carte 49/73 €

Dans un hameau qui semble tranquille... et pourtant stratégiquement situé, tout près du parc des expositions de Villepinte et de l'aéroport de Roissy, voici une escale gourmande toute trouvée. On y déguste une belle cuisine tout en fraîcheur et saveurs, recherchée juste comme il faut. Décor à la fois simple et avenant.

Val-de-Marne

✉ 94

BRY-SUR-MARNE C2

▶ Paris 16 – Carte **101** 18 – 15 316 hab – ✉ 94360

XX **Auberge du Pont de Bry - La Grapille**

A/C VISA MC AE

3 av. du Gén.-Leclerc – ✆ 01 48 82 27 70 – www.lagrappille.fr

– Fermé 21 juillet-20 août, lundi et mardi

Rest – Menu 32/60 € – Carte 46/62 €

Aux commandes de cette auberge, un chef de métier qui fait preuve de savoir-faire pour sélectionner des ingrédients de qualité et rehausser les saveurs des recettes – même les plus traditionnelles. Faites fi du décor, la table est appétissante !

CHENNEVIÈRES-SUR-MARNE C2

▶ Paris 18 – Carte **101** 28 – 17 698 hab – ✉ 94430

XXX **L'Écu de France** N

P VISA MC

31 r. de Champigny – ✆ 01 45 76 00 03 – www.ecudefrance.com

– Fermé dimanche soir et lundi sauf en juin, juillet et août

Rest – Formule 35 € – Menu 50/110 € – Carte 53/109 €

Sur les rives de la Marne, dans un site bucolique, une bâtisse de 1717 tout en colombages et toits de tuiles : un ensemble très pittoresque, même les salles intérieures au cachet vieille France assumé. Dans un tel décor, la cuisine surprend par... son inventivité ! Superbes millésimes à la carte des vins.

MAISONS-ALFORT C2

▶ Paris 10 – Carte **101** 27 – 52 852 hab – ✉ 94700

XX **La Bourgogne**

A/C VISA MC AE

164 r. Jean-Jaurès – ✆ 01 43 75 12 75 – www.restaurant-labourgogne.com

– Fermé 10-25 août, 24 décembre-1er janvier, samedi midi et dimanche

Rest – Menu 34/65 € – Carte 48/70 €

La bonne table de Maisons-Alfort et au-delà. Ses atouts : un cadre très moderne, chaleureux et intime, et surtout de belles saveurs. La cuisine est ici une chose sérieuse, fondée sur les meilleurs produits et savoir-faire... sans craindre la nouveauté !

LE PERREUX-SUR-MARNE C2

Paris 16 – Carte **101** 18 – 32 250 hab – ✉ 94170

L'Ardoise

VISA MC AE

22 bd de la Liberté – ☎ 01 43 24 18 31
– Fermé en août, dimanche, lundi et fêriés

Rest – Formule 17 € – Carte 29/48 €

Le credo du patron : "je ne fais que ce que je maîtrise bien." Son baron d'agneau aux herbes, son parmentier de boudin basque ou encore son riz au lait lui donnent raison ! Son petit bistrot – avec le mobilier patiné et les murs couleur beurre frais qui vont bien – est épatant.

Les Magnolias (Jean Chauvel)

A/C VISA MC AE

48 av. de Bry – ☎ 01 48 72 47 43 – www.lesmagnolias.com
– Fermé 1er -26 août, samedi midi, dimanche et lundi

Rest – Formule 41 € – Menu 58/95 €

Beau travail que celui de Jean Chauvel, qui propose une cuisine fort joliment composée, inspirée et très habile, même quand elle se fait ludique et inventive. On passe ici un savoureux moment, de surcroît dans un décor d'une sobre élégance.

➜ Filet de rouget cuit au four laqué de quinoa-grenade aux notes florales. Agneau rôti, aubergine et baies de goji aux herbes folles. Meringue à la crème citronnée et confit de fruits rouges.

RUNGIS C3

Paris 14 – Carte **101** 26 – 5 618 hab – ✉ 94150

La Grange

P VISA MC AE

28 r. Notre-Dame – ☎ 01 46 87 08 91 – www.restaurant-lagrange-rungis.com
– Fermé 2 semaines en août, lundi soir, samedi midi et dimanche

Rest – Formule 38 € – Menu 41 €

Rungis, ce n'est pas seulement le célèbre marché connu de tous les chefs, mais aussi un vieux bourg, où se trouve cette Grange atypique, au décor sophistiqué (béton brut, couleurs vives, etc.). La cuisine est calée sur les saisons et... évidemment le marché. Une bonne adresse.

ST-MANDÉ C2

Paris 7 – Carte **101** 27 – 22 518 hab – ✉ 94160

L'Ambassade de Pékin

A/C VISA MC AE

6 av. Joffre Ⓜ St-Mandé-Tourelle – ☎ 01 43 98 13 82

Rest – Menu 13 € (déjeuner en semaine), 24/41 € – Carte 37/55 €

Cette Ambassade au décor typique représente non seulement Pékin, mais aussi le Sichuan, le Vietnam, la Thaïlande, etc. Au menu, donc, un joli éventail de spécialités asiatiques, parmi lesquelles les crevettes à l'ail et au poivre, ou le canard laqué.

XX **L'Ambre d'Or**

A/C VISA MC

44 av. du Gén.-de-Gaulle M St-Mandé-Tourelle – ☎ 01 43 28 23 93 – Fermé août, 22-30 décembre, dimanche et lundi

Rest – Formule 25 € – Menu 32 € – Carte 58/75 €

Face à la mairie, cet Ambre d'Or est ce que l'on appelle une valeur sûre. Dans un cadre classique, on apprécie une cuisine soignée, savoureuse et bien pensée. Les recettes sont plus ambitieuses à la carte, tandis que le menu présente un excellent rapport qualité-prix.

SUCY-EN-BRIE C3

Paris 21 – Carte **101** 28 – 26 089 hab – ✉ 94370

XX **Le Clos de Sucy**

VISA MC AE

17 r. de la Porte – ☎ 01 45 90 29 29 – www.leclosdesucy.fr – Fermé 28 juillet-27 août, 2-8 janvier, samedi midi, dimanche soir et lundi

Rest – Formule 20 € – Menu 36/46 € – Carte 43/69 €

Joli cachet dans cette maison du 16e s. tout en poutres et colombages... À l'unisson du décor, la carte s'appuie sur la tradition : parmi les spécialités, pigeonneau rôti au jus et champignons, et soufflé au chocolat.

LA VARENNE-ST-HILAIRE C2

Paris 15 – Carte **101** 28 – ✉ 94210

XX **Château des Iles** N

P VISA MC AE

85 quai Winston-Churchill – ☎ 01 48 89 65 65 – www.chateau-des-iles.com – Fermé dimanche soir

Rest – Menu 40/71 € – Carte 51/74 €

Un restaurant élégant en bord de Marne. On y apprécie une cuisine de saison avec de bons produits, à l'image de ces langoustines préparées en carpaccio ou de ce filet de saint-pierre accompagné d'une mousseline de chou-fleur légèrement vanillée... Aux beaux jours, on profite de la terrasse. Ambiance conviviale.

X **Faim et Soif**

A/C VISA MC

28 r. St-Hilaire – ☎ 01 48 86 55 76 – www.faimetsoif.com – Fermé 3 semaines en août, dimanche et lundi

Rest – Carte 52/67 €

Imaginez une bonbonnière version très contemporaine : alors vous aurez une petite idée de Faim et Soif. Chaleureuse, cette petite table l'est assurément. On s'y retrouve pour déguster des mets appétissants, ceux d'une vraie cuisine de produits.

VINCENNES C2

▶ Paris 7 – Carte **101** 17 – 48 118 hab – ✉ 94300

La Rigadelle

23 r. de Montreuil Ⓜ *Château de Vincennes* ✆ *01 43 28 04 23 – Fermé 20 juillet-21 août, 22 décembre-2 janvier, dimanche et lundi*

Rest *(nombre de couverts limité, réserver)* – Formule 25 € – Menu 33/53 € – Carte 43/64 €

Spécialité du lieu : le poisson, d'une grande fraîcheur (arrivages de Bretagne) et préparé dans les règles. Le chef fait tout lui-même et travaille comme un artisan (il s'investit aussi dans la formation des jeunes). Une adresse pleine de mérite !

Val-d'Oise

✉ 95

ARGENTEUIL B1

▶ Paris 16 – Carte **101** 14 – 103 250 hab – ✉ 95100

La Ferme d'Argenteuil

2 bis r. Verte – ✆ *01 39 61 00 62 – www.lafermedargenteuil.com – Fermé 1er-8 mai, 1er-22 août, lundi soir, mardi soir, mercredi soir et dimanche*

Rest – Menu 35/70 € – Carte 55/70 €

Il n'y a rien d'agricole dans cette jolie ferme ! Tout est feutré, douillet, mignon... Aux commandes, deux sœurs soucieuses de bien faire. Amélia vous reçoit, tandis que Marie, aux fourneaux, concocte une sympathique cuisine d'aujourd'hui.

AUVERS-SUR-OISE B1

▶ Paris 36 – Carte **101** 3 – 6 879 hab – ✉ 95430

Auberge Ravoux

52 r. du Gén.-de-Gaulle, (face à la mairie) – ✆ *01 30 36 60 60 – www.maisondevangogh.fr – Ouvert début mars à novembre et fermé dimanche soir, mercredi soir, jeudi soir, lundi et mardi*

Rest *(nombre de couverts limité, réserver)* – Formule 27 € – Menu 32/75 € – Carte 51/61 €

Bienvenue en terre artiste… Non loin de l'église qu'il a rendue célèbre et du cimetière où il repose, l'âme de Van Gogh plane encore sur "sa" dernière auberge. Ici, la cuisine cultive les recettes d'antan, entre tradition populaire et manières familiales... À noter : la petite chambre du peintre se visite.

Hostellerie du Nord

6 r. Gén.-de-Gaulle – ✆ 01 30 36 70 74 – www.hostelleriedunord.fr – Fermé samedi midi, dimanche soir et lundi

Rest – Formule 50 € – Menu 60 € (déjeuner en semaine), 70/80 €

Ancien relais de poste (17e s.), proche de la célèbre église. Salle à manger sobre, aux tons clairs ; même classicisme dans la cuisine du chef, qui démontre un savoir-faire certain. Chambres traditionnelles, arborant le nom de grands peintres ayant fréquenté la région.

DEUIL-LA-BARRE B1

Paris 19 – Carte **101** 5 – 21 684 hab – ✉ 95170

Verre Chez Moi

75 av. de la Division-Leclerc – ✆ 01 39 64 04 34 – www.verre-chez-moi.com – Fermé 3 semaines en août, vacances de février, lundi soir, samedi midi et dimanche

Rest – Formule 25 € – Menu 30 € (déjeuner) – Carte environ 50 €

Une belle surprise que cette discrète maison de ville, tenue par un jeune sommelier passionné : à l'unisson de ses vins "coup de cœur" – surtout de petits propriétaires –, on déguste une cuisine très appétissante, fine et parfumée. L'été venu, profitez de la jolie cour sur l'arrière. Arrêt recommandé Verre Chez Moi !

HÉROUVILLE B1

Paris 41 – 593 hab – ✉ 95300

Les Vignes Rouges

3 pl. de l'Église – ✆ 01 34 66 54 73 – www.vignesrouges.fr – Fermé 1er-12 mai, 3 semaines en août, 1er-15 janvier, dimanche soir, lundi et mardi

Rest – Menu 38 € – Carte 50/80 €

La tradition est de mise dans cette maison surannée, au cœur de ce village proche d'Auvers-sur-Oise (l'enseigne fait d'ailleurs référence à une œuvre de Van Gogh). De bonnes saveurs au menu : foie gras poêlé, andouillette braisée au chablis...

MÉRY-SUR-OISE B1

▶ Paris 35 – Carte 101 4 – 9 412 hab – ✉ 95540

XXX Le Chiquito (Alain Mihura)

✿

3 r. de l'Oise, La Bonneville, 1,5 km par D 922, rte de Pontoise – ✆ 01 30 36 40 23 – www.lechiquito.fr

– Fermé dimanche et lundi

Rest – Menu 58/73 € – Carte environ 60 €

Une maison francilienne du 17e s., cachant un joli jardin. Le chef concocte une cuisine classique tout en finesse et simplicité, avec des produits de belle qualité. Agréable véranda.

➜ Foie gras poêlé, bâton de rhubarbe et gelée de citron. Bar de ligne, mousseline de chou-fleur et sabayon d'oursin. Paris-brest, sauce à la chicorée.

MONTMORENCY B1

▶ Paris 19 – Carte 101 5 – 21 438 hab – ✉ 95160

XX Au Cœur de la Forêt

av. Repos de Diane, et accès par chemin forestier – ✆ 01 39 64 99 19 – www.aucoeurdelaforet.com

– Fermé août, 15-25 février, jeudi soir, dimanche soir et lundi

Rest – Menu 47 €

À l'issue d'un chemin cahotant, vous voilà bien au cœur de la forêt... Si le dépaysement est garanti, la cuisine suit sans détour la voie de la tradition : au menu, rien que des valeurs sûres, au gré du marché ! Cadre champêtre, comme il se doit, avec une jolie terrasse face aux frondaisons.

PONTOISE A1

▶ Paris 38 – Carte 101 3 – 29 710 hab – ✉ 95000

XX Auberge du Cheval Blanc

47 r. Gisors – ✆ 01 30 32 25 05 – www.chevalblanc95.net

– Fermé 1er-25 août, samedi midi, dimanche et lundi

Rest – Formule 28 € – Menu 43 € – Carte 51/72 €

L'Auberge du Cheval Blanc, c'est surtout la personnalité de Laurence Ravail, chef truculente et passionnée, intarissable sur les produits et les vignerons qu'elle adore (belle sélection de vins). Ses assiettes ne mentent pas : colorées et savoureuses, elles mêlent recettes nouvelles et ingrédients bio.

ROISSY-EN-FRANCE C1

▶ Paris 26 – Carte **305** G6 – 2 517 hab – ✉ 95700

XX **Brasserie Flo** Ⓝ – Hôtel Relais Spa

allée du Verger – ✆ *01 34 04 16 11*

Rest – Formule 25 € – Menu 30 € – Carte 30/45 €

Dans un décor contemporain et lumineux, la carte reprend les classiques de brasserie avec une fraîcheur et un savoir-faire certains (tartare, choucroute de la mer...). Une bonne option pour un repas sur le site de Roissy.

XXX **Les Étoiles** – Hôtel Sheraton

– ✆ *01 41 84 64 54* – *www.sheraton.com/parisairport* – *Fermé août, 20 décembre-5 janvier, samedi, dimanche et fériés*

Rest – Menu 52 € – Carte 61/97 €

Le restaurant "gastronomique" de l'hôtel Sheraton, au bout de l'aérogare n° 2. Atmosphère feutrée, cuisine française : parfait pour un repas d'affaires... et les hommes pressés, avec son menu servi "en 1h chrono" (menu végétarien également).

ST-PRIX B1

▶ Paris 26 – Carte **305** E6 – 7 446 hab – ✉ 95390

X **Hostellerie du Prieuré**

74 r. A.-Rey – ✆ *01 34 27 51 51* – *www.restaurantduprieure.com* – *Fermé 3-19 août, samedi midi, lundi midi et dimanche*

Rest – Formule 22 € – Carte 41/51 €

Banquettes, nappes à carreaux, objets anciens... Dans ce village pittoresque, cette jolie auberge ravit les amoureux d'autrefois – et la salle avec sa cheminée, les romantiques ! À la carte, pas de nostalgie : foie gras poêlé aux girolles, fricassée d'écrevisses et ris de veau, macaron glacé au caramel...

Yvelines

✉ 78

BOUGIVAL

B2

▶ Paris 21 – Carte **101** 13 – 8 430 hab – ✉ 78380

Le Camélia (Thierry Conte)

7 quai Georges Clemenceau, (réouverture prévue à l'automne après travaux) – ✆ 01 39 18 36 06 – www.lecamelia.com
– Fermé 1 semaine vacances de Noël, dimanche et lundi
Rest – Menu 37 € (déjeuner en semaine), 45/75 € – Carte 90/110 €
L'enseigne évoque le passé artistique de cette charmante auberge. On apprécie l'œuvre du chef : une cuisine inventive réalisée au gré du marché.
➜ Royale de foie gras aux champignons du moment. Sole aux câprons et citron caramélisé, fricassée d'artichaut poivrade. Millefeuille aux fruits de saison.

CHÂTEAUFORT

A3

▶ Paris 28 – Carte **101** 22 – 1 401 hab – ✉ 78117

La Belle Époque

10 pl. de la Mairie – ✆ 01 39 56 95 48 – www.labelleepoque78.fr
– Fermé 1er-20 août, dimanche et lundi
Rest – Menu 38 € (semaine)/62 € – Carte 62/73 €
L'enseigne ne ment pas : derrière une devanture digne d'une auberge d'autrefois, on découvre un décor d'une sobre élégance, au noir et blanc très "début de siècle", assorti d'une jolie terrasse dominant la vallée de Chevreuse. Mais le chef signe une cuisine dans le goût de... notre époque.

LE CHESNAY

B2

▶ Paris 22 – Carte **101** 23 – 29 309 hab – ✉ 78150

L'Armoise

41 rte de Rueil – ✆ 01 39 55 63 07 – www.restaurant-larmoise.fr
– Fermé août, samedi midi, dimanche soir et lundi
Rest – Menu 42/57 € – Carte environ 51 €
Le jeune chef délivre une cuisine du marché rythmée par les saisons, mêlant subtilement les bons produits frais et les saveurs. Décor contemporain épuré, relevé de couleurs vives.

CONFLANS-STE-HONORINE A1

Paris 38 – Carte **101** 3 – 34 814 hab – ✉ 78700

Au Bord de l'Eau

15 quai Martyrs-de-la-Résistance – ✆ 01 39 72 86 51
– Fermé 5-24 août, lundi sauf fériés et le soir sauf samedi
Rest – Menu 31 € (déjeuner en semaine), 45/67 €
Cet ancien bistrot de bateliers des bords de Seine abrite un sympathique restaurant familial. Le décor intérieur rend hommage à la batellerie conflanaise. Cuisine traditionnelle.

DAMPIERRE-EN-YVELINES A3

Paris 38 – Carte **101** 31 – 1 137 hab – ✉ 78720

Les Écuries du Château

2 Grande Rue, (au château) – ✆ 01 30 52 52 99 – www.lesecuriesduchateau.com
– Fermé 1er-23 août, 18 février-7 mars, mardi et mercredi
Rest – Formule 30 € – Menu 45/55 € – Carte 42/55 €
Lieu magique pour ce restaurant installé dans la sellerie du château de Dampierre. Vous apprécierez une cuisine classique dans un décor rustique et cosy avec vue sur le parc.

La Table des Blot - Auberge du Château (Christophe Blot)

1 Grande-Rue – ✆ 01 30 47 56 56 – www.latabledesblot.com
– Fermé fin août, fin décembre, fin février, dimanche soir, lundi et mardi
Rest – Menu 45/70 € – Carte 57/72 €
Une belle et élégante auberge du 17e s., où le talent du chef et les saisons rythment la créativité des recettes. L'accueil se révèle chaleureux et, pour prolonger l'étape, on peut réserver une jolie chambre façon maison de campagne.
➜ Tête de veau pressée, servie tiède au gingembre et ravigote. Homard poêlé, décortiqué et fumé minute à la livèche. Chocolat en soufflé, l'autre mi-cuit et le dernier glacé.

MAISONS-LAFFITTE B2

Paris 21 – Carte 101 13 – 22 569 hab – ✉ 78600

La Plancha

AC VISA MC AE

5 av. de St-Germain – ✆ 01 39 12 03 75
– Fermé 3-10 mars, 16 juillet-22 août, dimanche soir, mardi soir et mercredi

Rest – Menu 33/70 € – Carte 55/70 €

Ambiance "voyage" dans ce restaurant à deux pas de la gare du RER A. La carte, assez originale, propose des recettes combinant avec succès les produits français, espagnols et japonais.

Tastevin (Michel Blanchet)

P VISA MC AE

9 av. Eglé – ✆ 01 39 62 11 67 – www.letastevin-restaurant.fr
– Fermé 28 juillet-22 août, 18 février-7 mars, lundi et mardi

Rest – Formule 38 € – Menu 46 € (semaine)/95 € – Carte 80/105 €

À l'orée du parc, une maison de maître à l'intérieur cossu. On y cultive une certaine idée de l'art de vivre à la française et l'amour des beaux produits. Jolie carte des vins.

➜ Foie gras chaud au vinaigre de Banyuls. Ris de veau rôti aux boutons de marguerite. Moelleux de fenouil confit et sorbet au poivron rouge.

MARLY-LE-ROI A2

Paris 24 – Carte 101 12 – 16 873 hab – ✉ 78160

Le Village (Uido Tomohiro)

AC VISA MC AE

3 Grande-Rue – ✆ 01 39 16 28 14 – www.restaurant-levillage.fr
– Fermé 3 semaines en août, samedi midi, dimanche soir et lundi

Rest *(nombre de couverts limité, réserver)* – Formule 36 € – Menu 45/85 € – Carte 108/155 €

Une jolie auberge dans une ruelle pittoresque du vieux Marly. Le chef, né au Japon, signe une cuisine très maîtrisée, avec de jolis accords de textures et de saveurs. La France inspire l'Asie, et réciproquement...

➜ Goï cuôn de homard breton au foie gras et caviar d'Aquitaine. Pigeonneau impérial en croûte de sel de Guérande. Soufflé chaud aux truffes de saison.

ORGEVAL A2

Paris 32 – Carte **101** 11 – 5 828 hab – ✉ 78630

Moulin d'Orgeval

r. de l'Abbaye, 1,5 km au Sud – ✆ 01 39 75 85 74 – www.moulindorgeval.com
– Fermé 22 décembre-6 janvier et dimanche soir
Rest – Formule 26 € – Menu 29/70 €
– Carte 40/76 €
La grande salle de restaurant donnant sur la pièce d'eau, le mobilier en rotin, les tentures... Tout ici a un petit côté rétro. Plusieurs menus sont proposés (cuisine du monde, de la mer, de saison ; beau chariot de desserts...) et l'on vient là comme à la campagne.

ST-GERMAIN-EN-LAYE A2

Paris 25 – Carte **101** 13 – 40 940 hab – ✉ 78100

Cazaudehore – Hôtel La Forestière

1 av. du Président-Kennedy – ✆ 01 30 61 64 64 – www.cazaudehore.fr
– Fermé dimanche soir en août et de novembre à mars et lundi
Rest – Menu 39 € (déjeuner en semaine), 55/95 €
– Carte 54/77 €
Ambiance chic et cosy, décor dans l'air du temps, délicieuse terrasse sous les acacias, cuisine soignée et belle carte des vins... Une vraie histoire de famille depuis 1928.

Pavillon Henri IV – Hôtel Pavillon Henri IV

21 r. Thiers – ✆ 01 39 10 15 15 – www.pavillonhenri4.fr
– Fermé samedi midi et dimanche soir
Rest – Formule 35 € – Menu 49/54 € – Carte 57/90 €
L'un des atouts de ce restaurant est sans conteste son superbe panorama sur la vallée de la Seine. Un cadre exceptionnel où l'on vient savourer une cuisine classique et de beaux produits ; on y inventa les pommes soufflées et la béarnaise !

Le Wauthier by Cagna

31 r. Wauthier – 01 39 73 10 84 – www.restaurant-wauthier-by-cagna.fr – Fermé de fin juillet à mi-août, 1 semaine en janvier, dimanche et lundi
Rest – Formule 26 € – Menu 32 € (déjeuner en semaine)/60 € – Carte environ 53 €
Murs en pierre et mobilier contemporain... Tel est le cadre de ce restaurant où l'on savoure une cuisine du marché axée sur les beaux produits. À l'image de ce médaillon de lotte accompagné de pointes d'asperges sautées à l'huile d'olive. Savoureux ! Accueil et service aux petits soins.

TRIEL-SUR-SEINE A1

Paris 39 – Carte **101** 10 – 11 932 hab – ✉ 78510

St-Martin

2 r. Galande, (face à la poste) – 01 39 70 32 00 – www.restaurantsaintmartin.com – Fermé 1er-20 août, vacances de Noël, mercredi et dimanche
Rest *(nombre de couverts limité, réserver)* – Formule 18 € – Menu 24 € (déjeuner en semaine), 28 € /45 €
Proche d'une jolie église gothique du 13e s. et des bords de Seine, un restaurant à l'atmosphère familiale. Au menu, des recettes de tradition ou plus actuelles, et des suggestions qui varient selon le marché. Simple et bien tourné.

VERSAILLES A2

Paris 22 – Carte **101** 23 – 86 686 hab – ✉ 78000

L'Angélique (Régis Douysset)

27 av. de St-Cloud – 01 30 84 98 85 – www.langelique.fr – Fermé 3-19 mars, 4-21 août, 22 décembre-2 janvier, dimanche et lundi
Rest – Menu 51/108 €
Le propriétaire de l'Escarbille à Meudon fait coup double. Régis Douysset a placé ici des fidèles au service et au piano. Ambiance sympathique. Cuisine généreuse et bien travaillée.
→ Artichaut barigoule farci de cèpes, croustille de parmesan et jus de volaille perlé. Ris de veau braisé, petits pois à la française, jus d'un bœuf-carotte. Entremets chocolat au lait, cœur fondant au caramel.

XXXX ✿✿

Gordon Ramsay au Trianon
Hôtel Trianon Palace

1 bd de la Reine – ✆ 01 30 84 50 18 – www.trianonpalace.com – Fermé 3-11 mars, 28 juillet-26 août, 1er-14 janvier, le midi du mardi au jeudi, dimanche et lundi

Rest – Menu 87 € (déjeuner), 135/193 € – Carte 140/185 €

À la lisière du parc du château, un cadre raffiné, d'une élégance sans ostentation. Cuisine remarquable par sa fraîcheur et son inventivité, valorisant de beaux produits (langoustines d'Écosse, pigeon de Bresse). Excellent choix de bourgognes.

➜ Foie gras du Périgord "2 ways". Turbot de Bretagne "10 kg à l'os", parfums de verveine et citron, rattes aux agrumes, sauce vin rouge. Île flottante glacée à l'ananas.

X

La Tour Ⓝ

6 r. Carnot – ✆ 01 39 50 58 46 – www.restaurant-yvelines.com – Fermé 3 semaines en août, dimanche et lundi

Rest – Formule 22 € – Carte 29/100 €

Avis aux amateurs de viande ! Ici, on est expert en la matière : choix des morceaux, maturation, etc. Dans la salle, on a même accroché les plaques émaillées remportées par des éleveurs de bovins. Le cadre est celui d'un bistrot pur jus : tables serrées, comptoir... Ambiance conviviale.

XX

Zin's à l'Étape Gourmande

125 r. Yves Le Coz – ✆ 01 30 21 01 63 – www.arti-zins.fr – Fermé 3 semaines en août, samedi midi, dimanche et lundi

Rest *(nombre de couverts limité, réserver)* – Formule 30 € – Menu 37/53 € – Carte 50/64 €

Voici une étape idéale, dans le quartier de Porchefontaine, pour apprécier une cuisine élaborée selon les produits du jour. Belle carte de vins de toutes les régions.

Carnet de notes...

Michelin

Autour de Paris : index des localités citées

A

B-C

D-G

H-I

J-L

M-N

O-P

R-S

T-V

W-Y

Index des plans

Ph. Robic / MICHELIN

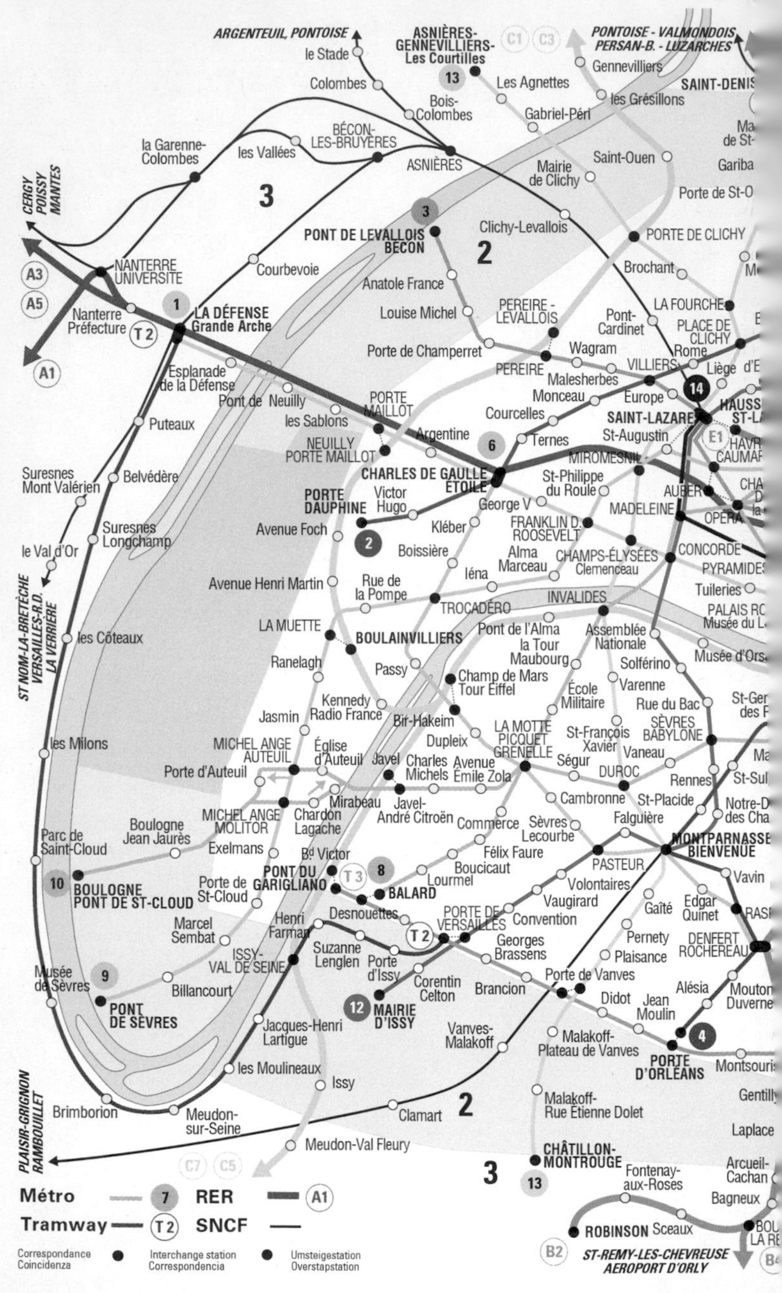
ARGENTEUIL, PONTOISE
le Stade
Colombes
ASNIÈRES-GENNEVILLIERS-Les Courtilles
13
C1
C3
PONTOISE - VALMONDOIS
PERSAN-B. - LUZARCHES
Gennevilliers
Les Agnettes
les Grésillons
SAINT-DENIS
Bois-Colombes
Gabriel-Péri
la Garenne-Colombes
les Vallées
BÉCON-LES-BRUYÈRES
ASNIÈRES
Saint-Ouen
Mairie de Clichy
CERGY
POISSY
MANTES
3
Porte de St-O
PONT DE LEVALLOIS BÉCON
Clichy-Levallois
PORTE DE CLICHY
2
NANTERRE UNIVERSITE
Courbevoie
Brochant
A3
A5
Anatole France
Nanterre Préfecture
T 2
1
LA DÉFENSE Grande Arche
Louise Michel
PEREIRE - LEVALLOIS
LA FOURCHE
Pont-Cardinet
PLACE DE CLICHY
A1
Porte de Champerret
Wagram
Rome
Esplanade de la Défense
PEREIRE
Malesherbes
VILLIERS
Liège
Pont de Neuilly
PORTE MAILLOT
Monceau
Europe
14
Puteaux
les Sablons
Courcelles
SAINT-LAZARE
NEUILLY PORTE MAILLOT
Argentine
6
Ternes
St-Augustin
E1
Suresnes Mont Valérien
Belvédère
CHARLES DE GAULLE ÉTOILE
MIROMESNIL
St-Philippe du Roule
AUBER
PORTE DAUPHINE
Victor Hugo
George V
MADELEINE
OPÉRA
Suresnes Longchamp
Avenue Foch
Kléber
FRANKLIN D. ROOSEVELT
2
le Val d'Or
Boissière
Alma Marceau
CHAMPS-ÉLYSÉES Clemenceau
CONCORDE
PYRAMIDES
Avenue Henri Martin
Rue de la Pompe
Iéna
Tuileries
INVALIDES
TROCADÉRO
ST NOM-LA-BRETÈCHE
VERSAILLES-R.D.
LA VERRIÈRE
LA MUETTE
BOULAINVILLIERS
Pont de l'Alma
Assemblée Nationale
les Côteaux
la Tour Maubourg
Musée d'Orsay
Ranelagh
Passy
Solférino
Champ de Mars Tour Eiffel
Varenne
École Militaire
Kennedy Radio France
Rue du Bac
Jasmin
Bir-Hakeim
LA MOTTE PICQUET GRENELLE
St-François Xavier
SÈVRES BABYLONE
les Milons
MICHEL ANGE AUTEUIL
Église d'Auteuil
Dupleix
Javel
Charles Michels
Avenue Émile Zola
Vaneau
Ségur
Porte d'Auteuil
DUROC
Rennes
Mirabeau
Javel-André Citroën
Cambronne
St-Placide
MICHEL ANGE MOLITOR
Chardon Lagache
Commerce
Sèvres Lecourbe
Falguière
Boulogne Jean Jaurès
Parc de Saint-Cloud
Exelmans
MONTPARNASSE BIENVENÜE
Félix Faure
PASTEUR
Bd Victor
Boucicault
10
BOULOGNE PONT DE ST-CLOUD
Porte de St-Cloud
PONT DU GARIGLIANO
T 3
8
Lourmel
Volontaires
Vavin
BALARD
Vaugirard
Gaîté
Edgar Quinet
Marcel Sembat
Henri Farman
Desnouettes
PORTE DE VERSAILLES
Convention
T 2
Pernety
DENFERT ROCHEREAU
ISSY-VAL DE SEINE
Suzanne Lenglen
Porte d'Issy
Georges Brassens
Plaisance
Musée de Sèvres
9
Billancourt
Corentin Celton
Brancion
Porte de Vanves
Alésia
Mouton Duvernet
PONT DE SÈVRES
12
MAIRIE D'ISSY
Didot
Jean Moulin
Jacques-Henri Lartigue
Vanves-Malakoff
4
Malakoff-Plateau de Vanves
PORTE D'ORLÉANS
Montsouris
PLAISIR-GRIGNON
RAMBOUILLET
les Moulineaux
Issy
Malakoff-Rue Étienne Dolet
Brimborion
Meudon-sur-Seine
Clamart
2
Gentilly
Laplace
Meudon-Val Fleury
C7
C5
CHÂTILLON-MONTROUGE
3
13
Fontenay-aux-Roses
Arcueil-Cachan
Bagneux
Métro
7
RER
A1
Tramway
T 2
SNCF
ROBINSON
Sceaux
B2
ST-REMY-LES-CHEVREUSE
AEROPORT D'ORLY
Correspondance
Coincidenza
Interchange station
Correspondencia
Umsteigestation
Overstapstation

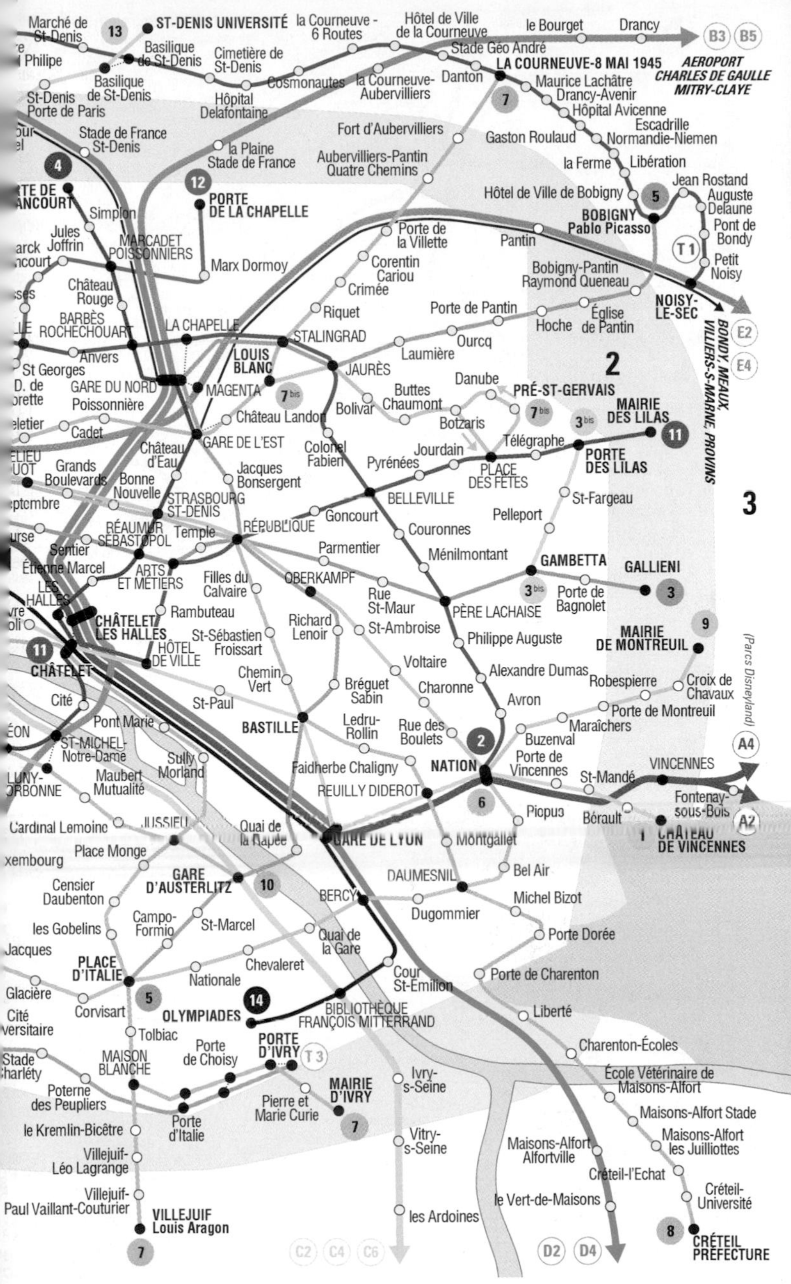

Marché de St-Denis
13
ST-DENIS UNIVERSITÉ
la Courneuve - 6 Routes
Hôtel de Ville de la Courneuve
le Bourget
Drancy
B3
B5
Basilique de St-Denis
Cimetière de St-Denis
Stade Géo André
LA COURNEUVE-8 MAI 1945
AEROPORT CHARLES DE GAULLE MITRY-CLAYE
Basilique de St-Denis
St-Denis Porte de Paris
Hôpital Delafontaine
Cosmonautes
la Courneuve-Aubervilliers
Danton
Maurice Lachâtre
Drancy-Avenir
Hôpital Avicenne
7
Escadrille Normandie-Niemen
Fort d'Aubervilliers
Gaston Roulaud
Stade de France St-Denis
la Plaine Stade de France
Aubervilliers-Pantin Quatre Chemins
la Ferme
Libération
4
12
Jean Rostand
Hôtel de Ville de Bobigny
5
Auguste Delaune
PORTE DE LA CHAPELLE
Simplon
BOBIGNY Pablo Picasso
Pont de Bondy
Jules Joffrin
MARCADET POISSONNIERS
Porte de la Villette
Pantin
T 1
Petit Noisy
Marx Dormoy
Corentin Cariou
Bobigny-Pantin Raymond Queneau
Château Rouge
Crimée
Riquet
Porte de Pantin
Église de Pantin
NOISY-LE-SEC
BARBÈS ROCHECHOUART
LA CHAPELLE
STALINGRAD
Hoche
BONDY, MEAUX, VILLIERS-S-MARNE, PROVINS
E2
Anvers
LOUIS BLANC
Laumière
Ourcq
E4
St Georges
JAURÈS
2
GARE DU NORD
MAGENTA
7 bis
Danube
PRÉ-ST-GERVAIS
Poissonnière
Buttes Chaumont
Bolivar
MAIRIE DES LILAS
Château Landon
Botzaris
7 bis
3 bis
Cadet
GARE DE L'EST
Colonel Fabien
Jourdain
Télégraphe
11
Château d'Eau
Pyrénées
PLACE DES FÊTES
PORTE DES LILAS
Grands Boulevards
Bonne Nouvelle
Jacques Bonsergent
BELLEVILLE
St-Fargeau
3
STRASBOURG ST-DENIS
Goncourt
Pelleport
RÉAUMUR SÉBASTOPOL
Temple
RÉPUBLIQUE
Couronnes
Sentier
Parmentier
Ménilmontant
GAMBETTA
GALLIENI
Étienne Marcel
ARTS ET MÉTIERS
Filles du Calvaire
OBERKAMPF
Rue St-Maur
3 bis
Porte de Bagnolet
3
LES HALLES
Rambuteau
PÈRE LACHAISE
9
CHÂTELET LES HALLES
Richard Lenoir
St-Ambroise
MAIRIE DE MONTREUIL
St-Sébastien Froissart
Philippe Auguste
(Parcs Disneyland)
11
HÔTEL DE VILLE
CHÂTELET
Chemin Vert
Voltaire
Alexandre Dumas
Robespierre
Croix de Chavaux
Cité
St-Paul
Bréguet Sabin
Charonne
Avron
Porte de Montreuil
Pont Marie
BASTILLE
Ledru-Rollin
Rue des Boulets
Maraîchers
2
Buzenval
A4
ST-MICHEL-Notre-Dame
Sully Morland
Faidherbe Chaligny
NATION
Porte de Vincennes
VINCENNES
Maubert Mutualité
St-Mandé
REUILLY DIDEROT
6
Fontenay-sous-Bois
Picpus
Bérault
A2
Cardinal Lemoine
JUSSIEU
Quai de la Rapée
GARE DE LYON
Montgallet
1
CHÂTEAU DE VINCENNES
Place Monge
GARE D'AUSTERLITZ
10
DAUMESNIL
Bel Air
Censier Daubenton
BERCY
Michel Bizot
Dugommier
Campo-Formio
St-Marcel
les Gobelins
Quai de la Gare
Porte Dorée
PLACE D'ITALIE
Chevaleret
Nationale
Cour St-Émilion
Porte de Charenton
Glacière
5
14
Corvisart
BIBLIOTHÈQUE FRANÇOIS MITTERRAND
OLYMPIADES
Liberté
Cité Universitaire
Tolbiac
Charenton-Écoles
Stade Charléty
MAISON BLANCHE
Porte de Choisy
PORTE D'IVRY
T 3
École Vétérinaire de Maisons-Alfort
Poterne des Peupliers
Ivry-s-Seine
MAIRIE D'IVRY
Pierre et Marie Curie
Maisons-Alfort Stade
le Kremlin-Bicêtre
Porte d'Italie
7
Maisons-Alfort les Juilliottes
Vitry-s-Seine
Maisons-Alfort Alfortville
Villejuif-Léo Lagrange
Créteil-l'Echat
Créteil-Université
Villejuif-Paul Vaillant-Couturier
le Vert-de-Maisons
les Ardoines
VILLEJUIF Louis Aragon
8
CRÉTEIL PRÉFECTURE
7
C2
C4
C6
D2
D4

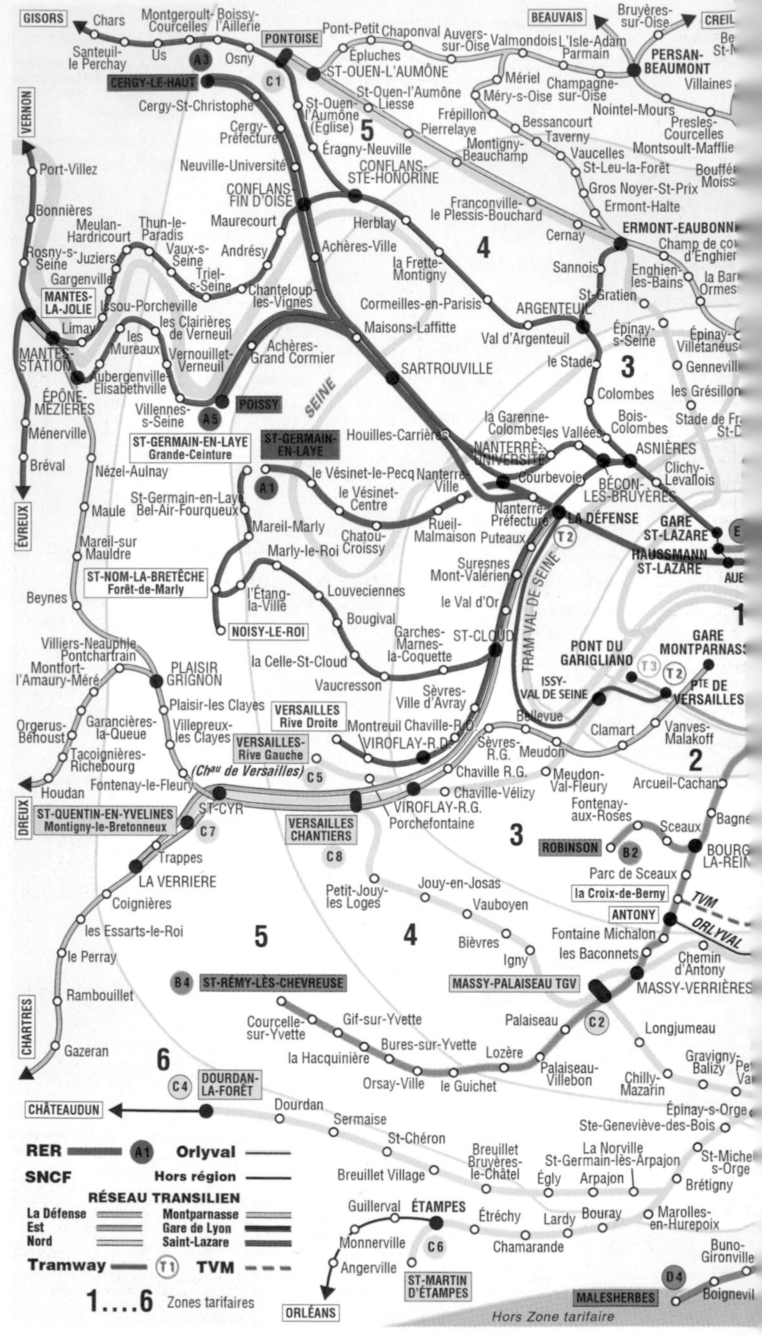
GISORS
Chars
Montgeroult-Courcelles
Boissy-l'Aillerie
Santeuil-le Perchay
Us
Osny
PONTOISE
A3
C1
CERGY-LE-HAUT
Cergy-St-Christophe
Cergy-Préfecture
Neuville-Université
CONFLANS-FIN D'OISE
Pont-Petit
Chaponval
Auvers-sur-Oise
Valmondois
L'Isle-Adam Parmain
BEAUVAIS
Bruyères-sur-Oise
CREIL
PERSAN-BEAUMONT
Villaines
Épluches
ST-OUEN-L'AUMÔNE
St-Ouen-l'Aumône Liesse
St-Ouen-l'Aumône (Église)
Éragny-Neuville
Pierrelaye
Frépillon
Mériel
Méry-s-Oise
Champagne-sur-Oise
Nointel-Mours
Presles-Courcelles
Montsoult-Maffliers
Bessancourt
Taverny
Vaucelles
St-Leu-la-Forêt
Gros Noyer-St-Prix
Ermont-Halte
Montigny-Beauchamp
Franconville-le Plessis-Bouchard
Cernay
ERMONT-EAUBONNE
Champ de courses d'Enghien
Enghien-les-Bains
la Barre Ormesson
CONFLANS-STE-HONORINE
VERNON
Port-Villez
Bonnières
Rosny-s-Seine
Meulan-Hardricourt
Thun-le-Paradis
Juziers
Vaux-s-Seine
Gargenville
Triel-s-Seine
Maurecourt
Andrésy
Herblay
Achères-Ville
la Frette-Montigny
Chanteloup-les-Vignes
MANTES-LA-JOLIE
Issou-Porcheville
Limay
MANTES-STATION
les Mureaux
les Clairières de Verneuil
Vernouillet-Verneuil
Aubergenville-Elisabethville
Achères-Grand Cormier
Cormeilles-en-Parisis
Maisons-Laffitte
SARTROUVILLE
ARGENTEUIL
Val d'Argenteuil
Sannois
St-Gratien
Épinay-s-Seine
Épinay-Villetaneuse
le Stade
Colombes
Gennevilliers
les Grésillons
Bois-Colombes
Stade de France St-Denis
ÉPÔNE-MÉZIÈRES
Ménerville
Bréval
ÉVREUX
Villennes-s-Seine
POISSY
A5
SEINE
ST-GERMAIN-EN-LAYE Grande-Ceinture
ST-GERMAIN-EN-LAYE
A1
Houilles-Carrières
la Garenne-Colombes
les Vallées
NANTERRE-UNIVERSITÉ
ASNIÈRES
Clichy-Levallois
BÉCON-LES-BRUYÈRES
Courbevoie
Nézel-Aulnay
le Vésinet-le-Pecq
Nanterre-Ville
le Vésinet-Centre
St-Germain-en-Laye Bel-Air-Fourqueux
Maule
Mareil-Marly
Chatou-Croissy
Rueil-Malmaison
Nanterre-Préfecture
LA DÉFENSE
Puteaux
T2
GARE ST-LAZARE
HAUSSMANN ST-LAZARE
Mareil-sur Mauldre
Marly-le-Roi
Suresnes Mont-Valérien
ST-NOM-LA-BRETÈCHE Forêt-de-Marly
Beynes
l'Étang-la-Ville
Louveciennes
le Val d'Or
NOISY-LE-ROI
Bougival
Garches-Marnes-la-Coquette
ST-CLOUD
TRAM VAL DE SEINE
PONT DU GARIGLIANO
T3
GARE MONTPARNASSE
Villiers-Neauphle Pontchartrain
Montfort-l'Amaury-Méré
PLAISIR GRIGNON
la Celle-St-Cloud
Vaucresson
Sèvres-Ville d'Avray
ISSY-VAL DE SEINE
PTE DE VERSAILLES
Plaisir-les Clayes
VERSAILLES Rive Droite
Montreuil
Chaville-R.D.
Bellevue
Orgerus-Béhoust
Garancières-la-Queue
Villepreux-les Clayes
VERSAILLES-Rive Gauche
VIROFLAY-R.D.
Sèvres-R.G.
Meudon
Clamart
Vanves-Malakoff
Tacoignières-Richebourg
(Chau de Versailles)
C5
Chaville R.G.
Meudon-Val-Fleury
2
Arcueil-Cachan
Houdan
Fontenay-le-Fleury
Chaville-Vélizy
DREUX
ST-QUENTIN-EN-YVELINES Montigny-le-Bretonneux
ST-CYR
VERSAILLES CHANTIERS
VIROFLAY-R.G.
Porchefontaine
Fontenay-aux-Roses
Sceaux
Bagneux
C7
ROBINSON
B2
BOURG-LA-REINE
Trappes
C8
Parc de Sceaux
LA VERRIERE
Petit-Jouy-les Loges
Jouy-en-Josas
la Croix-de-Berny
TVM
Coignières
Vauboyen
ANTONY
ORLYVAL
les Essarts-le-Roi
Bièvres
Fontaine Michalon
le Perray
Igny
les Baconnets
Chemin d'Antony
B4
ST-RÉMY-LÈS-CHEVREUSE
MASSY-PALAISEAU TGV
MASSY-VERRIÈRES
Rambouillet
Courcelle-sur-Yvette
Gif-sur-Yvette
Palaiseau
C2
Longjumeau
Bures-sur-Yvette
la Hacquinière
Lozère
Palaiseau-Villebon
Gravigny-Balizy
Gazeran
Orsay-Ville
le Guichet
Chilly-Mazarin
CHARTRES
C4
DOURDAN-LA-FORÊT
CHÂTEAUDUN
Dourdan
Sermaise
Épinay-s-Orge
Ste-Geneviève-des-Bois
St-Chéron
Breuillet Bruyères-le-Châtel
La Norville St-Germain-lès-Arpajon
St-Michel-s-Orge
Breuillet Village
Égly
Arpajon
Brétigny
Guillerval
ÉTAMPES
Étréchy
Lardy
Bouray
Marolles-en-Hurepoix
Monnerville
C6
Chamarande
Angerville
ST-MARTIN D'ÉTAMPES
Buno-Gironville
D4
MALESHERBES
Boigneville
ORLÉANS
Hors Zone tarifaire
RER
Orlyval
SNCF
Hors région
RÉSEAU TRANSILIEN
La Défense
Montparnasse
Est
Gare de Lyon
Nord
Saint-Lazare
Tramway
T1
TVM
1....6 Zones tarifaires
1
2
3
4
5
6

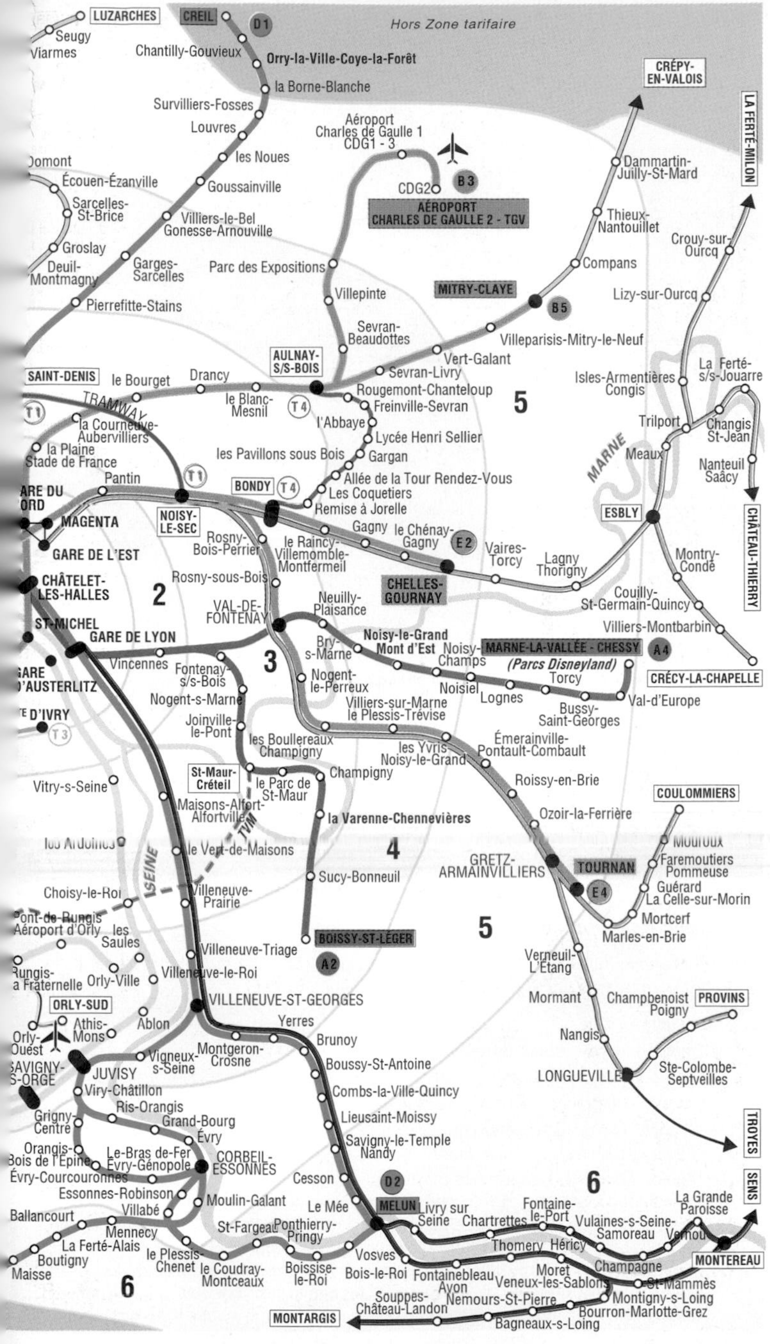
Hors Zone tarifaire
LUZARCHES
CREIL
D1
Seugy
Viarmes
Chantilly-Gouvieux
Orry-la-Ville-Coye-la-Forêt
la Borne-Blanche
Survilliers-Fosses
Louvres
les Noues
Goussainville
Villiers-le-Bel Gonesse-Arnouville
Garges-Sarcelles
Pierrefitte-Stains
Écouen-Ézanville
Sarcelles-St-Brice
Groslay
Deuil-Montmagny
CRÉPY-EN-VALOIS
LA FERTÉ-MILON
Aéroport Charles de Gaulle 1 CDG1 - 3
CDG2
B3
AÉROPORT CHARLES DE GAULLE 2 - TGV
Parc des Expositions
Villepinte
Sevran-Beaudottes
MITRY-CLAYE
B5
Dammartin-Juilly-St-Mard
Thieux-Nantouillet
Compans
Crouy-sur-Ourcq
Lizy-sur-Ourcq
Villeparisis-Mitry-le-Neuf
Vert-Galant
Sevran-Livry
AULNAY-S/S-BOIS
SAINT-DENIS
le Bourget
Drancy
le Blanc-Mesnil
T4
TRAMWAY
T1
la Courneuve-Aubervilliers
la Plaine Stade de France
Rougemont-Chanteloup
Freinville-Sevran
l'Abbaye
Lycée Henri Sellier
Gargan
les Pavillons sous Bois
Allée de la Tour Rendez-Vous
Les Coquetiers
Remise à Jorelle
5
Isles-Armentières Congis
La Ferté-s/s-Jouarre
Trilport
Changis St-Jean
Meaux
MARNE
Nanteuil Saâcy
CHÂTEAU-THIERRY
ESBLY
GARE DU NORD
Pantin
MAGENTA
GARE DE L'EST
NOISY-LE-SEC
BONDY
Rosny-Bois-Perrier
le Raincy-Villemomble-Montfermeil
Gagny
le Chénay-Gagny
E2
Vaires-Torcy
Lagny Thorigny
Montry-Condé
CHELLES-GOURNAY
Couilly-St-Germain-Quincy
Villiers-Montbarbin
CRÉCY-LA-CHAPELLE
CHÂTELET-LES-HALLES
2
Rosny-sous-Bois
VAL-DE-FONTENAY
Neuilly-Plaisance
ST-MICHEL
GARE DE LYON
GARE D'AUSTERLITZ
D'IVRY
T3
Vincennes
Fontenay-s/s-Bois
3
Bry-s-Marne
Noisy-le-Grand Mont d'Est
Noisy-Champs
MARNE-LA-VALLÉE - CHESSY
A4
(Parcs Disneyland)
Torcy
Noisiel
Lognes
Bussy-Saint-Georges
Val-d'Europe
Nogent-s-Marne
Nogent-le-Perreux
Villiers-sur-Marne le Plessis-Trévise
Joinville-le-Pont
les Boullereaux Champigny
les Yvris Noisy-le-Grand
Émerainville-Pontault-Combault
Roissy-en-Brie
Ozoir-la-Ferrière
St-Maur-Créteil
le Parc de St-Maur
Champigny
Vitry-s-Seine
Maisons-Alfort-Alfortville
la Varenne-Chennevières
TVM
les Ardoines
le Vert-de-Maisons
SEINE
4
GRETZ-ARMAINVILLIERS
TOURNAN
E4
COULOMMIERS
Mouroux
Faremoutiers Pommeuse
Guérard La Celle-sur-Morin
Mortcerf
Marles-en-Brie
Sucy-Bonneuil
Choisy-le-Roi
Villeneuve-Prairie
Pont-de-Rungis Aéroport d'Orly
les Saules
BOISSY-ST-LÉGER
A2
5
Villeneuve-Triage
Rungis-la Fraternelle
Orly-Ville
Villeneuve-le-Roi
Verneuil-l'Etang
Mormant
Champbenoist Poigny
PROVINS
ORLY-SUD
VILLENEUVE-ST-GEORGES
Athis-Mons
Ablon
Orly-Ouest
Yerres
Brunoy
Nangis
SAVIGNY-S-ORGE
JUVISY
Vigneux-s-Seine
Montgeron-Crosne
Boussy-St-Antoine
LONGUEVILLE
Ste-Colombe-Septveilles
Viry-Châtillon
Combs-la-Ville-Quincy
Ris-Orangis
Grigny-Centre
Grand-Bourg
Évry
Lieusaint-Moissy
TROYES
Orangis-Bois de l'Épine
Le-Bras de-Fer Évry-Génopole
CORBEIL-ESSONNES
Savigny-le-Temple Nandy
Évry-Courcouronnes
Cesson
D2
6
SENS
Essonnes-Robinson
Moulin-Galant
Le Mée
MELUN
Livry sur Seine
Chartrettes
Fontaine-le-Port
Vulaines-s-Seine-Samoreau
La Grande Paroisse
Vernou
Ballancourt
Villabé
Mennecy
St-Fargeau
Ponthierry-Pringy
Thomery
Héricy
Champagne
MONTEREAU
La Ferté-Alais
Boutigny
le Plessis-Chenet
le Coudray-Montceaux
Boissise-le-Roi
Vosves
Bois-le-Roi
Fontainebleau Avon
Veneux-les-Sablons
Moret
St-Mammès
Montigny-s-Loing
Maisse
6
Souppes-Château-Landon
Nemours-St-Pierre
Bourron-Marlotte-Grez
Bagneaux-s-Loing
MONTARGIS

Michelin Travel Partner
Société par actions simplifiées au capital de 11 629 590 EUR
27 cours de l'Île Seguin - 92100 Boulogne Billancourt (France)
R.C.S. Nanterre 433 677 721

Dépot légal décembre 2012

Imprimé en Italie
Crédit photo couverture : Restaurant La Cuisine au Royal Monceau
Compogravure : Nord Compo, Villeneuve-d'Ascq (France)
Impression, Brochure : La Tipografica Varese, Varese, (Italie)
Sur papier issu de forêts gérées durablement